Bedeutende Lehrerfiguren

ARTIBUS INGENUIS J·C·B·M· 1·8·0·1

Bedeutende Lehrerfiguren

Von Platon bis Hasan al-Banna

Herausgegeben von
Tobias Georges, Jens Scheiner und
Ilinca Tanaseanu-Döbler

Mohr Siebeck

Tobias Georges, geboren 1972; Studium der Evangelischen Theologie in München, Marburg, Erlangen und Halle / Saale; seit 2009 Junior-Professor und Nachwuchsgruppenleiter am Courant Forschungszentrum „Bildung und Religion" (EDRIS) der Georg-August-Universität Göttingen.

Jens Scheiner, geboren 1976; Studium der Islamwissenschaft, Wirtschafts- und Sozialgeschichte und des Öffentlichen Rechts an der Eberhardt-Karls-Universität Tübingen und der University of Edinburgh. 2008–2010 Wissenschaftlicher Mitarbeiter am Institut für Islamwissenschaft der Freien Universität Berlin. Seit 2010 Junior-Professor und Nachwuchsgruppenleiter am Courant Forschungszentrum „Bildung und Religion" (EDRIS) der Georg-August-Universität Göttingen.

Ilinca Tanaseanu-Döbler, geboren 1979; Studium der Religionswissenschaft, Theologie und Philosophie in Bayreuth. Seit 2009 Junior-Professorin und Nachwuchsgruppenleiterin am Courant Forschungszentrum „Bildung und Religion" (EDRIS) der Georg-August-Universität Göttingen.

ISBN 978-3-16-153030-2

Die Deutsche Nationalbibliothek verzeichnet diese Publikation in der Deutschen Nationalbibliographie; detaillierte bibliographische Daten sind im Internet über *http://dnb.dnb.de* abrufbar.

Das Buch wurde von Martin Fischer in Tübingen aus der Garamond Antiqua gesetzt, von Gulde-Druck in Tübingen auf alterungsbeständiges Werkdruckpapier gedruckt und von der Buchbinderei Nädele in Nehren gebunden.

Inhalt

Vorwort

Religion und Bildung sind auf vielfältige Weise miteinander verbunden. Daher fragte das Courant Forschungszentrum „Bildung und Religion“ (EDRIS) in einer ersten öffentlichen Vorlesungsreihe im Jahr 2011, aus welcher der Band „Von Rom nach Bagdad“[1] hervorgegangen ist, nach der Rolle der Religion in der antiken Schule, nach der Produktion und Überlieferung religiöser und nicht-religiöser Texte und nach der Weitergabe von Bildung über Religionsgrenzen hinweg.

Verlässt man diese Makro-Ebene, so ergeben sich unter anderem auf Personen bezogene Fragen nach Bildung in Religionen. Wie etwa wurden die Angehörigen einer Religion über die Hauptinhalte und Praktiken unterrichtet? Wer übernahm den Unterricht bzw. die Lehrtätigkeit? Inwiefern und wodurch war eine solche lehrende Person (bzw. Personen) dazu autorisiert oder qualifiziert? Wer bildete die professionellen Träger einer Religion, etwa Priester, Rabbiner, Kleriker oder Imame, für die Ausübung ihrer Funktionen aus? Es stellen sich also Fragen nach Akteuren in den religiösen Tradierungsprozessen, wie etwa diejenigen nach Selbst- bzw. Fremdwahrnehmung der Lehrpersonen, nach deren didaktischen Mitteln und Fähigkeiten und – nicht zuletzt – nach deren Schülern.

Diesen und damit verwandten Fragen ist eine zweite Vorlesungsreihe im Sommersemester 2012 anhand von Quellen

---

[1] P. Gemeinhardt / S. Günther (Hgg.): *Von Rom nach Bagdad.* Tübingen 2013.

aus Antike, Spätantike und früh- bzw. klassisch-islamischer Zeit nachgegangen, die unter dem Titel „Die Lehre des Weisen ist eine Quelle das Lebens (Spr 13,14). Bedeutende Lehrer in der Tradition der Antike und der monotheistischen Religionen“ an der Universität Göttingen durchgeführt wurde. Diese Vorlesungsreihe fand im Rahmen des Forschungsprogramms und mit finanzieller und organisatorischer Unterstützung des Courant Forschungszentrums „Bildung und Religion von der frühen römischen Kaiserzeit bis zur klassischen Epoche des Islams“ (EDRIS) statt, das aus Mitteln der Exzellenzinitiative des Bundes und der Länder gefördert wurde und in welchem Wissenschaftler aus verwandten geisteswissenschaftlichen Disziplinen interdisziplinär zusammenarbeiten, die auf diese Weise neue Zugänge und Interpretationen im Bereich der historischen und systematischen Erforschung von Bildung und Religion hervorbringen.

Entsprechend deckte die Vorlesungsreihe exegetische und historische Theologie, Philosophie, Klassische Philologie, Judaistik, Religionswissenschaft und -pädagogik sowie Islamwissenschaft ab. Die zwölf daraus resultierenden Beiträge von Platon bis Hasan al-Banna werden in dem vorliegenden Band in chronologischer Reihenfolge wiedergegeben. An dieser Stelle sollen zunächst kurze Zusammenfassungen der jeweiligen Beiträge dem Leser einen Einblick in die untersuchten Lehrerfiguren bieten, die im weiteren Verlauf des Bandes im Detail vorgestellt werden.

Jens Halfwassen stellt in seinem Beitrag die Frage, ob *Platon* der Gründer einer philosophischen Religion war. Er plädiert dafür, die antike Philosophie insgesamt als philosophische Religion zu verstehen, sofern sie von Anfang an den Versuch unternahm, das Ganze des Wirklichen oder Seienden zu denken, und als metaphysisches Ursprungsdenken, sofern sie als Ursprung des Ganzen das Göttliche verstand. Die Sonderstellung Platons als Gründer des Platonismus sieht er darin, dass dieser den der Philosophie grundsätzlich inhärenten theologischen Zug durch die Entdeckung der Transzendenz im Sinne absoluter Transzendenz enorm vertiefte, mit dem Gedanken des absolut Einen. Infolgedessen legt Halfwassen dar, dass der Platonismus mit gestifteten Religionen ein spezifisches Verständnis von Traditionsbildung und Institutionalisierung sowie die Tendenz zu Vergöttlichung des Gründers teilt: Der Vorrang der Mündlichkeit und die Kritik der Schriftlichkeit einerseits bestimmten die gesamte Geschichte des Platonismus, die mythischen Motive von Platons Gottessohnschaft und der Jungfrauengeburt andererseits waren eher dem Ziel der Massenwirksamkeit geschuldet und erhoben Platon nicht im strengen Sinne zum Gott. Die Darlegungen führen den Verfasser zu dem Schluss, dass der Platonismus den Modellfall einer philosophischen Religion repräsentiert, die in der negativen Theologie des Einen gipfelt.

Reinhard Feldmeier geht in seinem Beitrag der Frage nach dem inneren Zusammenhang von Lehrer und Gottessohn in der Person des *Jesus* von Nazareth nach. Er zeigt, dass Jesus in den Evangelien des neutestamentlichen Kanons vornehmlich als Lehrer dargestellt wurde, der seine vollmächtige Lehre (sowie sich selbst) in eine sehr enge Beziehung zu Gottes Weisheit setzte. In Anbetracht dieser vollmächtigen Lehre verliehen ihm seine Anhänger nach Tod und Auferweckung den Titel „Gottessohn“: Nach Überzeugung der frühen Christen war Jesu Unmittelbarkeit zu Gott durch seinen Tod infrage gestellt, durch die Auferweckung aber gerade bestätigt worden. Abschließend geht der Autor noch auf die Lehre der Schüler und Schülerinnen Jesu („Jünger“) ein: Sie zeigten sich nachhaltig von Jesu Lehre geprägt. Daran, dass sie ihn einerseits als Gottessohn verkündigten, andererseits aber auch das Gedächtnis an die Worte und Taten des Lehrers bewahrten und tradierten, bestätigten sie den Zusammenhang zwischen dem irdischen Lehrer und dem angebeteten Gottessohn.

Bernd Schröder profiliert in seinem Beitrag anhand der schriftstellerischen Tätigkeit des *Flavius Josephus* dessen Rolle als jüdischer Lehrer von Römern und Griechen. Nachdem er den Lehrerbegriff für Josephus im spezifischen Sinne eines „literarischen Fremdenführers" gefüllt hat, gibt er zunächst einen Überblick über dessen Vita und dessen umfangreiches Oeuvre. Zudem veranschaulicht er, wie einflussreich der Kontext der hellenistischen Kultur für das palästinische Judentum des 1. Jahrhunderts war, dem Josephus entstammte. Vor diesem Hintergrund skizziert er Josephus' Selbstverständnis, explizit als Jude und als schriftgelehrter Priester sowie als zuverlässiger Historiograph, der Nichtjuden lehren wollte; implizit als eigenständiger Schriftsteller. Des Weiteren beleuchtet er Josephus' Lehrmethode – so die Nutzung historiographischer Ideen aus der paganen Geschichtsschreibung, die Aufnahme griechischer Begrifflichkeit und Rhetorik sowie die Zugrundelegung bestimmter hermeneutischer Grundlinien – und vor allem dessen Lehrinhalte: das Judentum im Spiegel seiner Geschichte, biblische Gestalten in hellenistischem Gewand, die jüdische Halacha. Zuletzt blickt der Verfasser auf die „Schüler" des Josephus, die sich nur über die Rezeption seiner Schriften greifen lassen. Als Zeitgenosse der Evangelisten fand er im Christentum schon früh erhebliches Interesse, dann in der ikonographischen – christlichen – Tradition des Mittelalters und schließlich in der neuzeitlichen Kulturgeschichte.

Rainer Hirsch-Luipold analysiert die verschiedenen Situationen, in denen *Plutarch* von Chaironeia als Lehrer auftritt. Er betont die religiöse Färbung seiner Philosophie: Plutarch wolle zu einer Lebenskunst anleiten, die den Menschen im platonischen Sinne zur umfassenden Angleichung an Gott führt. Dieses Ziel verfolge Plutarch in verschiedenen Lehr-

und Lernkontexten: in „Vorlesungen“ vor weiteren Kreisen, in Gesprächen mit seinen engeren Vertrauten, und nicht zuletzt durch seine Schriften. Sein philosophisches Unterfangen sei grundsätzlich dialogisch und suchend angelegt. Besondere Bedeutung komme dabei den religiösen Traditionen zu.

Tobias Georges beleuchtet *Origenes* als Lehrer, wie ihn sein Schüler Gregor Thaumaturgos in seiner Dankesrede porträtiert hat. Nach einer Skizze des historischen Hintergrundes, in welcher das intellektuelle Milieu Alexandrias hervortritt, das wohl auch die dortigen Christen prägte, sowie der Vita des Origenes, die diese Intellektualität widerspiegelt, wird anhand der Aussagen Gregors das Profil seines Lehrers nachgezeichnet. Als oberstes Lehrziel des Origenes kennzeichnet Gregor die göttlichen Tugenden, wobei er die vier platonischen Tugenden Klugheit, Besonnenheit, Gerechtigkeit und Tapferkeit auf die *eusebeia* (Frömmigkeit/Gottesverehrung) ausrichtet. Für Origenes' Lehrmethode erscheinen die enge Verbundenheit des Lehrers mit den Schülern durch Freundschaft (*philia*) und Liebe (*eros*) sowie das Ineinandergreifen von Lehre und Lebenspraxis charakteristisch. Bei seinen Lehrinhalten zeigt sich die Hinordnung der stoisch gefärbten Trias aus Logik, Physik und insbesondere Ethik auf die *theologia*, welche auf die Schriftauslegung konzentriert ist und wiederum mit der *eusebeia* verschmilzt. Somit wird sichtbar, wie Origenes als christlicher Lehrer aufgetreten ist und sich als solcher als Philosoph und Seelenführer verstanden hat. Ein Ausblick auf Origenes' Schulen und Schüler schließlich zeigt, dass das auf Gregors Ausführungen basierende Lehrerprofil sich gut in die neuere Forschung zur sogenannten „alexandrinischen Katechetenschule“ fügt, in der letztere mit den zeitgenössischen Philosophenschulen in Verbindung gebracht wird.

Heinz-Günther Nesselrath widmet sich dem Verhältnis zweier bedeutender Rhetoren des 4. Jahrhunderts: *Libanios* und *Johannes Chrysostomos*. Er greift die Frage nach einer möglichen Schülerschaft des Johannes bei Libanios auf und plädiert dafür, dass diese zumindest als sehr plausibel anzusehen sei. Auf dem Hintergrund dieser Frage wird die überragende Bedeutung der Rhetorik für die spätantike Bildungswelt deutlich: Es handelt sich um eine Kulturtechnik, die heidnische wie christliche Intellektuelle teilen, wenn sie diese auch für jeweils eigene Zwecke einsetzen.

Ilinca Tanaseanu-Döbler konzentriert sich auf den spätantiken Philosophen *Proklos* und stellt dessen Auftreten als Lehrer sowie seine Idealvorstellung des philosophischen Lehrers, Lehrens und Lernens vor. Von seinem Schüler Marinos als Vorbild eines im höchsten Grade glückseligen, also gelungenen, Lebens gefeiert, vertritt Proklos die Philosophie in ihrer gesamten Bandbreite, mit einer besonderen Betonung der Theologie. Anhand der *Platonischen Theologie*, des Alkibiadeskommentars und der Stilisierung idealer Lehrerfiguren wird exemplarisch gezeigt, wie Proklos theologisches Lehren und Lernen als Gipfel des existentiellen philosophischen Unterfangens begreift.

Andreas Müller nimmt in seinem Beitrag den Mönch und Abt *Johannes Sinaites* und dessen Lehrerideal in den Blick, das Ideal eines „Geistlichen Vaters" bzw. Begleiters. Er rekonstruiert zunächst dessen Biographie (Lebensdaten: ca. 525–603). Anhand Johannes' Schriften – insbesondere seines Hauptwerkes, der *Klimax*, und des *Logos pros ton poimena* – arbeitet er dann dessen Vorstellung vom „Geistlichen Vater" heraus, der als unmittelbar von Gott belehrter Charismatiker erscheint, der seinerseits seinen Schülern als Mystagoge Weisheit durch das vorbildliche mönchische Leben vermitteln soll. Für diese Unterweisung in der wahren Philosophie sieht Johannes drei mönchische Alphabete bzw. Zusammenstellungen grundlegender Lehrbegriffe vor, in

Entsprechung zu den drei Klassen von Schülern, den Anfängern, Fortgeschrittenen und Vollkommenen. Am Anfang und in engem Zusammenhang mit den anderen „Buchstaben" dieser Alphabete steht der Gehorsam. Johannes' Biograph Daniel von Raithu stilisiert Johannes seinerseits in dessen Vita als Lehrer, der die Ideale der *Klimax* umsetzt, und bezeichnet ihn als „Neuen Moses". Schließlich zeigt Müller anhand eines Blicks auf die monastische Tradition der Spätantike und ihre literarischen Zeugnisse, wie sehr das von Johannes beschriebene Lehrerideal in diese Tradition eingebettet war.

Jens Scheiner beleuchtet in seinem Beitrag einen bisher vernachlässigten Aspekt der Darstellung *Muhammads* in den arabischen Quellen, nämlich den seiner Lehrtätigkeit. Sowohl in der *Sira*- als auch in der *Hadith*-Literatur finden sich zahlreiche Überlieferungen, die Muhammad dabei zeigen, wie er die göttliche Offenbarung in verbaler und non-verbaler Form vermittelt hat und damit als „religiöser Lehrer" gewirkt hat. Während die *Sira*-Literatur vor allem in Muhammads medinensischer Lebensphase darüber Auskunft gibt, werden in der *Hadith*-Literatur ganz häufig Lehrinhalte, Lehrorte und Muhammads didaktische Methoden dargestellt. Diese Literaturgattung enthält auch Texte, in denen Muhammad explizit als Lehrer benannt wird und welche die mündlichen Formen seiner Lehrtätigkeit detailliert beschreiben. All diese Porträtierungen Muhammads sind im Kern schon in der koranischen Offenbarung und im kanonisierten Koran angelegt, in welchen Muhammad nicht nur regelmäßig aufgefordert wird, ganz allgemein religiöse Inhalte zu vermitteln, sondern auch explizit dazu aufgerufen wird, „die Schrift und die Weisheit" zu lehren. Zentrale Aspekte von Muhammads Lehrtätigkeit weisen Parallelen zu dem Lehrer Jesus auf, auf die am Rande ebenfalls eingegangen wird.

Ulrich Rudolph behandelt in seinem Beitrag nicht so sehr den Lehrer bzw. die Pädagogik des *Abu Nasr al-Farabi*, sondern vielmehr dessen Wirkmächtigkeit in der islamischen Welt. So erläutert er, wie al-Farabi, der häufig als „der zweite Lehrer" (in Nachfolge des „ersten Lehrers" Aristoteles), die Philosophie definiert und einteilt, zeigt, dass al-Farabi eine kulturelle Entwicklungslinie von der Poesie zur Philosophie zeichnet, und erläutert al-Farabis Selbstdarstellung als derjenige, der die aristotelische Philosophie, die seiner Meinung nach in der Spätantike wegen christlichen Widerstands nur eingeschränkt gelehrt wurde, in ihrer Gesamtheit wiederbelebte. Zu guter Letzt beschreibt Rudolph wie sich al-Farabi des Genres der theologischen Summa bediente, um in seinem Werk über das vorzügliche Gemeinwesen mit Hilfe des demonstrativen Beweises seine Ansichten zu zentralen, religiösen Themen der islamischen Gemeinschaft in die laufende Debatte einzubringen.

Christoph Auffarth zeigt, wie die auf die spätere Antike zurückgehende Tradition der Bildung als durch das Studium der Klassiker erworbene „Menschlichkeit" (*humanitas*) einer intellektuellen Elite, die in humanistischen und neuhumanistischen Bildungsidealen weitergeführt wird, in der Aufklärungspädagogik mit einem neuen Lehrerbild konfrontiert wird. Nicht mehr der Lehrer, sondern der Schüler wird in der Reformpädagogik als Fokus und primär Handelnder im Bildungsprozess angesehen; es geht darum, dass jeder Mensch danach streben möge, seine natürlichen Begabungen (Talente) zu verwirklichen. Bildung wird zur Pflicht eines jeden, und für die Darstellung der Lehrerrolle wird auf die sokratische Maieutik zurückgegriffen. *Herder* wird als Beispiel eines Syntheseversuches zwischen den beiden Konzeptionen analysiert.

Gudrun Krämer stellt in ihrem Beitrag den Arabischlehrer und Begründer der Muslimbruderschaft, *Hasan al-Banna*

(1906–1949), vor und erläutert dessen reformpädagogische Konzepte mit dem Ziel der Umerziehung männlicher Ägypter zu aktiven Muslimen im Kontext der britischen Kolonialherrschaft über Ägypten. Al-Banna besuchte anfangs eine Koranschule und wurde später am Lehrerseminar in Kairo zum Grundschullehrer ausgebildet. Angespornt durch einen inneren Antrieb, seine Mitbürger auf den rechten Weg zu bringen, und geprägt von den Lehren und Strukturen der sufischen Schadhiliyya-Bruderschaft, gründete er nach Abschluss seiner Studien mit 22 Jahren die „Gemeinschaft der Muslimbrüder" mit dem Ziel der „inneren Mission" für Muslime aus der Mittelschicht. Durch eigene publizistische Verlautbarungen und Erziehungskonzepte, die von westlichen Ideen des *self-help* und der Pfadfinderbewegung beeinflusst waren, wollte er vor allem Männer dazu erziehen, Glaube und Handeln als Einheit zu sehen und dementsprechend für die Sache Gottes zu kämpfen. Auch für Kinder und Jugendliche kreierte Hasan al-Banna ein spezielles Erziehungsprogramm, dessen Hauptmerkmal neben dem Faktenwissen die Charakterbildung nach islamischen Prinzipien darstellte.

Für diesen Band wurde der Vortragsstil der einzelnen Beiträge überarbeitet und um zentrale Angaben ergänzt, so dass der interessierte Leser einen konzisen Überblick über die jeweilige Person in einer leicht verständlichen Sprache erhält. Griechische, arabische und andere fremdsprachliche Zitate werden in deutscher Übersetzung wiedergegeben. Die Umschrift arabischer Namen und Begriffe folgt einer vereinfachten, dem Deutschen angepassten Form.

Abschließend möchten wir uns bei all denen bedanken, die uns bei der Organisation der Ringvorlesung und der Erstellung dieses Bandes unterstützt haben. Das sind in erster Linie die beitragenden Autorinnen und Autoren, die ihr Manuskript zur Verfügung gestellt und überarbeitet haben.

Darüber hinaus gebührt dem Courant Forschungszentrum „Bildung und Religion“ (EDRIS) und seinen Sprechern, Prof. Dr. Peter Gemeinhardt und Prof. Dr. Sebastian Günther, Dank für die ideelle und finanzielle Förderung des Projekts. Ohne die tatkräftige Unterstützung unserer Koordinatorin, Frau Dr. Monika Winet, die an der Organisation und Durchführung der Vorlesungsreihe, sowie der Herstellung und Redaktion dieses Bandes maßgeblich beteiligt war, wäre diese Publikation nicht so schnell und effizient erschienen. Sie hat zudem das Autorenverzeichnis, das Personenregister, das geographische Register sowie die Abkürzungen der biblischen Schriften erstellt. Daher gebührt ihr unser größter Dank! Zusammen mit Monika Winet hat Theresa Kohl das Sachregister nach Maßgabe der Herausgeber erstellt. Auch ihr sei hier herzlich gedankt.

Wenn dieser Band einen Impuls zur weiteren Erforschung bedeutender Lehrerfiguren im Mittelmeerraum vergangener Jahrhunderte geben konnte, dann hat er in unseren Augen sein Ziel voll und ganz erreicht.

Göttingen, im März 2015

Tobias Georges
Jens Scheiner
Ilinca Tanaseanu-Döbler

Einführung

Bedeutende Lehrerfiguren in der Tradition der Antike und der monotheistischen Religionen

Tobias Georges, Jens Scheiner und Ilinca Tanaseanu-Döbler

Dieser Band vereint Beiträge zu ausgewählten herausragenden Lehrergestalten, die in Antike (mit all ihren religiösen Strömungen, einschließlich Christentum und Judentum) sowie im frühen und klassischen Islam gewirkt haben. Zwei Beiträge schlagen die Brücke hin zu späteren historischen Nachwirkungen: Christoph Auffarth analysiert Kontinuitäten und Diskontinuitäten in der europäischen Geschichte und dokumentiert eine für das Lehrerbild folgenschwere Verschiebung: Bildung als aktive Entfaltung der eigenen Anlagen im Lichte der Tradition, wobei Lehrern nur noch eine Hebammen- bzw. Vermittlerrolle zukommt. Der andere Beitrag – verfasst von Gudrun Krämer – diskutiert den Schullehrer und Gründer der Muslimbruderschaft, Hasan al-Banna (1906–1949), seine modernen pädagogischen Ansätze, sein Bildungsprogramm und seinen Einfluss als „Lehrer seiner Generation".

Blenden wir zunächst einmal die Nachwirkung aus und konzentrieren wir uns auf die antiken und frühislamischen Figuren, so fällt zum einen auf, dass viele davon, wie Bernd Schröder in seinem Beitrag zu Flavius Josephus notiert, einer modernen Definition des Lehrers (Einbindung in Institution Schule, Professionalität, formale, staatliche Reglementierung der Qualifikation und Lehrtätigkeit)[1] nicht genügen könnten. Im Falle der paganen und christlichen Philosophen, Platon, Origenes und Proklos, sowie des Rhetors Libanios lassen sich zumindest die ersten beiden *mutatis mutandis* bejahen; bei Libanios haben wir mit den städtischen Lehrerposten sogar etwas, was in einer gewissen Nähe zur dritten Kategorie stünde. Aber wenn man sich ansieht, was die Schüler im Falle dieser Figuren sagen, so fällt auf, dass diese modernen Kriterien für eine antike Lehrerdefinition bestenfalls Marginalia sind. Wenn Gregor Thaumaturgos oder Marinos ihre Lobreden auf ihre Lehrer schreiben, wenn Proklos immer wieder seinen Lehrer und die Lehrerkette der platonischen Tradition als Mysterienpriester stilisiert, wenn Platon als der Philosoph schlechthin Züge eines göttlichen Lehrers annimmt, wenn al-Farabi bei Muslimen als „zweiter Lehrer" überhaupt gilt, dann sehen wir daraus, dass Lehrersein auch in diesen enger als ‚Lehrer' erkennbaren Fälle mehr bedeutet. Die Lehre und die Weisheit des guten Lehrers sind zutiefst existentiell relevant; es geht darum, dass der Lehrer in einem persönlich zugeschnittenen Prozess die Schüler zu einem gelingenden Leben, mitunter zum Göttlichen, führt: „die Lehre des Weisen ist eine Quelle des Lebens" (Spr. 13, 14), wie das Motto unserer Vorlesungsreihe lautete, das bei zahlreichen Beitragenden auf Resonanz gestoßen ist.

Diese weitere, existentiell konnotierte Vorstellung vom Lehrer teilen die schon erwähnten Figuren mit denen, die nicht institutionell eingebunden sind, geschweige denn

---

[1] Am deutlichsten sind diese Merkmale noch bei dem Schullehrer Hasan al-Banna zu beobachten, da er in ein modernes Bildungssystem eingebunden war.

‚professionell' lehren: von Jesus und Muhammad bis hin zum Abt Johannes Sinaites oder al-Farabi. Wir haben hier also einen weiteren Lehrerbegriff gewählt, der neben dem professionellen Vermittler von Wissen und Kompetenzen auch andere Fälle von bewusster Bildungsvermittlung einbezieht. Unter ‚Lehrer' verstehen wir daher den einen von zwei Akteuren im Bildungsprozess: denjenigen, der aufgrund seines höheren Wissens- bzw. Erfahrungsstandes und seiner Autorität bestimmte Lehrgehalte an eine Schülerschaft weitergibt, welche sie aktiv rezipiert. Die Konzentration auf Bildungsvermittlung erlaubt es uns, auch solche Fälle unter ‚Lehrer' zu berücksichtigen, in welchen abgesehen von der konkreten Schülerschaft die Wirkungsgeschichte einer Person diese für spätere Generationen zum Lehrer stilisiert, auch wenn dies zu Lebzeiten nicht notwendigerweise der Fall war, wie bei Flavius Josephus oder al-Farabi. Die vermittelten Lehrgehalte können unterschiedlichster Art sein – von Kulturtechniken über metaphysische Inhalte und Ritualwissen bis hin zur allgemeinen Unterweisung in ein gelingendes Leben. Der Schwerpunkt des Bandes liegt jedoch auf Vermittlern existentiell relevanter Bildungsinhalte und/oder Persönlichkeiten, die Charakter und Lebensweise prägen – mit anderen Worten auf religiösen und philosophischen Lehrergestalten.[2]

Die Entscheidung für einen weiteren Lehrerbegriff bedeutet nicht, dass andere Rollen der Lehrerfiguren aus dem Blick geraten dürfen. Die Kategorie ‚Lehrer' bildet nur eine Perspektive, aus der wir bestimmte Aspekte des Wirkens der

---

[2] Gerade in der Antike ist Philosophie oft stark religiös gefärbt; dies wird bei den im vorliegenden Band behandelten Beispielen deutlich. Zum Religionsbegriff vgl. Marvin Döbler: „Bernhard von Clairvaux and Religious Education: An Approach from the Perspective of the History of Religions". In: Ilinca Tanaseanu-Döbler/Marvin Döbler (Hgg.): *Religious Education in Pre-Modern Europe*. Leiden 2012, 213–245, hier 218–220.

behandelten Gestalten besser verstehen und miteinander vergleichen wollen. Die Funktion des Lehrers ist dabei in der Selbst- wie Fremdwahrnehmung mit anderen Rollen verbunden. Besonders deutlich ist das im Falle von Jesus und Muhammad. Beide hätte man in einer früheren Periode der Religionswissenschaft als ‚Religionsstifter' bezeichnet; beiden werden auch andere Rollen zugesprochen, die weit über die Lehrerrolle hinausgehen, etwa die Messianität oder Gottessohnschaft Jesu oder aber die Rolle des Propheten und Staatsmannes bei Muhammad. Aber auch Flavius Josephus kann als Politiker oder Literat wahrgenommen werden und ist es auch, ebenso wie Libanios oder Plutarch, bei dem auch die Rolle als Priester dazukommt, oder Hasan al-Banna als religiöser Reformer und politischer Aktivist. Wir werden also nicht nur nach Querverbindungen und Vergleichspunkten zwischen den einzelnen Figuren suchen, sondern im Einzelfall auch fragen müssen, inwiefern der Lehrerbegriff zum besseren Verständnis beiträgt bzw. Facetten des Wirkens erschließt, die durch andere Rollenbezeichnungen nicht so gut greifbar wären.

Wenden wir unser Augenmerk chronologisch zunächst der einen kohärenten historischen Linie zu, die eine Tradition bildet: Gleich drei Philosophen vertreten die platonische Tradition. Dies ist sicherlich zum einen der Auswahl geschuldet; andere Namen wie Aristoteles, Theophrast, Epikur oder Epiktet kommen dem, der nach großen philosophischen Lehrern der Antike sucht, in den Sinn. Die Konzentration auf Platon ist aber in einer bestimmten Hinsicht nicht willkürlich. Der Platonismus war diejenige philosophische Richtung, in der Juden, Christen und Muslime am leichtesten Ähnlichkeiten zu der eigenen religiösen Tradition erkennen konnten; dies nicht zuletzt aufgrund der Vorstellung eines transzendenten Göttlichen, die im Beitrag von Jens Halfwassen als Markenzeichen platonischer Philosophie herausgearbeitet wird. So werden Platon, aber auch Plutarch und Proklos, die jeweils für den Mittel- und Neuplatonismus stehen, in der christlich geprägten Geschichte Europas in Ost und West rezipiert. Der Neuplatonismus mit seinem gestuften Curriculum, seinen Einleitungen in das Studium bestimmter Philosophen, seinen exegetischen Werken, bildet eine zentrale Brücke, über welche griechische Philosophie und Wissenschaften via den syrischen Raum in die arabisch-islamische Welt gelangen. Origenes und al-Farabi repräsentieren im Band beispielhaft die komplexen Formen der Synthese zwischen philosophischem und christlichem bzw. islamischem Lehren und Lernen, die Synthese zwischen pagan-philosophischen und christlichen bzw. islamischen Lehreridealen. Dabei ist der eine, so Tobias Georges, mit seiner Schule und seinem Wirken noch mitten in der lebendigen Geisteswelt des 3. Jh.s verankert, ist mit paganen Philosophen vertraut und setzt ihnen seinen im Christentum gipfelnden Entwurf entgegen, während der andere, wie Ulrich Rudolph ausführt, aufgrund der neuplatonischen Literatur, die im Rahmen der weitreichenden Übersetzungsbewegung vom 8.–10. Jh. Einzug in die arabischsprachige Welt gehalten hat, einen arabischen Neuanfang entwirft, um zentrale religiöse Anliegen der islamischen Gemeinschaft seiner Zeit aus der Perspektive eines Philosophen zu thematisieren. Auch Johannes Sinaites lässt sich in einen spezifischen weiteren Diskurs der Aneignung der Philosophie seitens des christlichen Mönchtums einordnen, der das Etikett ‚Philosophie' für das christlich geprägte asketische Leben beansprucht und ihm dabei eine ganz eigene Prägung verleiht, wie Andreas Müller in seinem Beitrag erläutert.

Mit der Philosophie, insbesondere der platonisch geprägten, verbinden sich also verschiedene religiöse Traditionen des Mittelmeerraumes zu einer bisweilen recht spannungsreichen Synthese, welche spätere europäische wie islamische Diskurse prägt. Diese Traditionen werden zunächst mit Jesus und Muhammad anhand der Persönlichkeiten erörtert, auf welche Christentum und Islam zurückgehen. Wie Reinhard Feldmeier zeigt, ist die Lehrerkategorie schon von der Semantik her in den Darstellungen der Evangelien zentral und wird insbesondere bei Matthäus entfaltet. Aber auch diese Kategorie wird überboten und umgedeutet: Jesus erscheint nicht als ein beliebiger jüdischer Lehrer, der eine bestimmte Botschaft vermittelt, sondern als jemand, dessen Vollmacht und Autorität qualitativ schlechthin anders ist – Vorstellungen einer einzigartigen Gottesbeziehung, die in der Titulatur Jesu als *kyrios* („Herr") und der Vorstellung der Gottessohnschaft gipfeln. Jens Scheiner zeigt, wie auch in der Darstellung Muhammads die bisher vernachlässigte Lehrerkategorie hilft, Muhammad nicht nur als quasi passives Sprachrohr Gottes, als Gesandten und Propheten zu sehen, sondern als planvoll pädagogisch Handelnden, der seine Botschaft mit verschiedenen Mitteln an die jeweiligen Adressaten, d. h. eigene Anhänger, aber auch Juden und Christen, bringt. Damit ist eine neue Facette des als in der Lehre sehr aktiv porträtierten Muhammad herausgearbeitet, neben derjenigen des Politikers und Staatsmannes, an welcher sich – neben anderen Gelehrten – auch Ibn Sahnun, der Lehrer und Erzieher muslimischer Kinder, im 9. Jh. orientierte.[3]

Mit Libanios, Johannes Chrysostomos und Flavius Josephus berühren wir neben den existentiell ausgerichteten Lehreridealen und pädagogischen Idealen philosophischer und religiöser Diskurse zwei andere essentielle Bereiche. Zum einen die Rhetorik als den klassischen Hauptantagonisten

[3] Vgl. Sebastian Günther: „Advice for Teachers. The 9th Century Muslim Scholars Ibn Saḥnūn and al-Jāḥiẓ on Pedagogy and Didactics". In: Ders. (Hg.): *Ideas, Images, and Methods of Portrayal. Insights into Classical Arabic Literature and Islam*. Leiden 2005, 109.

der Philosophie im Wettkampf um die höhere Bildung der Jugend, der Eliten. Im bewegten 4. Jh., in dem sich die wechselvollen Zeiten langsam in die Richtung der Dominanz des Christentums bewegen, repräsentiert Libanios, wie Heinz-Günther Nesselrath zeigt, einen durch und durch traditionellen Lehrer der Rhetorik, dessen Sympathien zwar den alten Göttern gehören, aber ohne die damals in Mode kommende theologische Unterfütterung durch den Neuplatonismus. Auch für ihn sind, wie er im Hinblick auf den von ihm geschätzten Kaiser Julian lobend formuliert, Literatur und Religion „Geschwister",[4] beide repräsentieren das, was echte Kultur, echtes Hellenentum ausmacht. Rhetorik ist hier nicht nur eine zentrale Kulturtechnik, mit der Libanios seinen Lebensunterhalt als städtischer Professor verdient, sondern dient dem Literaten als Medium der Lebensbewältigung und der Lebensreflexion sowie als ideales Paralleluniversum. Insofern sie aber auch Kulturtechnik ist, wirkt Libanios vielleicht wider Willen auch in die christliche Kultur hinein, wie die Diskussion um Johannes Chrysostomos zeigt, dessen Schülerschaft bei Libanios als plausibel angesehen werden kann, und wie andere Beispiele christlicher Schüler zeigen, die zu Bischöfen wurden. Die Hauptdisziplin der klassischen *paideia* prägt nun die entstehende christliche Predigtkultur; auf der westlichen Seite könnte man an Ambrosius, Hieronymus oder Augustinus als Parallelen zu Johannes Chrysostomos denken, von denen insbesondere letzterer in seiner *De doctrina christiana* ein exegetisches und rhetorisches Handbuch für den christlichen Prediger entwirft. Damit wird auch ein zentraler *locus* christlicher Erwachsenenbildung durch die antike Rhetorik gestaltet. Gerade an der eigenwilligen Argumentationskunst eines Tertullian wird dabei zugleich sichtbar,

---

[4] Libanios, *oratio* 18, 157.

wie die Rhetorik auch transformiert und gegen ihre antiken Wurzeln gewendet werden kann.[5]

Zum anderen führt das Beispiel von Flavius Josephus in die kulturellen Auseinandersetzungen zwischen Griechen, Römern und den anderen Kulturen der Diadochenreiche und später des Römischen Reiches ein. Wie die Ägypter Manethon oder Chairemon versucht auch er, die Kultur und insbesondere die Religion seines Volkes für Römer zu erklären, ihr besonderes Alter und ihre besondere Würde herauszuarbeiten. Josephus beansprucht indirekt die Autorität der Lehrerrolle: Als Kundiger erläutert er Außenstehenden die Geheimnisse des Judentums.

Für die meisten gerade behandelten Lehrer gilt, dass die verschiedenen Quellen, seien sie aus der Hand des Lehrers selbst, seiner Schüler oder späterer Autoren, sich stets in einem von unterschiedlichen religiösen und pädagogischen (oder, wie hier größtenteils der Fall, andragogischen) Vorstellungen und Idealen strukturierten Diskurs bewegen. An den entsprechenden ‚Lehrer' an sich kommen wir schlechterdings nicht. Die Evangelien setzen die Vorstellung jüdischer Lehrer voraus, die eine Lebens- und Lerngemeinschaft mit ihren Jüngern bilden, um Jesus durch Überbietung zu profilieren, indem sie seine göttliche Vollmacht gegen die sonstige Tradition setzen. Die platonischen Bilder der Lehrer-Schüler-Beziehung prägen die Dialoge Plutarchs, deren Dialogizität, wie Rainer Hirsch-Luipold zeigt, mehr als bloße Einkleidung ist, sondern die Dynamik und Lebendigkeit echter philosophischer Suche widerspiegelt – hier denkt man sofort an Platons Schriftkritik im *Phaidros*[6]. Das Bild der Philosophie als Mysterieneinwei-

---

[5] Vgl. Tobias Georges: *Tertullian – Apologeticum. Übersetzung und Kommentierung*. Freiburg/Basel/Wien 2011.

[6] *Phaidros* 274b–277a.

hung und -feier[7], spielt sowohl bei Plutarch als auch bei Proklos eine Schlüsselrolle; die Vorstellung, dass der Lehrer zum Mystenführer wird, zieht sich durch bis hin zur Mystagogik des Johannes Sinaites, wenngleich in spezifisch abgewandelter Form. Für Marinos ist Proklos – der ideale Lehrer – Inbegriff eines gelingenden Lebens, ausgedrückt durch den Schlüsselbegriff der Glückseligkeit. Die *Sira*- und *Hadith*-Literatur,[8] in welcher wir das Leben und Wirken Muhammads fassen können, ist bereits in weiten Teilen geprägt von der Vorstellung, Muhammad sei der ideale Muslim, dessen Vorbild und Brauch (*sunna*) – auch in pädagogischen Belangen – zu folgen ist. Die reale Persönlichkeit der Lehrer ist uns nur gefärbt durch die der Selbst- und/oder Fremdinterpretation zugänglich, je nachdem, welche Quellen wir besitzen.

Zwischen den einzelnen Lehrergestalten lassen sich Verbindungslinien ziehen, die zwar nur einen kleinen Ausschnitt aus der Fülle antiken und nachantiken Lehrens und Lernens bieten, aber durchaus Schlaglichter auf Denkmuster werfen, die diese entscheidend prägen. Philosophische wie religiöse Lehrer sind darin verbunden, dass ihr Ziel letztlich die Erfüllung menschlichen Potentials darstellt. Ob bei Plutarch, Johannes Sinaites, Proklos, Origenes, Muhammad oder al-Farabi: Die zu vermittelnde Bildung betrifft das gesamte Leben der Schüler, ihre Ausrichtung auf Gott hin. Das platonische Ideal der größtmöglichen Angleichung an Gott (*Theaitetos* 176b) steht bei allen im Hintergrund, christlich zusätzlich verbunden mit der Vorstellung von der Gottesebenbildlichkeit des Menschen, die es zu realisieren bzw. in Empfänglichkeit

---

[7] Z. B. Platon, *Phaidon* 69c–d; *Symposion* 209e–210a; *Phaidros* 249c–d.250b–d.

[8] Einführend zur *Hadith*-Literatur siehe Jens Scheiner: „Der Hadith". In: Rainer Brunner (Hg.): *Einführung in den Islam*. Stuttgart 2015 [Im Druck].

gegenüber dem göttlichen Handeln wiederzugewinnen gilt, während im Islam die Unterwerfung unter Gott betont wird. Je nach Spielart der jeweiligen religiösen Tradition erfordert dies grundlegende Einsicht in die fundamentalen Fragen hinsichtlich Gott, Welt und Mensch zum einen, geduldige Selbstdisziplinierung, Meditation und religiöse Praktiken zum anderen. *Theoria* und *praxis* sind aufs engste miteinander verbunden. Die Akzente sind dabei sicherlich verschieden, wie es auch die genaue Art der Wissensvermittlung ist. Um nur in der Akademie zu bleiben: Plutarchs literarisch-spielerische Mystagogie ist ganz anders geartet als Proklos' detailgenaue, systematische, technische Ausführungen zur Theologie oder zur Naturwissenschaft im *Timaios*. Was Jesus lehrt, ist der Eintritt in eine besondere Gottesbeziehung, die das gesamte Leben des Individuums einfordert – dazu muss man wissen, wer Jesus ist, wie Gott ist, wie man sich zu verhalten hat. Bei Johannes Sinaites wird insbesondere die Praxis des alltäglichen Mönchslebens unter der individuellen Anleitung des ‚Vaters' in den Vordergrund gestellt, während Muhammad in erster Linie die Unterwerfung unter Gottes Vorgaben und Entscheidungen predigt, die es zu entschlüsseln, beachten und vermitteln gilt.

Diese Zusammengehörigkeit von *theoria* und *praxis* ist insbesondere damit verbunden, dass philosophisches und religiöses Lehren und Lernen oft in einer engen persönlichen Beziehung zwischen Lehrer und Schülern stattfindet, die gelegentlich sogar eine Lebensgemeinschaft bilden; damit kann die Vorstellung eines engeren Kreises vertrauter Schüler verbunden sein, der einer weiteren Hörerschaft gegenübersteht. Besonders radikal wird diese Lebensgemeinschaft in den Evangelien ausgemalt, wo die Jünger alles hinter sich lassen, um Jesus nachzufolgen. Ähnliche Beschreibungen finden sich in den Quellen zum frühen Islam, in denen nicht nur gezeigt wird, dass die ersten Anhänger Muhammads mit diesem nach Medina auswandern, sondern in welchen auch immer wieder die Rede davon ist, dass sich Individuen und kleinere Gruppen in Medina bei Muhammad niederließen, um seine Lebensweise zu studieren und zu imitieren. An diesem Beispiel wird gleichfalls deutlich, dass der Lehrer nicht nur durch Reden, sondern durch die Tat und sein persönliches Vorbild lehrt – ein ebenso zentraler Punkt in Gregors Dankrede für Origenes. Ebenfalls bei Gregor finden wir einen Lehrer, der aufgrund der persönlichen Nähe zu seinem engeren Schülerkreis jeden gemäß seines Entwicklungsstadiums und seiner Fähigkeiten fördern kann. Dies wird auch in der Darstellung der neuplatonischen Schule von Athen durch Marinos greifbar, wo die liebevolle Fürsorge für Proklos seitens seiner Lehrer und sein eigener differenzierter Unterricht ausgemalt werden. Plutarch bewegt sich auch in einem Kreis von Schülern und Freunden, denen er nicht nur formellen Unterricht erteilt, sondern je nach Lebenslage und persönlicher Situation passende Schriften widmet. Auch bei ihm oder bei Proklos lässt sich, wie in der gesamten Tradition des späteren Platonismus, eine Zweiteilung der Schüler in einen engen Kreis und eine weitere Hörerschaft finden. Das persönliche Vorbild des und das enge Zusammenleben mit Muhammad wird nicht nur von seinen mehr als 12.000 Gefährten als besonders bedeutsam angesehen,[9] sondern auch zahlreiche Muslime richten ihr Leben (bis heute) an Muhammads Handlungsweisen (*sunna*) aus. Daher könnte man letztere, neben dem zeitgenössischen Schülerkreis der Prophetengefährten, als eine erweiterte Schüler- oder Anhängerschaft Muhammads

---

[9] Soviele Gefährtinnen und Gefährten listet der spätmittelalterliche Gelehrte Ibn Hadschar al-ʿAsqalani (gest. 1449) in seinem biographischen Lexikon *Al-isaba* auf: Ibn Hadschar al-ʿAsqalani: *Al-isaba fi tamyiz al-sahaba*, hg. von A. al-Badschawi. 8 Bde. Kairo 1970–1972.

bezeichnen, was sich in dem antiquierten Begriff „Muhammedaner“ widerspiegelt.

Wem gilt die Zuwendung des Lehrers? An diesem Punkt können wir einen fundamentalen Unterschied zwischen christlichen und pagan-platonischen Bildungskonzeptionen greifen.[10] Bei Platon, Plutarch, Proklos oder al-Farabi ist es klar, dass es nur um die intellektuelle Elite gehen kann. Nur wer genügend gute Anlagen von Natur aus mitbringt, kann sinnvoll durch die langwierige Schule der Philosophie gehen, um durch schrittweise Loslösung vom Körperlichen über die Wissenschaften und die Dialektik das Seiende zu berühren. Dies wird in Marinos' Lobrede auf Proklos deutlich, die eben bei den natürlichen Anlagen anfängt; Proklos selbst artikuliert dies in seinen Schriften. Angleichung an Gott ist Sache einiger weniger, was im Topos des Mysteriencharakters der Philosophie bildhaft ausgestaltet wird. Diese Aspekte neuplatonischer Pädagogik werden am Beispiel des Proklos von Ilinca Tanaseanu-Döbler skizziert. In diesem Punkt werden im christlichen Bereich von Anfang an andere Weichen gestellt: Die Botschaft von der Zugänglichkeit Gottes wird allen unterschiedslos gepredigt. Einprägsam ist dies im matthäischen Taufbefehl ausgedrückt: „Gehet hin und machet zu Jüngern (*mathetai*, wörtlich ‚Schüler‘) alle Völker: Taufet sie auf den Namen des Vaters und des Sohnes und des Heiligen Geistes, und lehret sie halten alles, was ich euch befohlen habe.“ (Mt 28,19–20a). Christliche Autoren werden nicht müde, wie Justin zu betonen, dass „nicht allein Philosophen und Gelehrte“ an Christus geglaubt hätten, „sondern

[10] Zu diesem Unterschied im Kontext des spätantiken Spannungsfeldes von Religion und Bildung Ilinca Tanaseanu-Döbler, „Religious Education in Late Antique Pagan Circles“. In: Dies. / Marvin Döbler (Hgg.): *Religious Education in Pre-Modern Europe*. Leiden 2012, 97–146.

auch Handwerker und ganz gewöhnliche Leute".[11] Dies hat durchaus seine Entsprechung im Programm hellenistischer Philosophie, insbesondere der Stoa oder des Epikureismus, wo Philosophie als Lebenskunst angesehen wird, die für alle Relevanz hat.[12] Auch die islamische innere, wie äußere Mission (*daʿwa*) richtet sich, wie das Beispiel Hasan al-Bannas zeigt, prinzipiell an alle Menschen, gleich ob Muslime oder Nicht-Muslime. Origenes' Schriften sind ein wunderbares Beispiel dafür, wie christliche Intellektuelle diese grundlegende Offenheit bewahren und zugleich die platonische elitäre Konzeption damit verbinden wollen, dass insbesondere theologische Inhalte nur einigen Eingeweihten vollends zugänglich sein können; ein komplexes Konstrukt, das Glauben und theologische Einsicht balanciert und nicht zuletzt über die Lehre des mehrfachen Schriftsinnes allen je nach Fähigkeit Zugang zum Göttlichen – wenn nötig, mit Nachhilfe im Jenseits[13] – gewährt, ist das Ergebnis.

Bildung als Elitenbildung charakterisiert auch den rhetorischen Lehrbetrieb. Hier stehen primär Literatur und das Erlernen rhetorischer Techniken auf dem Programm; eine existentielle bzw. lebensbezogene Komponente lässt sich bei Libanios nicht finden, auch wenn er persönlich das mit der klassischen Literatur verwobene Pantheon vorzieht. Er kann auch christlichen Schülern zum Bischofsamt gratulieren, da sie dort die Rhetorik würdig und nutzbringend ausüben könnten. Von Philosophenanhängern wie Eunapios von Sar-

---

[11] Justin, 2. Apologie 10,8.

[12] Zum Begriff der Lebenskunst in der hellenistischen Philosophie z. B. Albrecht Dihle: *Philosophie als Lebenskunst*. Opladen 1990.

[13] Origenes, *De principiis* II 11, 3–7 (H. Görgemanns/H. Karpp (Hgg.): *Origenes: Vier Bücher von den Prinzipien*. Darmstadt ^{3}1992, 443–457).

des erntet er insgesamt Hohn für seine Anpassungsfähigkeit[14]. Und doch kann auch bei Libanios ein persönlicher Einsatz der Rhetorik für Zwecke festgestellt werden, die ihm am Herzen liegen: Man denke an die 30. Rede, in der er für die Tempel und insbesondere die ländlichen Schreine gegen die Übergriffe durch christliche Mönche eintritt.[15] Sein mutmaßlicher Schüler Johannes Chrysostomos stellt die Rhetorik in den Dienst der christlichen Lehre und gehört somit zugleich auch in die oben diskutierte Gruppe, die Breitenwirkung anstrebt.

Einen Fall *sui generis* stellt Flavius Josephus dar, der sich als Lehrer ohne direkte Schüler an die Gebildeten des Römischen Reiches wendet und darüber hinaus durch seine Nachwirkung als Vermittler von Wissen über das Judentum fungiert. Hier wird die Betrachtung der Lehrerrolle zur Rezeptionsgeschichte, dem jeweiligen Hintergrund und den Interessen der Leser entsprechend. Diese Dimension der Wirkung des Lehrers über den Tod hinaus lässt sich bei all unseren antiken und früh- bzw. klassisch-islamischen Beispielen greifen: Es handelt sich um Gestalten, deren Lehre weiterwirkt, deren (Worte und) Texte als kanonisch gelesen werden, ob wegen des Inhalts oder wegen ihres hervorragenden literarischen Stils – sowohl Platon als auch Libanios dienen in der Spätantike und in Byzanz als Muster im letzteren Sinne. Ähnliches gilt für die koranische Offenbarung, an welcher sich – nach ihrer Vermittlung durch Muhammad und der Zusammenstellung zu einem schriftlichen Kodex (*mushaf*) – nicht nur spätere Literaten (*udabaʾ*) und Verwaltungssekretäre (*kuttāb*), welche auch großen Anteil an der Etablierung eines ganz-

[14] *Vitae sophistarum et philosophorum* XVI 1,10 f.

[15] Jetzt in der kommentierten zweisprachigen Ausgabe von H.-G. Nesselrath u. a.: *Libanios: Für Religionsfreiheit, Recht und Toleranz*. Tübingen 2011.

heitlichen Bildungskonzepts für den Menschen (*adab*) hatten, auf Anraten eines ihrer frühesten Repräsentanten, ʿAbd al-Hamids (gest. 750), stilistisch orientierten.[16] Der Einfluss solcher Lehrer kann jeweils rezeptionsgeschichtlich untersucht werden; manche reflektieren aber auch explizit Nutzen oder Probleme der Nachwirkung. Auf eine fundamentale Veränderung in der platonischen Philosophie weist der Vergleich von Platons Schriftkritik im *Phaidros* (ohne das lebendige Gespräch mit dem Lehrer bleibt sein bloß geschriebener Text tot, er kann nicht Antworten auf ungelöste Fragen geben) mit Proklos' erklärtem Anliegen, als würdiger Erbe früherer Generationen den Schatz der neuplatonischen Kommentare und Schriften durch eigene *hypomnemata* zu mehren, die den nachfolgenden Generationen zugute kommen würden.[17] Als weiteres Beispiel für eine solche Nachwirkung sei auf die Grundlegung einer arabischen Philosophie durch al-Farabi hingewiesen, die nicht ohne die Basis neuplatonischer Einführungen und sonstiger philosophiedidaktischer Schriften denkbar wäre. Auf christlicher Seite könnte man den *Liber de causis* anführen, der lateinischen Version einer arabischen Bearbeitung von Proklos' *Elementatio theologica*: Dieser Text wird im Hochmittelalter zu einem zentralen metaphysischen Referenzpunkt,[18] und die platonische Tradition ist insgesamt

---

16 Hartmut E. Fähndrich: „Der Begriff ‚adab' und sein literarischer Niederschlag". In: Wolfhart Heinrichs / Klaus von See (Hgg.): *Orientalisches Mittelalter*. Wiesbaden 1990, 329.

17 Dazu Michael Erler: „Platons Schriftkritik und der Sinn der Aporien im Parmenides nach Platon und Proklos" In Jean Pépin / Henri-Dominique Saffrey (Hgg.): Proclus: lecteur et interprète des anciens. Paris 1987, 153–163, 161–163.

18 Vgl. z. B. Henri-Dominique Saffrey: „L'état actuel des recherches sur le Liber de causis comme source de la métaphysique au Moyen Âge". In: Paul Wilpert (Hg.): *Die Metaphysik im Mittelalter. Ihr Ursprung und ihre Bedeutung*. Berlin 1963, 267–281, 281.

für das abendländische Phänomen der Scholastik und überhaupt für die abendländische Geisteswelt von grundlegender Bedeutung.[19]

Den Band beschließen – wie einleitend bereits gesagt – zwei Beiträge, die schlaglichtartig Nachwirkungen und Umakzentuierungen der entwickelten Lehrer- und damit Lehr- und Lernideale diskutieren. In einem Beitrag wird die Verschiebung des Blickpunktes weg vom Lehrer und hin zum Schüler in der Reformpädagogik der Aufklärung skizziert, welche auch heutige pädagogische Diskurse nachhaltig bestimmt. Gezeigt wird, dass auch diese Verschiebung in der Tradition der paganen und christlichen Antike gelesen werden muss. Der zweite Beitrag zu Hasan al-Banna wirft Schlaglichter auf eine ägyptische Lehrerfigur des frühen 20. Jahrhunderts, deren religiöse und politische Vorstellungen und Lehren die meisten arabischen Länder des südlichen und östlichen Mittelmeerraums bis heute prägen.

---

[19] Vgl. z. B. Theo Kobusch / Burkhard Mojsisch (Hgg.): *Platon in der abendländischen Geistesgeschichte.* Darmstadt 1997.

Der „göttliche Platon“ – Gründer einer philosophischen Religion?

Jens Halfwassen

1. Philosophie als philosophische Religion

War Platon der Gründer einer philosophischen Religion? – Platons Philosophie ist immerhin zentriert um Themen wie Gott und das Eine, den Ursprung der Welt, das wahre Sein, die Unsterblichkeit der Seele und die Erfüllung des menschlichen Lebens. Sein Einfluss auf die drei westlichen monotheistischen Religionen kann kaum überschätzt werden. In der Spätantike wurde der Platonismus für die intellektuelle Elite zu einer veritablen Konkurrenzreligion zum Christentum. Zugleich beeinflusste diese Konkurrenz die christliche Theologie in ihrer formativen Phase in einem solchen Ausmaß, dass Friedrich Nietzsche das Christentum „Platonismus fürs Volk“ nennen konnte. So spricht auf den ersten Blick Vieles dafür, den Platonismus als philosophische Religion zu begreifen und Platon – den die Antike über Schulgrenzen hinaus den „göttlichen Platon“ nannte – als ihren Stifter.

Doch: Was ist eigentlich eine „philosophische Religion“? Der Begriff entstammt der idealistischen Religionsphilosophie von Hegel und Schelling.[1] Bei Hegel meint er die im

[1] Vgl. dazu Walter Jaeschke: *Die Vernunft in der Religion. Studien zur Grundlegung der Religionsphilosophie Hegels.* Stuttgart-Bad Cannstatt 1986.

bekannten Dreifachsinn zu verstehende „Aufhebung“ der Religion im denkenden Begreifen der Philosophie. Vorausgesetzt ist dabei, dass Religion und Philosophie mit Gott als der absoluten Wahrheit denselben Inhalt haben. Schelling, der in seiner Spätphilosophie den Begriff „philosophische Religion“ als festen *Terminus technicus* gebraucht, meint damit eine höhere Einheit von Philosophie und Religion, in der beide ihre ultimative Erfüllung finden. Während Hegel beansprucht, die Aufhebung der Religion in Philosophie mit seiner eigenen „absoluten Philosophie“ vollbracht zu haben, steht für Schelling die „philosophische Religion“ noch aus – sie ist ein Zukunftsprojekt, dessen geschichtliche Realisierung nicht in unserer Macht liegt, sondern allein in der Macht Gottes.

Trotz dieser Unterschiede überwiegen die Gemeinsamkeiten. Zu diesen gehört auch, dass beide inspiriert sind durch die Religionsphilosophie des kaiserzeitlichen Platonismus, also durch Plutarch und Numenios, Porphyrios und Jamblich, Proklos und Damaskios.[2] Von ihnen wurde die Vereinigung von Philosophie und Religion unter dem Vorzeichen der Philosophie zum ersten Mal konzipiert. Obwohl der Begriff „philosophische Religion“ nicht antik ist, lässt er sich auf den Platonismus anwenden. Man kann sogar noch weitergehen und behaupten, dass die antike Philosophie von Anfang an und von Grund auf den Charakter einer „philosophischen Religion“ hat.[3]

---

[2] Vgl. dazu Jens Halfwassen: *Hegel und der spätantike Neuplatonismus. Untersuchungen zur Metaphysik des Einen und des Nous in Hegels spekulativer und geschichtlicher Deutung.* Hamburg ²2005 sowie Michael Franz: *Tübinger Platonismus. Die gemeinsamen philosophischen Anfangsgründe von Hölderlin, Schelling und Hegel.* Tübingen 2012.

[3] Dazu demnächst Jens Halfwassen: *Die philosophische Religion der Antike* (erscheint in der „Bibliothek der Weltreligionen“ bei Suhrkamp/Insel, Berlin).

Philosophie ist nämlich seit ihrem griechischen Anfang der Versuch, das *Ganze* des Wirklichen oder Seienden zu denken. Der Ausgriff auf das Ganze kennzeichnet philosophisches Denken von den frühesten Vorsokratikern an. Er ist es darum, der philosophisches Denken von anderen Formen des Denkens unterscheidet und als *philosophisch* auszeichnet. Ebenfalls von den frühesten Vorsokratikern an greift philosophisches Denken in der Weise auf das Ganze aus, dass es das Ganze von einem letzten *Grund* und *Ursprung* her thematisiert und in den Blick nimmt. Als das Denken des Ganzen hat Philosophie die Gestalt einer Prinzipientheorie und ist insofern *Metaphysik* – denn Metaphysik bestimmt schon Aristoteles als die Suche nach den letzten Prinzipien der Wirklichkeit im Ganzen.[4] Den Ursprung des Ganzen aber, von dem her sich das Ganze allein thematisieren lässt, denkt die Philosophie ebenfalls von den frühesten Vorsokratikern an als das eigentlich *Göttliche*.

Aristoteles berichtet uns, dass Anaximander, neben Thales der früheste der vorsokratischen Ursprungsdenker, als erster den Ursprung mit einem von ihm neugebildeten Neutrum *to theion* – „das Göttliche“ – genannt hat.[5] Anaximander ist zugleich der erste, der in seinem Ursprungsgedanken den Ursprung von der aus ihm entsprungenen Weltwirklichkeit kategorial unterschieden hat, denn er dachte den Ursprung als das *Apeiron*, also als das Unbegrenzte, Unendliche und Unbestimmte und damit als *Verneinung* der aus ihm entspringenden Weltstruktur.[6] Mit diesem Gedanken eines *vorweltlichen* Ursprungs hat Anaximander zum ersten Mal in der Geistesgeschichte einen Begriff des Göttlichen formuliert, der

[4] Aristoteles: *Metaphysik* 981 b 27–29.

[5] Aristoteles: *Physik* 203 b 7–15 (Anaximander: Fr. A 15 Diels-Kranz).

[6] Anaximander: Fr. B 1 Diels-Kranz; vgl. zum Kontext Simplikios: *In physicam* 24, 13 ff. (Anaximander: Fr. A 9 Diels-Kranz).

gänzlich unmythologisch ist, weil er sich von aller bildlichen Vorstellbarkeit befreit und ins reine Denken erhoben hat. Weil der Ursprung des Ganzen nur ein *einziger* sein kann, war es von Anaximander aus auch nur noch ein Schritt zu einem expliziten philosophischen *Monotheismus*. Xenophanes hat diesen Schritt noch im 6. Jahrhundert vor Christus getan:[7] er konzipierte den Einen Gott in ontologischen Bestimmungen als die Verneinung der Seinsweise der veränderlichen Welt und setzte ihn der Göttervielheit des mythologischen Polytheismus als den *einzigen* wahren Gott entgegen, während die vielen welthaften Götter des Mythos für Xenophanes nur Projektionen ihrer Verehrer waren, anthropomorphe Produkte der mythologischen Einbildungskraft. Seitdem ist die Philosophie auf einen philosophischen Monotheismus verpflichtet, der unabhängig von jeder religiösen Offenbarung allein dem Denken entspringt, und dessen Gottesgedanke sich in rein ontologischen Bestimmungen gegen alle mythologischen Vorstellungen von Göttern profiliert. Dieser genuin philosophische Monotheismus entspringt dem Ursprungsgedanken selber, der die Philosophie als denkenden Ausgriff auf das Ganze erst ermöglicht und der darum historisch wie sachlich ihr erster und fundamentalster Gedanke ist, der sie durch ihre gesamte Geschichte hindurch trägt und prägt. Solange Philosophie Ausgriff auf das Ganze des Seienden ist und nach dem letzten Grund und Ursprung des Ganzen fragt, ist sie auf den Gedanken des Einen Gottes verpflichtet, der ganz anders ist als die anthropomorphen Götter des Polytheismus. Dieser Monotheismus ist unablösbar vom Ursprungsgedanken selber; darum bleibt die Philosophie ihm auch und gerade dann

[7] Dazu Jens Halfwassen: „Der Gott des Xenophanes: Überlegungen über Ursprung und Struktur eines philosophischen Monotheismus". In: *Archiv für Religionsgeschichte* 10 (2008), 275–294.

verpflichtet, wenn sie nach einem möglichen Wahrheitsgehalt des Mythos und des mythologischen Polytheismus fragt, wie das im Neuplatonismus und in den Religionsphilosophien von Hegel und zumal von Schelling geschieht.[8]

Gott ist somit ein genuiner Gegenstand des philosophischen Denkens, ja mehr noch: er ist dessen vornehmster und vorzüglichster Inhalt. Philosophie ist als Denken des Ganzen und seines göttlichen Ursprungs aus ihr selbst heraus Theologie.[9] Sie ist Theologie, weil sie Prinzipiendenken ist – das von Platon erfundene und von Aristoteles geprägte Wort „Theologie“ meint nämlich eben dies: Denken des göttlichen Ursprungs.

2. Platon und die Entdeckung der Transzendenz

Wenn also Philosophie als metaphysisches Ursprungsdenken Theologie ist, warum soll dann Platon ihr Gründer sein? Ist nicht vielmehr Anaximander oder Xenophanes der Gründer der philosophischen Theologie der Antike? – Die besondere Stellung Platons kann in der Tat nicht darin gesehen werden, dass die Philosophie durch sein Denken eine besondere religiöse Prägung erhalten hätte, die sie vorher, bei den Vorsokratikern, noch nicht gehabt hätte. Sie war tatsächlich von Anfang an religiös.[10] Die Sonderstellung Platons besteht vielmehr darin, dass er den theologischen Zug, der die grie-

[8] Vgl. dazu Markus Gabriel: *Der Mensch im Mythos. Untersuchungen über Ontotheologie, Anthropologie und Selbstbewusstseinsgeschichte in Schellings „Philosophie der Mythologie“*. Berlin / New York 2006.

[9] Für einen Überblick über gegenwärtige Versuche in dieser Richtung vgl. Jens Halfwassen: „Die Unverwüstlichkeit der Metaphysik“. In: *Philosophische Rundschau* 57 (2010), 97–124.

[10] Vgl. dazu noch immer Werner Jaeger: *Die Theologie der frühen griechischen Denker*. Stuttgart 1953.

chische Philosophie von Anfang an auszeichnet, durch die Entdeckung einer Dimension ungeheuer vertieft und unumkehrbar gemacht hat, die der vorplatonischen Philosophie noch unbekannt ist: die *Entdeckung der Transzendenz*, für die Platon steht.[11]

Zwar hat auch diese Entdeckung ihre Vorgeschichte: Anaximander dachte den Ursprung der Welt als die Verneinung der Weltstruktur und war insofern schon auf dem Weg zu dem Gedanken eines vorweltlichen Ursprungs. Xenophanes konzipierte den Einen Gott durch die Verneinung der ontologischen Bestimmungen der veränderlichen Welt des Werdens und Vergehens als das Andere der Welt. Und Parmenides entwickelte eine Ontologie des wahren, ewigen Seins, das zur Welt des Werdens, der Veränderung und der Vielheit im Verhältnis der Transzendenz stünde, wenn nicht dem eleatischen Monismus diese Welt als nichtiger Schein gelten würde. Platon greift alle diese Ansätze auf und vereinigt sie in seiner Philosophie, aber er geht zugleich noch einen entscheidenden Schritt darüber hinaus, indem er eine Transzendenz entdeckt, die nicht nur die Verneinung der Bestimmungen der Welt des Endlichen und Veränderlichen ist, sondern die Verneinung *aller* Bestimmungen schlechthin, auch der Bestimmungen des wahren Seins und des mit dem wahren Sein identischen Geistes. In Platons Denken vollendet sich die Entdeckung der Transzendenz, weil Platon als erster Transzendenz im Sinne absoluter Transzendenz zu denken vermochte.[12]

Platons Metaphysik des Einen nimmt den Ursprungsgedanken der vorsokratischen Philosophie auf und übersteigt zugleich alle vorsokratischen Ursprungsgedanken dadurch,

---

[11] Vgl. dazu Jens Halfwassen: „Metaphysik und Transzendenz". In: *Jahrbuch für Religionsphilosophie* 1 (2002), 13–27.

[12] Vgl. dazu und zum Folgenden Jens Halfwassen: *Der Aufstieg zum Einen. Untersuchungen zu Platon und Plotin*. München / Leipzig ^{2}2006.

dass sie erstmals in aller Konsequenz den Ursprung als die *Verneinung* des Ganzen denkt, das ihm entspringt und in ihm gründet.[13] Diese Verneinung darf allerdings, bezogen auf den Ursprung des Ganzen, nicht als eine Verneinung im gewöhnlichen Sinne begriffen werden; sie meint kein *Fehlen* von Bestimmungen wie die privative Verneinung, sondern in ihr geht es darum, dass der Ursprung an sich selbst über alle Bestimmungen, die er selbst erst ermöglicht, hinaus ist. Diese besondere Verneinung denkt den Ursprung als *Transzendenz*. Platon formuliert das an der wohl berühmtesten Stelle seines Oeuvres so, dass er vom absoluten Ursprung sagt, er sei kein Sein, sondern „jenseits des Seins“.[14] Das ist kein Nihilismus, es bedeutet nicht, dass der Ursprung nicht wirklich wäre; er ist nicht *weniger* als das Seiende, er ist vielmehr *über* alles Seiende hinaus: er ist das *Überseiende*. Der Gedanke der Seinstranszendenz denkt den Ursprung als das absolut Eine. Ihm liegt die Einsicht zugrunde, dass nur gedacht werden kann, was in irgendeiner Weise Einheitscharakter besitzt; denn Einheit ist die Bedingung von Denkbarkeit und Bestimmtheit überhaupt. Auch die Bestimmung „Sein“ müssen wir als etwas Einheitliches denken – oder, in einem anspruchsvolleren Seinsgedanken, als die Einheit aller positiven Bestimmungen. Wenn wir Sein und Nichtsein unterscheiden und einander entgegensetzen, müssen wir aber auch „Nichtsein“ als einheitliche Bestimmung denken, denn anders könnten wir es vom Sein nicht einmal unterscheiden. Wenn also Sein und Nichtsein gleichermaßen einheitliche Bestimmungen sind, dann kann das Eine, das sie beide erst ermöglicht, nicht auf

---

[13] Vgl. dazu immer noch Hans-Joachim Krämer: *Arete bei Platon und Aristoteles. Zum Wesen und zur Geschichte der platonischen Ontologie*. Heidelberg 1959.

[14] Platon: *Politeia* 509 B; ebenso *Testimonium Platonicum* 50 Gaiser (Speusipp).

die eine Seite festgelegt werden; vielmehr übersteigt es sie beide gleichermaßen als der beide ermöglichende, *übergegensätzliche* Einheitsgrund: es ist notwendig *jenseits* von Sein und Nichtsein.[15] Darüber hinaus wird das Eine, sobald wir ihm Sein zusprechen, schon zu einer Zweiheit, nämlich zur geeinten Zweiheit von Einheit und Sein, bleibt also nicht das Eine selbst in seiner Absolutheit.[16] Rein in sich selbst betrachtet, in seiner Absolutheit, weist das Eine jede Bestimmung, die wir denken können, jedes Prädikat, das wir ihm zusprechen könnten, strikt von sich ab.[17] Die Negation erweist sich damit als die einzige Form, in der wir überhaupt über das absolut Eine sprechen können. Dies zwingt zur Ausbildung einer *negativen Theologie* oder Henologie, die affirmative Aussagen über das Eine selbst prinzipiell ausschließt, weil die duale Struktur der Prädikation, die immer etwas über etwas aussagt, das Absolute als reine Einheit verfehlt. Die absolute begriffliche Leere, die den Gedanken des Einen auszeichnet, aber meint keinen Mangel, sondern die absolute *Überfülle*, die durch keinen Gedanken begriffen und durch keine positive Aussage gesagt werden kann. Absolute begriffliche Leere und absoluter semantischer Überschuss bedingen sich im Transzendenzgedanken gegenseitig.

Der Gedanke des absolut Einen als absoluter Transzendenz ist der Grundstein der Platonischen Metaphysik. Er ist die konsequenteste Ausformulierung und insofern die *Erfüllung*

---

[15] Vgl. dazu Jens Halfwassen: „Jenseits von Sein und Nichtsein: Wie kann man für Transzendenz argumentieren?". In: Thomas Buchheim/Friedrich Hermanni/Axel Hutter/Christoph Schwöbel (Hgg.): *Gottesbeweise als Herausforderung für die kritische Vernunft*. Tübingen 2012, 85–98.

[16] Platon: *Parmenides* 142 B ff.

[17] Platon: *Parmenides* 137 C–142 A; *Testimonium Platonicum* 50 Gaiser (Speusipp); dazu im einzelnen Halfwassen, Der Aufstieg zum Einen (wie Anm. 12), 298–405.

des metaphysischen Ursprungsgedankens, der von Anfang an im Zentrum der antiken Philosophie stand. Auf diesem Grundstein errichtet Platon das erste umfassende philosophische *System* der Philosophiegeschichte.[18] Er entwickelt mit der Ideenlehre eine differenzierte Ontologie des wahren Seins, die Vielheit, Differenz und Nichtsein – gegen den Eleatismus – als seiend zu denken erlaubt, die aber zugleich die Einheitsintuition des Eleatismus festhält, nicht nur insofern, als das absolut Eine der überseiende Grund aller Ideen ist, sondern auch insofern, als Platon die Ideen selber als die integrativen Momente eines holistisch als All-Einheit konzipierten göttlichen Geistes ansah.[19] Um die besondere Einheitsweise dieses all-einen Geistes zu begreifen, entwickelte der Platonismus sehr früh den Gedanken der *Trias*, der es erlaubt, die Selbstunterscheidung des Ganzen zugleich als seine Rückkehr zu sich selbst zu verstehen, so dass die Entfaltung der Einheit in die Vielheit keinen Verlust der Einheit bedeutet.[20] – Neben der negativen Theologie des überseienden Einen und der affirmativen Theologie des all-einen Geistes entwickelt der Platonismus weiterhin eine metaphysische Psychologie als Theorie der Individuierung, Verzeitlichung und Weltwerdung des Geistes und eine Naturphilosophie als Metaphysik

---

[18] Vgl. dazu neben Krämer, Arete bei Platon und Aristoteles (wie Anm. 13) auch Konrad Gaiser: *Platons ungeschriebene Lehre.* Stuttgart ³1998 und Giovanni Reale: *Zu einer neuen Interpretation Platons. Eine Auslegung der Metaphysik der großen Dialoge im Lichte der „ungeschriebenen Lehren“.* Paderborn 1993.

[19] Grundlegend dazu bleibt Hans-Joachim Krämer: *Der Ursprung der Geistmetaphysik. Untersuchungen zur Geschichte des Platonismus zwischen Platon und Plotin.* Amsterdam ²1967.

[20] Zusammenfassend dazu Jens Halfwassen: *Plotin und der Neuplatonismus.* München 2004, bes. 64–84 und 143 ff.; Ders.: Hegel und der spätantike Neuplatonismus (wie Anm. 2), 365–385 und 432–462. Die umfassendste Darstellung bietet Werner Beierwaltes: *Proklos. Grundzüge seiner Metaphysik.* Frankfurt am Main ²1979, 24–164.

der erscheinenden Welt. Zur metaphysischen Fundamentalphilosophie hinzu kommen dann die „Realphilosophien“: eine Theorie des Politischen, eine Geschichtsphilosophie, eine Mathematiktheorie, eine Literatur- und Kunsttheorie und eine Religionsphilosophie. Das alles zusammen erfüllt das Programm einer umfassenden Weltdeutung aus einem alles tragenden Grundgedanken heraus. Auch wenn die Ausführungen dieses Programms in der Geschichte des antiken Platonismus im Detail stark variieren, so bleiben die alles bestimmenden Grundzüge von der Alten Akademie bis hin zu den komplexesten Theoriegebäuden des späten Neuplatonismus doch immer dieselben.

3. Platons Lehre und das Verhältnis von Tradition und Schrift

Der Platonismus ist aber keine reine Theorie, sondern zugleich Praxis. Er ist zugleich eine *Lebensform*, die das menschliche Leben auf ein Heilsziel hin ausrichtet, in dem es sich erfüllen soll: auf die Rückkehr der vereinzelten Geistseele in die intelligible Welt der Ideen und des göttlichen Geistes und zuletzt zur ekstatischen Schau des Einen.[21] Weil er nicht reine Theorie, sondern zugleich Lebensform ist, ist der Platonismus nicht bloß Theologie, sondern *wirkliche Religion*.[22] Was ihn von anderen Religionen am deutlichsten unterscheidet, ist das Fehlen eines religiösen *Kultus*.

[21] Dazu Werner Beierwaltes: „Das Eine als Norm des Lebens. Zum metaphysischen Grund neuplatonischer Lebensform“. In: Ders.: *Procliana. Spätantikes Denken und seine Spuren*. Frankfurt am Main 2007, 25–60.

[22] Vgl. dazu den Sammelband von Theo Kobusch und Michael Erler (Hgg.): *Metaphysik und Religion. Zur Signatur spätantiken Denkens*. München / Leipzig 2002.

Das bedeutet allerdings nicht, dass antike Platoniker durchweg kultisch inaktiv gewesen wären. Dem überlieferten Götterkult der Volks- und Staatsreligion standen sie teils kritisch gegenüber – wie Platon selbst oder Plotin – teils affirmativ wie Plutarch oder Proklos, die die überlieferten Mythen als symbolischen Ausdruck metaphysischer Wahrheiten allegorisierten. Den Mysterienkulten stand der Platonismus dagegen von Anfang an positiv gegenüber. Wie wir wissen, zehrt die metaphysische Begriffsbildung Platons in weitem Umfang von der Mysteriensprache,[23] er greift die Erlösungs- und Unsterblichkeitshoffnung der Mysterien auf, freilich in der Weise, dass er die Philosophie als das *wahre* Mysterium präsentiert: ihre Reinigung reinigt nicht von kultischer Schuld, sondern von der intellektuellen und affektiven Hochschätzung des Sinnlichen und Vergänglichen, ihre Unsterblichkeitsgewissheit wird durch argumentatives Denken gewonnen, ihre Erfüllung ist eine beseligende Schau, aber geschaut wird keine Kornähre, sondern der Geist und das Eine.[24] Es gibt im Neuplatonismus eine philosophische Theorie des Gebets,[25] überliefert ist auch ein gebetsartiger Hymnus auf das Eine: „Oh Jenseits von Allem“,[26] aber das Gebet wird entpersonalisiert zum „Sich-Ausstrecken der Seele zum Einen“.[27]

Die philosophische Religion des Platonismus hat also ein spezielles Verhältnis zum Kultus: er ist für sie nicht kon-

---

[23] Dazu Christoph Riedweg: *Mysterienterminologie bei Platon, Philon und Klemens von Alexandrien*. Berlin 1987.

[24] Dazu zusammenfassend Halfwassen, Plotin und der Neuplatonismus (wie Anm. 20), 49–58.

[25] Vgl. Beierwaltes, Proklos (wie Anm. 20), 391–394.

[26] Griechischer Text, Übersetzung und Interpretation bei Werner Beierwaltes: *Denken des Einen. Studien zur neuplatonischen Philosophie und ihrer Wirkungsgeschichte*. Frankfurt am Main 1985, 315 ff.

[27] Plotin: *Enneade* V 1, 6, 10.

stitutiv, und auch wo er positiv gewertet wird, ist es kein eigener, neu entwickelter Kult. Dagegen gibt es eine auffällige Gemeinsamkeit, die den Platonismus mit *gestifteten* Religionen wie dem Buddhismus, dem Christentum und dem Islam verbindet: das ist einmal ein spezifisches Verhältnis von Traditionsbildung und Institutionalisierung und zum anderen die Tendenz zur Vergöttlichung des Gründers.

Platon war der erste Philosoph, der nicht nur Schüler hatte, sondern der mit der Akademie eine *Institution* geschaffen hat, die der *Tradierung* seiner Lehre dienen sollte.[28] Platons Akademie gilt zwar zu Recht als die Mutter aller höheren Bildungsanstalten: in ihr wurde neben Philosophie auch einzelwissenschaftliche Forschung getrieben, und es ging in ihr außerordentlich liberal zu, wie nicht zuletzt die heftige und oftmals ungerechte Kritik verrät, die Aristoteles an seinem Lehrer Platon übte, wie seine Frühschriften beweisen, auch schon zu Platons Lebzeiten. Wir wissen aber von Platon selbst, dass die Akademie der Tradierung *seiner* Philosophie dienen sollte. Die Schriftkritik, die Platon im *Phaidros* und im *7. Brief* gleich zweimal und in aller Grundsätzlichkeit formuliert,[29] stellt der Schwäche des geschriebenen Logos die Lebendigkeit des mündlichen Logos gegenüber, der, wenn er

[28] Zur Akademie vgl. Hans Krämer: „Die Ältere Akademie". In: Hellmut Flashar (Hg.): *Grundriss der Geschichte der Philosophie. Die Philosophie der Antike.* Bd. 3: *Ältere Akademie, Aristoteles, Peripatos.* Basel ^{2}2004, 1–165 sowie John Dillon: *The Heirs of Plato. A Study of the Old Academy (347–274 BC).* Oxford 2003.

[29] Platon: *Phaidros* 274 B-278 E und *VII. Brief* 341 C-344 E. – Erst auf der Grundlage der Schriftkritik als der authentischen Selbstdeutung des Autors Platon ist es möglich, das besondere Verhältnis von Philosophie und Schrift bei Platon richtig zu verstehen, was wiederum die unabdingbare hermeneutische Voraussetzung für ein angemessenes Verständnis der Dialoge Platons ist. Thomas Alexander Szlezák: *Platon und die Schriftlichkeit der Philosophie. Interpretationen zu den frühen und mittleren Dialogen.* Berlin / New York 1985 ist es auf dieser Grundlage gelungen, die Struktur

in geeignete und aufnahmebereite Seelen gepflanzt wird, imstande ist, aus eigener Kraft weiterzuleben, sich gegen Kritik zu helfen und sich fortzupflanzen, ohne der beständigen Hilfe seines Vaters zu bedürfen wie sein geschriebener Bastard-Bruder. Platon betont mehrfach, dass der in der Seele des Schülers gewachsene Logos sogar stark genug sei, um den Logos des Lehrers gegen Missverständnisse und Kritik wirksam zu verteidigen.[30] Daraus sehen wir, dass die Weitergabe des Logos vom Lehrer an den Schüler für Platon deutlich mehr war als nur die Vermittlung philosophischer Fähigkeiten; sie ist unverkennbar die Tradierung einer philosophischen *Lehre*. In diesem Sinne hat Platon in der Akademie gelehrt und aus diesem Grunde hat er seiner innerakademischen Lehre den Vorrang vor seinen Schriften eingeräumt.

Mit dem Vorrang der Mündlichkeit und der Kritik der Schriftlichkeit bestimmte Platon das Verhältnis von *Tradition* und *Schriftauslegung* für die gesamte Geschichte des Platonismus, von der Alten Akademie bis zum Ende des Neuplatonismus. Platons Philosophie wurde *doppelt* überliefert, in Gestalt seiner Schriften *und* in Gestalt seiner innerakademischen „ungeschriebenen Lehre".[31] Zwar enthalten auch die Dialoge, in denen Platon selbst nie auftritt und also nie unverhüllt spricht, Platons Philosophie. Aber sie bedürfen einer Entschlüsselung, um sie freizugeben.[32] Der Schlüssel für ihr rich-

---

der Platonischen Dialoge zu entschlüsseln – davon muss jede Platondeutung ausgehen, die wissenschaftlich ernst genommen werden will.

[30] Platon: *Parmenides* 128 A–E; *VII. Brief* 345 B; *Phaidros* 276 E/277 A.

[31] Die Zeugnisse zur ungeschriebenen Lehre sind gesammelt bei Gaiser, *Platons ungeschriebene Lehre* (wie Anm. 18), 447–557; eine kommentierte Ausgabe mit französischer Übersetzung bietet Marie-Dominique Richard: *L' enseignement orale de Platon. Une nouvelle Interpretation du Platonisme*. Paris 1986.

[32] Dazu Thomas Alexander Szlezák: *Platon lesen*. Stuttgart-Bad Cannstatt 1993.

tiges Verständnis liegt nicht in ihnen selbst, sondern in der inhaltlich über die Dialoge hinausgehenden mündlichen Lehre Platons, die der Schultradition des Platonismus zugrunde liegt.[33] Platons Schriftkritik hat nicht verhindern können, dass in der Spätantike manche seiner Dialoge, namentlich der *Parmenides* und der *Timaios,* in den Rang heiliger Texte aufstiegen. Sie hat auch nicht verhindern können, dass der Platonismus im Verlauf seiner langen Geschichte Philosophie immer stärker als Exegese der Platonischen Schriften verstand und betrieb[34] – die schon in der Alten Akademie beginnende und im nachplotinischen Neuplatonismus gewaltig anschwellende Kommentartradition gibt davon beredt Zeugnis. Aber die antiken Kommentatoren haben Platons Dialoge niemals rein immanent, nur aus den Texten selbst heraus ausgelegt, sondern sie haben sie immer auf ein *hinter* den Schriften stehendes und sie *übersteigendes* System hin gedeutet, dessen Architektur sie der Schultradition entnahmen. Das Verhältnis von Schrift und Tradition im Platonismus ist entschieden *katholisch* und nicht reformatorisch. Das ist auch der Grund, warum die von Schleiermacher begründete moderne Platonforschung so große Probleme mit der antiken Platondeutung hatte und den antiken Kommentaren so wenig abgewinnen konnte – der evangelische Theologe Schleiermacher hat nämlich den genuin Platonischen Vorrang der Tradition vor der Schrift im Sinne des protestantischen Schriftprinzips gerade-

---

[33] Zum Weiterwirken der innerakademischen Prinzipienphilosophie Platons in der Schultradition des Platonismus vgl. außer Krämer, Der Ursprung der Geistmetaphysik (wie Anm. 19) auch John Dillon: *The Middle Platonists.* Ithaca / New York ^{2}1996.

[34] Vgl. zu den Motiven dafür Jens Halfwassen: „Ist die Tübinger Schule der Platonismus unserer Tage?“. In: Dagmar Mirbach (Hg.): *Hermeneutik und Geschichte der Philosophie. Festschrift für Hans Krämer zum 80. Geburtstag.* Hildesheim 2009, 33–53, spez. 43 ff.

zu umgedreht; erst die Forscher der Tübinger Schule haben die Verhältnisse wieder richtig gestellt.

4. Platons Biographie und seine Geburtsgeschichte

Über Platons *Leben* sind wir für antike Verhältnisse gut unterrichtet. Die erhaltenen Lebensbeschreibungen sind zwar spät und in vielen Einzelheiten von fragwürdiger Zuverlässigkeit. Doch die biographische Tradition, die sie verarbeiten, ist alt und geht bis auf den unmittelbaren Schülerkreis zurück.[35] Die älteste Platonbiographie, von der wir wissen, stammt von Platons Schüler Hermodor.[36] Platons Neffe Speusipp verfasste zu Platons Beisetzung ein *Enkomium*, in dem er Platon als übermenschlichen *theios anêr* darstellte.[37] Auch Aristoteles hat im gleichen Sinne ein *Enkomium* auf Platon verfasst.[38] Und mit dem *7. Brief* besitzen wir von Platons eigener Hand ein einzigartiges autobiographisches Zeugnis.

Auffällig ist, dass die biographische Überlieferung zwar Platons Göttlichkeit propagiert, aber kaum Wundergeschichten erzählt. Das wird besonders deutlich, wenn wir sie mit den Lebensbeschreibungen des anderen antiken Denkers vergleichen, der über Schulgrenzen hinaus als „göttlich“ galt. Die beiden Pythagorasviten der Neuplatoniker Porphyrios und Jamblich präsentieren Pythagoras als Wundermann und Schamanen, dessen Seele nach Belieben ihren Leib verlassen

---

[35] Vgl. zu den biographischen Quellen über Platon Michael Erler: *Platon*. Basel 2007, 35–38. Eine Darstellung von Platons Leben auf dieser Quellengrundlage dort 41–59.

[36] Hermodor: Fr. 7 Isnardi Parente (*Testimonium Platonicum* 31 Gaiser).

[37] Speusipp: Fr. 27 Lang/Fr. 1 a Tarán/Fr. 147 Isnardi Parente; vgl. auch Fr. 2 Tarán/Fr. 151 Isnardi Parente.

[38] Aristoteles: Fr. 650 Rose; vgl. auch Fr. 673 Rose.

und sich an zahlreiche frühere Leben erinnern konnte; sie sind reich an Wundergeschichten und arm an biographischen Informationen.[39] Bei Platon ist das ganz anders. Wir wissen, dass er von Seiten beider Eltern aus alten und berühmten Aristokratenfamilien stammte; wir kennen seine Lehrer, von denen Sokrates nur der berühmteste war; wir wissen, dass er von der Politik seiner Zeit angewidert war und darum entgegen der Familientradition nicht Politiker, sondern Philosoph wurde; wir wissen, dass er mehrere große Reisen nach Italien und wahrscheinlich auch nach Ägypten unternahm und Kontakte im gesamten östlichen Mittelmeerraum unterhielt; wir kennen die Organisation des Lehrbetriebs in seiner Akademie ebenso wie seine vielfältigen Verstrickungen in die Politik seiner Zeit. Sein Leben war das Leben eines philosophischen Lehrers. Im Ruf der Göttlichkeit stand er schon unmittelbar nach seinem Tod; wenn wir Plutarch glauben dürfen, wurde Platon sogar schon zu Lebzeiten von einigen wie ein Gott verehrt.[40]

Das einzige, aber freilich sehr wichtige „übernatürliche" Detail ist die Geschichte von Platons Geburt.[41] Wahrscheinlich geht sie in allen Einzelheiten auf Speusipp zurück. Danach wollte Platons Vater Ariston seine Frau Periktione vergewaltigen, gelangte aber nicht ans Ziel. Im Traum erschien ihm Apollon, der ihm verbot, seine Frau anzurühren; sie trage ein Kind und dieses Kind sei *sein*, Apollons, eigener Sohn. Platon soll also der Sohn eines Gottes und ohne geschlechtliche

---

[39] Zusammenfassend dazu Christoph Riedweg: *Pythagoras. Leben – Lehre – Nachwirkung*. München 2002, 13–34.

[40] Plutarch: *Dion* 13.

[41] Die antiken Zeugnisse sind gesammelt bei Heinrich Dörrie/Matthias Baltes (Hgg.): *Der Platonismus in der Antike*. Bd. 2. Stuttgart-Bad Cannstatt 1990, 150–157 (Nr. 58.1–8). Platons Jungfrauengeburt betont besonders Nr. 58.7 (Hieronymus).

Zeugung von einer Jungfrau geboren sein. Diese Geburtsgeschichte ist zum Vorbild für die Geschichten von der Geburt Alexanders, des Augustus und Jesu geworden, die alle genau nach dem von Speusipp gegeben Muster gestrickt sind.[42]

Man fragt sich, was diese Geschichte soll? Es ist doch zutiefst irritierend, dass die Göttlichkeit eines Philosophen, der wie kein Zweiter die Heiligkeit und Glaubwürdigkeit des überlieferten Mythos zerstört hat, mit so mythischen Motiven wie Gottessohnschaft und Jungfrauengeburt bezeugt werden soll. Platons Philosophie hätte mit der Lehre von der Angleichung an Gott,[43] der Gottwerdung durch Philosophie, eine Möglichkeit geboten, die Göttlichkeit des Philosophen ganz unmythologisch zu begründen. Stattdessen setzte Speusipp eine Geschichte in Umlauf, die wie ein Ammenmärchen wirkt. Erklären kann man sich das nur so, scheint mir, dass es Speusipp auf Massenwirksamkeit ankam. Platons Göttlichkeit sollte nicht nur seinen Adepten in der Akademie einleuchten, sondern auch dem Volk, und dazu musste sie in der volkstümlichen Sprache des Mythos propagiert werden. Das hatte durchschlagenden Erfolg, die Gründer der beiden antiken Weltreiche und die neue christliche Weltreligion griffen die Geschichte begierig auf.

Platons Göttlichkeit verbleibt so auf der philosophisch unverbindlichen Ebene des Mythos. Gott in einem metaphysisch strengen und verbindlichen Sinne ist nur der all-eine Geist, in dem sich das absolut Eine selbst manifestiert.[44]

---

[42] Vgl. Eduard Meyer: *Urgeschichte des Christentums*. Bd. 1. Stuttgart o.J., 54ff.

[43] Platon: *Theaitetos* 176 B und ff.; vgl. auch *Politeia* 500 C.

[44] Vgl. zu Platons Gottesbegriff Markus Enders: „Platons ‚Theologie‘. Der Gott, die Götter und das Gute“. In: *Perspektiven der Philosophie* 26 (1999/2000), 1–54; Jens Halfwassen: „Der Demiurg: seine Stellung in der Philosophie Platons und seine Deutung im antiken Platonismus“. In: Ada

Göttlich in einem weiteren und abgeleiteten Sinne ist für den Platonismus dann alles, was in einer direkten oder besonderen Beziehung zum Einen steht, darum auch die Philosophie als der Weg zum Einen. Auf die Göttlichkeit der Philosophie kommt es eigentlich an, wenn Platon „göttlich" genannt wird. An ihr hat jeder ernsthaft Philosophierende Anteil[45] – besonders aber die großen Denker des Einen, Platon und seine beiden Vorgänger Parmenides und Pythagoras sowie seine größten Nachfolger Plotin, Jamblich und Proklos.

5. Negative Theologie des Einen

Kehren wir abschließend zu unserer Ausgangsfrage zurück. Wir können sie nun beantworten: der Platonismus ist geradezu der Modellfall einer „philosophischen Religion". Platon erlangte – wie andere Religionsstifter auch – göttliche Ehren, aber nur in einer Form, die mit dem Monotheismus der Ursprungsphilosophie vereinbar blieb, und die auch nicht exklusiv für Platon galt, sondern für alle Denker, die herausragende Autorität erlangten. Wichtig ist festzuhalten, dass der Platonismus philosophische Religion durchaus im *Hegelschen Sinne* ist, also Religion in Philosophie „aufhebt". Er versteht Philosophie zuletzt als das Begreifen Gottes, und das bedeutet: was Gott ist, das wissen wir nicht schon aus Tradition oder Offenbarung, sondern wir erkennen es erst dadurch, dass wir den Ausdruck „Gott" übersetzen, in metaphysische Begriffe

---

Neschke-Hentschke (Hg.): *Platons Timaios. Beiträge zu seiner Rezeptionsgeschichte*. Louvain / Paris 2000, 39–62.

[45] Das betont noch Boethius: *De consolatione philosophiae* III prosa 10, 85–95. Ebenso Meister Eckhart: *Das Buch der göttlichen Tröstung*. Mittelhochdeutsch und Neuhochdeutsch. Übersetzt und mit einem Nachwort von Kurt Flasch. München 2007.

des Absoluten. Zuletzt läuft es auf eine negative Theologie des Einen hinaus, das alle positiven Begriffe übersteigt und hinter sich lässt. Um der Absolutheit des Einen willen gibt der Neuplatonismus sogar den Gottesbegriff selber preis: das Eine selbst ist „mehr als Gott“, so Plotin, als „Quelle der Gottheit“ ist Es selbst „übergöttlich“, so Proklos.[46]

Gerade die Negativität seiner Theologie verschaffte dem Platonismus seine außerordentliche integrative Kraft. Weil er nicht auf einen bestimmten, positiven Begriff des Absoluten – etwa als Geist oder als höchstes Seiendes – festgelegt ist, erkennt er, dass die Suche nach dem Einen in jeder Philosophie wirksam ist, die nach dem Ursprung des Ganzen der Wirklichkeit sucht. Er erkennt zugleich, dass dieselbe Sehnsucht nach dem Einen in jeder Religion wirksam ist, die einen höchsten Gott als Stifter oder Garanten der Weltordnung verehrt – und erst recht in Religionen, die bis zur Einzigkeit Gottes vorgedrungen sind. Die Negativität seiner Theologie ermöglichte dem Platonismus eine Liberalität, die sich mit vielen Religionen verbinden konnte. Antike Platoniker konnten Christen werden und Platoniker bleiben – man denke nur an Marius Victorinus, Synesios oder Boethius. Man konnte als Jude Platoniker sein wie Philo oder Ibn Gabirol oder als Muslim wie al-Farabi[47] oder Ibn ʿArabi. Als Platoniker vertreten sie alle zuletzt eine negative Theologie, und das verbindet sie stärker als die Verschiedenheit ihrer religiösen Bekenntnisse sie trennt – man lese nur einmal, was Meister Eckhart oder Nikolaus von Kues über Maimonides sagen.[48]

---

[46] Plotin: *Enneade* VI 9, 6, 12 f; Proklos: *In Platonis Parmenidem* 1108, 28–1109, 11 Cousin (III 89–90 Steel); vgl. auch Ps.-Dionysius Areopagita: *De divinis nominibus* IV 1, XI 6, XIII 3; *De mystica theologia* I 1.

[47] Siehe zu al-Farabi den Beitrag von Ulrich Rudolph in diesem Band.

[48] Als ein Beispiel für viele: Nikolaus von Kues: *De docta ignorantia* I cap. 16 nr. 44 und cap. 26 nr. 87.

Die Verbindung von negativer Theologie und religiöser Liberalität macht den Platonismus auch heute noch attraktiv. Durch sie hat er die Antike überlebt und die gesamte metaphysische Tradition des Westens, die Theologie des Christentums und die Mystik aller drei monotheistischen Religionen geprägt. In einer Welt, die religiösen Absolutheitsansprüchen immer weniger Kredit gewährt, die aber immer noch auf der Suche nach Einheit ist, auch nach der Einheit unter den Religionen, aber ebenso nach der Einheit unserer religiösen und unserer vernünftigen Überzeugungen, bleibt der Platonismus intellektuell attraktiv. Es sind heute wie früher weniger die Ideenlehre oder die Seelenmetaphysik, die diese Attraktivität begründen, als der Gedanke des Einen und seine negative Fassung – das aber ist der Kern des Platonismus.

Gottessohn und Lehrer – Jesus von Nazareth

Reinhard Feldmeier

1. Lehrer *versus* Gottessohn? – Zur Fragestellung

[Ich glaube] an Jesus Christus, seinen eingeborenen Sohn, unseren Herrn, empfangen durch den Heiligen Geist, geboren von der Jungfrau Maria, gelitten unter Pontius Pilatus, gekreuzigt, gestorben und begraben, hinabgefahren in das Reich des Todes, am dritten Tage auferstanden von den Toten, aufgefahren in den Himmel. Er sitzt zur Rechten Gottes, des allmächtigen Vaters. Von dort wird er kommen, zu richten die Lebenden und die Toten.

So lautet der zweite Artikel des apostolischen Glaubensbekenntnisses, das jeden Sonntag in den christlichen Kirchen gesprochen wird. Wenn man das Credo aus dem Blickpunkt unserer heutigen Fragestellung ansieht, so fällt auf, dass wir in seinen Aussagen außerordentlich wenig über den Menschen Jesus von Nazareth erfahren. Das Mythem der Jungfrauengeburt markiert den Anfang, die darauf folgenden dürren Halbverse *gelitten unter Pontius Pilatus, gekreuzigt, gestorben und begraben* markieren sein Ende – und das war es dann, was über das Leben Jesu gesagt wird. Über die ganze dazwischen liegende Zeitspanne findet sich kein einziges Wort: Wir hören nichts von Jesu Wundern und Exorzismen, nichts über seine Wanderschaft und seine Anhänger, nichts über seine Tischgemeinschaft mit Zöllnern und Sündern, und wir hören auch nichts über seine Verkündigung der anbrechenden Gottesherrschaft, über seine Gleichnisse und seine Reden, über seine Schulgespräche mit den Jüngern und seine Streitgespräche mit seinen Gegnern, also auch nichts über sein Auftreten als Lehrer.

Dabei ist besonders Letzteres, dass Jesus Lehrer war, für die Evangelien zentral: Im ältesten Evangelium, in dem des *Markus* sind die Begriffe Lehrer bzw. Rabbi samt den dazugehörenden semantischen Feldern wie Lehren, Lehre und Lernen die mit Abstand häufigsten Bezeichnungen für Jesu Tätigkeit und deren Auswirkungen auf seine Anhänger,[1] die auf griechisch μαθηταί heißen, was wörtlich übersetzt ‚Schüler' heißt. Historisch gesehen war Jesus von Nazareth also in erster Linie ein Lehrer, wobei die Lehre als so charakteristisch für sein Auftreten angesehen wurde, dass ihr andere Züge seines Auftretens zugeordnet wurden, wie unten noch gezeigt wird. Als Lehrer wurde Jesus dann auch von den anderen Evangelisten erinnert, wobei sie das markinische Bild Jesu als eines Lehrers der Gottesherrschaft (vgl. Mk 4,1 ff.) auf ihre je eigene Weise akzentuiert haben.

Bei *Lukas* wird schon in der Kindheitsgeschichte mit der Legende vom zwölfjährigen Jesus, der im Tempel mit den Schriftgelehrten disputiert und alle mit seinen Antworten in Erstaunen versetzt, das Jesusbild im Blick auf die ihn auszeichnende Weisheit profiliert.[2] Außenstehende sprechen Je-

---

[1] Ein kurzer statistischer Überblick mag das zeigen: zwölfmal wird Jesus als ‚Lehrer' (διδάσκαλος) bezeichnet, davon zehnmal im zweiten Teil des *Markusevangeliums*, 17-mal wird das Wort ‚lehren' (διδάσκειν) verwendet, davon 15-mal für Jesu Tätigkeit. Fünfmal findet sich ‚Lehre' (διδαχή). Dazu kommt viermal ‚Rabbi' und einmal ‚Rabbuni', was wohl ebenfalls als Anrede an einen Lehrer zu verstehen ist. 36-mal findet sich das entsprechende ‚Schüler' (μαθητής), davon 32-mal für die Jünger Jesu. Dazu kommt noch einmal das Verb ‚lernen' (μανθάνω).

[2] Vgl. Michael Wolter: *Das Lukasevangelium*. Tübingen 2008, 146.

sus als Lehrer (διδάσκαλος) an, der traditionellen Bezeichnung eines Lehrers, seine Schüler bringen seine Besonderheit mit der Anrede als ἐπιστάτης zum Ausdruck, die gemeinhin mit ‚Meister' übersetzt wird.[3] In diesem Evangelium sind es dann vor allem die berühmten, dem lukanischen Sondergut entstammenden Gleichnisse, Parabeln und Beispielerzählungen, die das Bild des lehrenden Jesus prägen: Der barmherzige Samariter, der reiche Kornbauer, die drei Gleichnisse vom Verlorenen, der reiche Mann und arme Lazarus oder der Pharisäer und der Zöllner sind solche Bildreden, die in einzigartiger Eindringlichkeit von Gottes Barmherzigkeit sprechen, die der Gottessohn als Verheißung und Verpflichtung, in Zuspruch und Widerspruch zur Sprache bringt.

Im *Matthäusevangelium* profilieren die großen Reden von der Bergpredigt am Anfang von Jesu Auftreten (Mt 5–7) über die Aussendungsrede (Mt 10), die Gleichnisrede (Mt 13), die Gemeinderede (Mt 18) und die Pharisäerrede (Mt 23) bis zur Endzeitrede (Mt 24 f.) den Gottessohn als den Lehrer des im Liebesgebot zusammengefassten Gotteswillens.[4] Wenn der Evangelist Jesus dabei auch noch sagen lässt, dass nur „einer euer Lehrer ist" (Mt 23,8; vgl. 10,24 f.), dann unterstreicht er damit, dass Jesus für die Seinen der Lehrer schlechthin ist. Das zeigt sich nicht zuletzt daran, dass das Evangelium 67-mal von den Jüngern als ‚Schüler' (μαθηταί) spricht, das heißt auf Seiten der Nachfolgenden wird Lernen[5] und Schülersein zum entscheidenden Charakteristikum der Jüngerschaft.[6]

---

[3] Vgl. Rainer Riesner: *Jesus als Lehrer. Eine Untersuchung zum Ursprung der Evangelien-Überlieferung*. Tübingen ³1988, 247–249.

[4] Bei der Bergpredigt, der ersten und bedeutendsten Rede, bezeichnet der Evangelist das Gesagte explizit als Jesu Lehre (Mt 5,2; 7,29; vgl. 4,23; 9,35).

[5] Dazu kommen je dreimal ‚lernen' (μανθάνω) und ‚Schüler sein' (μαθητεύω).

[6] Entsprechend befiehlt der Erhöhte in seinem Abschiedswort dann

Auch im *Johannesevangelium* heißt Jesus Lehrer.[7] Inhalt seiner Lehre ist nun allerdings, der Eigenart dieses Evangeliums[8] entsprechend, nicht mehr die Gottesherrschaft, sondern der Gottessohn selbst als der, der eins ist mit dem Vater und als die Tür und der Weg, der anderen den Zugang eröffnet zu dem verborgenen Gott, den noch niemand gesehen hat (Joh 1,18). Jesus wird dabei explizit als ein „von Gott gekommener Lehrer" angesprochen (Joh 3,2). Eine Besonderheit des vierten Evangeliums besteht darin, dass Jesus im Tempel lehrt (Joh 7,14 und 28; 8,2 und 20; vgl. 18,20) und dabei seine Lehre auch explizit auf Gott zurückführt:

> Meine Lehre ist nicht meine Lehre, sondern die dessen, der mich gesandt hat. (Joh 7,16; vgl. 8,28)

Im Blick auf das Thema dieses Sammelbandes verdient dieser Tatbestand noch einmal unterstrichen zu werden: Jesus als Stifter der mitgliederstärksten Religion, die es in der Menschheitsgeschichte je gegeben hat, war keine priesterliche Gestalt, kein Gesetzgeber und kein Herrscher, kein Asket und kein Visionär, er war auch nur bedingt ein Prophet,[9] und trotz seiner

---

auch seinen Schülern, in alle Welt zu gehen und die Menschen zu lehren, alles das zu halten, was er ihnen befohlen hat (Mt 28,20).

[7] Dort wird vor allem die jüdische Ehrenbezeichnung Rabbi verwendet (vgl. Joh 1,38 f.; 3,2; 4,31; 6,25; 9,2; 11,8).

[8] Udo Schnelle: *Theologie des Neuen Testaments*. Göttingen 2007, 620 spricht von dem „Wagnis einer sprachlichen und gedanklichen Neuformulierung des Christusgeschehens".

[9] Zwar knüpft Jesus an die prophetische Tradition an und wird auch immer wieder von anderen Menschen als Prophet verstanden (vgl. Mk 6,15 par.; 8,28 par.; Mt 21,11; Lk 7,16), aber seine Jünger nennen ihn normalerweise nicht so (eine Ausnahme bildet die Emmausgeschichte in Lk 24,19), und Jesus bezeichnet sich auch nicht selbst eindeutig als Prophet (Mk 6,4 par. ist wohl eher Sprichwort als Selbstbezeichnung, lediglich in Lk 13,33 f. stellt sich Jesus in eine Reihe mit den anderen verfolgten Propheten). Selbst dort, wo eine entsprechende Weissagung auf

Wundertätigkeit passt er nicht in das Schema eines göttlichen Menschen.[10] Jesus war zuerst und vor allem – Lehrer.

Wenn sich davon nichts im Glaubensbekenntnis findet, sondern stattdessen mit dem Abstieg in das Totenreich, der Auferstehung und Himmelfahrt, der Throngemeinschaft mit Gott und der Wiederkunft zum Gericht Dinge genannt sind, die jenseits des irdischen Lebens liegen, dann liegt die Vermutung nahe (und sie wurde und wird auch gerne geäußert), dass das, was da im Credo über den Gottessohn gesagt ist, mit dem Jesus von Nazareth, wie er auf Erden gelehrt hat und wie ihn die Evangelien vor Augen stellen, nichts mehr zu tun hat. Vielmehr verdanke sich das alles den Spekulationen einer späteren Zeit. Für diese angebliche Ersetzung der historischen Gestalt Jesu durch den Mythos eines Gottessohnes wird dann die Hellenisierung des Christentums verantwortlich gemacht, eine These, an deren Entwicklung die Göttinger Theologie mit der hier gegen Ende des 19. Jahrhunderts entstandenen religionsgeschichtlichen Schule maßgeblich beteiligt war – erinnert sei nur an Wilhelm Boussets bahnbrechendes Werk *Kyrios Christos*.[11]

Eine solche Theorie ist auf den ersten Blick bestechend, und sie lässt sich – das sei gleich gesagt – auch nicht einfach widerlegen, denn über die ersten beiden Jahrzehnte des Chris-

---

Jesus bezogen wird wie in Apg 3,21–23, wird die Bezeichnung nicht direkt auf Jesus übertragen (vgl. Apg 3,26).

[10] Das hat etwa der erste große Kritiker des Christentums, der Philosoph Kelsos in der zweiten Hälfte des zweiten Jahrhunderts sehr deutlich herausgestellt (Origenes: *Contra Celsum* 2,33–38).

[11] Dieses wollte den Nachweis erbringen, dass das christliche Bekenntnis zu Jesus als Kyrios, als Herr „auf dem Boden der alttestamentlich jüdischen Religion und des genuinen Evangeliums zu begreifen, sehr schwer, ja unmöglich" sei. Vgl. Wilhelm Bousset: *Kyrios Christos. Geschichte des Christusglaubens von den Anfängen des Christentums bis Irenaeus.* Göttingen [6]1967, XIV.

tentums wissen wir ausgesprochen wenig. Aber sie lässt sich auch nicht belegen, und das wiegt umso schwerer, nicht nur, weil der Mythos eines sterbenden und auferstehenden Erlösers, den Bousset als religionsgeschichtlichen Hintergrund für seine These benötigt,[12] ein Konstrukt ist, das einer näheren Überprüfung nicht stand hält.[13] Noch gravierender ist, dass das Wenige, was wir über die Frühzeit des Christentums sagen können, das so verführerisch einleuchtende Schema – vom jüdischen Rabbi zum hellenistischen Gottessohn – keineswegs stützt. Man muss sich klar machen, dass die Texte, die uns Jesus als den Lehrer im Heiligen Land vor Augen stellen, überlieferungsgeschichtlich verhältnismäßig jung sind – im Allgemeinen datiert man die Entstehungszeit der vier Evangelien in die Zeit von 70 bis 100, also 40–70 Jahre nach Jesu Tod. Dagegen zitiert Paulus in seinen etwa zwischen 48 und 58 entstandenen Briefen Hymnen und Bekenntnisstücke, die er selbst bereits von anderen übernommen hat, die also bereits wenige Jahre nach Jesu Tod entstanden sein dürften, und diese alten Überlieferungen bekennen Jesus als den zur Rechten Gottes erhöhten Sohn Gottes.[14]

---

[12] Wilhelm Bousset: „Das Thesenpapier zum Vortrag von W. Bousset, 1910“. In: Nittert Janssen (Hg.): *Theologie fürs Volk. Der Einfluß der Religionsgeschichtlichen Schule auf die Popularisierung der theologischen Forschung vor dem Ersten Weltkrieg.* Frankfurt am Main u. a. 1999, 71: „13. Im Christusglauben verbindet sich das Evangelium und die Person Jesu von Nazareth mit der in jener Zeit weit verbreiteten Heilsmittleridee und dem Heilsmittlerkultus. 14. Eine besondere Parallele zu der (paulinischen) Verkündigung vom Gestorbenen und Auferstandenen bietet dabei die weit verbreitete Idee vom Sterben und Lebendigwerden des göttlichen Heilsmittlers“.

[13] Vgl. Martin Hengel: „Der Sohn Gottes“. In: Claus-Jürgen Thornton (Hg.): *Studien zur Christologie. Kleine Schriften IV.* Tübingen 2006, 74–145, hier 91–95.

[14] Dafür spricht auch der aramäische Ruf *Maranatha,* „Herr, komm“, der sicher in der Jerusalemer Urgemeinde entstanden ist und Jesus bereits

Einer der vermutlich frühesten Zeugen dafür, der dies geradezu dramatisch vorführt, ist der sogenannte Philipperhymnus in Phil 2,6–11.[15] Hier finden sich nicht nur die wichtigsten Elemente, die in das zitierte Glaubensbekenntnis Eingang gefunden haben: Präexistenz, Inkarnation und Erhöhung, sondern hier erhält Jesus auch den Namen Kyrios, „Herr". Dieses Kyrios aber gibt in der griechischen Übersetzung des Alten Testaments den Eigennamen des Gottes Israels wieder. Man muss sich diese Ungeheuerlichkeit klar machen: Jesus erhält Gottes eigenen Namen – der Philipperhymnus lässt durch die Präzisierung, dass dies der „Name über jedem Namen" (Phil 2,9) ist, keinen Zweifel daran, dass eben dies damit gesagt werden soll. Das aber heißt nichts weniger als dies, dass der eine und einzige Gott Israels seinen Namen dem am Kreuz gestorbenen Jesus überträgt, mit der Folge, dass alle Mächte im Himmel und auf der Erde und unter der Erde sich jetzt vor diesem Menschen beugen. Deutlicher kann man Jesus nicht an die Seite Gottes stellen, als es in diesem urchristlichen Lied geschieht.

Nun könnte man dagegen einwenden, dass die Evangelien zwar deutlich jünger sind als viele der Hymnen und Bekennt-

---

als Kyrios akklamiert. Insofern ist Hengels Urteil zuzustimmen: „[Das] Bekenntnis κύριος Ἰησοῦς ist keine Anleihe beim Attis-, Serapis- oder Isiskult, sondern eine notwendige Konsequenz der Erhöhungschristologie, bei der vor allem Ps 110,1 eine Rolle spielte; eine Vorstufe bildete die jerusalemische ‚Maranatha'-Formel, in der der Erhöhte um seine baldige Parusie gebeten wurde." Vgl. Hengel, Sohn (wie Anm. 13), 44 f.

[15] Schon von Ernst Lohmeyer: *Kyrios Jesus. Eine Untersuchung zu Phil. 2,5–11.* Heidelberg 1928, 4–10 wurde die Herkunft des Hymnus wegen seiner stilistischen Unterschiede zum Kontext, seiner rhythmischen Gliederung und seiner zum Teil unpaulinischen Wendungen für vorpaulinisch gehalten; unter den neueren Kommentaren siehe auch Ulrich B. Müller: *Der Brief des Paulus an die Philipper.* Leipzig [2]2002, 92–95; Nikolaus Walter / Eckart Reinmuth / Peter Lampe: *Die Briefe an die Philipper, Thessalonicher und an Philemon.* Göttingen 1998, 56–58.

nisfragmente, dass die in ihnen verwendeten Traditionen aber älter sind und zumindest zum Teil auf den historischen Jesus zurückgehen. Darauf ist unten noch einzugehen. Aber man muss doch zugleich sehen, dass dieser Zimmermann aus Nazareth bereits zu einer Zeit als Gottessohn bekannt wurde, in der nicht nur alle oder doch die meisten seiner Jünger noch lebten, sondern auch Teile seiner Familie und viele andere Menschen, die ihm als Irdischem begegnet waren und nun zu Mitgliedern der christlichen Gemeinde geworden waren. Sie hatten offenbar kein Problem damit, ihren vor wenigen Jahren verstorbenen Zeitgenossen als den zur Rechten Gottes erhöhten Sohn Gottes anzubeten. Das zeigt zumindest, dass die so verführerisch glatte Entwicklungslinie ‚vom jüdischen Rabbi zum hellenistischen Gottessohn' so einlinig und eindeutig nicht ist, wie sich dies das aufgeklärte Bewusstsein gerne zurecht gelegt hätte.

Wenn man somit darauf verzichtet, die Spannung zwischen dem Gottessohn und dem galiläischen Volksprediger und Lehrer durch die brüchige Konstruktion einer sekundären Ersetzung des Einen durch den Anderen zu entschärfen, dann stellt sich nun allerdings erst recht die Frage, wie der Eine mit dem Anderen zusammenhängt. Die Frage stellt sich auch deshalb mit besonderer Dringlichkeit, weil Jesus mit dem, was der Inhalt seiner Lehre war, der Anbruch der Gottesherrschaft in seinem Auftreten, scheinbar grandios gescheitert ist. Das sehen nicht nur die Spötter unter dem Kreuz so, sondern auch die eigenen Schüler, die ihren Meister bei seiner Verhaftung verlassen und verleugnet haben. Ja, Jesus selbst scheint ihnen mit seinem letzten Schrei Recht zu geben[16] – in jenem „mein

[16] Und nicht genug damit: Paulus weist in Gal 3,13 unter Bezug auf die Schriftstelle Dtn 27,26: „Verflucht ist, wer am Holz hängt" darauf hin, dass Jesus durch die Art seines Todes auch nach dem Zeugnis der Heiligen Schrift als ein von Gott Verfluchter erwiesen wurde.

Gott, mein Gott, warum hast du mich verlassen?" scheint aus der einzigartigen Gottesnähe des Anfangs (vgl. Mk 1,9–15 par.) die definitive Gottesferne geworden zu sein.

Es muss also einen Grund dafür geben, warum nach Jesu Tod am Kreuz nicht einfach ein Schlussstrich gezogen wurde, warum ausgerechnet dieser Lehrer nicht als ein Gescheiterter dem Vergessen anheimgegeben, sondern stattdessen nahezu postwendend an die Seite Gottes gerückt und angebetet wurde. Das hat natürlich mit den Begegnungen mit dem Auferstandenen zu tun, die im Neuen Testament in vielfältiger Weise bezeugt sind. Aber das allein erklärt noch nicht, was das Eine mit dem Anderen zu tun hat. Eben dies, den inneren Zusammenhang zwischen dem zuletzt gekreuzigten Lehrer aus Galiläa und dem von der Gemeinde angebeteten Gottessohn will das Folgende, dem Titel des Beitrags entsprechend, aufzeigen.

2. „Amen, ich sage euch" – Der vollmächtige Lehrer

Beginnen wir mit dem Lehrer. Es gibt eine Reihe von Hinweisen, dass Jesus lesen konnte,[17] was in der Antike für Menschen aus einfachen Verhältnissen keinesfalls selbstverständlich war. Wo Jesus das gelernt hat, ob zuhause oder in einer jüdischen Elementarschule, wissen wir nicht. Was sich aber ziemlich sicher sagen lässt, ist, dass Jesus darüber hinaus keine höhere Ausbildung zum Schriftgelehrten erhalten hat. Er war vielmehr ein einfacher Bauhandwerker (Mk 6,3), der vermutlich durch Johannes den Täufer aus seinem Lebenszusammenhang herausgerissen und zunächst dessen Schüler

---

[17] Vgl. Gerd Theißen / Annette Merz: *Der historische Jesus. Ein Lehrbuch.* Göttingen ^{4}2011, 318 f.

geworden war.[18] Dieser Johannes aber war selbst ebenfalls nichts weniger als ein klassischer jüdischer Gelehrter,[19] der im Lehrhaus die Torah auslegte. Er war ein radikaler Aussteiger, der sich in eine Kamelhaut kleidete und Heuschrecken und wilden Honig aß (Mk 1,6 par.). Diesem durchaus ungewöhnlichen Lebensstil entsprach seine Botschaft: Er beschimpfte seine Hörer als Schlangenbrut und Otterngezücht und drohte ihnen die Verderbnis des göttlichen Gerichtes an, wenn sie nicht umkehrten (Lk 3,7–9 par.; Mt 3,7–10). Seine Taufe, das Untertauchen von Menschen, die nicht schwimmen konnten, im Jordan, hatte wohl nichts mit Reinigung zu tun, sondern war ein symbolischer Tötungsakt.[20] Der Ritus der Taufe unterstrich also mit der dem Täufer eigenen Drastik durch das ‚Ersäufen des alten Adam'[21] die Forderung nach völliger Neuorientierung.

Die darin sich zeigende Distanz zur etablierten Form der Religiosität und religiösen Bildung spiegelt sich auch in Jesu eigenem Auftreten – nicht zuletzt in seinen Streitgesprächen mit den etablierten Theologen verschiedener Couleurs, kulminierend in seiner Tempelreinigung, die historisch gesehen vermutlich der unmittelbare Anlass für die Anklage vor Pilatus und damit für seine Hinrichtung war. Diese Distanz ist freilich nur die Kehrseite einer religiösen Unmittelbarkeit, die bei Jesus vielleicht zunächst vom Täufer inspiriert wurde,

---

[18] Vgl. Hartmut Stegemann: *Die Essener, Qumran, Johannes der Täufer und Jesus. Ein Sachbuch*. Freiburg 1993, 303 f.

[19] Zwar wird bisweilen erwogen, ob der Täufer eine Ausbildung in Qumran erhalten hat, aber es spricht auch Entscheidendes dagegen; vgl. dazu Stegemann, Essener (wie Anm. 18), 306–311.

[20] Dafür spricht auch, dass Taufe in den Evangelien (vgl. Mk 10,38 par.; Lk 12,50), ebenso wie bei Paulus (Röm 6), immer Metapher für den Tod ist.

[21] Vgl. Martin Luther: „Der Kleine Katechismus. Das Sakrament der heiligen Taufe. Zum vierten". In: *Die Bekenntnisschriften der evangelisch-lutherischen Kirche*. Göttingen ^{6}1967, 516.

die bei Ersterem dann aber – möglicherweise aufgrund einer Berufungsvision, wie sie in der Tauferzählung noch nachklingen könnte (Mk 1,9–11 par.) – zu dem alles bestimmenden Charakteristikum seines gesamten Auftretens wurde. Jesus hat sich in seiner Lehre nicht durch eine etablierte Lehrtradition abgesichert, sondern als einzige Autorität die Heilige Schrift anerkannt und sie ganz eigenständig ausgelegt. Im Unterschied zum Täufer bleibt Jesus dabei nicht an einem Ort, sondern er zieht umher und sucht die Leute mit seinen Schülern an ihren Wohnorten auf. Die Art und Weise seines Auftretens und seiner Lehre wurde von den Leuten als etwas Ungewöhnliches empfunden. So heißt es am Anfang des ältesten Evangeliums, in Mk 1,21 f., bei dem Bericht von Jesu erstem öffentlichen Auftritt:

Und sie [sc. Jesus und seine vier ersten Jünger] gingen nach Kapharnaum hinein.
Und sofort ging er am Sabbat in die Synagoge und lehrte.
Und *sie gerieten außer sich über seine Lehre*,
denn er lehrte wie einer,
der Vollmacht hatte,
und nicht wie die Schriftgelehrten.

Dabei berichtet das Evangelium nicht, was Jesus in diesem Falle inhaltlich gelehrt hatte. Das Folgende erzählt vielmehr, dass Jesus ein Besessener begegnet, und als er ihn von seinem unreinen Geist befreit hatte, heißt es in Mk 1,27 erneut im Blick auf die Reaktion derer, die in der Synagoge anwesend waren:

Und sie entsetzten sich alle,
so dass sie miteinander diskutierten und sagten:
Was ist das?
Eine neue Lehre in Vollmacht!
Selbst den unreinen Geistern befiehlt er,
und sie gehorchen ihm!

Dieser kurze Abschnitt zeigt, dass Jesu ganzes Auftreten, selbst seine Tätigkeit als Heiler und Exorzist, die ihn als von Gott Bevollmächtigten ausweist, als Ausdruck seiner Vollmacht in der Lehre betrachtet wurde.

An anderer Stelle kann dann auch spezifiziert werden, was der Inhalt von Jesu Lehre ist. Der wohl bekannteste Bestandteil dieser Lehre sind seine meisterhaften Gleichnisse,[22] die in ihrer Prägnanz und Originalität einzigartig sind.[23] Mk 4,1 f., die Einleitung zur Gleichnisrede, verwendet gleich dreimal ‚lehren' (διδάσκειν) bzw. ‚Lehre' (διδαχή), um die Gleichnisse als Charakteristikum der Lehre Jesu zu betonen. Auch die großen Reden, in der Regel wohl spätere Zusammenstellungen seiner prägnant formulierten Worte, gehören zu dieser Lehre.[24] Relativ häufig sind es Einzelfragen der Halacha, also der Gesetzesauslegung, die als Bestandteil von Jesu Lehre bezeichnet werden,[25] aber auch Aussagen Jesu über sich selbst, über sein gottgewolltes Schicksal bei den Leidensweissagungen (Mk 8,31; 9,31) oder über seine Stellung als Davidsohn (Mk 12,35 ff.) können unter den Begriff der Lehre fallen. In der Mehrzahl der Fälle aber fehlt eine solche

---

[22] Es fällt aber auf, dass Jesu Gleichnisse explizit nur in Mk 4,1 als seine Lehre bezeichnet werden.

[23] Hengel sagt zu Recht: „Man wird in Jesus den eindrücklichsten Dichter von *m^ešālîm* im antiken Judentum sehen dürfen". Vgl. Martin Hengel: „Jesus als messianischer Lehrer der Weisheit". In: Ders./Anna Maria Schwemer: *Der messianische Anspruch Jesu und die Anfänge der Christologie. Vier Studien.* Tübingen 2003, 81–131, hier 99; vgl. dazu auch die Monographie von Martin Ebner: *Jesus – ein Weisheitslehrer. Synoptische Weisheitslogien im Traditionsprozess.* Freiburg u. a. 1998.

[24] Allerdings wird nur die Bergpredigt explizit als Lehre bezeichnet (Mt 5,2; 7,29).

[25] So die Frage nach der Scheidung (Mk 10,1 ff.), nach dem zur Erlangung ewigen Lebens nötigen Handeln (Mk 10,17 ff.), die Zensusfrage (Mk 12,14 ff.) oder nach dem höchsten Gebot (Mk 12,28 ff.), „dem Weg Gottes" (Mk 12,14) oder dem richtigen Beten (Lk 11,1).

inhaltliche Näherbestimmung; zumeist ist nur ganz generell davon die Rede, dass Jesus lehrt, ohne dass der Inhalt genauer angegeben würde,[26] höchstens ergänzt durch eine allgemeine Angabe wie die, dass Jesus bei seiner Lehre „das Evangelium von der Königsherrschaft" verkündigt hat (Mt 9,35; vgl. Lk 20,1). Fragt man, warum eine solche Lehre zu dem Erschrecken der Leute geführt hat, so war es wohl nicht nur der Inhalt, sondern auch die Form und die darin zum Ausdruck kommende Autorität. Das soll nun anhand von zwei Punkten gezeigt werden, in denen die Besonderheit Jesu als Lehrer auf prägnante Weise ihren Niederschlag gefunden hat und die im Kern als historisch betrachtet werden müssen:

1. Auffällig ist der Bezug Jesu zur Weisheit, die um diese Zeit im Judentum als eine himmlische Gestalt verstanden werden konnte, die einerseits aufs Engste mit Gott verbunden war (vgl. Spr 8,22–30) und andererseits den Glaubenden die Geheimnisse Gottes offenbarte (vgl. Sir 24,1–22; Weish 7,21–10,21). Jesu Verbundenheit mit der Weisheit geht dabei über die sonstige Verbindung eines Lehrers mit dieser hinaus: Nicht nur, dass Jesus in seiner Lehre als „ein Meister weisheitlicher Dichtung in ihren verschiedenen Formen" eine besondere Beziehung zur Weisheit aufweist.[27] Weit bemerkenswerter ist, dass Jesus sich auch selbst als Lehrer, das heißt als Person wiederholt durch einen geradezu unmittelbaren Bezug zur Weisheit Gottes gleichsam selbst definiert, was umso ungewöhnlicher ist, als, wie gesagt, Jesus von seiner Herkunft und den ihn prägenden Traditionen keineswegs „aus intellektuellem, schriftgelehrtem, man könnte auch sagen, nicht aus spezifisch ‚weisheitlichem' Milieu" kommt.[28]

---

[26] Vgl. Mk 6,2 und 34; 14,49; Mt 11,1; 13,54; 26,55; Lk 4,15 und 31; 5,3 und 17.

[27] Hengel, Weisheit (wie Anm. 23), 128.

[28] Hengel, Weisheit (wie Anm. 23), 82.

Angedeutet ist das bereits in einem Gerichtswort, das in Lk 11,31 und in Mt 12,41 überliefert ist und das in seiner altertümlichen Form und seiner mit Semitismen durchsetzten Sprachgestalt wohl kaum eine spätere Gemeindebildung ist. Dort droht Jesus der Menge, die von ihm (offenbar zur Beglaubigung) Zeichen fordert, mit ihrer künftigen Verurteilung im Endgericht. Die Königin von Saba wird hier als Zeugin gegen die „Männer dieses Geschlechts" aufgeboten, weil sie als Heidin Salomos Weisheit hören wollte, während jene als Juden nicht auf Jesus hören:

Die Königin des Südens wird sich im Gericht erheben
gegen die Männer dieses Geschlechts
und sie verurteilen
denn sie kam von den Enden der Erde,
um die Weisheit Salomos zu hören.
Und siehe: Hier ist mehr als Salomo.

Für unsere Fragestellung ist an diesem Wort besonders interessant, dass sich Jesus mit dem abschließenden „Hier ist mehr als Salomo" als einen darstellt, der denjenigen übertrifft, der in der jüdischen Überlieferung der Weise *par excellence* ist (und dem deswegen gerade in neutestamentlicher Zeit zahlreiche Schriften zugeschrieben werden): Salomo.[29] Indem sich Jesus dem Inbegriff des alttestamentlichen Weisen als der Größere gegenüberstellt, bringt er damit im Blick auf sich selbst als Lehrer einen kaum zu überbietenden Autoritätsanspruch zum Ausdruck. Zu beachten ist, dass dies in einer Konfliktsituation geschieht, dass Jesus also diesen Anspruch dem Unglauben seiner Mitwelt provokativ entgegenstellt.

---

[29] Ein entsprechendes ‚komparativisches' Selbstbewusstsein kommt auch noch einmal in der Fortsetzung des Spruches zum Ausdruck, wenn Jesus die Leute von Ninive gegen die „Leute dieses Geschlechts" aufbietet, weil sie nach der Predigt des Jona Buße taten, und dabei erneut hinzufügt: „und siehe: Hier ist mehr als Jona" (Lk 11,32 par.).

Um einen vergleichbaren Widerstand geht es auch in einem ähnlich urtümlichen Wort, das ebenfalls von Matthäus und Lukas überliefert ist (Lk 7,31–35 par.; Mt 11,16–19). Dort vergleicht Jesus sein Auftreten mit dem des Täufers. Während dieser asketisch auftrat und daraufhin für besessen gehalten wurde, hat er selbst mit den Menschen gegessen und getrunken und wurde deshalb als Fresser und Weinsäufer beschimpft. Doch dieser Ablehnung beider durch die Menschen aus den exakt entgegengesetzten Gründen wird – eingeleitet durch ein adversatives *καί* – das Urteil entgegengesetzt:

Aber die Weisheit wurde gerechtfertigt von allen ihren Kindern.[30]

Hier stellt Jesus (zusammen mit dem Täufer) einen noch unmittelbareren Zusammenhang zwischen sich und der göttlichen Weisheit her, die allen Diffamierungen durch die meisten Menschen zum Trotz durch „ihre Kinder", das heißt durch diejenigen, die ihr im Unterschied zu den anderen Glauben schenken,[31] ins Recht gesetzt wird. Auch bei diesem Wort spricht das Fehlen jeder christologischen Differenzierung zwischen Jesus und dem Täufer wie auch jedes Bezugs auf beider gewaltsamen Tod für ein sehr hohes Alter, ganz abgesehen davon, dass die Beschimpfung Jesu als Fresser und Weinsäufer gewiss nicht zu der Art von Worten gehört, die man aufgrund späterer theologischer Interessen dem Irdischen nachträglich in den Mund legt. Wenn es sich also auch hier vermutlich um ein Wort des historischen Jesus handelt,[32] so dürfte das ein weiterer Beleg dafür sein, dass jener Handwerker aus Galiläa mit dem Anspruch auftrat, dass durch seine Lehre Gottes

---

[30] So wird es von der vermutlich ursprünglicheren lukanischen Fassung überliefert. Bei Matthäus heißt es, dass die Weisheit „von ihren Werken" gerechtfertigt wird.

[31] Vgl. Wolter, Lukasevangelium (wie Anm. 2), 288.

[32] Vgl. Hengel, Weisheit (wie Anm. 23), 90.

eigene Weisheit zugänglich gemacht wird.[33] Und es zeigt sich wiederum, dass dieser Anspruch Jesu seiner Ablehnung durch andere Menschen entgegengesetzt wird.

Wie sehr dieser Widerstand (und damit auch der Schatten des Kreuzes) bereits zu Jesu Selbstverständnis dazugehört, als Lehrer der Repräsentant von Gottes Weisheit zu sein, zeigt sich noch einmal deutlich in einem weiteren Drohwort aus der Redequelle, in dem nun die göttliche Weisheit selbst spricht und sagt, dass sie Propheten[34] schickt, die verfolgt und getötet werden (Lk 11,49).[35]

2. Damit ist bereits der nächste Punkt berührt, der für die Lehre Jesu und vor allem für den Lehrer Jesus charakteristisch ist. Eingangs wurde schon darauf hingewiesen, dass Jesus seine Aussagen nicht durch den Rückbezug auf andere Autoritäten legitimiert, sondern in erstaunlicher Unmittelbarkeit auf die Schrift als einzige Autorität zurückgreift und diese auslegt. Am deutlichsten wird das bei den Antithesen der Bergpredigt, wo Jesus der schriftgelehrten Tradition („Ihr habt gehört, dass [den Alten] gesagt wurde“) sein „ich aber sage euch“ entgegensetzt. Von nicht wenigen modernen Exegeten werden zwei oder drei dieser Antithesen[36] als charakteristisch

---

[33] Wolter, Lukasevangelium (wie Anm. 2), 288: Das Wort „impliziert, dass Gottes Weisheit in der Verkündigung des Täufers und Jesu zugänglich ist“.

[34] Genannt werden auch noch Apostel bei Lukas, aber diese fehlen in der matthäischen Parallelstelle und dürften von Lukas eingefügt sein.

[35] Matthäus identifiziert direkt Jesus mit der Weisheit und macht daher in Mt 23,34 ein „Ich-Wort“ daraus.

[36] Drei dieser Antithesen sind matthäische Bildungen, die bei Lukas ohne antithetische Einkleidung überliefert sind, aber die anderen drei Gegensatzsprüche (der 1., 2. und 4.) sind aus dessen Sondergut, und bei diesen lässt sich auch, anders als bei den nachgebildeten, die vorangestellte These nicht einfach abtrennen, ohne die gesamte Aussage zu zerstören. Diese Worte sind also schon ursprünglich als Antithesen formuliert worden, sodass Matthäus ihnen die anderen nachbildete.

für Jesu vollmächtige, die schriftgelehrte Auslegung überbietende Interpretation der Torah angesehen und somit als jesuanisch beurteilt.[37] Doch selbst wenn diese Antithesen nicht auf den historischen Jesus zurückgehen sollten, käme es nicht von ungefähr, dass sie Jesus zugeschrieben werden, denn darin kommt eine für ihn charakteristische Form der Rede zum Ausdruck, die James Dunn „the emphatic ego" nennt und die sowohl in der affirmativen wie in der adversativen Form für die Jesusüberlieferung so bezeichnend ist, dass man sie dem historischen Jesus schwerlich absprechen kann.[38]

Besonders auffällig ist die Formel „Amen ich sage Dir/Euch", die in den Synoptikern über 50-mal erscheint und die in der johanneischen Verdoppelung „Amen, Amen ich sage Dir/Euch" weitere 25-mal im vierten Evangelium begegnet. Amen stellt bekanntlich eine responsorische Formel dar, mit der man im antiken Judentum zustimmend zu der Äußerung eines anderen Stellung nimmt – sei es zu einem Fluch, einem Befehl oder, so ist es auch uns noch geläufig, im Gebet. Ein nicht-responsorisches Amen, wie es Jesus verwendet, ist bislang außerhalb der Jesusüberlieferung nicht belegt[39] und könnte, wie schon Joachim Jeremias vermutete, eine Sprachschöpfung Jesu sein,[40] das anstelle der prophetischen Botenformel verwendet wird[41] und so den Anspruch ausdrückt,

---

[37] Vgl. Joachim Gnilka: *Herders Theologischer Kommentar zum Neuen Testament. Bd. 1: Das Matthäusevangelium.* Freiburg i. Br. 1988, I, 158; Donald A. Hagner: *Matthew 1–13* (Word Biblical Commentary 33A), Dallas 1993, 113; Ulrich Luz: *Evangelisch-Katholischer Kommentar zum Neuen Testament. Bd. 1: Das Evangelium nach Matthäus I.* Düsseldorf/Zürich [5]2002, 325 f.

[38] James D. G. Dunn: *Jesus remembered.* Grand Rapids 2003, 701.

[39] Vgl. Theißen/Merz, Jesus (wie Anm. 17), 456.

[40] Vgl. Joachim Jeremias: „Amen". In: *Theologische Realenzyklopädie* 2 (1978), 386–391.

[41] Vgl. Theißen/Merz, Jesus (wie Anm. 17), 456: „Hier spricht ein Prophet – ja vielleicht mehr als ein Prophet!".

dass seine Rede unmittelbare Antwort auf Gottes eigenes Reden ist, dass hier also ‚mehr als ein Prophet' spricht. Dass die besondere Autorität, mit der Jesus auftrat, auch von denen wahrgenommen wurde, denen seine Lehre völlig fremd war, zeigt nicht zuletzt sein Tod am Kreuz, dessen Titulus „König der Juden" den sogenannten messianischen Anspruch Jesu reflektiert, freilich verzerrt in der politischen Sprache römischer Herrschaftsinteressen.

Zusammengefasst lässt sich feststellen, dass einzelne Worte nicht nur Jesu Lehre, sondern auch ihn selbst als Lehrer in einen sehr engen Bezug zur Weisheit Gottes setzen, ja ihn fast schon mit dieser identifizieren. Vieles spricht dafür, dass diese Worte, in denen die spätere österliche Verkündigung der Gemeinde noch nicht als prägend erkennbar ist, auf Jesus selbst zurückgehen. Doch unabhängig von der Frage der Historizität einzelner Logien wurde Jesus in verschiedenen Zusammenhängen als jemand wahrgenommen, in dessen Person Gottes Weisheit und damit Gott selbst zugänglich wurde. Ebenso verweist das betonte „Ich" bzw. das „Ich sage euch" in den Worten Jesu, besonders in Verbindung mit der Amen-Formel, auf ein außerordentliches Sendungs- und Selbstbewusstsein hin, sodass auch ein so vorsichtiger Ausleger wie James Dunn im Blick auf den als Lehrer erinnerten Jesus resümieren kann, dass dessen Auftreten alle geläufigen Kategorien gesprengt hat, so dass man die „tantalising possibility" in Rechnung stellen muss, dass Jesus, ohne seinen jüdischen Hintergrund im Mindesten zu verlassen, doch als Lehrer eine Einzigartigkeit für sich in Anspruch nahm, welche die Hörer und Schüler nach Worten ringen ließ, wie sie das, was sie da sahen, hörten und erinnerten, überhaupt angemessen ausdrücken könnten.[42] Eben dieses, dass Jesus als einer erlebt und

---

[42] Dunn, Jesus (wie Anm. 38), 704: „… as we move on to the re-

erinnert wurde, der alle gängigen Schemata sprengt, findet seinen Ausdruck im Titel Gottessohn.

3. Der Gottessohn

Diese Ansicht kommt in einem ebenfalls bei Lukas und Matthäus überlieferten, weisheitlich geprägten Wort zum Ausdruck, in dem sich Jesus als „der Sohn" durch sein Verhältnis zum „Vater" gleichsam selbst definiert,[43] wobei die Pointe bei aller Einzigartigkeit dieses Gottesverhältnisses nicht in dessen Exklusivität besteht, sondern (wie bei der Weisheit ja auch) in der durch den ‚Sohn' erfolgenden Offenbarung Gottes als ‚Vater', eine Vermittlung, die nicht zum geringsten Teil durch Jesu Lehre geschieht. In der Entgegensetzung der Offenbarung Gottes vor den ‚Unmündigen' im Gegensatz zur Verborgenheit Gottes vor den Weisen und Verständigen wird zugleich wiederum die kritische Distanz Jesu zum etablierten Schulbetrieb deutlich:

In dieser Stunde jubelte [Jesus] im Heiligen Geist und sprach:
‚Ich preise dich, Vater, Herr des Himmels und der Erde,
dass du dieses vor den Weisen und Intelligenten verborgen hast
und hast es den Unverbildeten (wörtl. Unmündigen) offenbart.
Ja, Vater, denn so entsprach es deinem guten Willen.

---

maining categories which Jesus rather than others may have used in speaking of his mission, we are left with two powerful impressions. One is that Jesus' mission seems to have broken through all the most obvious categories by which his mission could be evaluated; he evidently did not fit with any degree of comfort into any of the pigeon-holes by which observers might have wished to label him. The other is the tantalising possibility that Jesus deliberately claimed a degree of distinctiveness for his mission, for all its thoroughly Jewish character, which left both hearers and disciples struggling for words to express the significance of what they were seeing and hearing – and remembering".

[43] Vgl. Wolter, Lukasevangelium (wie Anm. 2), 389.

Alles ist mir von meinem Vater übergeben worden,
und keiner erkennt, wer der Sohn ist,
außer dem Vater,
und wer der Vater ist,
außer dem Sohn
und wem immer es der Sohn offenbaren will.‘
(Lk 10,21 f. par.; Mt 11,25–27)

Das klingt nach dem *Johannesevangelium*, also nach einer im Neuen Testament späten Theologie, stammt aber aus der von Matthäus und Lukas verwendeten Redequelle und ist somit im Kontext der neutestamentlichen Überlieferung verhältnismäßig alt. Dieser Text beschreibt die engste Gemeinschaft zwischen dem göttlichen Vater und dem Sohn, dem von Gott alles – und das dürfte im Blick auf die Anrufung des Vaters als Herr des Himmels und der Erde heißen: die Macht über Himmel und Erde – übergeben ist.[44]

Dieses Wort stammt so wahrscheinlich nicht vom historischen Jesus; dass dieser sich selbst als Gottessohn verkündigt hat, war vermutlich sowohl „vom Selbstverständnis Jesu wie auch von den religiösen und politischen Voraussetzungen seiner Umwelt her unmöglich“.[45] Im ältesten Evangelium spricht Jesus denn auch von sich immer nur als dem Menschensohn, und der Titel Gottessohn wird dort zu seinen Lebzeiten nur von Gott selbst und von den Dämonen zur Bezeichnung seines Wesens verwendet, also von außermenschlichen Mächten. Erst nach seinem Tod bekennt ihn als erster Mensch der Zenturio unter dem Kreuz als Gottessohn. Das muss als ein Hinweis darauf verstanden werden, dass dieser Titel erst nach Jesu Tod und Auferweckung auf

---

[44] Vgl. Wolter, Lukasevangelium (wie Anm. 2), 389: „Gott hat Jesus damit zum Teilhaber an seiner universalen Herrschaft und zu seinem Repräsentanten gemacht“.

[45] Hengel, Weisheit (wie Anm. 23), 120.

ihn übertragen wurde. Dafür spricht auch eine der ältesten Bekenntnisformeln in Röm 1,3 f., die sagt, dass Jesus Christus

nach dem Fleisch aus dem Samen Davids entstand,
aber zum Sohn Gottes ausgesondert wurde in Macht
nach dem Geist der Heiligkeit
aufgrund der Auferstehung von den Toten.

Was bedeutet nun dieser Titel? Gegenüber der lange üblichen Herleitung des Titels aus der hellenistischen Welt hat Martin Hengel[46] gezeigt, dass im hellenistischen Bereich ein titularer Gebrauch gerade nicht nachgewiesen werden kann: Von den verschiedenen Zeussöhnen etwa führt kein Weg zum einen Sohn des einen Gottes, und auch bei den gerne bemühten Mysterienreligionen, die im Übrigen erst im zweiten nachchristlichen Jahrhundert so richtig aufblühen, lässt sich kaum eine Parallele finden.[47] Dagegen findet sich das Prädikat ‚Gottessohn' häufiger im Alten Testament und im Frühjudentum. Neben den Engeln, die gelegentlich als „Gottessöhne" bezeichnet werden, sind es vor allem drei Bereiche, in denen diese Bezeichnung begegnet: Das ist zunächst der erwählte König, dem Gott etwa bei der Thronbesteigung in Ps 2,7 zusagt:

Du bist mein Sohn. Heute habe ich dich geboren.

Gleiches gilt dann auch vom ganzen Volk Israel, das Gott ebenfalls als seinen Sohn bezeichnen kann:

Ist nicht Ephraim mein teurer Sohn,
ist er nicht mein Lieblingskind?
(Jer 31,20)

---

[46] Vgl. Hengel, Sohn (wie Anm. 13). Das Folgende lehnt sich an Hengels Darlegungen an.

[47] Der einzige hellenistische Beleg für einen titularen Gebrauch von „Gottessohn" ist die Übersetzung des Ehrennamens *divi filius* für Augustus.

Und endlich kann in der Spätzeit auch der Weise und Gerechte so prädiziert werden:

Sei wie ein Vater für die Waisen,
und die Stelle des Gatten vertritt bei den Witwen,
dann wird Gott dich Sohn nennen,
wird sich deiner erbarmen und dich retten vor der Grube
(Sir 4,10)

Zum Verständnis dieser Aussagen muss man wissen, dass im Hebräischen *ben* (Sohn) keineswegs auf physische Zeugung beschränkt werden darf, sondern ganz allgemein ein breit gefächerter Zuordnungsbegriff ist, der jüngere Gefährten, Gruppenmitglieder, die Zugehörigkeit zu einem Volk, einen Beruf, eine Eigenschaft, sogar das Alter bezeichnen kann. Der Würdename „Sohn Gottes" darf daher nicht gleich im Sinne einer ‚übernatürlichen' Abstammung interpretiert werden, noch wird damit eine besondere ‚Göttlichkeit' des so Prädizierten ausgedrückt. Vielmehr bezeichnet der Titel ‚Gottessohn' einen, der in besonderer Weise zu Gott gehört, weil dieser ihn erwählt hat, zunehmend dann auch den, der diesem Gott in seinem Verhalten entspricht und deshalb zum Sohn erklärt wird. Eine solche Gottesbeziehung kann dann auch besondere Fähigkeiten zur Folge haben, wie das bei Jesus zweifellos auch der Fall war – nur sind etwa charismatische Heilungskräfte nicht der Grund für die Auszeichnung als Gottessohn. Entscheidend ist im Blick auf Jesu Gottessohnschaft vielmehr ein doppeltes Verhältnis:

1. Als Verkündiger und Lehrer hat Jesus von Nazareth sich in einzigartiger Unmittelbarkeit auf Gott bezogen und beansprucht, dass durch seine Lehre Gottes Weisheit – und das heißt letztlich: Gott selbst – zu den Menschen spricht.[48]

---

[48] Besonders interessant ist in diesem Zusammenhang die Antwort

2. Jesu Vollmacht führt jedoch nicht zum Glauben, sondern zur Ablehnung und damit letztendlich zum Tod. Den dadurch scheinbar widerlegten Anspruch Jesu, dass Gott hinter seiner Lehre steht, wurde nach Überzeugung der frühen Christen von Gott selbst in der Auferweckung bestätigt, mit der Folge, dass Gott nun der Vater heißt und Jesus von Nazareth der Sohn.

So verstanden ist der Gottessohntitel kein aus fremden Kontexten importiertes Mythem, sondern er beansprucht, den galiläischen Zimmermann Jesus von Nazareth im Licht der biblischen Tradition zu deuten. Inhaltlich heißt das: Der Titel Gottessohn ist nicht Prädikatsbegriff für einen Übermenschen (ein solches, vom Teufel vertretenes Verständnis wird vielmehr in der Versuchungsgeschichte ausdrücklich abgewiesen), sondern charakterisiert den, der aus der Gegenwart Gottes lehrt und handelt und als solcher von den Menschen abgelehnt, aber von Gott bestätigt wird. Dabei besteht, das sei noch einmal betont, die Einzigartigkeit Jesu nicht in der Exklusivität seiner Gottesbeziehung, sondern in deren Inklusivität: So wie der Jesus der Evangelien in Lk 10,22 und Mt 11,27 sagt, dass der Sohn, der allein den Vater kennt, eben diesen offenbar macht, wem er will, so sagt Paulus in Gal 4,6 f., dass durch den Geist des Sohnes die Glaubenden aus versklavten Geschöpfen zu Söhnen Gottes werden; die

Jesu auf die Täuferanfrage in Lk 7,18–23 par.; Mt 11,2–6. Auch wenn die Antwort Jesu ursprünglich nicht mit der Anfrage zusammengehörte, spricht manches „für ein hohes, d. h. vorösterliches Alter der Überlieferung“ (Wolter, Lukasevangelium (wie Anm. 2), 278). Indem Jesus „sein eigenes Wirken durch die freie Zitatenkombination von Jes 29,18 f., 35,5 ff. und 61,1 f. interpretierte, gab er sich in verhüllter Form als endzeitlicher Heilsbringer zu erkennen“ (Riesner, Lehrer (wie Anm. 3), 301). „Was die Propheten als *Gottes* Handeln ankündigten, wird durch Jesus verwirklicht“ (Wolter, Lukasevangelium (wie Anm. 2), 280).

‚Gottessohnschaft' (die auch die Töchter einschließt) wird also durch den einen Sohn den Glaubenden vermittelt, wie das ganze Neue Testament unisono bezeugt – von den Evangelien über die Briefe bis zur Johannesoffenbarung.[49] Insofern bedurfte es für das Verständnis Jesu als Gottessohn zwar noch der österlichen Bestätigung durch Gott den Vater, aber die entsprechende Überschreibung des ‚Menschensohnes', als den sich Jesus selbst bezeichnet hat, durch den ‚Gottessohn', als den ihn die Gemeinde bekennt, widerspricht dem Lehrer Jesus von Nazareth nicht, sondern entspricht vielmehr dem, was der Irdische bereits in seiner vollmächtigen Lehre beansprucht und zum Ausdruck gebracht hatte: Eine unmittelbare Verbundenheit mit Gott als seinem Vater.

Das findet, wie zum Schluss noch kurz gezeigt werden soll, noch einmal seine Bestätigung bei den Schülern Jesu.

4. Die Lehre der Schüler Jesu

Zu seinen Lebzeiten hatte Jesus nach dem durchaus glaubwürdigen Zeugnis der Evangelien zunächst in der Bevölkerung einen immensen Erfolg als Lehrer. Offensichtlich konnte er zeitweise so große Menschenmengen für sich einnehmen, dass seine Gegner lange nicht gegen ihn vorzugehen wagten, weil sie die Menge fürchteten, die Jesus gerne hörte (vgl. Mk 11,18; 12,12; 14,1 f.). Auf lange Sicht aber war es noch wichtiger, dass es Jesus gelang, eine Reihe von Menschen aus ihren bisherigen Lebensbezügen herauszulösen und als Schüler unmittelbar an sich zu binden. Die bekannteste Gruppe sind die Zwölf, aber in den Evangelien wird immer wieder deutlich, dass die Gruppe weit größer war und – das war durchaus ungewöhnlich –

[49] Vgl. etwa Röm 8,14 f.; Joh 1,12 f.; Mt 5,9 und 45; Apk 21,7.

auch Frauen umfasste (vgl. Mk 15,40; Lk 8,1–3; 10,38–42). Diese Schülerinnen und Schüler waren zumeist ebenfalls ungebildete Handwerker, Fischer oder Ähnliches. Sie teilten mit Jesus seine Lebensweise und zogen mit ihm durchs Land, wurden aber auch von ihm beauftragt und bevollmächtigt.

Fragt man nach seinem Lehrerfolg, so wird man ein Doppeltes sagen müssen. Zum einen stieß Jesus bei aller Bewunderung, die er auslöste, zu Lebzeiten bis zuletzt selbst im engsten Kreis auch auf Unverständnis: Wie immer es um die Historizität der einzelnen Szenen bestellt ist, deutlich ist, dass den Weg der Konfrontation und damit des Leidens, den Jesus gegen Ende seines Lebens einzuschlagen sich entschieden hatte, offenbar von den Jüngern nicht nachvollzogen werden konnte. Sie reagierten mit Ablehnung und Widerstand und dann mit Flucht und Verleugnung.

Aber es wäre zu einfach, wenn man nur diese negative Seite sähe. Nach seinem Tod waren diese Schülerinnen und Schüler in der Lage, durch das Imperium Romanum zu ziehen, und ein Fischer wie Petrus tritt immerhin in Städten wie Antiochia und Korinth (und vielleicht auch Rom) auf und kann sich dort verständlich machen und Menschen überzeugen. Zwar war die Begegnung mit dem Auferstandenen offenbar eine Art Initialzündung – aber sie allein erklärt noch nicht, warum einfache Handwerker aus einem Winkel des römischen Reiches plötzlich fähig sind, selbst zu lehren und zu argumentieren. Lukas berichtet denn auch von dem Erstaunen der jüdischen Oberschicht darüber, dass solche ungebildeten Leute (ἄνθρωποι ἀγράμματοι […] καὶ ἰδιῶται) in der Lage sind, mit solchem Freimut aufzutreten und zu reden (Apg 4,13). Das ist ohne die nachhaltige Prägung durch Jesu Lehre wohl kaum erklärbar.[50]

---

[50] Diese Wirkmächtigkeit der Schülergeneration ist vielleicht die größ-

An diesen Jüngern zeigt sich aber noch ein Zweites. Fragt man nach dem Inhalt ihrer Lehre, dann besteht dieser nach den Reden der Apostelgeschichte darin, Jesus als den zur Rechten Gottes erhöhten Herrn und Gottessohn zu verkündigen (Apg 2,32–36; 5,30 f.; vgl. weiter Apg 3,13; 4,10–12; 10,40–42). Die eingangs erwähnten frühchristlichen Hymnen und Bekenntnisfragmente bestätigen das, sie wurden ja vermutlich von diesen Schülern Jesu selbst verfasst, zumindest aber von ihnen übernommen und verbreitet. Zugleich aber haben dieselben Apostel auch die Erinnerungen an das Leben des Irdischen, an ihren Lehrer und dessen Worte und Taten bewahrt und sie ebenfalls weitergegeben, sonst hätte man nicht später nach ihrem Tod aus verschiedenen Überlieferungssträngen die Evangelien zusammenstellen können. Damit aber bestätigen auch sie, was wir zu zeigen versuchten: Zwischen dem Lehrer aus Nazareth und dem Gottessohn bestand für sie kein Widerspruch – auch für die Schüler Jesu war ihr irdischer Lehrer und der angebetete Gottessohn ein und derselbe.

---

te Gemeinsamkeit, welche der Lehrer Jesus mit dem Lehrer Muhammad teilt. Zu Muhammads Lehrerfunktion siehe den Beitrag von Jens Scheiner in diesem Band.

Flavius Josephus – Jüdischer Lehrer von Römern und Griechen

Bernd Schröder

1. Flavius Josephus – ein Lehrer?

Im Kontext moderner Bildungssysteme und im Verständnis der gegenwärtigen Erziehungswissenschaft ist der Lehrer bzw. die Lehrerin durch drei Merkmale charakterisiert:[1]

- Erstens durch die Platzierung in der Institution Schule, die eigens geschaffen ist für die Organisation sequentiell geordneter Lehr-Lern-Prozesse. In der europäischen Geschichte des Lehrerberufs stellt sich diese Bindung an die Schule seit der Wende vom 18. zum 19. Jh. zunehmend exklusiv dar – Lehrer in anderen Institutionen werden in der Regel mit anderen Amtsbezeichnungen belegt: „Meister" (Handwerk), „Trainer" (Sport), „Erzieher" (Kindertagesstätte), „Dozent" (Erwachsenenbildung) usw.
- Zweitens durch Professionalität, d. h. eine fachbezogene Sachkenntnis und pädagogische Kompetenz, die durch normierte akademische Ausbildungsgänge aufgebaut wird. Die Kompetenzen liegen vor allem in den Bereichen „Leh-

[1] Vgl. *Handbuch der Forschung zum Lehrerberuf*, hgg. von Ewald Terhart u. a., Münster 2011.

ren und Erziehen", „Beurteilen", „Beraten" und „Innovieren"[2].

– Drittens durch formale, staatliche Reglementierung der Tätigkeit: Qualifikation, Laufbahn, berufliche Rollendefinition, äußere Bedingungen (Arbeitszeit, Gehalt, Status). Diese Reglementierung ist in Ansätzen seit der Reformationszeit zu erkennen, hat sich indes vollumfänglich erst zu Beginn des 19. Jahrhunderts etabliert, also mit der Verstaatlichung der Schule.[3]

Es liegt auf der Hand, dass diese modernen Kategorien nicht geeignet sind, eine Person wie Josephus Flavius und ihre Tätigkeit zu erfassen. Sie können auch für die übrigen Lehrergestalten der Antike und des Mittelalters, die in diese Publikation Eingang fanden, keine Geltung beanspruchen.

Allerdings ist das Lehrer-Sein des Josephus auch nicht durch jene Merkmale charakterisiert, die implizit oder explizit den zeitgenössischen antiken Schilderungen eines Origenes, eines Plutarch, eines Muhammad[4] oder eines Rabbi Akiva zu Grunde liegen und Anlass dazu geben, ihnen den Titel „Lehrer" im Sinne eines Ehrentitels zu verleihen. Einschlägige Merkmale dieser Lehrer ehrenhalber sind etwa

– ein allseits als herausragend und mitteilenswert empfundenes Wissen,

---

[2] Deutscher Bildungsrat: *Strukturplan für das Bildungswesen*, Stuttgart 1970; wieder aufgenommen in der Verlautbarung der Kultusminister-Konferenz: *Standards für die Lehrerbildung. Bildungswissenschaften*, Bonn 2004.

[3] Vgl. dazu am Beispiel von *Religions*lehrerinnen und -lehrern Rainer Lachmann / Bernd Schröder (Hgg.): *Geschichte des evangelischen Religionsunterrichts in Deutschland. Ein Studienbuch*, Neukirchen-Vluyn 2007, 57 ff. (jeweils Abschnitt 4).

[4] Zu den ersten drei Lehrerfiguren siehe die Beiträge von Tobias Georges, Rainer Hirsch-Luipold und Jens Scheiner in diesem Band.

- ein besonderes ‚didaktisches' Geschick in der Erschließung dieses Wissens
- und ein persönlich zugeordneter Schülerkreis bzw. eine maßgebliche Wirkungsgeschichte.

Hinter diesen Charakteristika werden Menschen erkennbar, die – in unserer Begrifflichkeit – *höhere* Bildung in individuell ausgeformter Spielart repräsentieren: intellektuelle Köpfe. Sie finden ihr Profil gerade nicht als Teile eines institutionalisierten Ganzen, sondern als Solitäre. Die acht ökumenischen Kirchenlehrer (*doctores ecclesiae*) oder Melanchthon als „*praeceptor Germaniae*" können als Beispiele dienen.

Kurzum: Indem Josephus weder den Kriterien des Lehrerseins im Sinne moderner Schul- und Professionalitätstheorien entspricht noch der wertschätzenden Einordnung als „Lehrer" Deutschlands, Europas oder der Christenheit genügt, erweist er sich als *ein Lehrer besonderer Art* – in dem Sinne, dass er

- erstens dezidiert keinen persönlichen Schülerkreis aufbaute, sondern im Gegenteil *als Person* in der Regel eher *geringschätzig betrachtet* wurde: auf antik-jüdischer bzw. rabbinischer Seite allemal, mutmaßlich aber auch auf römisch-hellenistischer Seite,
- zweitens nicht durch personale Interaktion mit Schülern, sondern exklusiv *im Medium seiner Schriften* wirksam wurde,
- drittens zu Lebzeiten kaum Beachtung fand, dafür aber de facto Lesekundige nicht-jüdischer Kulturkreise *über Generationen, ja, Jahrhunderte hinweg* über das Judentum der Antike, vor allem des 1. Jh.s unserer Zeit, aber auch der biblischen und zwischentestamentlichen Ära, „unterrichtete".

Anders gesagt: Josephus hat sich nur bedingt als Lehrer verstanden, er ist aber de facto als Lehrer wirksam geworden, und zwar als Lehrer in einem spezifischen Sinne: Er sah sich als *Mittler des Judentums an Römer und Griechen und wurde ein Mittler des Judentums vor allem an Christen!*

Anlässlich von Reisen nach Israel auf den Spuren biblischer Geschichte wird diese These in einem elementaren Sinne nachvollziehbar: Seine Texte sind es, die Orte wie den Jerusalemer Tempel, die Siedlung von Qumran oder auch die Städte Galiläas mit Leben füllen; seine Texte sind es, die das Neue Testament als Lückentext komplettieren, indem sie Personen, Ereignisse, Stimmungen der Zeit schildern, die dort nur angedeutet oder gar nicht erwähnt werden.[5] An seiner Schilderung des kollektiven Selbstmordes der letzten Verteidiger Masadas, einer Felsenfestung am Ufer des Toten Meeres, wird dies exemplarisch deutlich. Die Festung der Aufständischen, die Spuren der römischen Lager und der Wall, den die Eroberer aufschütteten, sind noch heute zu sehen (*De bello judaico* VII, 275–409), doch diese Funde wären sprachlos ohne die erläuternden und interpretierenden Texte des Josephus.[6]

Josephus ist somit *ein Lehrer im Sinne eines Fremdenführers.* Er spricht Römer und Griechen, die Führungsschicht des Römischen Reiches, an, um ihnen ‚seine' Religion, das Judentum, nahezubringen. Er tut dies, indem und nachdem er selbst „Grenzgänger" geworden war. Und da er dies in li-

---

[5] Gustav Boettger: *Topographisch-historisches Lexicon zu den Schriften des Flavius Josephus.* Leipzig 1879, zu Iotapata etwa 136f. Zur Frage der geografischen Verlässlichkeit Yuval Shahar: *Josephus Geographicus.* Tübingen 2004.

[6] Dazu Yigael Yadin: *Masada.* Hamburg 1967, Othmar Keel/Max Küchler: *Orte und Landschaften der Bibel, Bd. 2: Der Süden.* Zürich/Göttingen 1982, 368–401, sowie Honora H. Chapman: „Masada in the 1st and 21st Centuries". In: *Making History. Josephus and Historical Method,* hg. von Zuleika Rodgers. Leiden u.a. 2007, 82–102.

terarischer Gestalt unternimmt, fungiert er als *ein literarischer Führer zum Fremden*.

Nach diesem Vorspann soll nun zunächst die Person des Joseph ben Mattitjahu bzw. Josephus Flavius vorgestellt werden (1.), sodann in ganz knapper Skizze sein zeitgeschichtlicher Kontext (2.) und sein Selbstverständnis als „Lehrer" (3.). Ein gewisser Fokus wird sodann auf dem liegen, wie und *was* er gelehrt hat (4.), sowie auf der Frage, in welcher Weise man von Schülern des Josephus sprechen kann (5.).

2. Die Vita des Josephus – ein Leben zwischen Jerusalem, Galiläa und Rom

Zwei Orte sind es, die real und sinnbildlich für den Lebenslauf des Joseph ben Mattitjahu bzw. Josephus Flavius stehen: Iotapata und Rom.

„Iotapata" ist eine befestigte Siedlung in Galiläa,[7] ca. 10 km nördlich von Sepphoris in einer lieblichen Hügellandschaft gelegen, die allerdings eben hier schroffe Kanten zeigt – der Ort ist nur von einer Seite überhaupt zugänglich. Im Ersten Jüdischen Krieg, der 66 n. Chr. begann und mit der Einnahme Masadas 74 n. Chr. zum Ende kam,[8] war Joseph ben Mattitjahu hier Kommandant jüdischer Aufständischer. Gleich zu Beginn des Krieges hatte er sich auf deren Seite geschlagen. Da der römische Gegenangriff von Norden erwartet wurde, fiel ihm hier die Aufgabe zu, den römischen Truppen

[7] Mordechai Aviam: „Yodfat". In: *The New Encyclopedia of Archaeological Excavations in the Holy Land*, hg. von Ephraim Stern. Jerusalem 1993 und 2008, Bd. 5 (2008), 2076–2078. Vgl. Mordechai Aviam: *Jews, Pagans and Christians in the Galilee*. Rochester 2004.

[8] Peter Schäfer: *Geschichte der Juden in der Antike*. Tübingen ^{2}2010, 145–156.

zuallererst entgegenzutreten. Doch die Aufständischen hielten kaum Stand – lediglich zwei Festungen, für deren Ausbau und Organisation Josephus verantwortlich zeichnete, zwangen die Römer in den Kampf: Iotapata und Gamla. Im „Jüdischen Krieg", dem ältesten der vier Werke des Josephus, nimmt die Schilderung, wie er Iotapata verteidigte, dementsprechend breiten Raum ein (*De bello judaico* III, 132–339)[9]. Am Ende steht die Eroberung der Stadt, die Gefangensetzung des Josephus (*De bello judaico* III, 340–391) und – aller Wahrscheinlichkeit nach – ein Musterbeispiel historisierender Phantasie: die Gegenüberstellung des Joseph ben Mattitjahu, des Aufständischen, mit Vespasian, dem General der V. Legion, dem Thronprätendenten des Römischen Reiches (*De bello judaico* III, 392–408). Hier behauptet Josephus die folgenden Worte gesagt zu haben – und andere, pagane Schriftsteller berichten ebenfalls von dieser Vorhersage[10]:

> Du glaubst, Vespasian, in Josephus lediglich einen Kriegsgefangenen in die Hand bekommen zu haben, ich komme aber zu dir als Künder großer Ereignisse [*ángelos meizónon*]. Denn wäre ich nicht von Gott gesandt, so hätte ich gewusst, was das Gesetz der Juden bestimmt und wie es einem Feldherrn zu sterben geziemt. [...] Du, Vespasian, wirst Kaiser und Alleinherrscher [...]. Lass mich jetzt nur noch fester fesseln [...], denn du, Caesar, wirst nicht nur mein Herr sein, sondern der über Erde und Meer und das ganze Menschengeschlecht [...]. (*De bello judaico* III, 401 f.)[11]

---

[9] Mordechai Aviam: „The Archeology of the Battle at Yodefat". In: Aviam, Jews (wie Anm. 7), 110–122.

[10] Sueton: *Divus Vespasianus* 5.6, Cassius Dio: *Historia Romana* 66, 1.4, Tacitus: *Historiae* 5.13.

[11] Für die Übersetzung vgl.: Flavius Josephus: *De Bello Judaico/Der jüdische Krieg. Griechisch und Deutsch*, hg. von Otto Michel und Otto Bauernfeind. Darmstadt 1959.

Der Szene kommt in verschiedener Hinsicht eine Schlüsselfunktion zu.[12] Nimmt man sie als autobiografisches Zeugnis, markiert sie den entscheidenden Wendepunkt im Leben des Josephus – dank dieser Vorhersage wechselt er die Seite vom jüdischen Aufstand zum Begleiter des Römischen Kaisers und damit auch zu dessen „Lehrer in Angelegenheiten des Judentums". Nimmt man sie als historiografisches Filetstück, dann wird hier exemplarisch erkennbar, wie sich Josephus Stilmittel der paganen Historiografie, Reden etwa, virtuos zu Nutze macht. Nimmt man sie als historische Validität beanspruchende Aussage, dann wird man hier der Zweispältigkeit des Josephus ansichtig: Er ist vielfach der einzige, im Großen und Ganzen plausible Zeuge; er ist zugleich ein Zeuge, dem man im Detail nicht recht über den Weg traut.

Zum zweiten Ort: Palatin und Quirinal, zwei der sieben Hügel der Hauptstadt des Römischen Reiches, der Stadt schlechthin: Rom.[13] Nachdem die – oben zitierte – Vorhersage an Vespasian tatsächlich eingetreten war, wurde Josephus 69 n. Chr. aus der Kriegsgefangenschaft entlassen und nach Ende des Jüdischen Krieges nach Rom verbracht. Er selbst schildert:

Nach unserem Eintreffen in Rom widerfuhr mir besondere Fürsorge von Seiten Vespasians [reg. 69–79]; er gab mir nämlich Herberge in dem Haus, das er vor seinem Herrschaftsantritt bewohnt hatte, wür-

[12] Zur Interpretation etwa Abraham Schalit: „Die Erhebung Vespasians nach Flavius Josephus, Talmud und Midrasch". In: *Aufstieg und Niedergang der römischen Welt* II.2, Berlin / New York 1975, 208–327, sowie Steve Mason: „Josephus, Daniel and the Flavian House". In: Fausto Parente / Joseph Sievers (Hgg.): *Josephus and the History of the Greco-Roman Period*. Leiden 1994, 161–191, und Tessel M. Jonquière: „Why Josephus wrote what he wrote". In: Jack Pastor et al. (Hgg.): *Flavius Josephus. Interpretation and History*. Leiden / Boston 2011, 217–227.

[13] Michael Heinzelmann: „Roma III. Topographie und Archäologie der Stadt Rom". In: *Der neue Pauly*, Bd. 7, 1083–1106, hier 1087 und 1094.

digte mich des römischen Bürgerrechts und gewährte mir finanzielle Unterstützung; er hielt mich unausgesetzt in Ehren bis zu seinem Lebensende, ohne mir je seine Güte zu entziehen. (*Vita* 423 f.)[14]

Und Josephus stellt im Blick auf sein Werk „Über den Jüdischen Krieg“ ausdrücklich fest:

Kaiser Titus [reg. 79–81] war [...] so sehr darauf bedacht, nur aus diesem Werk die Kenntnis dieser Kriegstaten der Menschheit zu übergeben, dass er sie, versehen mit seiner eigenen Unterschrift, veröffentlichen ließ. (*Vita* 363)

Josephus also sieht sich als besonders begünstigt und als gut vernetzt in Rom an – kritische Forschung hält dem entgegen, dass er seine privilegierten Beziehungen nicht besonders wortreich und detailliert schildert, und schließt daraus, dass er wohl eher „ein kleiner Fisch“ im Karpfenteich flavianischer Günstlinge gewesen sein muss.[15]

Wie dem auch sei, Euseb, derjenige unter den christlichen Historiografen, der am dichtesten auf Josephus Bezug nimmt, fügte dem Gesagten hinzu:

Von den damaligen Juden genoß Josephus weitaus das größte Ansehen, und zwar nicht bloß bei seinen Landsleuten, sondern auch bei den Römern. Er wurde in Rom sogar durch Aufstellung einer Bildsäule geehrt, und die von ihm verfaßten Schriften wurden der Aufnahme in die Bibliothek gewürdigt. (*Historia Ecclesiastica* III,9,2)[16]

---

[14] Übersetzung aus: Flavius Josephus: *Aus meinem Leben (Vita)*. Kritische Ausgabe, Übersetzung und Kommentar von Folkert Siegert / Heinz Schreckenberg / Manuel Vogel. Tübingen 2001, 156 f.

[15] So zuletzt Hannah Cotton / Werner Eck: „Josephus' Roman Audience“. In: *Flavius Josephus and Flavian Rome*, hg. von Jonathan Edmonson / Steve Mason / James Rives. Oxford 2005, 37–52.

[16] Eusebius von Caesarea: *Kirchengeschichte*. Übersetzt von Heinrich Kraft. München 1967, 163 f.

Der Wohnsitz Vespasians, in dem Josephus zu wohnen behauptet, ist archäologisch nicht mehr zu identifizieren – manche vermuten ihn auf dem Quirinal, in regio VI der Hauptstadt.[17] Doch wenn Josephus tatsächlich in *dem* Vertrauensverhältnis zu den Kaisern stand, das er für sich beansprucht, gehen wir nicht fehl, wenn wir ihn in der „Domus Tiberiana" auf dem Palatin ein- und ausgehen sehen, im Palast und Wohnsitz der römischen Kaiser seit Tiberius (14–37 n. Chr.)[18] – und es ist wohl die dortige Bibliothek, in der die Bücher des Josephus und die erwähnte Büste zu stehen kamen.

Iotapata und Rom – es sind diese zwei Orte, zwischen denen sich das Leben des Josephus aufspannt; der eine Ort sieht ihn als jüdischen Aristokraten und militärischen Kommandanten, der andere als Exilanten und Hof-Historiografen von Kaisers Gnaden.

Ein paar weitere Daten seien darüber hinaus genannt:[19] Geboren wurde Joseph ben Mattitjahu in den Jahren 37 oder 38 n. Chr. wohl in Jerusalem. Er entstammt einer priesterlichen Familie, möglicherweise ist er mütterlicherseits mit den Hasmonäern verwandt – jedenfalls sieht er sich selbst in vornehmen und vermögenden Kreisen beheimatet (*De bello judaico* V, 419; *Vita* 1 und 422). In der Forschung werden

---

[17] John Curran: „Flavius Josephus in Rome". In: Pastor, Flavius Josephus (wie Anm. 12), 65–86, 67.

[18] Vgl. Filippo Coarelli: *Rom. Ein archäologischer Führer*. Freiburg u. a. 1975, 146–148. Siehe etwa auch Margit Brinke / Peter Kränzle: *Rom. Ein archäologischer Reiseführer*. Stuttgart ²2006.

[19] Diese Zusammenstellung folgt Bernd Schröder: *Die ‚väterlichen Gesetze'. Flavius Josephus als Vermittler von Halachah an Griechen und Römer*. Tübingen 1996, 7–13. Vgl. Heinz Schreckenberg: „Josephus". In: *Reallexikon für Antike und Christentum* 18 (1998), 762–802, und Shaye J. D. Cohen: *Josephus in Galilee and Rome*. New York 2002.

seine Herkunftsangaben indes als „nicht gerade vertrauenerweckend" betrachtet.[20]

Nach seinen eigenen Angaben durchläuft er eine jüdische Elementarbildung und später, ab etwa 16 Jahren, sowohl ein philosophisches Studium als auch ein Studium des Judentums; neben seiner Muttersprache Aramäisch wird er hier das Griechische gelernt haben (*Vita* 8–10). Am Ende betrachtet er sich als „gesetzeskundig" (*Vita* 9) und sympathisiert mit den Pharisäern (*Vita* 10–12).[21]

Unter ungeklärten Umständen wird er als junger Mann, 64 n. Chr., nach Rom gesandt, um sich für die Freilassung von Priestern einzusetzen. Augenscheinlich verfügte er über ausreichende Sprachkenntnisse des Lateinischen, um eine derart heikle Mission erfolgreich durchzustehen (*Vita* 13–16). Kaum zurückgekehrt beginnt der – schon erwähnte – Erste Jüdische Krieg. Josephus wird von der Jerusalemer Priesteraristokratie nach Galiläa entsandt. Er soll auf der einen Seite die zelotischen Hardliner beruhigen, zugleich aber auf der anderen Seite für moderate Kriegsvorbereitungen Sorge tragen. In seiner Autobiografie (*Vita*) betont er die irenische Seite des Unternehmens, im „Jüdischen Krieg" hingegen seine militärische Expertise, sein organisatorisches und motivationales Geschick, seine Loyalität mit den Aufständischen. Wie es sich genau verhielt, bleibt undeutlich – plausibel ist indes, dass er den radikalen Zeloten wie Johannes von Gischala verdächtig war, ja, als „Verräter" galt (*De bello judaico* II,594; *Vita* 132 ff. u. ö.).

Militärisch sind die Aufständischen erfolglos: Die wichtigste Stadt Galiläas, Sepphoris, ergibt sich kampflos; Iotapata,

---

[20] Steve Mason: *Flavius Josephus und das Neue Testament*. Tübingen 2000, 56–58, Zitat 56.

[21] Zu seiner Ausbildung vgl. Oliver Gussmann: *Das Priesterverständnis des Flavius Josephus*. Tübingen 2008, 216–228.

Gamla u. a. fallen – und Josephus wechselt die Seite. Er wird zum „Führer“ der Römer, zu ihrem „Berater in jüdischen Angelegenheiten und Dolmetscher“ (Günter Mayer). Konkret wird er zunächst in Caesaraea maritima interniert, reist dann mit Vespasian nach Alexandria und begleitet anschließend Titus auf dessen Feldzug nach Palästina, namentlich auch bei der Belagerung und Zerstörung Jerusalems im Jahre 70. Bis auf Weiteres sitzt er damit zwischen den Stühlen.

Ich „geriet oftmals in Todesgefahr, da mich die Juden mit Eifer in ihre Gewalt bekommen wollten, um Rache an mir zu nehmen, und auch die Römer, wann immer sie besiegt wurden, meinten, ihnen widerfahre dies durch meinen Verrat“. (*Vita* 416)

Nach der Eroberung Jerusalems zieht Josephus nach Rom. Dort verbringt er die letzten Jahre seines Lebens; sein Todesdatum ist nicht bekannt – es fehlt ohnehin an Quellen, die von Josephus’ Leben und Wirken Zeugnis ablegen könnten. Er selbst erwähnt vier Eheschließungen und fünf Kinder. Gemeinhin wird angenommen, dass er etwa im Jahr 100 n. Chr. gestorben ist.

Während seiner römischen Jahre schreibt er vier Werke, die allesamt erhalten sind – hie und da erwähnt er weitere geplante, aber wohl nicht realisierte, zumindest nicht erhaltene Bücher. Das älteste handelt „Vom jüdischen Krieg“ (*De bello judaico*) und ist wohl Ende der 70er Jahre erschienen. Das zweite große Werk sind die „Altertümer“ (*Antiquitates*),[22] die sich der Geschichte des Judentums von der Schöpfung bis zum Ersten Jüdischen Krieg widmen; erschienen wohl 93/94 n. Chr. Deutlich knapper gefasst sind demgegenüber seine „Lebenserinnerung“ (*Vita*), die älteste uns erhaltene Auto-

[22] Die jüngste Übersetzung und Kommentierung ist begonnen worden in der auf zehn Bände angelegten Reihe: Steve Mason (Hg.): *Flavius Josephus: Translation and Commentary*. Leiden 2000 ff.

biografie, als eine Art Anhang vermutlich zeitgleich zu den *Antiquitates* erschienen, und seine apologetische Streitschrift „Gegen Apion" (*Contra Apionem*),[23] die wohl Mitte der 90er Jahre veröffentlicht wurde.

Was in dieser Auflistung möglicherweise nicht besonders beeindruckend klingt, muss durchaus hoch geschätzt werden:

- Gemessen an antiken Verhältnissen stellen die Werke des Josephus eines der umfänglichsten und am besten erhaltenen Oeuvres dar.
- Seine Geschichtswerke *De bello judaico* und *Antiquitates* sind Pionierarbeiten jüdischer Historiografie.
- Seine Autobiografie (*Vita*) und seine Streitschrift *Contra Apionem* haben ihrerseits jeweils Gattungsgeschichte geschrieben.
- Josephus dürfte über die Jahrhunderte hinweg zu den meist gelesenen Autoren überhaupt zählen und ist von höchstem Interesse für Neutestamentler und Pfarrerinnen, die Auskunft suchen über die neutestamentliche Ära,[24] für Judaisten auf den Spuren des antiken Judentums, sowie für Historiker mit Interesse an Historiografie.

Somit ist Josephus Flavius neben Philo von Alexandria der jüdische Autor der nach-biblischen und vor-rabbinischen Ära mit dem umfänglichsten Œuvre; er ist derjenige, in dessen Biografie, literarischem Stil und inhaltlichen Akzentsetzungen die kulturellen Spannungen und Synthesen, die unter dem Begriff Hellenismus firmieren, ebenso dramatisch wie gekonnt zum Ausdruck kommen.

---

[23] Deutsche Übersetzung und Kommentar: Flavius Josephus: *Über die Ursprünglichkeit des Judentums (Contra Apionem)*, hg. von Folker Siegert, 2 Teilbände. Göttingen 2008.

[24] Dazu Mason, Josephus (wie Anm. 20), bes. 9–13 und 19–35.

3. Palästinisches Judentum des 1. Jahrhunderts – hellenistische Kultur als Kontext

Dass man Josephus über Jahrhunderte nicht so recht zu würdigen verstand, hängt nicht zuletzt mit dem Bild zusammen, das man sich von den Verhältnissen im Palästina das ersten Jahrhunderts gemacht hat. Dieses stellte die Hebräisch bzw. Aramäisch sprechende, traditionsgeleitete Landbevölkerung („*am ha-aretz*") und die zweisprachige, also auch des Griechischen mächtige Oberschicht einander gegenüber – wobei letztere durch Macht, Luxus und Anpassung an die nichtjüdischen Machthaber, das Römische Reich, gekennzeichnet war.

Dieses recht schematische Bild ist in den letzten knapp 40 Jahren in einem ungeheuren Maße differenziert und damit auch revidiert worden.

Zum einen hat man im Gefolge von Martin Hengels bahnbrechender Studie „Judentum und Hellenismus"[25] sehen gelernt, dass die griechische Sprache, Kultur und Denkweise das Judentum in Palästina auf verschiedene Weise umfassend infiltriert und herausgefordert hat, dass also der sogenannte Hellenismus gewissermaßen zum Vorzeichen *aller* Entwicklungen wurde. Eine scharf unterscheidende Gegenüberstellung von hebräisch-jüdischer und hellenistischer Sphäre in Palästina ist somit obsolet geworden.

Zum anderen hat man mit Hilfe der Archäologie diese Mischung der Kulturen anhand von Realien vor Ort nach-

---

[25] Martin Hengel: *Judentum und Hellenismus*. Tübingen 1973; zur Fortschreibung siehe u. a. Martin Hengel: „Das Problem der ‚Hellenisierung' Judäas im 1. Jahrhundert nach Christus (unter Mitarbeit von Christoph Markschies)". In: ders.: *Judaica et Hellenistica. Kleine Schriften I.* Tübingen 1996, 1–90.

zuweisen vermocht.[26] Zeugnisse wirtschaftlicher Beziehungen, bauliche und künstlerische Relikte (etwa in Synagogen und Theatern), die Entwicklung einzelner Siedlungen und der sie verbindenden Infrastruktur – all dies illustriert facettenreich die „Hellenisierung des Judentums [...] auf jeder Ebene des polit[ischen], kulturellen und alltäglichen Lebens [...] in der Diaspora sowie in Palästina"[27]. Als Musterbeispiel können etwa die Grabungen in Sepphoris[28] gelten, dem Oberzentrum von Untergaliläa, also der Region, zu der auch Iotapata gehört.

Im Blick auf Josephus bedeutet diese neue Sicht der Verhältnisse: Sein Grenzgang zwischen priesterlich-aristokratischem Leben in Jerusalem und Integration in die Verhältnisse der Weltstadt Rom verliert seinen spektakulären Charakter ebenso wie sein Seitenwechsel vom Kommandant der Aufständischen zum Berater und Dolmetscher des römischen Heeres. Im Alltäglichen waren Juden des 1. Jahrhunderts den Übergang, die Assimilation, die Neuorientierung vielfach gewöhnt. Joseph ben Mattitjahu / Josephus Flavius wird vor diesem Hintergrund als jemand erkennbar, der die – tagtäglich sich vollziehende – Hellenisierung des Judentums *ausdrücklich* werden lässt, indem er sie gedanklich und literarisch bearbeitet. Während Aristobul und Philo von Alexandria dies in Form philosophischer und exegetischer Schriften taten, während die *Septuaginta* dergleichen durch interpretierende Übertragung und Ergänzung der biblischen Schriften leistete,

---

[26] Einblick gibt etwa der Band von Jürgen Zangenberg (Hg.): *Religion, Ethnicity and Identity in Ancient Galilee: a Region in Transition.* Tübingen 2007.

[27] Guiseppe Veltri: „Hellenismus 4. Judentum". In: Hans Dieter Betz et. al. (Hgg.): *Religion in Geschichte und Gegenwart,* Bd. 3. Tübingen (⁴2000), 1612 f.

[28] James F. Strange et al. (Hgg.): *Excavations at Sepphoris,* Bd. 1. Leiden 2006.

während der Autor von *Joseph & Aseneth* belletristische Formen adaptierte, leistete Josephus diesen Transfer im Medium der Historiografie.

Im Kontext des Hellenismus schwingt hier sogleich mit, dass es ihm nicht darum gegangen sein kann, eine vor-hellenistische Sichtweise zu konservieren oder die vermeintlichen bloßen Fakten der Geschichte mitzuteilen, sondern dass Josephus mit seiner Geschichtsschreibung *eine hermeneutische Leistung* vollbrachte, vollbringen musste und wollte.

Allein: Anders als Philo, die *Septuaginta* u. a. ist Josephus dabei allerdings eine jüdische Leserschaft und damit eine katalysatorische Wirkung innerhalb der eigenen Religions- und Volksgemeinschaft verwehrt geblieben. Er wandte sich nolens volens primär an römische und damit nicht-jüdische Leser: Ihnen gegenüber ist er um Apologie des Judentums bemüht – zunächst indem er das Judentum als eine Religion wie jede andere darstellt, je länger desto mehr indem er auch Eigenarten und Vorzüge des Judentums herausarbeitet.[29]

4. Selbstverständnis und Anliegen

Anders als im Falle vieler anderer antiker Personen gibt es kaum zeitgenössische Quellen Anderer, die *über* Josephus berichten. Wir kennen die Außensicht auf ihn nur aus seiner eigenen Darstellung – er selbst ist es, der den Vorwurf referiert „Verräter" und „Günstling" gewesen zu sein.[30] In seiner Selbstsicht begegnen verschiedene Selbstverständnisse – einige explizit, andere implizit.

---

[29] Dazu am Beispiel der „väterlichen Gesetze" Schröder, Gesetze (wie Anm. 19), 263–270.

[30] Vgl. etwa die Zusammenstellung gegnerischer „Anschuldigungen gegen Josephus" in der Edition der *Vita* (wie Anm. 14), 177–179.

Explizit legt er großen Wert darauf, keine Zweifel an seiner *jüdischen, ja priesterlichen Herkunft* aufkommen zu lassen. Josephus war Jude und er verstand sich Zeit seines Lebens als solcher – das ist keine Selbstverständlichkeit angesichts dessen, dass er die Hälfte seines Lebens in Rom verbrachte und zwar in einer Zeit, in der Juden und Judentum dort keinen guten Leumund hatten. Durch die „Judaea capta"-Münzen, die Steuer für den *fiscus judaicus* und auch die Botschaft des Titus-Bogens, der den Bürgern Roms zu Lebzeiten des Josephus vor Augen gestellt wurde, blieben sowohl Nicht-Juden als auch Juden mit deren verheerender Niederlage konfrontiert;[31] der latente Antijudaismus jener Zeit tat sein Übriges.

Doch Josephus versteht sich nicht allein als Jude, sondern als „schriftgelehrter Priester": Er insistiert nicht nur auf seiner eigenen priesterlichen Herkunft, er speist priesterliche Kenntnisse in seine Schriften ein (Ortskenntnis des Jerusalemer Tempels, Kenntnis der Torah, halachische Aspekte, Einblicke in den Stand bzw. die Religionspartei der Hohepriester) und er sympathisiert mit den Hohepriestern als Institution und Religionspartei.[32]

Explizit legt er weiterhin großen Wert darauf *mit Gott im Bunde* zu stehen. Sei es, dass er dank Vorsehung (*prónoia*) wurde, was er ist, sei es, dass er seherisch-prophetische Gaben in Anspruch nimmt,[33] sei es, dass er an Schlüsselstellen seiner

[31] Fergus Millar: „Last Year in Jerusalem: Monuments of the Jewish War in Rome". In: Jonathan Edmonson et al. (Hgg.): *Flavius Josephus and Flavian Rome*. Oxford 2005, 101–128.

[32] Gussmann, Priesterverständnis (wie Anm. 21), v. a. 198–265, Zitat 412.

[33] So hat sich „Josephus [...] bei seinem Versuch, die Zerstörung des zweiten Tempels im Jahre 70 zu verstehen, weitgehend am Deutungsmuster der alttestamentlichen Propheten orientiert." (Mason, Josephus [wie Anm. 20], 37)

Werke vom Gebet der Protagonisten berichtet.[34] Er selbst ist es, der – versteckt in einer Zisterne der Festung Iotapata (die sich archäologisch nachweisen lässt), seine Lebenswende im Gebet vollzieht:

Da es dir gefällt, daß das Volk der Juden, das du geschaffen hast, in die Kniee sinkt, und alles Glück zu den Römern übergegangen ist, und du ferner meine Seele erwählt hast, die Zukunft anzusagen, so übergebe ich mich aus freien Stücken den Römern und bleibe am Leben. Ich rufe dich zum Zeugen an, daß ich diesen Schritt nicht als Verräter (*prodótes*), sondern als dein Diener (*diákonos*) tue. (*De bello judaico* III, 354)

Gewiss sind Gebete wie diese literarisch durchformt, doch eine theologische Komponente ist seinem Werk angesichts solcher Schlüsselpassagen kaum abzusprechen, auch wenn sich keine expliziten theologischen Reflexionen finden. Die Gattung seiner Werke gab dazu allerdings auch wenig Anlass. Explizit legt er schließlich großen Wert darauf, als *zuverlässiger Historiograf* zu erscheinen – übrigens als Historiograf, der ein bestimmtes Publikum in den Blick nimmt. So schreibt er einleitend in seinem „Jüdischen Krieg“:

Nun haben Leute, die nicht bei den Ereignissen zugegen gewesen sind [...] diesen Krieg [...] beschrieben. Andere aber, die zwar Augenzeugen waren, haben aus Schmeichelei gegen die Römer oder aus Haß gegen die Juden die Tatsachen verfälscht; deswegen enthalten ihre Bücher [...] nirgends genaue geschichtliche Darstellung. Aus diesem Grunde habe ich, Josephus, Sohn des Matthias, aus Jerusalem, ein Priester, [...] mir vorgenommen, denen, die unter römischer Herrschaft leben, in griechischer Übersetzung das darzulegen, was ich schon früher [...] in der Muttersprache zusammengestellt [...] habe. (*De bello judaico* I, 2 f.)

---

[34] Tessel M. Jonquière: *Prayer in Josephus*. Leiden 2007.

Der Anspruch historiografischer Genauigkeit ist nicht originell: Josephus teilt ihn mit den Historiografen der griechisch-römischen Antike: Herodot, Thukydides und Polybios erwähnt er verschiedentlich und beleiht ihre Methodik – das Stilmittel der Reden und der Exkurse, die Nutzung einer Mehrzahl von Quellen (Augenzeugen, Dokumente, schriftliche Zeugnisse), das Streben nach Wahrheit (*alétheia*) und Genauigkeit (*akríbeia*); besondere Vorbildfunktion hatte für ihn Dionysios von Halikarnassos. Josephus also stellt sich absichtsvoll in diese historiografische Tradition, doch er tut es als Jude – und mit der Absicht, das Judentum Leser/innen nicht-jüdischer Herkunft zu erschließen! Er will Griechen und Römer Judentum *lehren* – und zwar im Wissen um eine ausgeprägte „Judaeophobia", also Judenfeindschaft, in der paganen Welt,[35] nicht zuletzt auch in Rom selbst.[36] Dieser Kontext erklärt den apologetischen Grundzug seiner Schriften.

Implizit hingegen beansprucht Josephus ein *Schriftsteller* mit eigenen Erzählabsichten, Stilmitteln und Kontextualisierungen zu sein. Über Jahrhunderte hinweg ist er genau als solcher nicht erkannt und anerkannt worden – Josephus' Schriften wurden als historische Dokumente, als Abbildungen der *bruta facta* gelesen. Es gehört eben deshalb zu den Grundeinsichten und gewissermaßen zum roten Faden der jüngeren Josephus-Forschung, stets aufs Neue und anhand verschiedener Themen seiner Schriften nachzuweisen, dass und wie er immerzu als Schriftsteller tätig war. Oder mit Steve Mason gesprochen: Seit den späten sechziger Jahren

[35] Peter Schäfer: *Judenhass und Judenfurcht. Die Entstehung des Antisemitismus in der Antike*, Berlin 2010; vgl. Menachem Stern: *Greek and Latin Authors on Jews and Judaism*, 3 Bde. Jerusalem 1974–1984.

[36] Sueton, Dio Cassius, auch rabbinische Texte wie der Mishnatraktat Eruvin 4,1 f. spiegeln judenfeindliche Stimmungen in der Hauptstadt. Vgl. Curran, Flavius (wie Anm. 17), 69–75.

ist man mehr und mehr dazu übergegangen, Josephus „als eigenständige[n] Autor anzusehen".[37]

5. Wie und was Josephus vom Judentum lehrt

5.1 Lehrmethode

Im Blick auf das Wie seiner Lehre will ich mich kurz fassen. Exemplarisch untersucht und z. T. schon erwähnt wurde,

- dass Josephus *historiografische Ideen paganer Geschichtsschreiber* zur Kenntnis nimmt, rezipiert und – explizit oder implizit – selbst zur Anwendung bringt. An erster Stelle ist dabei Dionysios von Halikarnassos (54 v. Chr.–8 n. Chr.) zu nennen. Die *Antiquitates* des Josephus lassen – angefangen vom parallelen Buchtitel und Aufbau über die rhetorische Ausgestaltung bis hin zur Gesamtintention (und auch zur Lebenssituation der Verfasser) – große Parallelen zu dessen *Romaiké Archaiología/Antiquitates Romanae* erkennen.
- dass Josephus die *Begrifflichkeit und Rhetorik* griechischer Autoren aufnimmt: die Ausgestaltung der Reden von Protagonisten, die Denkfiguren (etwa den Altersbeweis) usw.[38] Immerhin dürfen wir nicht vergessen, dass er alle seine Werke nicht in seiner Muttersprache, sondern in einer Fremdsprache verfasst hat – in einer Fremdsprache zumal, die er in seiner Alltagskommunikation kaum je eingesetzt haben wird: weder in Jerusalem oder Galiläa noch in Rom.
- dass Josephus bestimmten *hermeneutischen Grundlinien* folgt, etwa derjenigen, keine Kritik an Rom und römischer

---

[37] Mason, Josephus (wie Anm. 20), 48 f.

[38] Dazu am Beispiel von Cap II,125–134 John M. G. Barclay: „The Empire Writes Back. Josephan Rhetoric in Flavian Rome". In: Edmonson u.a., Flavius Josephus (wie Anm. 31), 315–332.

Kultur zu üben, etwa derjenigen, die traditionell-priesterliche Ordnung des alten „Israel" zu legitimieren, etwa derjenigen, das Judentum über den Ausweis seines hohen Alters, seiner Qualität als Philosophie und der Güte seiner Verfassung bzw. Rechtsordnung in ein positives Licht zu rücken.

5.2 Lehrinhalte

Im Blick auf die Gehalte des Judentums, die Josephus auswählt, um sie seinen römischen Lesern vertraut zu machen, ist weiter auszuholen.

5.2.1 Judentum im Spiegel seiner Geschichte

Zunächst gilt es die Grundentscheidung des Josephus bewusst zu machen. Um das römische Publikum zu erreichen, legt Josephus keine Sittenlehre des Judentums vor, keine Erläuterung jüdischen Rechts, keine Sammlung von Reden wichtiger Protagonisten des Judentums von Mose bis Daniel, keine Philosophie. Das alles wäre möglich gewesen, doch Josephus entscheidet sich dafür, das Wissenswerte in Sachen Judentum in Gestalt einer geschichtlichen Rekonstruktion zu entfalten. Im Fall des *De bello judaico* („Jüdischen Krieges") mag dies sachlich erforderlich gewesen sein; im Falle der *Antiquitates* („Jüdischen Altertümer") ist es eine bedachte Entscheidung – eine Entscheidung für eine in Rom hoch geschätzte, im damaligen Judentum hingegen, sieht man von biblischen Schriften (Torah; Samuel- und Königsbücher) einmal ab, noch unerschlossene Gattung, die allerdings bis dato „priesterliche Domäne" war[39].

---

[39] Gussmann, Priesterverständnis (wie Anm. 21), 265. Vgl. Louis

Römische Geschichtsschreibung in lateinischer Sprache hat im 2. Jh. v. Chr. begonnen. Für seine Geschichte des jüdischen Krieges standen Josephus bereits bekannte Vorbilder, etwa Caesars *De bello Gallico* oder Sallusts Darstellung des *Jughurtinischen Krieges*, vor Augen; für seine Geschichte des Judentums immerhin die *Annales* des Titus Livius.[40] Josephus erklärt das Judentum im Medium seiner Geschichte – einer Geschichte, die länger ist als diejenige Roms und zudem in wesentlichen Teilen unabhängig von römischem Einfluss verlaufen war.

5.2.2 Biblische Gestalten im Gewand des Hellenismus

Gut die Hälfte seiner „Jüdischen Altertümer", die Bücher I–XI, verwendet Josephus auf die Paraphrase des Teils der Bibel, den Christen als das „Alte Testament" kennen; die zweite Hälfte widmet er der Zeit des Zweiten Tempels – mit großem Gewicht auf Herodes. In jener Paraphrase spielen biblische Personen eine herausragende, ja strukturgebende Rolle: Josephus erzählt die jüdische Geschichte überwiegend anhand des Lebenslaufs berühmter Gestalten. „[...] Die personenzentrierte Darstellung erlaubt es ihm, das ganze Spektrum novellistischer Erzähltechnik anzuwenden, etwa Spannung aufzubauen, psychologische [...] Motive eines Charakters herauszuarbeiten, [...] moralische Betrachtungen über Tugend und Laster" anzustellen.[41] Diese Erzählweise wendet er auch

---

C. Jonker (Hg.): *Historiography and Identity (Re)formulation in Second Temple Historiographical Literature*. New York u. a. 2010.

[40] Dazu etwa Andreas Mehl: *Römische Geschichtsschreibung: Grundlagen und Entwicklungen. Eine Einführung*. Stuttgart u. a. 2001, und Otto Lendle: *Einführung in die griechische Geschichtsschreibung: von Hekataios bis Zosimos*. Darmstadt 1992.

[41] Mason, Josephus (wie Anm. 20), 124 f.

auf biblische Gestalten an – und schafft auf diese Weise ein beeindruckendes Panorama hellenisierender Porträts.[42]

Josephus ist in dieser Hinsicht nicht Pionier: Jüdische Quellen wie die Septuaginta und Philo einerseits, nicht-jüdische wie Hecateus von Abdera andererseits werden ihn inspiriert haben. Weit entfernt von seinem methodischen Grundsatz, der Schrift zu folgen ohne etwas wegzulassen oder hinzufügen (*Antiquitates* I,17), drückt er den Figuren durchaus markant einen Stempel auf: Er unterstreicht Alter, Schönheit und Reichtum, Weisheit und Mut, und nicht zuletzt: Frömmigkeit. „Finally, piety, a quality so central to the Romans, as we see notably in the great national poem, Virgil's Aeneid, is underlined by Josephus in many additions, especially in connection with Abraham, Isaac, Jacob, Moses, Joshua, Saul, David, Salomon, and Hezekiah."[43]

Als eindrückliches Beispiel sei Josephus' Umgang mit König Salomon angeführt.[44] Auf ihn bezieht er sich sowohl in den *Antiquitates* als auch in *Contra Apionem* (II, 135); alles in allem zeichnet er ihn als Inbegriff des tugendhaften Königs: „Solomon [...] emerges as possessing the four cardinal virtues – wisdom, courage, temperance, and justice, as well as the spiritual virtue of piety." Auf diese Weise rückt er Dignitätskriterien der hellenistischen Welt in den Vordergrund – sogar um den Preis einer gewissen Enttheologisierung: Josephus meidet es, Zwiesprachen Salomos mit Gott oder Eingriffe Gottes in dessen Geschick zu schildern.

Somit erweist sich Josephus im Umgang mit den biblischen Personen als kreativer Schriftsteller. „He has carefully

---

[42] Zur Thematik maßgeblich: Louis H. Feldman: *Josephus' interpretation of the bible*. Berkeley u. a. 1998.

[43] Feldman, Josephus' interpretation (wie Anm. 42), 131.

[44] Feldman, Josephus' interpretation (wie Anm. 42), 570–628, das folgende Zitat 626.

chosen from his many sources, motivated largely by apologetic and literary concerns."[45]

5.2.3 Halacha – Gottes Wegweisung als Herzstück jüdischer Selbstauslegung

Geschichte und Personen bilden die sichtbaren Leitlinien josephischer Erzählkunst; den Kern dessen, was Josephus unter „Judentum" versteht, macht indes aus, was die Rabbinen „Halacha" nennen: ‚Wegweisung'. Dies festzustellen ist keine Banalität: Im Vergleich zwischen Christentum und Judentum erweist sich das Judentum immer wieder als die Religion, in der der Orthopraxie, dem Vollzug von Ritualen, dem Einhalten von Geboten, den Formen der Lebensführung deutlich mehr Gewicht und Bedeutung beigelegt wird als der Orthodoxie, dem Theologisieren. In dem Maße, in dem dies auch für Josephus zutrifft, erweist er sich also als anschlussfähig an den Hauptstrom (späteren) rabbinischen Judentums. Im Einzelnen zeigt Josephus sich umfassend bewandert in der Halacha seiner Zeit. Er schildert – je nach Gelegenheit und Duktus seiner Ausführungen – rituelle Gebote (etwa die Festtage betreffend), priesterliche Halacha (etwa im Blick auf den Tempel), ethische Normen (etwa bei der Beurteilung von Personen). Anders als die alttestamentlichen Schriften verzichtet er allerdings darauf, die sog. Gesetzescorpora ausführlich zu paraphrasieren.

Besonderes Gewicht kommt in seiner Darstellung interessanterweise denjenigen Geboten zu, die potentiell zu Konflikten mit Rom führen: *Götzendienstverbot, Bilderverbot, Mischehenverbot, Sabbatgesetzgebung*. Sowohl im „Jüdischen Krieg" als auch in den „Altertümern" macht Josephus deutlich, dass

[45] Feldman, Josephus' interpretation (wie Anm. 42), 669.

mit der erzwungenen oder tatsächlichen Übertretung *dieser* Gesetze eine rote Linie überschritten ist.[46]

Interessant ist auch, dass Josephus am innerjüdischen Streit um die Auslegung von Halacha nicht interessiert zu sein scheint. Die Unterscheidung etwa zwischen schriftlicher und mündlicher Torah, zwischen biblischen und nach-biblischen Geboten, die in der rabbinischen Literatur eine große Rolle spielt, referiert er zwar gelegentlich (*Antiquitates* XIII,297 und XVIII,12–15), doch misst er selbst ihr kein Gewicht zu.

Viel wichtiger ist ihm demgegenüber, sich selbst als observant darzustellen: Gerade in der *Vita* nimmt er wiederholt für sich Anspruch, im Einklang mit den Gesetzen seines Volkes zu leben. So habe er als Kommandant in Galiläa stets beachtet, am Sabbat die Waffen ruhen zu lassen (*Vita* 159 und 161); so habe er mit seiner Ehe mit einer Kriegsgefangenen unter äußerem Zwang zwar den Buchstaben, nicht aber den Geist der Gebote gebrochen (*Vita* 414).

Und schließlich ist es Josephus ein Anliegen, das hohe Alter, die moralische Qualität und die Konsistenz der Gesetzes eines Volkes zu zeigen. Insbesondere in *Contra Apionem* (namentlich II, 145–186) führt er diese Merkmale wiederkehrend an, wenn er sich mit der Kritik eines Manetho, eines Lysimachos, eines Apion auseinandersetzt. Eine solche Passage sei im Wortlaut zitiert:

> […] es wird sich erweisen, dass wir in Bezug auf Religion, auf Gemeinschaft unter uns selbst und auf allgemeine Menschenfreundlichkeit, schließlich auch in Bezug auf Gerechtigkeit, Standhaftigkeit in Beschwernissen und Todesverachtung bestens verfasste Gesetze haben. Ich erbitte jedoch von den künftigen Lesern dieser Schrift, ohne Missgunst an die Lektüre zu gehen, denn ich habe mir nicht vorgenommen, eine Lobrede auf uns selbst zu schreiben, sondern

[46] Schröder, Gesetze (wie Anm. 19), 51 und 130.

glaube, dass nach vielerlei falschen Beschuldigungen diese Apologie am besten ansteht, welche auf den Gesetzen beruht, nach denen wir nach wie vor leben. (*Contra Apionem* II, 146 f.)

Und „ich behaupte [...], dass unser Gesetzgeber den anderen Gesetzgebern, wo auch immer sie erwähnt werden, an Alter vorausgeht: Die Lykurgs und Solons [...] müssen, mit ihm verglichen, als Leute ‚von gestern oder vorgestern' erscheinen [...] Unser Gesetzgeber, der der älteste ist, [...] hat sich der Menge empfohlen als bester Führer und Ratgeber und ihnen den ganzen Lebenszuschnitt in seinem Gesetz umrissen, sie überzeugt, es anzunehmen und dafür gesorgt, dass es unverbrüchlich auf immer gehalten wird." (*Contra Apionem* II, 151.154.156)

Last, but not least: Was Josephus im Blick auf diese Halacha zu sagen hat, hat weithin zwei Ebenen. Zum einen belehrt er seine Leser über die jüdische Halacha seiner Zeit, zum anderen – und das ist als kluger Schachzug wertzuschätzen – appelliert er an die strukturelle Analogie zwischen Rom und Judentum: Beide Kulturkreise achten Gesetze (*nómoi*), Tradition (*tá pátria*) und Moral (*éthos*) als identitätsstiftend, auch wenn sie Gesetze, Tradition, Moral im Einzelnen unterschiedlich füllen. Diese Strukturanalogie ist für Josephus wichtig, denn wenn Römer und Griechen einsehen, dass Juden, die ihr Gesetz halten (und dadurch ggf. in Konflikt mit Rom geraten), nichts Anderes tun als was auch in den Augen von Römern recht und billig ist, dann wird man ihnen mit Verständnis und Sympathie, nicht länger mit bloßer Abneigung begegnen.

6. Schüler und Rezeption

6.1 Leibhaftige Schüler

Josephus selbst erwähnt, etwa in seiner *Vita*, nirgends leibhaftige Schüler; und auch in den folgenden Jahrhunderten hat sich niemand auf ihn als Vorbild seiner historiografischen Kunst berufen. Josephus war und blieb ein einsamer Lehrer.

6.2 Judentum und Judaistik

Angesichts seiner Biografie, angesichts seines Frontwechsels in Iotapata zumal, galt Josephus „traditionell als Verräter des jüdischen Volkes“:

> Als der jüdische Historiker dann auch noch posthum von der Kirche adoptiert wurde [...] da war sein Schicksal besiegelt. Sein Name erscheint weder in einer der beiden Versionen des Talmud, die im fünften und sechsten Jahrhundert ihre endgültige Textgestalt erhielten, noch in [irgend]einer früheren jüdischen Schrift.[47]

Dieses Schweigen dürfte indes schwerlich einer spezifischen Abneigung gegenüber Josephus geschuldet sein; vielmehr ist es Ausdruck historischer und historiografischer Uninteressiertheit der Rabbinen, ihres Rückzugs „in das geschützte Reservat seiner hebräischen Überlieferung“.[48] Erst knapp eintausend Jahre nach seinem Ableben „nötigte der unermeßliche Reichtum historischer Informationen, der bei Josephus zu finden ist, die an biblischer und nachbiblischer Geschichte Interessierten wenigstens zu widerwilligem Respekt.“ Mitte des 10. Jh.s wurden seine Schriften in hebräischer Sprache paraphrasiert und kompiliert: „Der unter dem Namen ‚Josippon‘ (= Josephus) bekannte Text wurde von jüdischen Kommentatoren des Mittelalters zur Bereicherung der Bibel- und Talmudinterpretation ausführlich herangezogen.“[49] Unter

[47] Mason, Josephus (wie Anm. 20), 41 f.

[48] Heinz Schreckenberg: *Rezeptionsgeschichtliche und textkritische Untersuchungen zu Flavius Josephus*. Leiden 1977, 49.

[49] Mason, Josephus (wie Anm. 20), 43. Die jüngste Textausgabe bieten: Dagmar Börner-Klein / Beat Zuber (Hgg.): *Josippon: jüdische Ge-*

anderem wird Josephus von Jerachmeel ben Salomo (12. Jh.), Abraham Zacuto (15. Jh.), Asarja de Rossi (16. Jh.), Leon de Modena (17. Jh.) herangezogen, übersetzt, zitiert bzw. paraphrasiert.[50]

Eine konsistente Rezeptionsgeschichte im Judentum lässt sich indes nicht behaupten; erst das Interesse an Archäologie und Siedlungsgeschichte im Jischuv bzw. Staat Israel hat zu einer intensiven Relektüre des Josephus im Judentum Anlass gegeben. Und nicht zuletzt: Im 20. Jh. wird Josephus als Protagonist jüdischer Historiografie entdeckt.[51]

6.3 Klassische Literatur und Philologie

Ebenso ignoriert wird Josephus *cum grano salis* in der lateinischen und griechischen historiografischen Literatur sowie in der klassischen Philologie bzw. in der Geschichtswissenschaft, sofern sie das alte Rom zu ihrem Thema macht: „Josephus [...] is overwhelmingly ignored in discussions of classical literature. He is clearly regarded as being (disconcertingly) ‚Jewish' (and therefore the responsibility of another scholarly community).“[52] Allerdings bestätigen Ausnahmen die Regel.[53]

---

schichte vom Anfang der Welt bis zum Ende des ersten Aufstands gegen Rom. Wiesbaden 2010.

[50] Schreckenberg, Untersuchungen (wie Anm. 48), 51 f.

[51] Yosef Hayim Yerushalmi: *Zachor: Erinnere Dich! Jüdische Geschichte und jüdisches Gedächtnis.* Berlin 1988. Ulrich Wyrwa (Hg.): *Judentum und Historismus. Zur Entstehung der jüdischen Geschichtswissenschaft in Europa.* Frankfurt/Main u. a. 2003.

[52] Curran, Flavius (wie Anm. 17), 66.

[53] So findet Josephus Erwähnung etwa in: Heinz-Günther Nesselrath (Hg.): *Einleitung in die griechische Philologie.* Stuttgart/Leipzig 1997, 269–293, hier 288.

6.4 Christentum und Theologie

„Die christliche J.-Rezeption war schon sehr früh viel intensiver als die jüdische […].“[54] Man kann sogar sagen: Dass die Werke des Josephus die römische Antike überhaupt überlebt haben, verdanken sie dem Umstand, „daß sich die christliche Kirche die Schriften des jüdischen Geschichtsschreibers angeeignet hat. Besonders zwei berühmte Männer der Kirche, Origenes und Euseb, haben […] seine Werke in christlichen Kreisen bekannt gemacht.“[55] Auf Interesse stieß Josephus als ein Autor, der zeitgleich mit den Evangelisten lebte und schrieb, mit seinen Schriften eine Brücke zwischen Altem und Neuem Testament schlug, und namentlich die neutestamentliche Zeitgeschichte ausleuchtete: Er schildert nicht zuletzt wie nur ganz wenige andere Texte das entstehende Christentum; deshalb stieß zunächst vor allem ein Textabschnitt auf Interesse, der aber wohl nachträglich in die Texte des Josephus hineinkompiliert worden ist: das *Testimonium Flavianum* (*Antiquitates* XVIII, 63 f.).[56]

Insbesondere aber wurde Josephus – „in einer antijüdischen Verzerrung von J.’ innerjüdischer Kritik“[57] – herangezogen als Kronzeuge gegen das Judentum des 1. Jh.s. Denn er schildert in beispielloser Ausführlichkeit die Belagerung Jerusalems und die Zerstörung des Tempels im Jahr 70 – Ereignisse, die in frühchristlicher Lesart als Beweis dafür gelesen wurden, dass die Juden, die Jesus nicht als Messias anerkannt

---

[54] René Bloch: „Josephus Flavius“. In: *Metzler Lexikon antiker Autoren*, hg. von Oliver Schütze. Stuttgart/Weimar 1997, 364–366, 366.

[55] Mason, Josephus (wie Anm. 20), 20 f.

[56] Dazu etwa Mason, Josephus (wie Anm. 20), 245–259, ausführlicher Serge Bradet: *Le Testimonium Flavianum. Examen historique – considérations historiographiques*. Paris 2002.

[57] Bloch, Josephus (wie Anm. 54), 366.

hatten, gestraft worden sind. Insofern wurde er zum Lehrer der Christen – wider Willen!

6.5 Ikonografische Tradition

Für unsere Frage nach Josephus als „Lehrer" ist die künstlerisch-bildhafte Rezeption des Josephus beinahe interessanter noch als die Textgeschichte, die Nutzung als historischer Steinbruch und literarische Bezugnahme.[58] Diese ikonografische Rezeption setzt im Mittelalter ein – und profiliert Josephus über zwei bemerkenswerte Charakteristika: als Juden und Lehrer!

Ein erstes Beispiel bietet eine Miniatur in einer Abschrift des „Jüdischen Krieges", entstanden um 1130 und verwahrt im St. John's College, Cambridge.[59] Gezeigt wird ein Mann, gekleidet wie ein wohlhabender Jude des 12. Jh.s; er hält ein Buch in der Hand, das den Anfang des Testimonium Flavianum enthält, und wird so als prophetische Gestalt gekennzeichnet. Durch die Überschrift wird die Person eindeutig als Josephus identifiziert. Ihm gegenüber sitzt ein Schreiber, durch die Tonsur als Mönch identifiziert. Josephus diktiert ihm, was von Jesus Christus zu bezeugen ist – er ist hier Vermittler der *„veritas christiana"*.

Das zweite Beispiel entstammt einer Miniatur in einem Manuskript der *Antiquitates*, wohl vor 1180 in Weingarten abgeschrieben, inzwischen verwahrt im Hessischen Landes-

---

[58] Textliche und literarische Zeugen wurden minutiös dokumentiert von Heinz Schreckenberg: *Flavius-Josephus-Tradition in Antike und Mittelalter*. Leiden 1972 sowie Schreckenberg, Untersuchungen (wie Anm. 48).

[59] Heinz Schreckenberg: „Josephus in Early Christian Literature and Medieval Christian Art". In: Heinz Schreckenberg / Kurt Schubert: *Jewish Historiography and Iconography in Early and Medieval Christianity*. Assen / Maastricht 1992, 1–138, 90 f.

museum in Fulda.[60] Es zeigt Josephus als Sprecher der Judenheit – mit Judenhut. Er ist der Schreiber – authentischer Verfasser der *Antiquitates* und Sprecher der Juden. Ihm gegenüber Vespasian, gestaltet als christlicher Kaiser. Josephus wird auf diese Weise wiederum als Lehrer in Anspruch genommen, als jüdischer Lehrer christlicher Wahrheit.

Beide Beispiele zeigen die weitgehende Aneignung des Josephus in der christlichen Tradition, die erst durch die historisch-kritische Annäherung an das Neue Testament sukzessive hinterfragt und aufgebrochen wurde.

6.6 Kulturgeschichte

Jene mittelalterliche Bildtradition spielt schon hinüber in eine vierte Rezeptionsschiene – die kulturgeschichtliche.[61] Diesbezüglich ist etwa auf die Geschichte der *Übersetzungen* von Werken des Josephus hinzuweisen – die erste Übersetzung ins Deutsche wurde 1531 angefertigt – sowie auf *literarische Verarbeitungen* seiner Werke und ihres Stoffes. Josephus wurde Ende des 19. Jahrhunderts entdeckt, v. a. durch jüdische Autoren. Etliche dieser Werke sind in modern-hebräischer Sprache geschrieben worden. Unter den Schriften, die in deutscher Sprache erschienen, sei neben einem Bühnenstück von Julius Wolffsohn (*Joseph ben Matthias*, veröffentlicht 1935) auf die anthropologische Studie von Elias Canetti (*Masse und Macht*, München 1960) hingewiesen – vor allem aber auf die Josephus-Trilogie von Lion Feuchtwanger (*Der jüdische Krieg*, 1932; *Die Söhne*, 1935; *Der Tag wird kommen*, 1945). Diese ist deshalb bemerkenswert, weil Feuchtwanger die einzige im

[60] Schreckenberg, Josephus in Art (wie Anm. 59), 107 f.

[61] Vgl. dazu Louis H. Feldman: *Josephus and Modern Scholarship (1937–1980)*. Berlin/New York 1984, 876–883, sowie Abraham Schalit: „Josephus Flavius“. In: *Encyclopedia Judaica* 11 (2007), 435–442, 441 f.

Grundton positive Charakteristik des Josephus aus jüdischer Feder vorlegt – der „Psalm des Weltbürgers“, den Feuchtwanger Josephus in den Mund legt, erhellt warum. Darin heißt es:

Lobet Gott und verschwendet euch über die Länder.
Lobet Gott und vergeudet euch über die Meere.
Ein Knecht ist, wer sich festbindet an ein einziges Land.
Nicht Zion heißt das Reich, das ich euch gelobte,
Sein Name heißt: Erdkreis.

Und Feuchtwanger kommentiert: „So machte sich Josef aus einem Bürger Judäas zum Bürger der Welt und aus dem Priester Josef Ben Matthias zu dem Schriftsteller Flavius Josephus.“[62]

Die genannten kulturgeschichtlichen Spuren des Josephus nehmen sich womöglich dürr aus – gleichwohl möchte ich abschließend seine Breitenwirkung unterstreichen: Historisch Interessierte haben sein Bild des Judentums im 1. Jh. unserer Zeit seit jeher aufmerksam zur Kenntnis genommen. Dadurch hat Josephus sich über die Jahrhunderte hinweg in der Tat als literarischer Führer zum Fremden, zum Judentum erwiesen – und in diesem Sinne als Lehrer nicht nur für Römer und Griechen, sondern vor allem auch für Christen.

Dass er dabei allzu oft als Zeuge *gegen* sein Volk, das Judentum, in Anspruch genommen wurde, wiegt schwerer als sein Seitenwechsel – ist aber keineswegs ihm anzurechnen, sondern geschah wider seinen Willen. Für Josephus selbst muss gelten, was er selbst sich ins Stammbuch schrieb „ich möchte niemals ein Gefangener sein und auf solche Weise leben, dass ich dabei meine Abstammung aufgäbe oder das Erbe der Väter vergäße!“ (*De bello judaico* VI, 107).

---

[62] Lion Feuchtwanger: *Der jüdische Krieg. Roman.* Berlin / Weimar 1991, 245.

Plutarch – Religiöse Philosophie als Bildung zum Leben

Rainer Hirsch-Luipold

Das Motto aus dem Sprüchebuch: „Die Lehre des Weisen ist eine Quelle des Lebens" (Spr 13,14) fordert geradezu zu einem Nachdenken über die – auch religiöse – Rolle des philosophischen Lehrers im Kontext der Lebensbewältigung heraus und stellt diese Rolle zugleich in den Horizont der Bewältigung der Frage nach Sterblichkeit und Tod. Denn der Satz geht weiter: „Die Lehre des Weisen ist eine Quelle des Lebens, zu meiden die Stricke des Todes". Implizit ist damit zugleich die Frage gestellt nach einem Leben, das über diese Welt hinausreicht. Es ist eine Frage, der sich die philosophische und religiöse Literatur des ausgehenden Hellenismus und der frühen Kaiserzeit zunehmend zuwendet. Im Sprüchebuch wird die Formulierung wenig später in nur leicht, aber signifikant veränderter Form wieder aufgenommen: „Die *Furcht des Herrn* ist eine Quelle des Lebens, dass man meide die Stricke des Todes" (14,27). Für das Sprüchebuch gehört offenbar beides zusammen: die Lehre des Weisen ist nicht zu trennen von der Furcht des Herrn, oder umgekehrt: die Furcht des Herrn ist der Kern der Weisheit. Es wird sich zeigen, dass diese religiös-theologische Zuspitzung für einen guten Teil der philosophischen Literatur der frühen Kaiserzeit, die verschiedentlich als Popularphilosophie beschrieben wurde, weil sie auf eine breite Vermittlung philosophischer Inhalte zielt und dabei Philosophie insbesondere als Lebenskunst versteht, durchaus auch zutreffend ist.

Im Sinne dieses Rahmenthemas soll im Folgenden Plutarch als ein großer Lehrer der Antike vorgestellt werden, der als Priester des Apollon seine philosophische und zugleich religiöse Aufgabe darin sah, seinen Schülern mit seinen Lehren – wie es im Zitat aus den Proverbien heißt – zu einer Quelle des Lebens zu werden. Es mag merkwürdig anmuten, wenn auf diese Weise eine Aussage aus der biblischen Weisheitsliteratur auf einen paganen Philosophen angewendet wird. Ob dies mit einiger Berechtigung geschieht, wird sich am Ende der Darstellung herausgestellt haben.

Ein bedeutender Lehrer war der Universalgelehrte aus dem griechischen Böotien ganz gewiss – im Kleinen wie im Großen.[1] Er betrieb seine eigene kleine Schule in seiner Vaterstadt Chaironeia, auf die wir gleich zurückkommen werden, trat aber auch auf Vortrags- und Forschungsreisen in den Hörsälen Roms als gefragter philosophischer Lehrer auf. Ein bedeutender Lehrer war Plutarch also gewiß, und dies insbesondere im Bereich der Ethik und – als Heide – im Bereich eines frommen, der religiösen Tradition verpflichteten Lebens. Die Christen haben Plutarch deshalb schnell als seelenverwandten Denker wahrgenommen und adoptiert.[2] Wie kein anderer griechischer Autor wurde er in der Breite gelesen und rezipiert – gerade auch zur Erziehung zu einem ethisch-moralisch verantwortlichen und religiös sinnerfüllten Leben.

---

[1] Vgl. dazu Max Schuster: *Untersuchungen zu Plutarchs Dialog* De sollertia animalium *mit besonderer Berücksichtigung der Lehrtätigkeit Plutarch*. München 1917.

[2] Zur Rezeptionsgeschichte Plutarchs nach wie vor grundlegend Rudolf Hirzel: *Plutarch*. Leipzig 1912, 33–206; zur frühen Rezeption bei den Christen bes. 83–90.

Diese Wirkung des paganen Philosophen in der christlichen Welt kommt nicht von ungefähr, wenn man sich den Stellenwert des Religiösen in seinem Denken, in seiner Philosophie, in seiner literarischen Gestaltungskunst vergegenwärtigt, wie das im Folgenden geschehen soll.

Nach einer Orientierung zu Person und Werk des Gelehrten, insbesondere zu seiner doppelten Identität als platonischer Philosoph und Priester des Apollon in Delphi, werde ich mich dem Lehrer in seinen unterschiedlichen Schulzusammenhängen widmen und dabei zugleich schon deutlich machen, wie Plutarch dieses Lehrersein in einigen seiner Dialoge, insbesondere in den sogenannten *Pythischen Dialogen*, dezidiert im religiösen Raum verortet.

Dies wird uns unmittelbar auf einige Gedanken zur göttlichen Pädagogik und damit zu Gott als Lehrer führen, bevor ich in einem Schlußabschnitt aufzeige, wie sich der platonische Philosoph Plutarch als Lehrer des Lebens im Dienste dieser göttlichen Pädagogik versteht, um damit abschließend noch einmal zum Motto der Vorlesungsreihe zurückzukehren.

1. Plutarch als religiös-philosophischer Lehrer und Autor

Plutarch wurde ungefähr im Jahr 45 n. Chr. in Chaironeia im ländlichen Böotien im Stammland Griechenland geboren – als Sproß einer angesehenen und wohlhabenden Familie. Seiner Vaterstadt hat er zeitlebens die Treue gehalten, obwohl er auch weit gereist ist, bereits in jungen Jahren in politisch-diplomatischem Auftrag Chaironeias. Seine Reisen führen ihn nach Korinth zum Prokonsul von Achaia, dann zum Studium nach Athen. Als junger Mann wurde Plutarch „Akademiker" (ἐν Ἀκαδημείᾳ γενόμενος; *De E apud Delphos* 7,

387F) und gab sich im Übermaß, wie er mit selbstironischem Augenzwinkern sagt, mathematischer Spekulation hin (die zitierte Formulierung Plutarchs lässt freilich offen, ob formal der Beitritt zu einer Schule gemeint ist oder doch eher die intellektuelle Zustimmung zu einem philosophischen Schulsystem). In Athen kommt Plutarch in Kontakt mit seinem Lehrer Ammonios, der verschiedentlich als Gesprächspartner in den plutarchischen Dialogen auftritt. Ammonios dürfte wesentlichen Einfluss auf die zunehmend religiöse Prägung seiner Philosophie gehabt haben.

Weitere Reisen führten Plutarch nach Kleinasien und Ägypten, wo er sich offenbar von ägyptischen Priestern unterrichten ließ, und nach Rom. In Rom versieht er politische Geschäfte im Dienst seiner Vaterstadt und hält zugleich mit großem Erfolg Vorlesungen; von einem der einflußreichen Freunde, die er hier gewinnt, übernimmt er den Gentilnamen „Mestrius", als er das römische Bürgerrecht erhält, nämlich von Marcus Mestrius Florus, einem Vertrauten Vespasians. In Rom wird er, wie er am Beginn seiner Demosthenes-Vita erzählt, von einer Vielzahl von Menschen in philosophischen Fragen konsultiert, die auch allgemeinene Lebensfragen eingeschlossen haben dürften.[3] Das entspricht ganz dem Philosophenbild Plutarchs: wie andere Philosophen seiner Zeit betrachtet er es als eine vorzügliche Aufgabe des Philosophen, ein Arzt der Seele zu sein.[4] Man denke nur an den Anfang seiner mit Fragen der Theodizee befaßten Schrift „Über die verspäteten Strafen der Gottheit", wo Plutarch die epikureischen Anwürfe gegen Gottes Gerechtigkeit als ein in der Seele steckendes Geschoss qualifiziert, das es herauszuschneiden gelte.

---

[3] *Demosthenes* 2,1.

[4] Vgl. etwa Dion von Prusa, *oratio* 13,12.

Nach H.-G. Ingenkamp lässt sich ein ganzer Bereich des Oeuvres Plutarchs als „Seelenheilungsschriften" einordnen.[5]

Auf seinen vielen Reisen sammelt Plutarch im Studium in den großen Bibliotheken und im Gespräch mit Exponenten des politischen und religiösen Lebens die Bausteine seiner Philosophie. Ausweislich seiner vielseitigen Schriften, die sich mit allen möglichen Themen von Geschichte, Naturwissenschaft und Medizin über Kunst und Philosophie bis hin zu Ethik und Religion befassen, mit der Interpretation des platonischen Timaios ebenso wie mit dem Gesicht im Mond, zählt Plutarch zu den gebildetsten Menschen seiner Zeit, ja wohl jeder Zeit; er ist ein wirklicher Universalgelehrter.

Am Anfang seiner Schrift über das Nachlassen der Orakel in Delphi lässt Plutarch den Spartaner Kleombrotos auftreten, einen heiligen Mann, wie er sagt, „wißbegierig und stets aufs Zuhören und Lernen bedacht" (ἀνὴρ φιλόλογος καὶ φιλομαθής) den er wie folgt charakterisiert: „Er sammelte Überlieferungen (*historía*) gleichsam als Rohstoff für eine Philosophie, welche die *theología*, wie er sie nannte, zum Ziel hatte".[6] Diese Charakterisierung des weitgereisten Spartaners liest sich wie ein Programm der in der Religion verankerten philosophischen Methode Plutarchs.

Im fortgeschrittenen Alter tritt Plutarch in den Dienst als Priester des Apollon in Delphi ein und wirkt über lange Jahre hinweg als einer der beiden Priester des Orakelgottes an der altehrwürdigen Orakelstätte. Zum delphischen Apollon, den er einmal „Freund Apollon" nennt (*De E apud Delphos* 384E), entwickelt er eine besondere Beziehung. Zudem war

[5] Heinz Gerd Ingenkamp: *Plutarchs Schriften über die Heilung der Seele* (Hypomnemata 34). Göttingen 1971.

[6] *De defectu oraculorum* 410B.

er in die Mysterien des Dionysos, vielleicht auch in jene der Isis eingeweiht.

Dem delphischen Orakel setzt er ein literarisches Denkmal, indem er den Heiligen Bezirk zum Schauplatz einiger seiner Dialoge macht. Die *Pythischen Dialoge*[7] beschäftigen sich mit Themen des Orakels, darüber hinaus aber auch mit dem Wesen des delphischen Gottes und des Göttlichen überhaupt; mit ihnen dürfte Plutarch als einer der wesentlichen Förderer des Orakels einen nicht unerheblichen Anteil an dessen erneutem Aufschwung zu Beginn des 2. Jh.s gehabt haben. Das Gespräch *Über das E-Zeichen in Delphi* (*De E apud Delphos*), dem wir uns gleich ausführlich zuwenden werden, entwickelt sich auf den Stufen des Apollontempels. Im Sinne eines ausgedehnten *problema*, also der philosophischen Erörterung eines Einzelthemas, bietet Plutarch in der Schrift eine Reihe unterschiedlicher Deutungen dieses auch numismatisch belegten, unmittelbar vor der Cella des Tempels aufgehängten rätselhaften Zeichens. Mit der Diskussion des Problems folgt die Darlegung einem theologischen und zuletzt soteriologischen Ziel, das in der Angleichung an Gott und der darin sich ereignenden Überwindung von Tod und Vergänglichkeit besteht. Plutarch führt vor, wie die Gottheit den Weg zur Angleichung an Gott (ὁμοίωσις θεῷ) eröffnet, indem sie den Menschen über ein religiöses Symbol zur Suche nach ihr selbst als dem Urgrund von Wahrheit und Sein führt. Noch unmittelbarer mit Fragen des Orakelbetriebs beschäftigen sich die ebenfalls im Heiligtum des delphischen Apollon spielenden Dialoge *Über das Nachlassen der Orakel (De defectu oraculorum)* und *Warum die Pythia nicht mehr in Versen spricht (De Pythiae oraculis)*. Zur Abwehr von gegen das Orakel gerichteten Anwürfen bezüglich der minderen

---

[7] Die Formulierung fällt in *De E apud Delphos* 384E.

literarischen Qualität der Orakelsprüche entwickelt Plutarch eine eigene theologische Ästhetik, passenderweise im Kontext einer Führung durch die im Tempelbezirk von Delphi aufgestellten Weihgaben, die als literarischer Rahmen dient. Was sich anderen als Verfallserscheinung darstellt, versucht der Philosoph über eine Diskussion der Ästhetik mit einer positiven Deutung zu versehen: dass die Pythia nicht mehr in Versen spreche (wenn aber, dann in ausgesucht schlechten), unterstreiche ebenso wie ihre bäuerliche Herkunft gerade, dass die äußerliche Form der Botschaft zwar auf die Pythia als das Werkzeug des delphischen Gottes zurückzuführen sei, ihr Inhalt jedoch allein von der Gottheit herrühre. Das Apollonorakel in Delphi hat deshalb eine zentrale Bedeutung für Plutarchs persönliche religiöse Praxis als Priester und sein Wirken als Lehrer ebenso wie für sein literarisches Schaffen.

Auch die Rahmenhandlung des *Amatorius* ist stark religiös konnotiert. Den Anlass der Schrift und des Nachdenkens über das Wesen und die Geschichte dieses Gottes, dem Plutarch hier eine gegenüber Platons *Symposion* noch aufgewertete Rolle als Führer der Menschen zu Wahrheit, Heil und Leben zuweist, bilden Opfer und Gebete beim Erosfest in Thespiai anlässlich der Hochzeit Plutarchs mit seiner Frau Timoxena.

Dass die Religion für den delphischen Priester zum selbstverständlichen Gegenstand seiner Beschäftigung gehört, zeigt sich, das wird schon an diesem Beispiel deutlich, keineswegs nur in seinen im engeren Sinne religiösen Schriften (zu diesen rechnet man üblicherweise die Pythischen Dialoge *De E apud Delphos, De Pythiae oraculis* und *De defectu oraculorum* sowie *De sera numinis vindicta, De genio Socratis, De Iside et Osiride* und die frühe religionstheoretische Schrift *De superstitione*). In den *Moralia* insgesamt wie in den *Viten* spielen Themen der gelebten Religion und theologische Fragen in vielfältiger Weise eine Rolle. Der Chaironeer bietet eine breite Phänomenologie gelebter Religion, die neben der Mythologie auch Riten und religiöse Gebräuche, Kultbilder und Symbole, Ikonographie und Kultarchitektur einschließt. Sein Interesse greift über den griechisch-römischen Bereich hinaus auf die Religionen Ägyptens, Irans oder Indiens, auf Zoroastrismus und Judentum, auf chaldäische Astrologen, Magier und Gymnosophisten. Diese vielfältigen Details aus unterschiedlichen Bereichen der Religion machen Plutarch zu einer der bedeutendsten Quellen für die Religionsgeschichte der Antike. Dabei treibt ihn keineswegs ein rein antiquarisches oder religionshistorisches Interesse. Vielmehr begreift er die Traditionen der gelebten Religion als Ausdrucksformen der einen göttlichen Wahrheit und damit als notwendigen Ausgangspunkt verlässlicher (auch philosophischer) Wahrheitssuche und implementiert damit als Antwort auf die pessimistische Epistemologie der akademischen Skepsis einen neuen Ankerpunkt für die Frage nach der Wahrheit, die Plutarch mit dem Bereich des Göttlichen identifiziert. In einer ihm eigenen, auf platonischer Ontologie fußenden Bildhermeneutik, die die verschiedenen Aspekte der Religion in den Bereichen der Ikonographie, des Kults und der Sprache als Abbilder des göttlichen Wesens sehen lehrt, weist er all diesen Traditionsaspekten eine philosophische Bedeutung zu und erschließt sie auf diese Weise für die philosophische Wahrheitssuche.[8]

Religion ist damit für Plutarch nicht nur Gegenstand interessierter Betrachtung oder Mittel einer bunten literarischen Gestaltung, und auch nicht nur Selbstdarstellung des Bildungsarsenals eines *pepaideumenos*, wie man verschiedentlich

---

[8] Vgl. Rainer Hirsch-Luipold: *Plutarchs Denken in Bildern. Studien zur literarischen, philosophischen und religiösen Funktion des Bildhaften* (STAC 14). Tübingen 2002.

liest[9], sondern sowohl ein Aspekt des persönlichen Lebensvollzugs als auch Ansporn und Inhalt philosophischer und theologischer Beschäftigung.

2. Die Schulorte und das Publikum

Im Folgenden wollen wir uns auf Plutarch als Lehrer konzentrieren und die Kontexte seines Unterrichts etwas genauer betrachten. Da Plutarch an verschiedenen Stellen seines Werks Schulsituationen schildert oder uns an solchen teilhaben lässt, eröffnet die Untersuchung seiner Schriften einen Einblick in das, was wir im ausgehenden 1. und beginnenden 2. Jahrhundert unter einer „Schule" bzw. unter höherem, philosophischem Unterricht zu verstehen haben. Die Begriffe werden in der entsprechenden Forschungsliteratur für ein großes Spektrum von Phänomenen verwendet, das vom rhetorischen Elementarunterricht bis hin zur literarischen Produktion frühchristlicher Schriften im Rahmen einer Diadoche von Lehrmeinungen reicht. In den meisten von Plutarchs dialogischen Schriften, zu denen auch die Tischgespräche (*Symposiaka*) zu zählen sind, ist ein ausgesprochener Schulkontext gegenwärtig.

2.1 Das Schulgespräch in Chaironeia

Plutarch unterhielt eine eigene philosophische Schule in seinem Haus in Chaironeia, die er einmal explizit σχολή nennt (*De E apud Delphos* 385A). Zu den Teilnehmern an diesem philosophischen Unterricht gehörten Freunde (darunter auch Frauen) und Mitglieder seiner Familie, wie

[9] Vgl. unten S. 105 f.

Plutarchs Bruder Lamprias und sein Sohn Autobulos. Zu diesem engeren Schülerkreis traten eine Reihe Gebildeter, Philosophen, Politiker, die zum Teil aus Rom anreisten, um mit Plutarch in ein philosophisches Gespräch einzutreten. Wir sind über diesen Kreis außerordentlich gut unterrichtet. Zum einen geben die *Widmungen* darüber Auskunft, die der Chaironeer einigen seiner Schriften voranstellt. Zweien seiner Schüler, Pollianos und Euridike, etwa hat Plutarch „Eheratschläge“ zur Hochzeit gewidmet, eine Sammlung von kurzen Gleichnissen, die das in der Schule Gelernte in lockerer Form wiederholen und im Blick auf ein harmonisches Eheleben zuspitzen sollen, wie der Lehrer einleitend sagt (die praktische Abzweckung plutarchischer Philosophie ist hier ebenso mit Händen zu greifen wie die pädagogisch-didaktische Aufbereitung philosophischer Lehrinhalte). Euridike stammte aus einem altehrwürdigen Geschlecht in Delphi; sie war die Tochter der Isispriesterin Klea, der ihrerseits zwei Schriften Plutarchs gewidmet waren, nämlich seine große platonisierende Deutung der ägyptischen Religion (*De Iside et Osiride*) und seine *Tugenden von Frauen* (*Mulierum virtutes*). Seinem römischen Freund Sosius Senecio, der unter Trajan zweimal Konsul war (99 und 107 n. Chr.), hat Plutarch seine vergleichenden Lebensbeschreibungen berühmter Griechen und Römer ebenso wie seine *Tischgespräche* (*Symposiaka*) gewidmet. Aus diesen Widmungen wird die pädagogische Intention der Schriften Plutarchs besonders deutlich. Wenn Senecas Lucilius wohl doch eher eine künstlerische Folie ist, so spricht Plutarch in ganz konkrete Situationen hinein, wenn er für seine Schülerin Eurydike zu deren Hochzeit Eheratschläge verfasst, oder politische Ratschläge für seinen Neffen.

Zum anderen lernen wir die Schüler Plutarchs als *Gesprächspartner* in seinen vielen dialogischen Schriften kennen, die in vielfacher Weise an platonische Dialoge erinnern, und erfahren bei dieser Gelegenheit auch, wie das philosophische Gespräch in Chaironeia vonstatten ging. Zu einem gegebenen Thema präsentieren die Gesprächspartner, die in der Regel unterschiedlichen philosophischen Schulen zugehören, die Überzeugungen ihrer jeweiligen Schule zum Thema.

2.2 Das Schulgespräch im Apollonheiligtum in Delphi

Ein Teil dieser philosophischen Gespräche im Kreis von Verwandten und Freunden, von denen Plutarch berichtet, ist ins unweit entfernt gelegene Delphi verlagert, wo Plutarch als Priester des Apollon gewirkt hat. Die Gespräche finden dort nicht in Privaträumen, sondern unmittelbar im heiligen Raum, im heiligen Bezirk des Apollon-Tempels statt – ein bemerkenswertes Setting für philosophischen Unterricht!

Am markantesten stellt sich der Zusammenhang zwischen dem Gesprächskontext und dem Gesprächsinhalt in *De Pythiae oraculis* dar, wo die Rahmenhandlung in einer Führung durch den heiligen Bezirk des Apollon besteht und die Betrachtung der Kunstschätze jeweils Anlaß zu philosophischen oder religiösen Überlegungen liefert. Aber die Pythischen Dialoge sind, wie gesagt, insgesamt im sakralen Raum verortet und gewinnen aus diesem Raum auch ihre Thematik: sie handeln von Themen, die das delphische Orakel und den Orakelgott Apollon betreffen. Das Orakel und insbesondere der Tempel des Apollon sind der dramatische Rahmen für die philosophischen Gespräche und liefern zugleich ihren Gegenstand. In Delphi erfolgt also Bildung, jedenfalls nach der Darstellung der Pythischen Dialoge, sowohl durch den (religiösen) Inhalt als auch durch den religiösen Kontext.

Mit einer solchen Verortung des philosophischen Lehrgesprächs im religiösen Raum steht Plutarch keineswegs allein: Marco Galli hat in mehreren Beiträgen zur Zweiten Sophistik aus archäologischer Sicht aufgezeigt, wie der Bereich des Heiligen im 2. Jahrhundert n. Chr. zum Kommunikationsraum der gebildeten Eliten wird und umgekehrt die Verortung im heiligen Raum der Selbstkonstruktion des *pepaideumenos* dient.[10] Allein diese Tatsache sagt freilich viel darüber aus, welche Bedeutung dem Religiösen im Bereich der Bildung im zweiten Jahrhundert beigemessen wird.

Wie verhalten sich nun, so ist rückblickend auf diese ersten beiden Schulkontexte zu fragen, diese philosophischen Schulgepräche in Delphi zu jenen in Chaironeia? Haben wir es hier mit einer zweiten Schule zu tun? Oder mit einer Art Summerschool? Jedenfalls treffen wir die Gesprächsteilnehmer aus Chaironeia in Delphi wieder.

2.3 Der philosophische Unterricht in Rom

Hatten wir in Chaironeia und Delphi eine Gemeinschaft von Verwandten und Freunden vor uns, die gemeinsam im wechselseitigen Fragen und Darlegen philosophischen und religiösen Fragen nachgingen, so sind Plutarchs vielbeachtete öffentliche Vorträge in Rom deutlicher als Schulsituation im Sinne eines Gegenübers von Lehrer und Hörern ausgewiesen.

Einen unmittelbaren Einblick in seine Vorlesungen in Rom erhalten wir in einem Abschnitt aus Plutarchs Schrift „Über die Neugier" (*De curiositate* 522D–E): Ein gewisser Rusticus, ein berühmter Mann und Vertrauter des Kaisers Domitian (wohl der Stoiker Iunius Arulenus Rusticus, der

---

[10] Marco Galli: „Pepaideumenoi am Ort des Heiligen. Kommunikationsformen und euergetische Initiativen in griechischen Heiligtümern zur Zeit der Zweiten Sophistik". In: Christoph Reusser (Hg.): *Griechenland in der Kaiserzeit. Neue Funde und Forschungen zu Skulptur, Architektur und Topographie*. Bern 2001, 43–71.

im Jahr 93 exekutiert wurde) erhielt mitten in der Vorlesung einen Brief des Kaisers. Mitten in der Vorlesung also durchschritt ein Soldat die Reihen und überbrachte Rusticus ein Schreiben des Kaisers; da entstand ein Schweigen im Raum und auch Plutarch unterbrach seinen Vortrag, um Rusticus die Gelegenheit zu geben, den Brief zu lesen. Rusticus aber weigerte sich, den Brief zu öffnen und bestand darauf (wohl in Anwesenheit des kaiserlichen Boten) zu warten, bis Plutarch den Stoff zu Ende gebracht und die Vorlesung für beendet erklärt hatte – ein Beweis natürlich nicht nur für die stoische Beherrschung der Neugier angesichts wichtiger Neuigkeiten, sondern auch für die Faszination des Unterrichts, dem beizuwohnen Rusticus die Gelegenheit hatte.

Deutlich zeichnet sich hier die Lehrsituation ab: Anders als bei den philosophischen Gesprächen in Delphi haben wir es mit einer klassischen Vorlesung zu tun, in der – wenngleich offenbar ein gewisser Lärmpegel herrschte – im Wesentlichen *einer* sprach. Das Verhältnis zwischen Schüler und Lehrer ist hier durch das Verhältnis von „Vorlesung halten" (διεξέρχεσθαι τὸν λόγον bzw. διαλέγεσθαι, das in späterer Zeit ebenfalls die Bedeutung „Vorlesungen halten" annimmt) und von „Zuhörer sein" (ἀκροᾶσθαι) gekennzeichnet.

2.4 Das gelehrte Gespräch unter den Schulen – der Platoniker Plutarch und der Stoiker Sarapion

Ein weiterer Aspekt des philosophischen Schulsystems wird in Plutarchs Dialog über das rätselhafte E-Zeichen vor dem Apollontempel in Delphi sichtbar, nämlich das Gespräch zwischen philosophischen Schulen an verschiedenen Orten, und zwar über die klassischen Schulgrenzen hinweg. Das erscheint mir besonders interessant, da man bei philosophischem Unterricht von den starren Grenzen der Schulphilosophie auszugehen gewohnt ist. In dieser Schrift jedenfalls werden wir Zeugen eines lebendigen Dialogs zwischen der religiös-philosophischen Schule Plutarchs und der Schule des Dichters und stoischen Philosophen Sarapion in Athen. Sarapion tritt in der Schrift „Über die Orakelsprüche der Pythia" (*De Pythiae oraculis*) als einer der Gesprächsteilnehmer und Verfechter einer ausgesprochen traditionellen Ästhetik und Theologie auf.

Plutarch eröffnet seinen Dialog mit einer Widmung an den stoischen Freund: „Wenn ich nun dir und durch dich den Freunden dort einige von den Pythischen Reden gleichsam als Erstfrüchte schicke, so gestehe ich offen, dass ich dafür andere, mehr und edlere von Euch zurückerwarte" (*De E* 384E). Mit der Metapher der „Erstfrucht" (ἀπαρχή) sind wir unmittelbar bei Opferterminologie und damit im religiös-kultischen Kontext. Zugleich stellt Plutarch einen intertextuellen Bezug zu Platons Protagoras (343b) her: dort heißt es, die berühmten Sinnsprüche der Sieben Weisen (von denen in unserem Text etwas später die Rede sein wird) seien von diesen einst dem Gott in Delphi als eine „Erstfrucht der Weisheit" (ἀπαρχὴ τῆς σοφίας) geweiht worden[11]. Was nun bei materiellen Geschenken den armen Schenker peinlich als gebenden Bittsteller erscheinen lasse, so fährt Plutarch fort, das sei bei Geschenken des Worts und der Weisheit, die doch als viel größere und schönere Gaben gelten müssten als materielle Geschenke, völlig legitim. So hofft Plutarch, durch sein philosophisches Geschenk von dem Kreis um Sarapion größere und bessere Schriften zu erhalten, zumal dieser Kreis ja von der Umgebung in einer großen Stadt mit vielen Büchern und

[11] Vgl. dazu Mauro Bonazzi: „L'offerta di Plutarco. Teologia e filosofia nel De E apud Delphos (Capitoli 1–2)". In: *Philologus* 152 (2008), 205–211.

vielfältigen Gesprächsmöglichkeiten profitiere – Sarapions Schule ist eben in Athen angesiedelt.

Was uns hier sichtbar wird, ist also mehr als ein literarisches Gespräch zwischen zwei gebildeten Freunden unterschiedlichen philosophischen Bekenntnisses, es ist ein Gespräch *zwischen zwei Schulen*, die im Besonderen an religiösen Fragen interessiert sind, wobei die eine der von Plutarch an vielen Stellen – und zwar gerade in theologischen Fragen – so heftig kritisierten Stoa angehört. Plutarchs Schriften wie sein pädagogisch-philosophisches Konzept zeichnen sich durch eine ausgesprochene Dialogizität aus, die uns hier in hervorragendem Maße sichtbar wird. Er lässt Vertreter anderer philosophischer Schulmeinungen nicht nur zu seinen Schulgesprächen in Chaironeia zu, sondern forciert sogar das Gespräch zwischen verschiedenen philosophischen Schulen. Es entspricht dieser Offenheit Plutarchs für das Gespräch über die philosophischen Schulgrenzen hinweg, die aus vielen seiner Schriften spricht, dass die in verschiedener Hinsicht herausgehobene Position seines Lehrers Ammonios innerhalb des Dialogs sich nicht einfach als abschließende Lösung über alle anderen Lösungsansätze erhebt, wie man früher meinte, sondern als mit besonderer Plausibilität versehener Lösungsvorschlag innerhalb der philosophisch-religiösen Fachdiskussion gekennzeichnet ist.[12]

---

[12] Eine literarische und philosophische Interpretation des Dialogs bietet jetzt Tobias Thum: *Plutarchs Dialog De E apud Delphos: eine Studie*. Tübingen 2013; vgl. auch Hendrik Obsieger: *Plutarch. „De E apud Delphos"/Über das Epsilon am Apolltempel in Delphi: Einführung, Ausgabe und Kommentar.* Stuttgart 2013.

2.5 Plutarchs Beitrag zum religiös-philosophischen Gespräch der Schulen in De E apud Delphos

Plutarchs Beitrag zum Gespräch dieser beiden Schulen ist der philosophische Dialog über die Bedeutung des E-Zeichens, der sich in seiner Schule entwickelt hat und im Folgenden erzählt werden soll. Der Aufbau der Schrift ist verschachtelt, und dies hat, wie sich sogleich zeigen wird, unmittelbar mit dem Thema der Schulen und ihrer Lehrer zu tun. Die Frage nach der Bedeutung des Epsilon, so sagt der Autor Plutarch im Anschluß an seine Widmung und eine theologisch-hermeneutische Einführung über das Wesen des Gottes Apollon, sei schon verschiedendlich ἐν τῇ σχολῇ, in der Schule, gemeint ist hier wohl Chaironeia, aufgeworfen worden (προβαλλόμενον ist *terminus technicus* für ein philosophisches Einzelproblem, das einer Lösung zugeführt werden soll) – er, Plutarch, sei aber als Lehrer der Frage stets ausgewichen. Warum, das wird nicht erläutert. Man vermutet, dass es dem Priester die Scheu vor dem Geheimnis des Gottes verbietet. Darauf jedenfalls mag die trickreiche literarische Konstruktion hinweisen, die nun folgt:

Nachdem er das Thema immer vermieden habe, so fährt Plutarch nämlich fort, hätten ihm zuletzt seine Söhne einmal in Delphi keinen Ausweg gelassen, als sie gerade im eifrigen Gespräch mit einigen Fremden über dieses Thema waren; da die Fremden ganz begierig waren, Plutarchs Ausführungen zum Thema zu hören, aber unmittelbar vor der Abreise standen, wäre es unziemlich gewesen, ihnen nicht nachzugeben, so erfahren wir plastisch in einer typisch plutarchischen Situationsschilderung. Also setzte man sich auf den Stufen des Tempels nieder, und Plutarch führte die Untersuchung, indem er einerseits selbst Antworten formulierte, anderseits seinen Gesprächspartnern Fragen stellte. Die Schilderung zeigt ihn als souveränen philosophischen Lehrer. Gespannt wartet der wissbegierige Leser nun auf diese Ausführungen des delphischen Priesters; allerdings vergeblich, denn aus der beschriebenen Untersuchung wird nichts laut. Plutarch lenkt vielmehr ein weiteres Mal ab; er blendet sich aus diesem Gespräch, das er als der autoritative Lehrer geführt hat, aus und wechselt in den Modus des Schülers:

Der Ort und die gehaltenen Reden erinnerten ihn, so sagt er nämlich, an ein Gespräch, das sich vor vielen Jahren an selber Stelle und zum selben Thema zwischen einigen Männern unter Leitung *seines* Lehrers Ammonios entwickelt hatte, zu der Zeit, als Nero gerade zu einem Besuch in Griechenland war (womit dieses frühere Ereignis ins Jahr 66/67 n. Chr. datiert ist). Plutarch war damals unter den Schülern, wie er uns wissen lässt. Damit sind wir mitten in diesem weiteren Schulgespräch in einer andern Zeit und folglich unter verändertem pädagogischen Vorzeichen. Dieses frühere Gespräch bis hin zur großen Rede seines Lehrers Ammonios gibt Plutarch in der Folge wieder. Dabei wird deutlich, dass er schon damals keineswegs bloßer Zuhörer war, sondern sich als philosophischer Schüler an seiner eigenen, wenn auch noch im Überschwang der akademischen mathematischen Spekulation stehenden Antwort versucht hat. Zu den Rahmungen kehrt Plutarch nicht mehr zurück. Die Schrift endet nach einigen Reden, die das E in sehr unterschiedlicher Weise und aus dem Blickwinkel verschiedener philosophischer Positionen interpretieren (mathematisch, logisch, kosmologisch), mit dem großartigen Monolog des Ammonios.

Wir hören also von *zwei* philosophischen Schuldiskussionen zum Thema, die im Abstand von 30 Jahren mit zwei unterschiedlichen Lehrern stattgefunden haben, in der Schule Plutarchs und zuvor in der Schule von Plutarchs Lehrer Ammonios, der gemäß dieser Darstellung unter ganz ähnlichen Bedingungen unterrichtet hat, also offenbar auch parallel in seiner Schule in Athen und in Delphi. (Die Frage, inwieweit sich hinter der Schilderung reale Gespräche verbergen, damals, in der Jugend Plutarchs und später, als er bereits das Amt des Priesters in Delphi versehen hat, ist im Zusammenhang unserer Thematik nur im Blick auf die Frage von Bedeutung, ob die Situation *als solche* einen historischen Hintergrund hat, ob also tatsächlich „der Bereich des Tempels" des Apollon als Schulort Plutarchs und seines Lehrers Ammonios diente, wogegen sich aus meiner Sicht – mindestens im Blick auf Plutarch selbst – keine grundsätzlichen Einwände erheben.)

Dieses literarische Verwirrspiel läuft auf eine Parodie der Lehrerrolle hinaus, die denjenigen Leser etwas ratlos zurücklässt, der gehofft hatte, die abschließende Wahrheit über die Bedeutung des E zu erfahren: welchem der Lehrer soll er nun folgen? Gegenüber der vielfach vertretenen Antwort, der Dialog laufe einlinig auf die abschließende ontologisch-theologische Rede des Ammonios am Ende als Sprachrohr Plutarchs zu, welche die Lösung und Korrektur der vorhergehenden Lösungsversuche bringe, ist geltend gemacht worden, dass sich Plutarch große Mühe gibt, auch die übrigen Positionen entsprechend der jeweiligen Schulmeinung zu ihrem Recht zu bringen. Gerade dem Rahmen des Dialogs und der Widmung lassen sich, wie wir gleich noch weiter sehen werden, eine Reihe von Aspekten entnehmen, die den Leser darauf hinweisen, dass der Kern der Philosophie, wie sie der Philosophengott Apollon vorführt und initiiert, mehr im philosophischen Austausch, in der gemeinsamen Suche, als im Vermitteln eines bestimmten dogmatischen Lehrinhalts zu erblicken ist. Eben dieser Aussage dient auch das augenzwinkernde Spiel mit der Lehrerrolle.

Gleichwohl kommt dem Lehrer Plutarchs eine unverkennbare Sonderrolle im Gesamtaufbau der Schrift zu. Denn Ammonios hat nicht nur das letzte Wort in diesem Gespräch, sondern auch das erste, und dieses einleitende Wort des Ammonios nimmt signifikanterweise unmittelbar die theologische Position des Autors Plutarch aus Widmung und Einleitung auf. Der delphische Apollon sei, so sagt Ammonios nämlich, nicht nur Seher, sondern auch Philosoph. Darauf deuteten bereits seine Namen hin, die Ammonios etymologisierend deutet: „Pythios" heißt Apollon als Gott derer, die beginnen zu forschen und nach der Wahrheit zu suchen (διαπυνθάνεσθαι), „Delios" und „Phanaios" als Gott derer, denen sich bereits etwas von der Wahrheit erschlossen hat (δηλοῦσθαι; ὑποφαίνεσθαι), „Ismenios" als Gott derer, die das Wissen (ἐπιστήμη) schon besitzen, und „Leschenorios" schließlich als Gott derer, die das Wissen im gemeinsamen philosophischen Gespräch auch zur Anwendung bringen (abgeleitet von der „Lesche" als einem Versammlungsort; 385B–C).

Das damit formulierte Bildungsprogramm orientiert sich unmittelbar an einer Philosophiedefinition, die Ammonios dem platonischen Theätet (155d) entnimmt: „Der Anfang der Philosophie ist die Suche, und der Anfang der Suche das Sich-Wundern und die Feststellung, dass man bei einer Frage nicht weiterkommt" (385 C)). Da philosophische Suche so funktioniert, sei das meiste, was den Gott betrifft, in Rätseln (αἰνίγματα) verborgen. Das gilt, wie einige lokale Beispiele zeigen, insbesondere von den vielfältigen Aspekten gelebter religiöser Tradition in Delphi: Was hat es damit auf sich, dass in Delphi nur Tannenholz verbrannt wird, dass nur mit Lorbeer geräuchert wird, oder dass hier nur zwei Moiren verehrt werden und nicht wie üblich drei? Was ist die Symbolik des Dreifußes? Was, so könnte man zusammenfassend fragen, ist die tiefere, philosophische Bedeutung der mit der Orakelstätte verbundenen Riten und Symbole? Ein besonders fruchtbarer Gegenstand für solches Fragen ist eben die Bedeutung des rätselhaften E-Zeichens.

Die Rätselhaftigkeit solcher religiöser Überlieferungen ist von der Gottheit als Köder ausgelegt für diejenigen, die nicht ganz abgestumpft sind, und fordert sie heraus, diese Dinge zu hinterfragen, sich belehren zu lassen und sich philosophisch auszutauschen. Ähnlich funktionieren, so Ammonios, die berühmten kurzen Sinnsprüche der Sieben Weisen, die ebenfalls in Delphi aufgeschrieben sind („Erkenne dich selbst"; „Nichts zu sehr"): aus diesen religiös-philosophischen Einzelfragen aus dem heiligen Bezirk wachsen wie aus Samen philosophische Überlegungen oder Darlegungen (λόγοι) heraus (385 D). Mit dieser Metapher der Frucht aus dem ausgesäten Samen hat der Sprecher Ammonius endgültig den Bogen zum Rahmen der Schrift und zu Plutarchs Widmung geschlagen, indem er die Metapher von der Erstlingsgabe, der ersten Ähre, die die *Pythischen Logoi* darstellen, wieder aufgreift, und damit die dortige implizite Bezugnahme auf die Weihung der berühmten Sinnsprüche der Sieben Weisen mit dem Stichwort „Erstfrucht der Weisheit" (ἀπαρχὴ τῆς σοφίας) explizit macht (343B).[13] Plutarchs „Erstfrüchte", die er Sarapion schreibt, knüpfen also an die großen Traditionen an, indem sie eine dieser alten Weihungen, nämlich das E-Zeichen, aufnehmen und ausdeuten. Indem der Sprecher Ammonios diesen Hinweis des Autors Plutarch auf den platonischen Protagoras aus der Widmung aufgreift, weist er zugleich auf das Ende der gesamten Schrift voraus, wo er die Bedeutung des E-Zeichens mit dem „Erkenne dich selbst" (γνῶθι σαυτόν) in Zusammenhang bringen wird: mit der Anrede εἶ – „du bist" erkennt der Mensch die Gottheit als das einzig Seiende gegenüber seiner eigenen Vergänglichkeit an und hat damit schon den

[13] Das Gespräch im Angesicht des delphischen Apoll erinnert an eine bereits von Platon im Protagoras geschilderte Situation, wo die sieben Weisen sich zum philosophischen Gespräch in Delphi einfinden, um dort ihre berühmten Sinnsprüche zu weihen.

entscheidenden Schritt auf die Gottheit (und damit auf den Gewinn des Lebens) hin vollzogen (394B–C).

Fazit: Erkennt man die Widmung Plutarchs und die Eröffnungsrede des Ammonius als in dieser Weise aufeinander bezogen, so zeigt sich: Ammonios, der Lehrer, führt innerhalb des Dialoges wesentlich das aus, was Plutarch, der Lehrer und Priester, sich zu sagen verbietet. Dies unterstreicht doch die herausgehobene Stellung der von Ammonios vorgetragenen Position. Dass das von Ammonius auf die Gottheit zurückgeführten philosophische Curriculum, das darauf zielt, das Göttliche auf allen Ebenen des philosophischen Bildungsgangs als wirksam zu betrachten, auch ein Anliegen der Pädagogik Plutarchs widerspiegelt, lässt sich seinem breit angelegten Werk entnehmen.

Es zeichnen sich also, so sei dieser Abschnitt über die im Werk Plutarchs präsenten Schulkontexte zusammengefasst, deutlich zwei unterschiedliche Formen des Unterrichts oder des philosophischen Gespräches ab, wenn sie sich auch nicht eindeutig voneinander abgrenzen lassen: einerseits der von Plutarch geleitete Unterricht in unterschiedlichen Themen der Philosophie, Ethik, Naturwissenschaft und Theologie; andererseits das gelehrte Gespräch und das gemeinsame Forschen und Fragen unter philosophisch Gebildeten in einem symposialen Ambiente, an dem wir insbesondere in seinen Tischgesprächen teilhaben können.

3. Der philosophische Gott und die göttliche Pädagogik

In den Aussagen des Ammonios in *De E apud Delphos* tritt uns ein Gott entgegen, der dem Menschen in seiner *philanthropia* zugewandt ist, sich auf ihn zubewegt und ihn zu einem wahren Leben führen will. Der Gott, von dem hier die Rede ist, begegnet uns an verschiedenen Stellen in Plutarchs Oeuvre, und er wird mit unterschiedlichen traditionellen Göttern identifiziert (Apollon, Eros, Osiris).

In *De Iside et Osiride* wird Osiris, der nach dem Mythos von Typhon zerrissene Totengott, als der in der körperlich-wahrnehmbaren Welt zerstreute göttliche Logos gedeutet; er zieht das Verlangen der Isis auf sich, die ihrerseits menschliches Erkennen und Wissen personifiziert. In ihrer Liebe versucht Isis, den göttlichen Logos aus der Zersplitterung in der phänomenalen Welt wieder zusammenzusetzen und so zur Erkenntnis des Ersten und Eigentlichen und Intelligiblen zu gelangen. Die ägyptische Theologie und Erkenntnissuche versucht entsprechend, aus den Überlieferungen der gelebten Religion auf die Urgründe des Seins zurückschließen; Plutarch qualifiziert sie deshalb als eine „rätselhafte Weisheit" (αἰνιγματώδης σοφία). Im *Amatorius* nähert sich Eros den Menschen über die Schönheit der Körper, um sie über die Wahrnehmung des körperlich Schönen aus der Ebene des Körperlichen heraus aufzuwecken und zur Ebene der göttlichen Schönheit und Wahrheit und damit zum Göttlichen selbst hinzuführen. Gott ist ein Mystenführer, so sagt es Plutarch in dieser Schrift, der den Menschen aus dem Hades von Vergänglichkeit und Körperlichkeit zur Ebene der Wahrheit hinführt.

Diese Bewegung des Göttlichen auf den Menschen zu, die diesen zum Gewinn des Lebens führen soll, vollzieht der Gott am Orakel in Delphi in doppelter Weise, so sagt der Autor Plutarch in *De E apud Delphos* (384E–385A):

1. für jene, die sich an ihn wenden und das Orakel konsultieren, löst er die Probleme, „die das Leben betreffen" (περὶ τὸν βίον), man könnte sagen, allgemeine Lebensfragen, indem er ihnen eine Auskunft erteilt (in ganz analoger

Weise berät auch Plutarch Menschen, die ihn in allerlei Lebensfragen konsultieren).

2. die Probleme, „die das Denken betreffen" (περὶ τὸν λόγον), also die philosophischen Grundfragen, legt der Gott *von sich aus* dem philosophischen Teil der Seele vor – hier liegt also die Initiative bei der Gottheit, die sich auf die Menschen zubewegt![14] Indem der Gott (oder das Göttliche) der Seele solche Rätsel vorlegt (das hier verwendete Verbum προβάλλειν ist *terminus technicus* für ein philosophisches Einzelproblem, ein *problema*, das nach einer Lösung ruft), entzündet er in ihr ein Verlangen, das sie zur Wahrheit hinführt, jener Wahrheit, die mit der Realität des allein seienden und lebendigen Gottes zugleich Leben und Unvergänglichkeit für denjenigen bedeutet, der sie gefunden hat. Der Gott führt den Menschen so heraus aus der Sphäre der Unwissenheit und der körperlichen Vergänglichkeit, die Ammonios am Ende von *De E* in prinzipieller Weise als den Bereich des Todes qualifiziert, hin zur Ebene der Wahrheit und des Lebens.

Insofern bedeutet die Lösung solcher Rätsel der Gottheit zugleich die Lösung des grundlegenden Rätsels des menschlichen Lebens[15]: der Frage nach Vergänglichkeit und Tod (wir kommen sogleich darauf zurück).

Die Teilgabe an ihrer Wahrheit bezeichnet Plutarch am Beginn von *De Iside* als das „schönste und den Göttern wür-

---

[14] Was hier gesagt wird, das gilt nicht allein für Apollon, sondern für das Göttliche insgesamt, wie sich etwa an entsprechenden Aussagen in *De Iside et Osiride* zeigt.

[15] Entsprechend erscheint in der *Tabula Cebetis*, einer ungefähr zeitgleichen Allegorie des Lebens, das Leben selbst, das auf einer Bildtafel allegorisch dargestellt ist, als das Rätsel: ähnlich dem Rätsel der Sphinx vernichtet es denjenigen, der es nicht zu lösen vermag, hilft aber demjenigen, der es löst, zu seiner Bewältigung.

digste Geschenk" der Götter. Diesem Geschenk vermag die Philosophie die „Kunst des Lebens" zu entnehmen, und zwar in verschiedener Hinsicht:

a. Da das Göttliche bei Plutarch weitgehend den Bereich der platonischen Ideen und insbesondere der Idee des Guten besetzt, ist es der Maßstab menschlichen Handelns. Indem sich der Gott in der Wohlordnung der Welt und insbesondere der Gleichförmigkeit der Himmelsbahnen als Vorbild menschlichen Seins hingestellt hat, wird es den Menschen möglich, sich an der göttlichen Güte und Ordnung auszurichten und zu einem ethisch verantworteten Leben zu finden (*De sera* 550D). Ein solches Leben, das sich an der Güte Gottes orientiert, ist zugleich glückliches und frommes Leben, wie Plutarch am Ende seiner Schrift über die Seelenruhe (*De tranquillitate animi*) sagt, denn es ist geprägt von der täglichen Freude über die gut geschaffene Welt: in diese Welt wird der Mensch gleichsam als in einen Tempel Gottes – voller Abbilder der göttlichen Güte – hineingeboren. Die einzig angemessene Reaktion kann es dann sein, entsprechend das Leben als ein beständiges freudiges Fest für die Götter zu feiern:

Denn die Welt ist der heiligste und der Gottheit würdigste Tempel. In ihn wird der Mensch durch die Geburt hineingeführt und schaut da keine handgefertigten und unbeweglichen Götterstandbilder, sondern alle wahrnehmbaren Abbilder der intelligiblen Dinge, die der göttliche Geist, wie Platon sagt, offenbar werden ließ, und die einen ihnen innewohnenden Anfang des Lebens und der Bewegung haben, Sonne, Mond und Sterne, Flüsse, die immer frisches Wasser hervorsprudeln lassen, und die Erde, die Pflanzen und Tieren Nahrung hervorsprießen lässt. Das Leben als Einweihung in diese Mysterien und als ihre vollkommenste Feier soll voll sein von Gelassenheit und Freude (*De tranquillitate animi* 477C–D).[16]

---

[16] So dienen Religion und Kultvollzug wie nichts anderes als Quelle

Zu einem solchen gleichermaßen glücklichen wie ethisch verantworteten Leben leitet die Gottheit die Menschen wie ein Chorführer an, indem sie auf sich selbst als das Modell des Lebens verweist.

b. Über diese immanente Lebenskunst hinaus eröffnet das Wissen um die Götter eine Heilsdimension, die den Menschen aus seiner sterblichen, der Vergänglichkeit anheimgestellten irdischen Existenz herausführt, wie wir an *De E apud Delphos* gesehen haben und ähnlich an der plutarchischen Interpretation des ägyptischen Totengottes Osiris als Gott des Lebens in *De Iside et Osiride* hätten sehen können.

Der Autor Plutarch und seine herausgehobene Dialogfigur Ammonios stimmen also in ihrer pädagogischen Theologie weitgehend überein, aber mehr als das: die Grundzüge ihrer Theologie, wie sie in *De E apud Delphos* an Apollon entwickelt wird, werden von Plutarch an anderer Stelle auch auf andere zentrale Götterfiguren der traditionellen Mythologie angewendet. Es wird darin deutlich, dass Plutarch, wiewohl er ganz dem polytheistischen Denken eines Götterpantheons verpflichtet bleibt, von den Einzelgöttern ausgehend immer Aussagen über das Göttliche selbst macht, das – wie ebenfalls Ammonios in *De E* ausführt – *per definitionem* als eines zu denken ist. Deshalb erweisen sich die Einzelgötter der verschiedenen religiösen Systeme als Ausformungen, Aspekte dieses einen Göttlichen. Wir haben es mit einem polylatrischen Monotheismus zu tun, also mit einem System, das die

---

der Lebensfreude (*Non posse suaviter vivi secundum Epicurum* 1101E; ähnlich *De superstitione* 169D; *Numa* 8); die gesamte Passage *Non posse* 1100F–1102A spricht von einer von den Göttern herrührenden Freude, die Plutarch der oberflächlichen und schädlichen Lust Epikurs gegenüberstellt; diese Freude speist sich, so die antiepikureische Pointe in 1102B, aus der Gottespräsenz, ohne die der Priester ein bloßer Metzger bliebe.

vielfältige Verehrung der Götter im Kult zurückführt auf ein darin sich zeigendes göttliches Wesen.[17]

Dem Heilsprogramm dieser göttlichen Pädagogik entsprechend steht im Zentrum dieser Theologie, für den Platoniker kaum überraschend, weniger der absolut das Schicksal lenkende Zeus als der die Vernunft regierende Apollon (bzw. Eros als das hermeneutische, die intelligible Welt Gottes und die körperliche Sphäre des Menschen vermittelnde und verbindende Prinzip, das den Menschen zu gewinnen sucht, im Verbund mit Aphrodite als Prinzip zwischenmenschlicher und kosmischer Harmonie, von dem nicht nur im *Amatorius*, sondern auch in den *Eheratschlägen* die Rede ist).

4. Plutarch als Lehrer des Lebens im Dienste der göttlichen Pädagogik

Dieser göttlichen, in den Elementen der gelebten Religion niedergelegten und durch sie angestoßenen Pädagogik sieht sich Plutarch als Lehrer einer „Kunst des Lebens" (τέχνη περὶ βίον *Quaestiones Convivales* I,1, 613B) verpflichtet. Sie ist Grund und Berechtigung dafür, dass das Religiöse im Sinne gelebter religiöser Traditionen einen so breiten Raum in seinem Unterricht einnimmt. Die Religion ist Begleiterin in Fragen der Ethik wie in allen Lagen des täglichen Lebens, insbesondere aber spendet sie Trost angesichts der Vergänglichkeit des Menschen (vgl. bes. die „Trostrede an

---

[17] Zu dieser Terminologie vgl. Rainer Hirsch-Luipold: „Viele Bilder – ein Gott. Plutarchs polylatrischer Monotheismus". Erscheint in: Nicola Hoemke et al. (Hg.): *Bilder von dem Einen Gott. Die Rhetorik des Bildes in monotheistischen Gottesdarstellungen der römischen Spätantike*. Berlin / New York 2014.

seine Frau" [*Consolatio ad uxorem*]) und eröffnet eine Perspektive über den Tod hinaus. Nicht von ungefähr bildet die zitierte Aussage über die Welt als Tempel des Göttlichen, die eine ausgesprochen positive Weltsicht offenbar macht, den abschließenden Höhepunkt von Plutarchs Schrift „Über die Seelenruhe" (*De tranquillitate animi*).

Am Ende meines Beitrags sollen fünf zusammenfassende Thesen zur religiösen und zugleich pädagogischen Philosophie Plutarchs stehen:

1. Plutarch, der philosophische Lehrer, versteht sich als Lehrer der Lebenskunst in einem umfassenden Sinne. Er verfolgt mit seiner Philosophie ein pädagogisches Anliegen, das literarisch auch in der dialogischen Struktur seiner Schriften umgesetzt ist.
2. Philosophisch-ethischer Unterricht im Sinne Plutarchs kann verschiedene Bereiche des antiken Wissens zum Ausgangspunkt der Wahrheitssuche machen, darunter aber in besonderer Weise die Traditionen der gelebten Religion; denn solcher Unterricht zielt im Letzten auf die Suche nach dem Göttlichen als Grundlage der Wahrheit und Zielbestimmung menschlichen Lebens. Deshalb verortet Plutarch seine Schulsituationen verschiedentlich narrativ im religiösen Raum und orientiert sie an religiösen Themen.
3. Darin wird augenfällig, dass sich der Philosoph und delphische Priester mit seiner religiös-pädagogischen Philosophie als Lehrer im Dienste der göttlichen Pädagogik und damit als Sprachrohr des delphischen Gottes oder des Göttlichen überhaupt versteht. Er greift die von den Göttern in der Welt und insbesondere in den Traditionen der Religion niedergelegten Rätsel auf, um damit die Schüler zum Nachdenken zu reizen und so auf das Göttliche selbst hinzuführen.

4. Voraussetzung dafür ist freilich eine Hermeneutik des Vertrauens in die religiöse Tradition, die Plutarch mit dem Stichwort πίστις verbindet. Angesichts der aus der grundsätzlichen Unzugänglichkeit der göttlich-intelligiblen Welt resultierenden Wissenskritik der akademischen Skepsis propagiert Plutarch den „von den Vätern ererbten alten Glauben“[18] als Fundament jeder philosophischen Bemühung um die Wahrheit und damit aufgrund der heilstiftenden Rolle der Gotteserkenntnis als Grundlage des Lebens überhaupt, als sichersten und vielversprechendsten, ja eigentlich als einzig möglichen Weg letzter Vergewisserung.
5. Die Suche nach der Wahrheit dient als Streben nach Göttlichkeit einer glücklichen, verantwortlichen und dem Nächsten verpflichteten Lebensführung, zuletzt aber der Überwindung der menschlichen Sterblichkeit und dem Gewinn eigentlichen Lebens.

[18] *Amatorius* 756B: πάτριος καὶ παλαιὰ πίστις, vgl. *Consolatio ad uxorem* 612A–B; *De Pythiae oraculis* 402E.

Origenes – Lehrer der göttlichen Tugenden

Tobias Georges

Wenn man wissen will, „wie ein Lehrer so ist“, muss man seine Schüler fragen. Das wissen heutige Schüler, und das war wohl schon in der Antike so; und sicher gab es damals schon die neugierigen, gespannten Fragen nach diesem und jenem Lehrer. Für den Lehrer, dem dieser Beitrag gewidmet ist, den alexandrinischen Christen Origenes, sind wir in der glücklichen Lage, dass uns ein Schüler, nämlich Gregor, bereitwillig und ausführlich Auskunft gibt. So wird auch unsere Neugierde, noch etwa 1800 Jahre später, gestillt:

> Er [Origenes] aber hat uns vom ersten Tag an aufgenommen; es war in Wahrheit mein erster, mein wertvollster Tag von allen, wenn ich so sagen darf, da für mich zum ersten Mal die wahre Sonne aufzugehen begann.[1]

Origenes – ein Lehrer also, bei dem die Sonne aufgeht. Aus der Lehrerperspektive kann man sich kaum ein größeres Lob wünschen, aus der Schülerperspektive haben wir es wohl mit einem echten Wunschlehrer zu tun. Origenes scheint nicht

---

[1] Diesem Beitrag liegt folgende Textedition zugrunde: *Gregorius Thaumaturgus*: *Oratio prosphonetica ac panegyrica in Origenem = Dankrede an Origenes*. Übers. von Peter Guyot, Einl. von Richard Klein. Freiburg im Breisgau/Basel 1996; siehe hier: „Ὁ δ᾽ ὑποδεξάμενος ἐξ ἡμέρας τῆς πρώτης, τῆς ὄντως ἐμοὶ πρώτης, τῆς τιμιωτάτης πασῶν, εἰ δεῖ λέγειν, ἡμερῶν, ὅτε μοι πρῶτον ὁ ἀληθινὸς ἀνατέλλειν ἥλιος ἤρξατο“. Gregorius Thaumaturgus, *Oratio prosphonetica*, 6,73; Guyot/Klein, Dankrede, 150f.

irgendein Lehrer gewesen zu sein, nicht nur nach Gregors Urteil zu schließen. Auch zeitgenössische Wissenschaftler rühmen ihn als „einen der größten, einflussreichsten Theologen der Christenheit“[2], als „mit Abstand wichtigsten griechischen Theologen des spätantiken Christentums“[3], oder gar als einen der „wichtigsten Intellektuellen der gesamten Geschichte“[4]. Dass wir Origenes, seine Persönlichkeit und vor allem seine Eigenart als Lehrer unter die Lupe nehmen können, verdanken wir insbesondere jenem schon genannten Schüler, Gregor, der den Beinamen „der Wundertäter“, Thaumaturgos, erhalten hat. Er hat anlässlich des Abschiedes von Origenes und seiner Schule in Caesarea / Palästina eine umfangreiche Dankesrede an den Lehrer gehalten, welcher auch die eben zitierten Worte entnommen sind, mit denen Gregors Memoiren an den Lehrer einsetzen. Um es mit Christoph Markschies auszudrücken: „Wir haben hier das außergewöhnliche Beispiel einer ‚Graduiertenfestrede aus dem Altertum‘[5] vor uns. Der Dankesredner hieß, bevor er den Namen Gregor erhielt, wohl Theodor, und in der Forschung wurde heftig gestritten, ob wirklich Gregor Thaumaturgos, der spätere Bischof von Neocaesarea, der Autor der Rede war.[6] Auf die Diskussion zur Autorenschaft soll hier nicht weiter eingegangen werden, denn für das Bild von Origenes, das die Rede zeich-

---

[2] Wolf-Dieter Hauschild: *Lehrbuch der Kirchen- und Dogmengeschichte 1: Alte Kirche und Mittelalter.* Gütersloh [4]2011, 85.

[3] Alfons Fürst: „Einleitung“. In: Ders. (Hg.): *Origenes und sein Erbe in Orient und Okzident.* Münster 2011, 9.

[4] Alfons Fürst: *Christentum als Intellektuellen-Religion. Die Anfänge des Christentums in Alexandria.* Stuttgart 2007, 53.

[5] Christoph Markschies: *Kaiserzeitliche christliche Theologie und ihre Institutionen. Prolegomena zu einer Geschichte der antiken christlichen Theologie.* Tübingen 2007, 102.

[6] Vgl. zu dieser Diskussion Guyot / Klein, Dankrede (wie Anm. 1), 45–63.

net, trägt die Frage nach dem Autor nichts bei. Neuere Studien bieten jedenfalls gute Gründe dafür, Gregor – wie er im folgenden genannt wird – als den Dankesredner anzusehen. Bevor der Fokus auf diese Rede gerichtet wird, soll der historische Hintergrund beleuchtet werden, in den Origenes tritt (1.), und das bedeutet, dass vor allem die frühen Christen in Alexandria am Übergang vom zweiten zum dritten Jahrhundert in den Blick kommen – denn bevor Origenes nach Caesarea kam, verbrachte er den größten Teil seines Lebens in Alexandria, wo er auch schon einer Schule vorstand. Vor diesem Hintergrund sollen dann die wesentlichen Stationen aus der Vita des Origenes benannt werden (2.), wobei dafür zunächst die Frage geklärt wird, welche Quellen uns, neben Gregors Dankrede, nicht nur für seine Lehrtätigkeit, sondern insgesamt für Leben und Werk des Origenes zur Verfügung stehen. Den Schwerpunkt dieses Beitrags bildet dann das besondere Profil des Origenes als Lehrer (3.), wie es sich in Gregors Rede darstellt. Das Bild des Lehrers Origenes wird dabei freilich durch die Brille des Schülers Gregor gewonnen. Seine Rede bildet die Basis für die Frage nach den Lehrzielen, Lehrmethoden und -inhalten des Origenes sowie nach seinem Selbstverständnis als Lehrer. Abschließend sollen die Schule bzw. Schulen sowie die Schüler des Origenes noch einmal eigens betrachtet werden (4.).

1. Historischer Hintergrund

Origenes war, wie eingangs schon anklang, ein Intellektueller. Dieser Charakterzug wird im Folgenden noch deutlich hervortreten. Zunächst ist dieser Zug aber einzubetten in das lebensgeschichtliche Umfeld, dem Origenes entstammt. Denn diese Intellektualität ist zur Zeit des Origenes typisch für

Alexandria, den Ort, an dem er am längsten gelebt hat: Diese Stadt war „die geistige Metropole der hellenistisch-römischen Welt“[7], „eine Stadt der Bildung und Wissenschaft“[8]. Sie beherbergte große Bibliotheken, allen voran das Museion, sie war das Zentrum der antiken Philologie, auch die Naturwissenschaften blühten dort, und schließlich avancierte sie in der römischen Kaiserzeit zum Zentrum platonischer Philosophie.[9] Fasst man die Betrachtung des historischen Kontextes noch enger und wendet sich den frühen Christen in Alexandria zu, so spiegelt sich bei ihnen das bisherige Bild:[10] Die Anfänge des alexandrinischen Christentums liegen ziemlich im Dunkeln, aber soweit die Quellen uns Auskunft geben, treffen wir hier ab dem zweiten Drittel des zweiten Jahrhunderts immer wieder auf gebildete Christen, deren Glaube durch die Verwurzelung in dieser geistigen Metropole geprägt ist. Sie bewegen sich im Umfeld von Philosophenschulen und versuchen ihren Glauben mit den Mitteln der Vernunft darzulegen: Zu diesen Christen gehören Persönlichkeiten wie der Lehrer Basilides und sein Sohn und Schüler Isokrates, sowie die Lehrer Pantänus und Clemens. So sehr sich Clemens von Basilides absetzt, so wenig wird doch zu Basilides' Zeit in Alexandria eine Trennung zwischen „orthodoxer“ Kirche und gnostischen „häretischen“ Gemeinden in den Quellen greifbar; was hingegen sehr wohl zutage tritt, ist eine wesentliche Gemeinsamkeit dieser Protagonisten: Sie treten als „‚freie‘

---

[7] Reinhard Feldmeier: „Alexandria. Stadt der Bildung und der Religion“ In: *Biblische Notizen* 147 (2010), 3.

[8] Feldmeier, Alexandria (wie Anm. 7), 3.

[9] Vgl. hierzu auch Feldmeier, Alexandria (wie Anm. 7), 3 sowie insgesamt die Beiträge der beiden Themenhefte zu Alexandria in *Biblische Notizen* 147 (2010) und 148 (2011) und des Bandes: Tobias Georges / Felix Albrecht / Reinhard Feldmeier (Hgg.): *Alexandria*. Tübingen 2013.

[10] Vgl. hierzu Fürst, Christentum (wie Anm. 4), insbesondere 103–110.

Lehrer christlicher Philosophie“[11] auf. Angesichts dieses Befundes hat Alfons Fürst das frühe Christentum Alexandrias als „Intellektuellen-Religion“[12] bezeichnet – ein Umfeld, für das Origenes geradezu exemplarisch wirkt.

2. Origenes' Vita

In dieses Milieu wird Origenes hineingeboren. Zunächst kurz zur Quellenlage für seine Vita:[13] Origenes selbst war ein überaus fleißiger Schriftsteller – fast 2000 Werke soll er verfasst haben.[14] Aber leider sind diese, wenn überhaupt, oft nur fragmentarisch oder in Übersetzungen erhalten, wie beispielsweise sein systematisches Hauptwerk *De principiis*. Dieser Überlieferungsbefund erklärt sich durch die posthume Verketzerung des Origenes, auf die am Ende zurückzukommen ist. Das uns erhaltene Schrifttum des Origenes ist zwar immer noch recht umfangreich, gibt uns aber über sein Leben nur wenig Auskunft, weil es nur wenige autobiographische Details enthält. Dennoch sind wir über sein Leben recht gut informiert: Origenes ist sogar „derjenige Christ aus der vorkonstantinischen Zeit, von dessen Leben wir mit Abstand das meiste wissen“[15]. Das verdanken wir vor allem dem im vierten Jahrhundert wirkenden Euseb von Caesarea, dem ersten Kirchengeschichtsschreiber, der in seiner monumentalen *Historia Ecclesiastica* das sechste Buch fast gänzlich dem Origenes

---

[11] Fürst, Christentum (wie Anm. 4), 110.

[12] Fürst, Christentum (wie Anm. 4).

[13] Vgl. zum Folgenden Christoph Markschies: „Origenes“. In: *Religion in Geschichte und Gegenwart* 6 (^{4}2003), 657 f.

[14] Hieronymus: *Contra Rufinum* 2,22. Siehe hierzu Markschies, Origenes (wie Anm. 13), 658.

[15] Fürst, Christentum (wie Anm. 4), 50.

widmet und damit so etwas wie eine „Vita Origenis" liefert.[16] Euseb greift für seine Darstellung teils auf schriftliche, teils nur auf mündliche Quellen zurück; seine ein Jahrhundert nach Origenes aufgezeichneten Nachrichten dürfen somit nicht unkritisch gebraucht werden. In den letzten Jahren hat das Vertrauen der Forschung in den historischen Wert der Ausführungen Eusebs jedoch insgesamt wieder zugenommen,[17] und so scheint es berechtigt, seiner Kirchengeschichte, in der angemessenen Vorsicht, grundlegende Informationen zu entnehmen. Im Blick auf das Profil des Origenes als Lehrer besitzen wir zudem die schon mehrfach erwähnte Rede Gregors sowie einen Brief des Origenes, der sich vermutlich an eben diesen Gregor richtete.[18] Da Euseb seinerseits ausführlich über das Lehrerdasein des Origenes und seine Schule in Alexandria berichtet, ist wiederholt die Frage nach dem Verhältnis der Lehrtätigkeit und Schule in Caesarea, von der Gregor berichtet, zu der in Alexandria gestellt worden.[19] Da uns hier aber vor allem das Lehrerprofil des Origenes als solches, d. h. seine Methoden, seine Ziele und sein Selbstverständnis interessieren, und da diese in der Dankesrede prägnanter zutage treten, ist in diesem Zusammenhang die Frage nach der Übertragbarkeit der Informationen aus Caesarea auf Alexandria nur von sekundärem Interesse. Im ungünstigsten Falle würden die folgenden Ausführungen nur genau für Origenes, den Lehrer in Caesarea, gelten, und nicht ebenso für den Lehrer in Alexandria. Mit einem grundsätzlichen Wandel

[16] Weitere Nachrichten über Origenes liefern Hieronymus, Rufinus, Photius von Konstantinopel und Epiphanius von Salamis. Vgl. hierzu Markschies, Origenes (wie Anm. 13), 657.

[17] Vgl. hierzu auch Peter Gemeinhardt: „Schola animarum. Bildung und Religion in der Schule des Origenes". In: *Biblische Notizen* 148 (2011), 114 sowie Fürst, Christentum (wie Anm. 4), 50 f.

[18] Vgl. hierzu unten, Seite 149, insbesondere Anm. 85.

[19] Vgl. hierzu Gemeinhardt, Schola animarum (wie Anm. 17), 114.

des Lehrerprofils ist aber ohnehin kaum zu rechnen. Nach derzeitigem Stand der Forschung erscheint überdies auch eine grundsätzliche Kontinuität der Schulen des Origenes in Alexandria und Caesarea naheliegend;[20] dementsprechend dürfte es auch legitim sein, von der Lehrtätigkeit in Caesarea auf diejenige in Alexandria zu schließen.

Im Lichte der Quellen stellt sich die Vita des Origenes wie folgt dar:[21] Um das Jahr 185 wurde er in einer wohl gut situierten, christlichen Familie geboren (Euseb: *Historia ecclesiastica* 6,1–2). Origenes wurde also schon durch sein Elternhaus Christ. Das unterscheidet ihn von der Mehrzahl derjenigen Christen seiner Zeit, die wie er schriftstellerisch tätig wurden, dabei aber zumeist von ihrer Konversion zu berichten wussten.[22] Ob Alexandria sein Geburtsort war, ist nicht gesichert,[23] sein Vater Leonides erlitt dort aber im Jahr 202 das Martyrium, und seine Familie scheint schon vorher am Ort ansässig gewesen zu sein. Origenes wuchs in Alexandria auf und empfing eine ausgezeichnete Bildung (*Historia Ecclesiastica* 6,2). Nachdem sein Vater, der für diese – sowohl allgemeine als auch christliche – Bildung wohl Sorge getragen hatte, gestorben war, übernahm eine wohlhabende Dame die Finanzierung. Bald begann Origenes selbst zu unterrichten: Als Grammatiklehrer verdiente er gutes Geld, daneben unterwies er Interessierte im christlichen Glauben (*Historia Ecclesiastica*

---

[20] Vgl. auch Gemeinhardt, Schola animarum (wie Anm. 17), 114.

[21] Vgl. zum Folgenden Markschies, Origenes (wie Anm. 13), 657–662; Fürst, Christentum (wie Anm. 4), 50–68.

[22] Vgl. hierzu Jakob Engberg: „From among you are we. Made, not born are Christians: Apologists' accounts of conversion before 310 AD". In: Jörg Ulrich / Anders-Christian Jacobsen / Maijastina Kahlos (Hgg.): *Continuity and discontinuity in early Christian apologetics.* Frankfurt u.a. 2009, 52.

[23] Vgl. hierzu Fürst, Christentum (wie Anm. 4), 52, unter Berufung auf Epiphanius: *Panarion* 64,1,2.

6,2–3). Sein Unterricht im Glauben, wohl vergleichbar mit dem Lehrbetrieb an zeitgenössischen Philosophenschulen,[24] wurde schließlich gewissermaßen „kirchlich approbiert": Der alexandrinische Bischof Demetrius bestellte Origenes zum „Vorsteher des Didaskaleion", der Schule (*Historia Ecclesiastica* 6,3,3). In welchem Jahr dies geschah – die Annahmen der Forschung bewegen sich zwischen 202/203, 211 oder erst 217 – ist genauso umstritten wie die nähere Gestalt der Schule, die in den Quellen als „*didaskaleion tes katecheseos*" benannt wird, sowie die möglichen Bezüge des Origenes zu Clemens und Pantänus – Euseb lässt eine Sukzession der drei Schulhäupter erkennen (*Historia Ecclesiastica* 6,6).[25] Auf jeden Fall scheint Origenes nach einer Weile den „heidnischen" Grammatikunterricht aufgegeben und sich selber nebenbei philosophischen Studien gewidmet zu haben – wohl bei Ammonios, der später mit Beinamen Sakkas genannt wurde und auch der Lehrer des berühmten Neuplatonikers Plotin war (*Historia Ecclesiastica* 6,19).[26] Bei Ammonios scheint er auch Heraklas kennengelernt zu haben, den späteren Bischof Alexandrias, mit dem er sich schließlich seinen eigenen Unterricht teilte; dies hatte wohl mit der Attraktivität seiner Schule zu tun: Euseb zufolge (*Historia Ecclesiastica* 6,15) übernahm Heraklas den „Elementarunterricht", Origenes die „Unterweisung der Fortgeschrittenen" (*Historia Ecclesiastica* 6,15).[27] Um diese

---

[24] Vgl. hierzu Clemens Scholten: „Die alexandrinische Katechetenschule". In: *Jahrbuch für Antike und Christentum* 38 (1995), 16–37; Fürst, Christentum (wie Anm. 4), 61.

[25] Vgl. zu diesen Diskussionen Fürst, Christentum (wie Anm. 4), 57–63.

[26] Die Schülerschaft bei Ammonios Sakkas, dem Lehrer Plotins, ist umstritten. Es gibt aber gute Gründe, die dafür sprechen. Vgl. hierzu Fürst, Christentum (wie Anm. 4), 63–67.

[27] Auch hier ist freilich umstritten, wie diese Aufteilung näher vorzustellen ist. Vgl. hierzu Roelof van den Broek: „The Christian 'School' of

Zeit entwickelte Origenes eine rege Reisetätigkeit, die ihn nach Rom (*Historia Ecclesiastica* 6,14,10), Arabien und Palästina (*Historia Ecclesiastica* 6,19,15–19) führte. In Caesarea blieb er eine Weile, denn die Bischöfe dieser Stadt sowie Jerusalems hatten ihn aufgrund seiner Gelehrsamkeit gebeten, vor der Gemeinde Vorträge zu halten. Vom alexandrinischen Bischof Demetrius wurde er aber in seine Heimatstadt zurückbeordert, wo er eine reiche schriftstellerische Tätigkeit entfaltete, die durch seinen Gönner Ambrosius finanziell gefördert wurde (*Historia Ecclesiastica* 6,23,1). Er verfasste das schon erwähnte Werk *De principiis*, die „Grundlagenschrift", eine Art erster christlicher Dogmatik; daneben insbesondere Kommentare zu biblischen Büchern, in denen er sich an den Standards der zeitgenössischen Philologie orientierte, die damals gerade in Alexandria blühte, und sich speziell der allegorischen Auslegung bediente. Als Grundlage für diese Kommentierung erstellte er die berühmte *Hexapla*, eine sechsspaltige Synopse des Alten Testaments, welche den hebräischen Text, dessen Transliteration in griechische Buchstaben, sowie vier griechische Übersetzungen enthielt. Um das Jahr 232 trat er eine weitere Reise in Richtung Athen an. Auf dem Weg dorthin wurde er in Caesarea vom dortigen Bischof zum Presbyter geweiht (*Historia Ecclesiastica* 6,8,4; 6,23,4). Diese Weihe war freilich insofern heikel, als Bischof Demetrius von Alexandria übergangen wurde. Es kam zum Zerwürfnis, eine alexandrinische Synode verhängte ein Lehrverbot gegen Origenes, und Demetrius erkannte ihm die Presbyterwürde ab (Hieronymus: *Contra Rufinum* 2,18–19). Origenes ließ sich dann wohl in Caesarea nieder,

---

Alexandria in the Second and Third Centuries". In: Jan Willem Drijvers / Alasdai A. McDonald (Hgg.): *Centres of Learning. Learning and Location in Pre-Modern Europe and the Near East.* Leiden u. a. 1995, 46.

wo er predigte und erneut unterrichtete – über seine dortige Schule berichtet Gregor Thaumaturgos. Origenes unterhielt weitreichende Brief- und Gesprächskontakte, auch mit jüdischen Exegeten, und blieb schriftstellerisch tätig. So stammen aus dieser Zeit weitere Bibelkommentare, zahlreiche Homilien (Predigten), sowie die Widerlegung des Mittelplatonikers Celsus. In der Christenverfolgung unter Kaiser Decius wurde Origenes gefoltert (*Historia Ecclesiastica* 6,39) und starb, wohl an den Spätfolgen, um das Jahr 253 (*Historia Ecclesiastica* 7,1).

3. Origenes als Lehrer

3.1 Lehrziel

Wenden wir uns vor diesem Hintergrund dem von Gregor beschriebenen Profil des Origenes als Lehrer zu. Um Gregors Darlegungen zu durchdringen, bietet es sich an, zunächst das Lehrziel zu bestimmen, welches er seinem Lehrer attestiert, um dann die Methoden zu beschreiben, die Origenes gemäß Gregors Darstellung anwendet, um dieses Ziel zu erreichen, sowie die Inhalte, die er dabei bietet. Angesichts Lehrziel, -methoden und -inhalten kann dann das Selbstverständnis des Lehrers erhoben werden. Gregor äußert sich zum Lehrziel in folgender, prägnanter Weise:

> Das Ziel aber, das von allem das wichtigste ist und um dessen willen sich der gesamte Berufsstand der Philosophen am meisten anstrengt, der wie aus einem reichhaltigen Garten aus einer langen Beschäftigung mit allen anderen Wissenschaften und mit der Philosophie edle Früchte erntet, sind die göttlichen Tugenden, die das sittliche Handeln betreffen und die Regungen der Seele in einen unerschütterlichen und gefestigten Zustand versetzen. Er [Origenes] wollte uns sowohl frei von Leid als auch unempfindlich gegen alles

Übel, innerlich ausgeglichen, gefestigt und wahrhaft gottähnlich und glücklich machen.[28]

Die göttlichen Tugenden sind Gregor zufolge also das oberste Lehrziel, nicht nur für Origenes, sondern für den gesamten Berufsstand der Philosophen, der sich freilich, wie Origenes selbst, ein „Leben nach den Regeln der Vernunft“ auf die Fahnen geschrieben hat.[29] Die Einbettung des Origenes in diesen Stand ist hier wie selbstverständlich vorausgesetzt. Ausdrücklich als Absicht des Origenes („Er wollte“) bezeichnet Gregor folgendes: Mit diesen Tugenden soll die Seele unerschütterlich gegen Leid und Übel werden – hier klingt das Ideal der Leidenschaftslosigkeit aus der antiken, speziell der stoischen Philosophie deutlich an – sowie „wahrhaft gottähnlich und glücklich“. Schon hier ist deutlich, dass menschliche und göttliche Sphäre bei diesem Ziel ineinander greifen: Menschliches Glück steht auf einer Ebene mit Gottähnlichkeit, die Tugenden werden als „göttlich“ bezeichnet. Und die Tugenden sind der Weg, dem ein Mensch folgt, der sich selbst erkennt. Gregor beschreibt immer wieder die Selbsterkenntnis als wesentliche Komponente der Tugenden.[30] Aber was genau sind diese göttlichen Tugenden? Auch hierzu gibt Gregor klare Hinweise. Nach der zitierten Zielbestim-

---

[28] „Ἃ δὲ ἁπάντων ἐστὶ κορυφαιότατα, καὶ ὧν μάλιστα ἕνεκα πᾶν τὸ φιλόσοφον διαπονεῖται γένος, ὥσπερ ἐκ φυτείας ποικίλης, τῶν ἄλλων ἁπάντων μαθημάτων καὶ φιλοσοφίας μακρᾶς καρποὺς ἀγαθοὺς ἐκδεχόμενον τὰς θείας ἀρετὰς τὰς περὶ ἦθος, ἐξ ὧν ἡ ἀτάραχος καὶ εὐσταθὴς τῶν ὁρμῶν τῆς ψυχῆς κατάστασις γίνεται· καὶ ἀλύπους μὲν καὶ ἀπαθεῖς ἁπάντων κακῶν, εὐτάκτους δὲ καὶ εὐσταθεῖς καὶ θεοειδεῖς ἤμελλεν ἡμᾶς ὄντως καὶ μακαρίους καταστήσεσθαι.“ Gregorius Thaumaturgus, *Oratio prosphonetica*, 9,115 f.; Guyot/Klein, Dankrede, 170 f. (beide wie Anm. 1).

[29] Vgl. Gregorius Thaumaturgus, *Oratio prosphonetica*, 6,75–77 und 7,98; Guyot/Klein, Dankrede, 150–153 und 162 f. (beide wie Anm. 1).

[30] Vgl. Gregorius Thaumaturgus, *Oratio prosphonetica*, 11,137–144; Guyot/Klein, Dankrede, 178–183 (beide wie Anm. 1).

mung berichtet er zunächst von den „seelischen Regungen und Leidenschaften“, welche die Seele in einen Zustand des Missklangs versetzen, aus dem heraus sie wieder ins Gleichgewicht gebracht werden soll und zwar durch die Selbsterkenntnis, welche unvernünftiges Streben der Seele in die Schranken weist und dem „besseren Seelenteil“, dem „von der Vernunft geleiteten“, zur Entfaltung verhilft.[31] Gregor erläutert, dass die Seele auf diesem Weg die folgenden göttlichen Tugenden entwickelt :

> […] die Klugheit, die von Anfang an eben diese Bewegungen der Seele zu beurteilen vermag, wodurch in uns auch die Erkenntnis des Guten und Bösen außerhalb von uns, wenn es vorhanden ist, reift; und die Besonnenheit, das ist die Fähigkeit, dieses von Anfang an richtig auszuwählen; und die Gerechtigkeit, die jedem einzelnen Menschen zuteilt, was ihm gebührt; und schließlich diejenige Tugend, die all diese anderen Tugenden schützt, nämlich die Tapferkeit.[32]

Klugheit (*phronesis*), Besonnenheit (*sophrosyne*), Gerechtigkeit (*dikaiosyne*), Tapferkeit (*andreia*) – diese berühmte Vierzahl wird hier als die „göttlichen Tugenden“ vorgestellt. Origenes bzw. Gregor übernimmt diese Tugendreihe von Platon. Auch bei der näheren Beschreibung der einzelnen Tugenden, die sich dieser Klassifikation anschließt, sind die Linien zu Platon deutlich zu erkennen.[33] Wie vorhin gesagt, ist der Bezug zu Gott für das Lehrziel des Origenes wesentlich, und dieser

---

[31] Vgl. Gregorius Thaumaturgus, *Oratio prosphonetica*, 9,118–121; Guyot/Klein, Dankrede, 170–173 (beide wie Anm. 1).

[32] „φρόνησίν τε τὴν αὐτὰ ταῦτα τῆς ψυχῆς τὰ κινήματα χρίνειν πρῶτον δυναμένην, ἐξ αὐτῶν καὶ τῆς περὶ τὰ ἔξω ἡμῶν, εἴ τινά ἐστιν, ἀγαθῶν καὶ κακῶν ἐπιστήμης γενομένης· καὶ σωφροσύνην τὴν ταῦτα ἐν ἀρχαῖς ὀρθῶς αἱρουμένην δύναμιν· καὶ δικαιοσύνην, ἣ τὰ ἄξια ἑκάστοις ἀπονέμει· καὶ τὴν πάντων τούτων σωτηρίαν, ἀνδρείαν.“ Gregorius Thaumaturgus, *Oratio prosphonetica*, 9,122;Guyot/Klein, Dankrede, 172 f. (beide wie Anm. 1).

[33] Vgl. hierzu Guyot/Klein, Dankrede (wie Anm. 1), 172, 178.

Bezug kommt folglich auch in seinen Tugenden zum Tragen. Das mag von der Viererreihe der Tugenden her noch fraglich erscheinen, es wird aber sehr deutlich, wenn Gregor darauf verweist, dass diese Tugenden für Origenes in einem weiteren Tugendzusammenhang stehen, von dem her auch das Lehrziel noch einmal eine Präzision erfährt: Gregor rekapituliert einige Seiten weiter hinten in seiner Rede, wie Origenes seine Schüler zu den Tugenden angeleitet hat:

> Denn er hat uns durch seine eigene Tugend auch Liebe zur Schönheit der Gerechtigkeit eingeflößt […] und zur Klugheit […], zur Besonnenheit, […] zur höchst bewundernswerten Tapferkeit […][34]

Nach dieser Wiederholung der bekannten Viererreihe führt Gregor die Liste der Tugenden nun direkt auf folgende Weise fort:

> [Denn er hat uns durch seine eigene Tugend auch Liebe eingeflößt]… zu unserer Geduld und vor allem zur Frömmigkeit, die man mit Recht die Mutter der Tugenden nennt. Sie ist nämlich Anfang und Ende aller Tugenden. Denn wenn wir die Frömmigkeit als Ausgangspunkt nehmen, dürften uns sicherlich auch die anderen Tugenden sehr leicht zuteil werden.[35]

Hier fügt Gregor der Liste der bei Origenes gelernten Tugenden zwei weitere hinzu: die Geduld (*hypomone*), die im Folgenden nicht weiter erwähnt wird, sowie die Frömmigkeit (*eusebeia*), die hingegen ins Zentrum gestellt

---

[34] „ἐμποιήσας ἔρωτα τῇ αὐτοῦ ἀρετῇ καὶ τοῦ κάλλους τῆς δικαιοσύνης […] καὶ φρονήσεως […] καὶ σωφροσύνης […] καὶ ἀνδρείας τῆς θαυμασιωτάτης […]“. Gregorius Thaumaturgus, *Oratio prosphonetica*, 12,148; Guyot/Klein, Dankrede, 182–185 (beide wie Anm. 1).

[35] „… ὑπομονῆς ἡμῶν, καὶ ἐπὶ πᾶσιν εὐσεβείας, ἣν μητέρα φασὶ τῶν ἀρετῶν, ὀρθῶς λέγοντες. Αὕτη γὰρ ἐστιν ἀρχὴ καὶ τελευτὴ πασῶν τῶν ἀρετῶν· ἀπὸ ταύτης τε γὰρ ὁρμωμένοις ῥᾷστα ἂν ἡμῖν ἐπιγένοιντο καὶ αἱ λοιπαὶ ἀρεταί“. Gregorius Thaumaturgus, *Oratio prosphonetica*, 12,149; Guyot/Klein, Dankrede, 184 f. (beide wie Anm. 1).

wird: Die *eusebeia* – der Terminus umfasst mehr als der deutsche Begriff „Frömmigkeit“, mit ihm wird auch die rechte „Gottesverehrung“ benannt – ist die Mutter, der Ausgangs- und Zielpunkt aller Tugenden. Wenn diese im Kern auf Gott bezogene Tugend das Herz der göttlichen Tugenden bildet, dann liegt der Gottesbezug der Tugenden auf der Hand; und damit ist auch für das Lehrziel des Origenes offensichtlich, dass er seine Schüler zu Gott hinführen will, zur rechten Gottesverehrung durch die Tugenden. Nachdem Gregor die Vorliebe des Origenes für die vier platonischen Tugenden so ausführlich behandelt hat, mag man sich fragen, ob diese Ausrichtung aller Tugenden auf die *eusebeia* nicht eine einzelne, isolierte Aussage sei. Die Analyse der Rede Gregors zeigt aber, dass in dem Origenes-Bild, das er zeichnet, die *eusebeia* insgesamt eine wesentliche Rolle spielt, und dass sie für sein Lehrziel zentral ist:[36] Kurz nach dem oben zitierten Verweis auf die *eusebeia* berichtet Gregor von der Besorgnis des Origenes, dass „wir [seine Schüler] nicht Gefahr liefen, das Allernotwendigste zu vernachlässigen, nämlich die Erkenntnis des letzten Grundes von allem.“[37] Aus dem Kontext dieser Passage geht deutlich hervor, dass mit diesem „letzten Grund“ Gott gemeint ist. Die Hinordnung allen Lernens auf Gott zeigt sich hier wiederum sehr deutlich. Freilich ist hier von „Erkenntnis“ und nicht von „Verehrung Gottes“ die Rede, aber wie eng diese beiden Aspekte miteinander verwoben sind, zeigt eine sehr ähnliche Formulierung weiter hinten in der Rede, in

---

[36] Vgl. hierzu z. B. auch Gregorius Thaumaturgus, *Oratio prosphonetica*, 6,79 und 14,173; Guyot/Klein, Dankrede, 152f. und 194f. (beide wie Anm. 1).

[37] „μή πη κινδυνεύσαιμεν περὶ τὸ ἀναγκαιότατον ἁπάντων, τὴν τοῦ πάντων αἰτίου γνῶσιν.“ Gregorius Thaumaturgus, *Oratio prosphonetica*, 13,150; Guyot/Klein, Dankrede, 184f. (beide wie Anm. 1).

der dann die *eusebeia* auch ausdrücklich genannt wird. Dort spricht Gregor wieder vom „Allerwichtigsten und Notwendigsten", auf das Origenes zielt, nämlich auf die „Erkenntnis und Verehrung des Göttlichen" (*he peri to theion gnosis kai eusebeia*).[38] Gotteserkenntnis und -verehrung werden hier zusammen genannt als das „Allernotwendigste" in der Lehre des Origenes. Damit bestätigt sich zum Einen die Hinordnung des Lehrziels „göttliche Tugenden" auf die *eusebeia*. Andererseits wird deutlich, dass diese Gottesverehrung nicht von der Erkenntnis Gottes zu trennen ist, sondern dass sie mit ihr vielmehr eine Einheit bildet. Das wiederum wird bei der zuerst zitierten Charakterisierung der Frömmigkeit als „Mutter der Tugenden" deutlich: Dort setzt Gregor seinen Lobpreis der Frömmigkeit direkt fort, indem er auf die „Bestimmung aller Menschen" verweist, die in seinen Augen „in nichts anderem als darin [liegt], durch die Lauterkeit ihres *Denkens* Gott ähnlich zu werden, zu ihm zu kommen und in ihm zu bleiben."[39] Diese Betonung des kognitiven Aspektes innerhalb der *eusebeia* als „Mutter der Tugenden" entspricht wiederum der zentralen Stellung, die Origenes laut Gregors Darstellung der Klugheit innerhalb der vier platonischen Tugenden zuweist.[40] An der Ausrichtung der platonischen Tugenden auf die *eusebeia* lässt sich sehr schön ablesen, wie Origenes Philosophie mit christlichem Hintergrund treibt.

---

[38] „περὶ τὸ θεῖον γνώσεως καὶ εὐσεβείας". Gregorius Thaumaturgus, *Oratio prosphonetica*, 14,165;Guyot/Klein, Dankrede, 192f. (beide wie Anm. 1).

[39] „Τό γε πάντων τέλος οὐχ ἕτερόν τι οἶμαι, ἢ καθαρῷ τῷ νῷ ἐξομοιωθέντα προσελθεῖν τῷ θεῷ καὶ μένειν ἐν αὐτῷ." Gregorius Thaumaturgus, *Oratio prosphonetica*, 12,149; Guyot/Klein, Dankrede, 184f. (beide wie Anm. 1).

[40] Vgl. hierzu Gregorius Thaumaturgus, *Oratio prosphonetica*, 11,141–144; Guyot/Klein, Dankrede, 180–183 (beide wie Anm. 1): Die Besonnenheit und die Tapferkeit dienen hier der Bewahrung der Klugheit.

3.2 Lehrmethoden und -inhalte

Nach der Bestimmung des Lehrziels stellt sich die Frage, welche Methoden Origenes anwendet, um seine Schüler zu den göttlichen Tugenden zu leiten, oder wie er es anstellt, seine Hörer für diese zu gewinnen. Hier fällt an Gregors Darstellung zunächst auf, dass Origenes ein Motivationskünstler gewesen zu sein scheint, der seine Schüler auf eine ans Magische grenzende Weise für sich und sein Ziel zu begeistern wusste: Gregor berichtet davon, dass er beim Erstkontakt mit Origenes zunächst gar nicht länger bei ihm bleiben wollte – eher zufällig war er auf einer Reise in Caesarea vorbeigekommen und hatte ihn dort kennengelernt.[41] Eigentlich wollte er nach Berytos bzw. Beirut, um dort Rechtskunde zu studieren. Aber dann zog ihn der philosophische Unterricht des Origenes in den Bann. Gregor erwähnt wiederholt die „Kunstgriffe"[42] oder „Künste"[43], deren Origenes sich bediente, und beschreibt deren Wirkung auf sich folgendermaßen:

> Er häufte so lange zahlreiche Reden dieser Art, eine nach der anderen, aufeinander, bis er uns schließlich wie manche Menschen, die verzaubert sind, durch seine Künste völlig bewegungslos machte und durch seine Worte bei sich festbannte, und zwar – ich weiß nicht, wie ich es beschreiben soll – mit einer Art göttlichen Kraft.[44]

---

[41] Gregorius Thaumaturgus, *Oratio prosphonetica*, 5,62–72; Guyot/Klein, Dankrede, 146–151 (beide wie Anm. 1).

[42] Vgl. z. B. Gregorius Thaumaturgus, *Oratio prosphonetica*, 6,74; Guyot/Klein, Dankrede, 150f (beide wie Anm. 1).

[43] Vgl. z. B. Gregorius Thaumaturgus, *Oratio prosphonetica*, 6,80; Guyot/Klein, Dankrede, 152–155 (beide wie Anm. 1).

[44] „ἕως πολλούς τοιούτους ἄλλους ἐπ' ἄλλοις ἐπαντλῶν λόγους, ὥσπερ τινὰς καταγεγοητευμένους, ἐπὶ τέλει ταῖς αὐτοῦ τέχναις ἀκινέτους ἀτεχνῶς φέρων ἡμᾶς παριδρύσατο λόγοις τοῖς αὐτου, οὐκ οἶδ' ὅπως, σύν τινι θείᾳ δυνάμει." Gregorius Thaumaturgus, *Oratio prosphonetica*, 6,80; Guyot/Klein, Dankrede, 152–155 (beide wie Anm. 1).

Mit den „Reden dieser Art" meint Gregor des Origenes Lob auf die Liebhaber der Philosophie einerseits und seinen Tadel gegen die Unwissenden andererseits; mit diesen Reden ermunterte der Lehrer seine Schüler zum Philosophieren und zu einem „Leben nach den Regeln der Vernunft".[45] Anscheinend hatten diese Reden durchschlagende Wirkung. Gregor spricht vom „Verzaubern" und attestiert Origenes eine „Art göttliche Kraft". Immer wieder betont er die unwiderstehliche Macht, die von Origenes ausgeht, und verweist für deren Herkunft auf Gott.[46] Ein ganz wesentlicher Faktor für diese Wirkung des Origenes ist die persönliche Bindung, die dieser zwischen sich und seinen Schülern entstehen lässt – und die für zeitgenössische Philosophenschulen grundsätzlich kennzeichnend ist:[47] Wiederholt verweist Gregor darauf, wie Origenes ihn und seine Mitschüler durch sein Auftreten an sich gebunden habe,[48] und beurteilt schließlich die „Freundschaft" als grundlegendes Instrument für die Wirkung des Lehrers, wenn er sagt:

> Denn er [Origenes] schleuderte auch noch den Stachel der Freundschaft auf uns, gegen den man nicht leicht ankämpfen kann, weil er scharf und sehr zielsicher ist […][49]

---

[45] Gregorius Thaumaturgus, *Oratio prosphonetica*, 6,75–80; Guyot/Klein, Dankrede, 150–155 (beide wie Anm. 1).

[46] Vgl. z. B. Gregorius Thaumaturgus, *Oratio prosphonetica*, 6,80 und 15,179–181; Guyot/Klein, Dankrede, 152–155 und 198 f. (beide wie Anm. 1).

[47] Vgl. hierzu Scholten, Katechetenschule (wie Anm. 24), 20; Johannes Hahn: *Der Philosoph und die Gesellschaft. Selbstverständnis, öffentliches Auftreten und populäre Erwartungen in der hohen Kaiserzeit.* Stuttgart 1989, 73–77.

[48] Vgl. z. B. Gregorius Thaumaturgus, *Oratio prosphonetica* (wie Anm. 1), 6,74. 80.

[49] „Καὶ γὰρ καὶ φιλίας ἡμῖν κέντρον ἐνέσκηψεν, οὐκ εὐκαταγώνιστόν τι, δριμὺ δὲ καὶ ἀνυτικώτατον […]". Gregorius Thaumaturgus, *Oratio prosphonetica*, 6,81; Guyot/Klein, Dankrede, 154 f. (beide wie Anm. 1).

Origenes bedient sich der Freundschaft (*philia*) um sich seinen Hörern mitzuteilen; und diese scheinen gegen diesen „Stachel" wehrlos zu sein.[50] Erneut wird die unwiderstehliche Wirkung des Origenes greifbar. Auf Grundlage der *philia* erstrebt Origenes laut Gregors Darstellung, seine Schüler „an dem Guten, das von der Philosophie stammt, teilhaben zu lassen"[51]. Origenes ist hier der Philosoph, der diejenigen, die er um sich schart, partizipieren lässt an dem Guten, den Erträgen, die er der Philosophie verdankt. Gregor scheut sich nicht, statt „Freundschaft" zu Origenes auch von „Liebe" (*eros*) zu sprechen. Im Blick auf diese „Liebe" wird deutlich, dass sie der Liebe zum göttlichen *logos* korrespondiert. Gregor stellt es, immer noch im Zusammenhang mit der Freundschaft, die Origenes auf seine Schüler schleudert, so dar:

> Wie ein Funke, der mitten auf unsere Seele übersprang, wurde die Liebe zu dem heiligen, lieblichsten Wort selbst entzündet und angefacht, das wegen seiner unaussprechlichen Schönheit alle Menschen am mächtigsten anzieht, und zugleich die Liebe zu diesem Mann hier, seinem Freund und Fürsprecher.[52]

„Dieser Mann hier" ist eindeutig Origenes, das „heilige, lieblichste Wort" aber der göttliche *logos*, den Gregor einige Zeilen zuvor bezeichnet als

---

[50] Das „Schleudern" dieses „Stachels" dürfte in engem Bezug zum „Pfeil" stehen, als den Origenes' Reden seine Schüler trifft (Gregorius Thaumaturgus, *Oratio prosphonetica*, 6,78; Guyot/Klein, Dankrede, 152f. (beide wie Anm. 1). Dieses Bild wiederum entspricht Platon: *Symposion* 219b. Vgl. hierzu Guyot/Klein, Dankrede (wie Anm. 1), 152.

[51] Gregorius Thaumaturgus, *Oratio prosphonetica*, 6,81; Guyot/Klein, Dankrede, 154f. (beide wie Anm. 1).

[52] „Οἷος οὖν τις σπινθήρ, ἐνσκήψας μέσῃ τῇ ψυχῇ ἡμῶν, ἀνήπτετό τε καὶ ἐξεκαίετο ὅ τε πρὸς τὸν ἁπάντων ὑπὸ κάλλους ἀρρήτου ἐπακτικώτατον αὐτὸν λόγον τὸν ἱερὸν τὸν ἐρασμιώτατον, καὶ ὁ πρὸς τὸν ἄνδρα τόνδε τὸν αὐτοῦ φίλον καὶ προήγορον ἔρως". Gregorius Thaumaturgus, *Oratio prosphonetica*, 6,83; Guyot/Klein, Dankrede, 154f. (beide wie Anm. 1).

[...] den Lehrer der Frömmigkeit, das heilbringende Wort, das zu vielen gelangt und alle bezwingt, denen es begegnet. Es gibt nämlich nichts, was ihm widerstehen könnte, denn es ist König über alles jetzt und in Zukunft.[53]

Es lässt sich schwerlich bezweifeln, dass Gregor mit dem „heilbringenden Wort" und dem „König über alles" Jesus Christus im Blick hat, der nach Joh 1,1 Gottes *logos* ist – auch wenn er ihn hier – wie übrigens interessanterweise in der gesamten Rede – nicht namentlich nennt. Damit wird aber auch deutlich, wohin die Freundschaft/Liebe zu Origenes leitet: zu Christus – Origenes selber ist ja der „Freund und Fürsprecher" des *logos* bzw. Christi. Ganz ins Bild passt auch, dass der *logos* als „Lehrer der Frömmigkeit", der *eusebeia*, bezeichnet wird, auf welche die Lehre des Origenes ja zielt. Und wenn dieses Wort „alle bezwingt, denen es begegnet", wird schließlich auch klar, woher sich die Unwiderstehlichkeit des Origenes speist: eben aus dem *logos*. Bringt die Liebe zu Origenes die Liebe zum göttlichen *logos*, dem „Lehrer der Frömmigkeit" mit sich, so liegt es nahe, dass Origenes auf Grundlage der Verbindung mit seinen Schülern auch grundsätzlich die Liebe zu den Tugenden entfacht: Die Frömmigkeit bildet ja das Herz der Tugenden. Eben das Entfachen dieser Liebe zu den Tugenden verzeichnet Gregor denn auch als eigentlichen Lehr-Erfolg des Origenes:

[...] zu Liebhabern der Tugenden aber, nämlich zu Menschen, die in heftigster Liebe zu ihnen entflammt sind, hat uns dieser bewundernswerte Mann [Origenes], ein Verkündiger der Tugenden, schon vor langer Zeit gemacht.[54]

---

[53] Gregorius Thaumaturgus, *Oratio prosphonetica*, 6,82; Guyot/Klein, Dankrede, 154f. (beide wie Anm. 1).

[54] „ἐραστὰς δὲ ἡμᾶς ὅτι δριμύτατον ἐρῶντας ἔρωτα ... καὶ πάλαι κατεστήσατο ὁ θαυμαστὸς οὗτος καὶ φίλος τῶν ἀρετῶν καὶ προήγορος". Gregorius

Die Liebe zum Lehrer und die Liebe zum Gegenstand der Lehre greifen hier Hand in Hand.[55] Für die Lehrmethode des Origenes wird somit deutlich: Die enge Beziehung der Schüler zum Lehrer, auf die Origenes hinwirkt, ist aufs Engste verbunden mit ihrer Leidenschaft für die Lehrinhalte, und auf dieser Kombination basiert das Gelingen des Unterrichts. Wesentlich für den Unterricht scheint zudem die Einheit von „Worten" und „Taten" des Lehrers zu sein, welche Gregor nachdrücklich betont:[56]

> Und nicht nur durch Worte, sondern in gewisser Weise bereits auch durch Taten lenkte er [Origenes] unsere inneren Regungen, und zwar durch die Betrachtung und Prüfung unserer seelischen Regungen und Leidenschaften.[57]

> Nicht auf solche Weise behandelte dieser Mann [Origenes] mit uns die Lehre von den Tugenden mit Worten, vielmehr forderte er uns zu Taten auf; und er forderte uns dazu mehr durch seine Taten auf als durch das, was er sagte.[58]

Gerade im zweiten Zitat wird sehr deutlich, was Gregor mit der Verbindung von Worten und Taten genau meint:

Thaumaturgus, *Oratio prosphonetica*, 12,147; Guyot/Klein, Dankrede, 182 f. (beide wie Anm. 1).

[55] Vgl. hierzu auch Gregorius Thaumaturgus, *Oratio prosphonetica* (wie Anm. 1), 6,84.

[56] Vgl. zu dem im Hintergrund stehenden – freilich topischen – Vorwurf, die Lehre der Philosophen stimme nicht mit ihrer Lebenspraxis überein: Tobias Georges (Hg.): *Tertullian – Apologeticum. Übersetzung und Kommentierung.* Freiburg u. a. 2011, 650 f.

[57] „Καὶ οὐ λόγοις μόνον, ἀλλ' ἤδη καὶ ἔργοις τρόπον τινὰ διεκυβερνᾶτο παρ' ἡμῶν τὰς ὁρμάς, αὐτῇ τῇ τῶν ὁρμῶν καὶ παθῶν τῶν τῆς ψυχῆς θεωρίᾳ καὶ κατανοήσει". Gregorius Thaumaturgus, *Oratio prosphonetica*, 9,118; Guyot/Klein, Dankrede, 170 f. (beide wie Anm. 1).

[58] „Οὐχ οὕτως οὗτος τὰ περὶ ἀρετῶν ἡμῖν διεξῄει λόγοις, ἐπὶ δὲ τὰ ἔργα μᾶλλον παρεκάλει· καὶ παρεκάλει πλέον τοῖς ἔργοις, ἢ οἷς ἔλεγεν." Gregorius Thaumaturgus, *Oratio prosphonetica*, 9,126; Guyot/Klein, Dankrede, 174 f. (beide wie Anm. 1).

Origenes lehrt mit Worten, fordert aber mit seinen Worten gleichzeitig schon zu Taten auf, das heißt zur Anwendung des Gehörten und zu daraus resultierenden lebenspraktischen Konsequenzen. Mit der verbalen Aufforderung von Seiten des Lehrers ist aber nicht alles erfasst: Origenes selbst lehrt mehr durch seine Taten als durch seine Worte, das heißt, sein Handeln ist für seine Schüler ein noch größerer Ansporn als sein Reden.[59] An dieser Stelle sind zwei Aspekte hervorzuheben: Zum einen wird sehr deutlich, wie gut sich bei Origenes die Bestimmung des Lehrziels, die „göttlichen Tugenden", in seine Lehrmethode fügt: Diese Tugenden repräsentieren die ideale Verbindung von Lehre und Lebenspraxis: Sie erwachsen der Erkenntnis des Lehrers, mit ihnen lebt der Lehrer seinen Schülern praktisch vor, was er lehrt, und spornt sie dadurch an, die Tugenden selber auszubilden, womit die Lehre bei ihnen wiederum praktische Konsequenzen zeitigt. Zum anderen setzt das Lernen an der Lebenspraxis des Lehrers gerade eine Gemeinschaft voraus, wie sie in der Schule des Origenes wohl gegeben war: Die Teilnahme an der Lebensweise des Lehrers wird gerade durch die enge Beziehung zwischen Schülern und Lehrer ermöglicht,[60] und diese war im Unterricht des Origenes ja eine wesentliche Komponente. Origenes hatte hier die Rolle des Vorbildes, und so verwundert es nicht, wenn Gregor ausdrücklich vom „Vorbild eines guten Lebenswandels" spricht und den Lehrer gleich

---

[59] Vgl. zum Ineinandergreifen von Worten und Taten in Muhammads Lehre Jens Scheiner, „‚Ich aber wurde als Lehrer gesandt!' Der Prophet Muhammad als *spiritus rector* der Muslime" in diesem Band, Kapitel 2.2.

[60] Vgl. zur engen Lehrer-Schüler-Gemeinschaft bei Jesus Reinhard Feldmeier, „Gottessohn und Lehrer. Jesus von Nazareth" in diesem Band, Kapitel 4; bei Muhammad Scheiner, Prophet Muhammad (wie Anm. 59), Kapitel 2.1.

mehrfach als „Muster eines Weisen“ bezeichnet.[61] Origenes’ Lehrerrolle beschränkte sich jedoch nicht auf das Vorbildsein. In Gregors Darstellung wird sie sehr deutlich durch seine Führungsrolle ergänzt.[62] Die Kombination aus Teilgabe am eigenen Leben und direktiver Anleitung wird in den Worten Gregors schön greifbar:

> Er machte sich gemeinsam mit uns auch selbst auf den Weg, indem er voranging und uns an die Hand nahm wie auf einer Reise.[63]

Gregor zeichnet dieses Bild vom Lehrer Origenes als „Reiseführer“ im hinteren Teil seiner Rede, und es ist interessant, dass er in diesem Zusammenhang die Aufmerksamkeit des Lehrers wieder besonders auf das „Gebiet der Frömmigkeit“ gerichtet sieht, auf die *eusebeia*.[64] Es bestätigt sich also, was von den bisherigen Beobachtungen her zu erwarten war: Der Lehrer der Tugenden führt seine Schüler zur *eusebeia*.

Es stellt sich noch die Frage, mit welchem konkreten Lehrprogramm Origenes seine Schüler zu den Tugenden und zur *eusebeia* zu leiten suchte. Aus den Darlegungen Gregors lässt sich eine Art Curriculum erschließen, auch wenn nicht immer klar ist, ob die unterschiedlichen Lehrstoffe tatsächlich eine Stufenfolge bildeten oder auch nebeneinander gelehrt werden konnten.[65] Grundsätzlich ist vorauszuschicken,

[61] Vgl. Gregorius Thaumaturgus, *Oratio prosphonetica*, 11,135; Guyot/Klein, Dankrede, 178 f. (beide wie Anm. 1).

[62] Vgl. insbesondere Gregorius Thaumaturgus, *Oratio prosphonetica*, 14,170 f.; Guyot/Klein, Dankrede, 194 f. (beide wie Anm. 1). Diese Rolle des Origenes tritt in Gregors Schilderungen zum Unterricht des Lehrers immer wieder hervor.

[63] „Καὶ αὐτὸς δὲ συνεισῄει προηγούμενος καὶ χειραγωγῶν ὥσπερ ἐν ὁδοιπορίᾳ“. Gregorius Thaumaturgus, *Oratio prosphonetica*, 14,171; Guyot/Klein, Dankrede, 194 f. (beide wie Anm. 1).

[64] Vgl. Gregorius Thaumaturgus, *Oratio prosphonetica*, 14,173; Guyot/Klein, Dankrede, 194 f. (beide wie Anm. 1).

[65] Vgl. z. B. die Aufeinanderfolge von Dialektik und Naturwissen-

dass Origenes, nach Gregors Darstellung, alle Lehrgegenstände wohl als Teil der „Philosophie" betrachtete – wobei der Philosophiebegriff schillert und teils für die „Philosophie der Griechen" verwendet wird, von der Origenes sich abgrenzt, teils aber eben auch für die Gesamtheit der Lehre des Origenes. In diesem Sinne kann Gregor die Philosophie rühmen und seinen Lehrer einen Philosophen nennen,[66] wie schon zu sehen war. Wenn die gesamte Lehre als Philosophie bezeichnet wird, ist hier also keine Unterteilung in eine propädeutische, griechische Philosophie und eine auf ihr aufbauende christliche Lehre im Blick – eine solche lässt sich bei Origenes freilich auch belegen (*Brief an Gregor*, 1)[67], gerade Euseb operiert mit ihr (*Historia Ecclesiastica* 6,18). Diese beiden Teile sind in der Philosophie als Überbegriff für die Lehre des Origenes vielmehr zusammengefasst. Als einzelne Lehrfächer nennt Gregor zunächst die „Dialektik", deren Aufgabe es ist, den „Teil unserer Seele, der fähig ist, über Ausdrücke und Worte zu urteilen, der Vernunft entsprechend" auszubilden,[68] sodann die „Naturwissenschaft", die auf den „niederen Teil" der Seele zielt und in ihr durch Erklärung der „Ordnung des Alls" „anstelle eines vernunftlosen ein vernunftbestimmtes Staunen" wecken und auf diese Weise „den Himmel zugänglich" machen soll.[69] In diesem Zusammenhang erwähnt Gregor insbesondere die „Geometrie" und die

---

schaften, Gregorius Thaumaturgus, *Oratio prosphonetica*, 8,109–114; Guyot/Klein, Dankrede, 166–171 (beide wie Anm. 1).

[66] Vgl. z. B. Gregorius Thaumaturgus, *Oratio prosphonetica*, 6,75 und 10,127 f.; Guyot/Klein, Dankrede, 150 und 174 f. (beide wie Anm. 1).

[67] Guyot/Klein, Dankrede (wie Anm. 1), 214 f.

[68] Gregorius Thaumaturgus, *Oratio prosphonetica*, 7,106; Guyot/Klein, Dankrede, 166 f. (beide wie Anm. 1).

[69] Gregorius Thaumaturgus, *Oratio prosphonetica*, 8,110 f.; Guyot/Klein, Dankrede, 168–171 (beide wie Anm. 1).

„Astronomie“.[70] Als dritten, und ganz wesentlichen Lehrgegenstand benennt er sodann die „Ethik“.[71] Bei diesen drei Teilen des Stoffs klingt die stoische Unterteilung der Lehrinhalte in Logik, Physik und Ethik an.[72] Wie wichtig für Origenes gerade die Ethik ist, wird daran ersichtlich, dass Gregors Ausführungen zu ihr direkt in längere Darlegungen zu den Tugenden übergehen[73] – die wohl gerade den Inhalt der Ethik darstellen. Bei diesem Referat zu den Tugenden und zur Ethik fällt auf, dass sie schließlich auf die vorhin benannte Charakterisierung der *eusebeia* als „Mutter der Tugenden“[74] zulaufen, und dass direkt im Anschluss daran ein weiterer Lehrgegenstand benannt wird: nämlich die „Theologie“,[75] für welche die *eusebeia* wiederum eine herausragende Rolle spielt: Gregor spricht eben im Zusammenhang der „Theologie“ vom „Allernotwendigsten“, das er einmal als „Erkenntnis des letzten Grundes von allem“,[76] das andere Mal als „Erkenntnis und Verehrung des Göttlichen“[77] bezeichnet. Damit zeigt sich, dass Tugendlehre und Theologie ineinander greifen. Die Verbindung von Erkenntnis und Lebenspraxis,

[70] Vgl. Gregorius Thaumaturgus, *Oratio prosphonetica*, 8,113 f.; Guyot/Klein, Dankrede, 168–171 (beide wie Anm. 1).

[71] Vgl. Gregorius Thaumaturgus, *Oratio prosphonetica*, 11,133; Guyot/Klein, Dankrede, 176 f. (beide wie Anm. 1).

[72] Vgl. hierzu Runar M. Thorsteinsson: *Roman Christianity and Roman Stoicism. A comparative study of ancient morality.* Oxford u. a. 2010, 15.

[73] Vgl. Gregorius Thaumaturgus, *Oratio prosphonetica*, 11,133–12, 149; Guyot/Klein, Dankrede, 176–185 (beide wie Anm. 1).

[74] Gregorius Thaumaturgus, *Oratio prosphonetica*, 12,149; Guyot/Klein, Dankrede, 184 f. (beide wie Anm. 1).

[75] Gregorius Thaumaturgus, *Oratio prosphonetica*, 13,150; Guyot/Klein, Dankrede, 184 f. (beide wie Anm. 1).

[76] Gregorius Thaumaturgus, *Oratio prosphonetica*, 13,150; Guyot/Klein, Dankrede, 184 f. (beide wie Anm. 1).

[77] Gregorius Thaumaturgus, *Oratio prosphonetica*, 14,165; Guyot/Klein, Dankrede, 192 f. (beide wie Anm. 1).

welche die Tugenden kennzeichnet, gipfelt in der Theologie, in der die Gotteserkenntnis die praktische Gottesverehrung, *eusebeia*, mit sich bringt. Lehrziel und Lehrprogramm greifen hier wieder passgenau ineinander. Innerhalb der „Theologie" schließlich kommt der Auslegung der „heiligen Schriften", für die Gregor Origenes rühmt, die Schlüsselrolle zu.[78] So sagt Gregor:

Was er [Gott] durch andere nur in Rätseln mitgeteilt hatte, das machte er durch diesen Mann [Origenes] zum Gegenstand des Unterrichts, und ihm hat er die Gabe verliehen, den Sinn aller Dinge, die er, der ganz und gar glaubwürdig ist, entweder wie ein König vorgeschrieben oder auch geoffenbart hat, gründlich zu erforschen und herauszufinden [...] Diese höchste Gabe besitzt dieser Mann von Gott, und ein außerordentlich schönes Los hat er vom Himmel empfangen: Deuter der Worte Gottes für die Menschen zu sein, die Botschaften Gottes zu verstehen, als ob Gott mit ihm redete, und sie den Menschen so weiterzugeben, dass diese sie vernehmen.[79]

Dass Origenes zur Schriftauslegung befähigt ist, verdankt er in Gregors Augen seiner „Gemeinschaft mit dem göttlichen Geist". Gregor erläutert in diesem Zusammenhang:

[...] denn ein und derselben Kraft bedürfen diejenigen, die prophezeien, und diejenigen, welche auf die Propheten hören, und

[78] Siehe Gregorius Thaumaturgus, *Oratio prosphonetica*, 15,173–181; Guyot/Klein, Dankrede, 196–199 (beide wie Anm. 1). Die Schriftauslegung dürfte hier nicht als weiterer, eigenständiger Lehrgegenstand neben der Theologie zu verstehen sein.

[79] „ὧν δι' ἑτέρων ᾐνίξατο μόνον, τούτων διὰ τούτου τὴν διδασκαλίαν ποιούμενος, ὅσα τε ἀξιοπιστότατος ὢν ἢ προσέταξε βασιλικῶς ἢ καὶ ἀπεφήνατο, τούτων τοὺς λόγους διερευνᾶσθαί τε καὶ ἐξευρίσκειν τούτῳ δωρησάμενος· [...] Δῶρον τὸ μέγιστον οὗτος τοῦτο θεόθεν ἔχει λαβὼν καὶ μοῖραν παγκάλην οὐρανόθεν, ἑρμηνεύς εἶναι τῶν τοῦ θεοῦ λόγων πρὸς ἀνθρώπους, συνιέναι τὰ θεοῦ ὡς θεοῦ λαλοῦντος, καὶ διηγεῖσθαι ἀνθρώποις ὡς ἀκούουσιν ἄνθρωποι." Gregorius Thaumaturgus, *Oratio prosphonetica*, 15,177–181; Guyot/Klein, Dankrede, 196–199 (beide wie Anm. 1).

> niemand könnte einen Propheten hören, wenn ihm nicht der Geist selbst, der die Prophezeiung bewirkt hat, das Verständnis für seine Worte verliehen hätte.[80]

Hier stoßen wir wieder auf die „göttliche Kraft", mit der Origenes seine Schüler von Anfang an „verzaubert" und an sich gebunden hat:[81] Der Freundschaft, die zwischen dem Lehrer und seinen Schülern entsteht und die das Lernen rahmt, liegt die Bindung des Origenes an Gott zugrunde:

> Denn der Urheber aller Dinge, der den Propheten, den Freunden Gottes, jede Prophezeiung und jedes geheimnisvolle und göttliche Wort vorspricht und eingibt, hat ihn [Origenes] auf solche Weise als Freund geehrt und zum Verkünder dieser Weissagungen gemacht.[82]

3.3 Selbstverständnis als Lehrer

Nachdem das Lehrziel, die Lehrmethoden und die Lehrinhalte des Origenes herausgearbeitet worden sind, lässt sich unschwer auf sein Selbstverständnis schließen. Da dieses Selbstverständnis im bisher Ausgeführten immer schon anklang, soll es hier genügen, die wesentlichen Aspekte zusammenzufassen: Zunächst ist offensichtlich, dass Origenes sich als „Philosoph" verstanden hat: Gregor bezeichnet seinen Lehrer als „Philosoph" und erachtet die Philosophie als Oberbegriff

---

[80] „τῆς γάρ αὐτῆς δυνάμεως δεῖ προφητεύουσί τε καὶ ἀκροωμένοις προφητῶν· καὶ οὐκ ἂν ἀκούσαι προφήτου, ᾧ μὴ αὐτὸ τὸ πνεῦμα τὸ προφητεῦσαν τὴν σύνεσιν τῶν αὐτοῦ λόγων ἐδωρήσατο." Gregorius Thaumaturgus, *Oratio prosphonetica*, 15,179; Guyot / Klein, Dankrede, 198 f. (beide wie Anm. 1).

[81] Vgl. Gregorius Thaumaturgus, *Oratio prosphonetica*, 6,80; Guyot / Klein, Dankrede, 152–155 (beide wie Anm. 1).

[82] „ὅτι αὐτῶν ὁ πάντων ἀρχηγός, ὁ τοῖς τοῦ θεοῦ φίλοις προφήταις ὑπηχῶν καὶ ὑποβάλλων πᾶσαν προφητείαν καὶ λόγον μυστικὸν καὶ θεῖον, οὕτως αὐτὸν τιμήσας ὡς φίλον προήγορον κατεστήσατο". Gregorius Thaumaturgus, *Oratio prosphonetica*, 15,176; Guyot / Klein, Dankrede, 196 f. (beide wie Anm. 1).

für dessen Lehre. Vorauszusetzen ist hier das spezifische, oben beschriebene Philosophie-Verständnis des Christen Origenes: Er tritt als christlicher Lehrer auf und versteht sich als solcher als Philosoph. Folgt man den Darlegungen Gregors, so sah Origenes seine Aufgabe als Philosoph vor allem darin, seine Schüler zu den göttlichen Tugenden zu leiten, gerade durch die enge Bindung an seine Person. Sein Selbstverständnis als Lehrer dürfte also speziell das eines Seelenführers, -begleiters und Vorbildes gewesen sein.

Diese Zeichnung des origenianischen Selbstverständnisses als Lehrer beruht auf der Darstellung Gregors und nicht auf den Selbstaussagen des Origenes. Hier wäre es natürlich angezeigt, das so entstandene Bild anhand von Aussagen des Origenes selbst zu überprüfen und zu ergänzen – eine Aufgabe, welche den Rahmen dieses Beitrags übersteigen würde: Eine genauere Untersuchung zum „Lehrer Origenes" anhand seines eigenen Schrifttums stellt nach wie vor ein Forschungsdesiderat dar.[83] Als ein sehr ausschnitthaftes Beispiel aus der Fülle der Schriften des Origenes sei hier nur auf seinen Brief an einen Schüler namens Gregor verwiesen,[84] der oben schon einmal erwähnt wurde. Einiges spricht dafür, dass sich dieser Brief eben an Gregor den Wundertäter richtete, aber diese Adressatenschaft ist auch infrage gestellt worden. Die Diskussion soll hier nicht näher beleuchtet werden, denn unabhängig von der Frage, ob der Brief an den Verfasser der Dankesrede gerichtet war,[85] illustriert sie, wie der Leh-

---

[83] So bieten die Ausführungen bei Ulrich Neymeyr: *Die christlichen Lehrer im zweiten Jahrhundert. Ihre Lehrtätigkeit, ihr Selbstverständnis und ihre Geschichte.* Leiden u. a. 1989, 95–102 nur einen knappen „Ausblick" zum „Lehrer" Origenes.

[84] Zur Edition vgl. Guyot/Klein, Dankrede (wie Anm. 1), 214–220.

[85] Vgl. zu dieser Diskussion Guyot/Klein, Dankrede (wie Anm. 1), 45–63.

rer Origenes einem Schüler begegnet. Und hier findet ein wesentlicher Aspekt des beschriebenen Selbstverständnisses Bestätigung: In diesem Brief redet Origenes Gregor mehrfach als seinen „Sohn" an,[86] der Ton wirkt insgesamt „väterlich", und am Ende des Briefes spricht Origenes von seiner „väterlichen Liebe" zu Gregor.[87] Wenn Origenes sich hier selbst als Vater stilisiert und damit eine enge Beziehung wie auch eine Führungsrolle suggeriert, fügt sich das ausgezeichnet zu dem Selbstbild, wie wir es aus Gregors Rede abgeleitet haben. Die Vater-Sohn-Metaphorik[88] akzentuiert die Bindung zwischen Lehrer und Schüler sowie das Gefälle in der Beziehung sogar in besonderer Weise.

4. Origenes' Schulen und Schüler

Mit der Dankesrede des Schülers und dem Brief des Lehrers an einen Schüler sind die Schüler des Origenes und der Schulzusammenhang schon durchweg im Blick gewesen. Abschließend sollen Schule und Schüler des Origenes kurz noch einmal gesondert fokussiert werden. Zur „Schule" oder besser den „Schulen" in Alexandria und dann eben auch in Caesarea wurde schon sehr viel geschrieben, ohne dass die Fülle der Literatur ein abschließendes Bild hervorgebracht hätte. Aus dieser Fülle erscheint mir – und nicht nur mir[89] – der Ansatz

[86] Vgl. Origenes, Epistula ad Gregorium Thaumaturgum, 1 und 4 (in: Guyot/Klein, Dankrede (wie Anm. 1), 214f. und 220f.

[87] Vgl. Origenes, Epistula ad Gregorium Thaumaturgum, 4 (in: Guyot/Klein, Dankrede (wie Anm. 1), 220f.

[88] Gerade im monastischen Kontext sollte die Vater-Metaphorik großes Entwicklungspotential entfalten. Siehe zur Vorstellung des „Geistlichen Vaters" bei Johannes Sinaites den Beitrag von Andreas Müller in diesem Band.

[89] Vgl. z. B. Fürst, Christentum (wie Anm. 4), 60.

Clemens Scholtens weiterführend.[90] Scholten interpretiert die Schule in Alexandria dahingehend, dass Origenes dort „einen christlichen Unterricht im Stile der platonischen Philosophenschulen der Zeit aufbaut, in dessen Zentrum die Bibelexegese steht."[91] Die hier vorgestellten Überlegungen zum Lehrer Origenes in Caesarea passen sehr gut zu diesem Bild, und die Schulen in Alexandria und Caesarea scheinen somit deutliche Verbindungen aufzuweisen: Laut Gregor lässt sich auch der Unterricht in Caesarea unter der Überschrift „Philosophie" fassen, die Anspielungen auf platonische Gedanken sind in seiner Dankrede offensichtlich, und die Bibelexegese steht im Zentrum der Theologie, die wiederum innerhalb des Curriculums als „Allernotwendigstes" bezeichnet wird. Scholten verweist für sein Verständnis der alexandrinischen Schule des Origenes nach Art zeitgenössischer Philosophenschulen auch darauf, dass diese Schulen ein gemischtes Publikum hatten und sich nicht gegenüber Heiden oder Christen abgrenzten. Das lässt sich an zwei Schülern des Origenes illustrieren, auf die abschließend noch kurz eingegangen werden soll. Beide Schüler sind schon genannt worden, zum einen unser heutiger Hauptzeuge, Gregor, der Wundertäter, zum anderen Heraklas, der Schüler des Origenes aus Alexandria, mit dem Letzterer sich den Unterricht später aufteilte. Beide entstammten einem nichtchristlichen Elternhaus und genossen eine ausgezeichnete Bildung,[92] bevor sie zu dem – christlichen – Lehrer Origenes kamen: Wie z. B. der nichtchristliche Philosoph Plotin auch Christen zu seinen Schülern zählte, so

---

[90] Vgl. Scholten, Katechetenschule (wie Anm. 24), 16–37.

[91] Scholten, Katechetenschule (wie Anm. 24), 29.

[92] Für Gregor vgl. Gregorius Thaumaturgus, *Oratio prosphonetica* 5,48 und Richard Klein: „Gregor Thaumaturgos". In: *Religion in Geschichte und Gegenwart* 3 (^{4}2000), 1263; für Heraklas vgl. Euseb: *Historia ecclesiastica* 6,3; 6,19.

kamen zu Origenes mit Gregor und Heraklas auch Heiden. Was Gregor und Heraklas zusätzlich eint, ist, dass sie Christen und darüber hinaus später auch Bischöfe wurden, Gregor in seiner Heimat, in Neocaesarea,[93] Heraklas an dem Ort, wo er Schüler des Origenes gewesen war, in Alexandria.[94] So lässt sich an diesen beiden Schülern die zunehmende Einbindung der Gebildeten und der Lehrer in die kirchliche Hierarchie ablesen, die für ihre Zeit allgemein zu beobachten ist.[95]

An dieser Entwicklung hat ihr Lehrer, Origenes, nicht teilgehabt: Alexandria hat er im Streit mit Bischof Demetrius verlassen, in Caesarea mag er zwar zum Presbyter geweiht worden sein, aber soweit Eusebs Schilderungen (*Historia Ecclesiastica* 6,26–39) erkennen lassen, ist er auch dort „freier Lehrer" geblieben. Sowohl die strukturelle Freiheit, die Origenes für seinen Unterricht vorsah, als auch die inhaltliche Liberalität, in der er sich mit dem nichtchristlichen Denken seiner Zeit auseinandersetzte, wurde in der Folgezeit bei kirchlichen Autoritäten zunehmend suspekt.[96] Eingangs hatte ich darauf hingewiesen: Für Gregor begann, als er zu Origenes kam, „die wahre Sonne aufzugehen". Wo viel Licht ist, ist auch viel Schatten. Die Lehren des Origenes waren schon bald nach seinem Tod dem Vorwurf der Heterodoxie ausgesetzt, der „schließlich im 6. Jahrhundert zur *damnatio memoriae* führte."[97] Das Andenken Gregors hat diese *damnatio* überlebt – zum Glück, denn nur dank seiner „Graduiertenfestrede" können wir uns heute so ein lebhaftes Bild von Origenes als Lehrer machen.

[93] Vgl. Klein, Gregor (wie Anm. 92), 1263.
[94] Vgl. Euseb: *Historia ecclesiastica* 26.
[95] Vgl. Fürst, Christentum (wie Anm. 4), 49 f.
[96] Vgl. Gemeinhardt, Schola animarum (wie Anm. 17), 118–122.
[97] Gemeinhardt, Schola animarum (wie Anm. 17), 120.

Der Heide Libanios und der Christ Johannes Chrysostomos – Lehrer und Schüler?

Heinz-Günther Nesselrath

1. Vorbemerkung

Es kommt in der Geistesgeschichte immer einmal wieder vor, dass ein berühmter Lehrer einen ebenso berühmten (und manchmal sogar noch berühmteren) Schüler hat. Das hervorragendste Beispiel aus der Antike für eine solche Konstellation sind zweifellos Platon und Aristoteles. In ihrem Fall kann man sich bis heute trefflich darum streiten (und tut dies auch), wer von diesen beiden Giganten des Geistes für die abendländische Philosophie (und die Philosophie überhaupt) die größere Bedeutung hat. Bekanntlich hatte Aristoteles an den Lehren seines Lehrers Platon einiges auszusetzen; doch dürften ihre Differenzen bei weitem nicht so groß gewesen sein wie im späteren 4. Jh. n. Chr. die zwischen dem heidnischen Rhetoriklehrer Libanios von Antiocheia und demjenigen, der zumindest in einigen unserer Quellen als sein größter Schüler dargestellt wird: der ungemein begabte christliche Prediger und spätere Patriarch von Konstantinopel, Johannes genannt Chrysostomos.

2. Libanios und Johannes Chrysostomos: eine kurze Vorstellung

Wohl keine andere Persönlichkeit des 4. Jh.s n. Chr. verkörpert die damals schon jahrhundertealte traditionelle griechische Paideia („Bildung") in beeindruckenderer und reinerer Form als Libanios. Diese Paideia, deren Weitergabe an möglichst viele begabte Schüler Libanios zu seinem Lebenswerk gemacht hat, betrachtet die großen griechischen Autoren vor allem des 5. und 4. Jh.s *vor* Chr. – den Geschichtsschreiber Thukydides, den Philosophen Platon und den bedeutenden Redner und Politiker Demosthenes, um nur einige zu nennen – immer noch als bewundernswertes Ideal und die perfekte Beherrschung einer Redekunst, die an ihren Werken geschult ist, geradezu als kulturelles Nonplusultra; und Libanios hat dieses Ideal in einer Weise selbst zu verinnerlichen und an andere zu vermitteln gesucht, wie dies in seiner Zeit nur noch wenige andere unternommen haben.

Im Jahr 314 im syrischen Antiocheia (einer der großen Metropolen des damals immer noch mittelmeerumspannenden Römischen Reichs) geboren, machte Libanios seit seiner Jugend diese Paideia zum Mittelpunkt seines Daseins: Nach bereits gründlichster rhetorischer Ausbildung in seiner Vaterstadt setzte er seine Studien in den Jahren 336–340 in Athen – damals immer noch ein intellektueller Mittelpunkt traditioneller griechischer Geisteskultur – fort und wurde im Jahr 340, im noch fast jugendlichen Alter von 26 Jahren, Rhetorikprofessor im damals gerade zehn Jahre alten (da 330 von Kaiser Konstantin neugegründeten) Konstantinopel; doch verließ er diese Stadt, die er zeitlebens nie besonders mochte, schon vier Jahre später, um eine Professur zuerst im nicht weit entfernten Nikaia und dann vor allem in Nikomedeia (der alten Residenz Kaiser Diokletians) anzutreten; die dortigen

Jahre bis 348/9 betrachtete er später als die glücklichsten seines Lebens. Danach kehrte er zwar für einige Jahre nach Konstantinopel zurück, doch zog es ihn immer stärker wieder nach Antiocheia, bis er sich dort schließlich im Jahr 354 als führender „Sophist" und Rhetoriklehrer auf Dauer (d. h. bis zu seinem Tod etwa vier Jahrzehnte später) etablieren konnte. Vor allem in seinen Antiochener Jahrzehnten schuf er sein auf jeden Fall quantitativ, zum Teil aber auch qualitativ reiches Oeuvre (Reden, Deklamationen / Übungsreden, Progymnasmata / Übungsstücke; nicht zuletzt eines der umfangreichsten antiken Briefcorpora), von dem bis heute große Teile (mehr als von den meisten anderen griechischen und römischen Autoren) erhalten sind und uns auf diese Weise Libanios' Stimme zugänglich machen.

Obwohl aber in Antiocheia eine der ältesten und damals auch größten christlichen Gemeinden überhaupt existierte, blieb Libanios in bemerkenswerter Hartnäckigkeit seiner ererbten Religion treu: einem ganz traditionellen Polytheismus, der bemerkenswerterweise auch völlig ohne den in seiner Zeit sehr verbreiteten philosophisch-neuplatonischen Überbau auskam. Diese religiöse Ausrichtung (mit der Libanios bestens in das 800 Jahre ältere klassische Athen gepasst hätte) vertrug sich völlig harmonisch mit den Inhalten der von ihm verehrten klassischen Autoren. Wenige Jahre nach seiner Rückkehr nach Antiocheia erlebte Libanios wahrscheinlich den Höhepunkt seines Lebens, als Kaiser Julian, der (obwohl als erster römischer Kaiser schon als Kind christlich getauft) wenige Jahre vor seiner Herrschaftsübernahme zum Heidentum zurückgekehrt war, die zweite Hälfte des Jahres 362 und die ersten Monate des Jahres 363 in Libanios' Antiocheia verbrachte, um hier seinen großen Perserfeldzug vorzubereiten, mit dem er es Alexander dem Großen gleichtun wollte; nur wenige Monate später aber sah Libanios durch den überraschenden

Tod des Kaisers auf diesem Feldzug alle seine Hoffnungen auf eine dauerhafte Restauration der „alten“ Religion und Kultur für immer zunichte gemacht – wie viele Zeugnisse aus seinem Werk erkennen lassen, war dies für ihn ein tief erschütternder Schock, den er nur mit großer Mühe überwunden hat.

Seine noch verbleibenden dreißig Lebensjahre musste er dann unter zum Teil sehr intoleranten christlichen Kaisern zubringen und sich auch wiederholt mit nicht immer sehr angenehmen römischen Statthaltern herumschlagen; zudem sah er die Stellung seiner geliebten griechischen Rhetorik ständig weiter abbröckeln, weil die jungen Leute, die früher natürliche Kandidaten für seine Rhetorikschule gewesen wären, nun immer mehr von der Rechtswissenschaft im benachbarten Berytos (heute Beirut) angelockt wurden, die lukrativere Stellungen versprach und noch dazu, *horribile dictu*, in einer Sprache betrieben wurde, die Libanios außerordentlich wenig schätzte: Latein! Seine letzten Lebensjahre wurden zusätzlich durch familiäre Schicksalsschläge und eine zunehmend labilere Gesundheit verdunkelt. Dennoch betrieb er zäh sein geliebtes Metier, die griechische Rhetorik, weiter bis an sein Lebensende mit etwa achtzig Jahren. Als er um das Jahr 393 herum starb, war das Christentum – dessen Ausübung erst wenige Jahre vor seiner Geburt überhaupt erlaubt worden war – zur Staatsreligion geworden.

Gerade dieses Christentum ist die prägende Kraft seines vielleicht bedeutendsten Schülers gewesen: Johannes wurde etwa dreißig Jahre (349 oder 344) nach Libanios ebenfalls in Antiocheia geboren. Sein Vater Secundus, ein hoher Offizier in der römischen Armee, starb schon bald nach seiner Geburt, und so musste sich seine Mutter Anthusa allein um seine Erziehung kümmern. Da Johannes in wohlhabenden Verhältnissen geboren war, konnte er den traditionellen (und nicht billigen) Bildungsweg bis hin zur Rhetorikschule durchlaufen, die sich in manchem mit einer heutigen Universität vergleichen lässt.

Nachdem er etwa zwanzig Jahre alt geworden war, begann er sich zunehmend dem Christentum anzunähern: Er wurde Katechumene und von Bischof Diodoros von Tarsos in die christliche Lehre eingeführt; drei Jahre später wurde er von Bischof Meletios von Antiocheia getauft. Sein Wunsch, Mönch zu werden, traf bei seiner Mutter auf starken Widerstand; als sie aber 372 starb, ging er vier Jahre zu den Mönchen in den syrischen Bergen und verbrachte anschließend noch zwei weitere Jahre in völligem Eremitentum, bis ihn sein dadurch sehr angegriffener Gesundheitszustand zwang, in die Stadt zurückzukehren. In Antiocheia wurde er dann 381 Diakon und fünf Jahre später von Meletios' Nachfolger zum Priester geweiht. In den nächsten zwölf Jahren wurde er durch seine kraftvollen Predigten weit über Antiocheia hinaus bekannt und Anfang 398 auf den Patriarchenstuhl von Konstantinopel berufen (übrigens durchaus gegen seinen Willen). Hier freilich geriet er am Kaiserhof schon bald in eine wahre Schlangengrube von Intrigen, was schließlich zu seinem Untergang führte. Die Einzelheiten dieser unschönen Entwicklung können hier nicht ausgebreitet werden; durch sein kompromissloses (zum Teil auch diplomatisch ungeschicktes) Auftreten machte sich Johannes binnen kurzem alle möglichen Leute zu Feinden: den Konstantinopolitaner Klerus, den er zu einem weniger luxuriösen Leben und zu verstärkter Seelsorge gegenüber dem Volk anhalten wollte; den mächtigen Patriarchen von Alexandreia, Theophilos, der nur auf eine Gelegenheit wartete, seinen Rivalen in Konstantinopel absetzen zu können; vor allem aber die Kaiserin Eudoxia, die sich durch Johannes' Predigten gegen den Luxus offenbar persönlich angegriffen fühlte.

Durch das Zusammenwirken von Theophilos und Eudoxia kam im Jahr 403 eine Synode zustande (die sogenannte

„Eichensynode"), in der Johannes abgesetzt und aus Konstantinopel verbannt wurde; doch musste man ihn schon nach kurzer Zeit zurückrufen, da sich vor allem im Volk Unmut über seine Absetzung breit machte und ein just in dieser Zeit eingetretenes Erdbeben als Zeichen des Zornes Gottes über die ungerechte Behandlung des Johannes gedeutet wurde. Aber schon bald nach seiner Rückkehr kam es zu neuer Konfrontation mit dem Kaiserhof (diesmal wegen einer silbernen Statue der Eudoxia, die Johannes mit seinem Segen zu bedenken sich weigerte); abermals wurde der renitente Patriarch verbannt, zunächst nach Kukusos (weit im Südosten der heutigen Türkei) und dann – als Unterstützer des Johannes sich sogar um die Hilfe des Papstes in Rom bemüht hatten – sogar noch weiter weg nach Pityus (heute Pizunda/Bitschwinta in Abchasien/Georgien); auf dem Weg dorthin starb er, am 14. September 407.

Schon bald nach seinem Tod setzten Bemühungen zu seiner postumen Rehabilitierung ein; 31 Jahre später wurden seine Gebeine feierlich nach Konstantinopel zurückgebracht und in der Apostelkirche (der zweitwichtigsten Kirche nach der Hagia Sophia) beigesetzt, was jedoch noch nicht das Ende ihrer irdischen Reise sein sollte: Beim berühmt-berüchtigten Vierten Kreuzzug von 1204 wurden sie von westlichen Christen geraubt und nach Rom gebracht, wo sie achthundert Jahre lang im Petersdom ruhten; erst vor etwa zehn Jahren (Ende November 2004) hat Papst Johannes Paul II. sie dem griechisch-orthodoxen Patriarchen Bartholomaios zurückgegeben, und sie befinden sich jetzt wieder in Konstantinopel bzw. Istanbul (dort in der Kirche des Hl. Georg, die mit dem Sitz des griechisch-orthodoxen Patriarchen verbunden ist). Diese bemerkenswerte postume Geschichte zeigt jedenfalls, was für eine bedeutende Stellung Johannes in der östlichen und in der westlichen Kirche erlangt hat.

Zu Lebzeiten hat Johannes vor allem durch seine Predigten – zuerst in Antiocheia, dann auch in Konstantinopel – gewirkt; sie nehmen einen großen Teil des beeindruckend umfangreichen Oeuvres ein, das er hinterlassen hat: Dieses Oeuvre umfasst 18 stattliche Bände (Bd. 47–64) in der von Jacques Paul Migne zwischen 1857 und 1866 publizierten *Patrologia Graeca* (immer noch die einzige Gesamtausgabe von Johannes Chrysostomos' Schriften). Darin findet man z. B. viele Kommentierungen von Schriften des Alten und Neuen Testaments: 67 Predigten zum Buch Genesis, 59 zu den Psalmen, 90 zum Matthäus-Evangelium, 88 zum Johannes-Evangelium, 55 zur Apostelgeschichte; aber es gibt auch Predigtreihen zu bestimmten Themen und viele Einzelpredigten (seine *Osterpredigt* [*Hieratikon*] wird bis heute regelmäßig am Ostermorgen in orthodoxen Kirchen vorgetragen). Es ist für dieses große rhetorische Oeuvre, dass er den Beinamen Chrysostomos („Goldmund") erhalten hat. Als Heiliger der römisch-katholischen und orthodoxen Kirche gilt er als der Patron der Beter, Redner und Prediger (es gibt Kirchen für „San Giovanni Crisostomo" in Venedig und in Mailand).

3. Lehrer und Schüler?

Johannes Chrysostomos ist also einer der größten griechischsprachigen Rhetoriker der christlichen Kirche, und schon das wäre vielleicht Grund genug, ihn mit dem größten griechisch-sprachigen heidnischen Rhetoriker, der in seiner Zeit und noch dazu in seiner Vaterstadt Antiocheia lebte, zusammenzubringen, also mit Libanios, und dies ist denn auch schon wenige Jahrzehnte nach dem Tod der beiden Männer geschehen.

Der Kirchenhistoriker Sozomenos erzählt dazu in seiner *Historia ecclesiastica* folgende bemerkenswerte Geschichte (8, 2, 2): „Als Libanios kurz vor seinem Tod stand und die ihm Nahestehenden ihn fragten, wer an seine Stelle (als Redner und Rhetoriklehrer) treten solle, soll er gesagt haben: ‚Johannes, wenn nicht die Christen den geraubt hätten.'" Es ist ziemlich unwahrscheinlich, dass sich diese Szene wirklich ereignet hat; sie hatte aber ein langes Nachleben bei späteren Autoren, und sie wirft auf ihre Weise ein sehr interessantes Licht auf die angenommene Beziehung zwischen dem heidnischen Sophisten und dem christlichen Prediger.

Auch der etwas ältere Kirchenhistoriker Sokrates von Konstantinopel (der Sozomenos oft als Quelle gedient hat, bei dem sich die gerade geschilderte Szene aber noch nicht findet) bezeichnet Johannes Chrysostomos explizit als Schüler des Libanios (*Historia ecclesiastica* 6, 3, 1 und 4); da beide Kirchenhistoriker wohl nicht über die Mitte des 5. Jh.s n. Chr. hinaus gelebt haben, ist auch die Ansicht, dass Johannes seine großen rhetorischen Fähigkeiten bei Libanios ausgebildet habe, auf jeden Fall schon vor 450 entstanden.

Die beiden Kirchenhistoriker sind mithin unsere ältesten Quellen für ein solches Lehrer-Schüler-Verhältnis; denn obwohl sowohl Libanios als auch Johannes Chrysostomos ein ungemein umfangreiches Oeuvre hinterlassen haben, gibt es weder bei dem einen noch bei dem anderen ein direktes Zeugnis, in dem sie den jeweils anderen als ihren Schüler bzw. Lehrer nennen würden. Zwar ist in dem umfangreichen Briefcorpus des Libanios ein Brief vorhanden (1553 Foerster = Lib. pseud. 9), in dem Libanios einem Johannes zur Abfassung einer Festrede (eines Panegyrikos) gratuliert, der zwischen 365 und 370 entstanden sein und vielleicht eine über den Unterricht fortdauernde Beziehung belegen könnte; in der Tat hat der bisher letzte Biograph des Libanios, Jorit Wintjes, diesen Johannes mit unserem Chrysostomos identifizieren wollen.[1] Aber schon der große Editor der Gesamt-Werke des Libanios, Richard Foerster, hat im frühen 20. Jh. diesen Brief mit guten Gründen zu einer Gruppe unechter Libanios-Briefe gerechnet, und dies wäre auch in der Tat nicht der einzige Fall, in dem man Libanios Briefe an einen bedeutenden christlichen Kirchenmann untergeschoben hätte: Es gibt ein ganzes Corpus von Briefen, die zwischen Libanios und dem bedeutenden kappadokischen Bischof und Kirchenlehrer Basileios dem Großen gewechselt worden sein sollen, von denen sich aber zeigen lässt, dass sie eine Fälschung – vielleicht noch des 5. Jh.s n. Chr. – sind, die in die Welt gesetzt wurde, um den größten spätantiken heidnischen Redner und Redelehrer, eben Libanios, seine Reverenz gegenüber einem der bedeutendsten Vertreter des Christentums dieser Zeit erweisen zu lassen.[2] Übrigens werden auch Basileios und Gregor von Nazianz ebenfalls von den Kirchenhistorikern Sokrates (*Historia ecclesiastica* 4, 26, 6) und Sozomenos (*Historia ecclesiastica* 6, 17, 1) als direkte Schüler des Libanios in Antiocheia bezeichnet, was aber in beiden Fällen mit Sicherheit falsch ist.

Zwar haben nicht wenige Libaniosforscher gern angenommen, dass Johannes, einer der größten christlichen Prediger aller Zeiten, gerade bei Libanios, einem der größten heidnischen Rhetoren aller Zeiten, in die Schule ging. Aber die Frage bleibt kontrovers:[3] Vor wenigen Jahren hat sich Pierre-Louis Malosse[4] dezidiert gegen eine Schülerschaft des

---

[1] Jorit Wintjes: *Das Leben des Libanios*. Würzburg 2005, 180–182.

[2] Vgl. Heinz-Günther Nesselrath: „Libanio e Basilio di Cesarea: un dialogo interreligioso?". In: *Adamantius* 16 (2010), 338–352.

[3] Richard Foerster (*Libanii opera IX*, Leipzig 1927, 195) war in dieser Frage bezeichnend zurückhaltend.

[4] Pierre-Louis Malosse, „Jean Chrysostome a-t-il été l'élève de Libanios?". In: *Phoenix* 62 (2008), 273–280.

Chrysostomos bei Libanios ausgesprochen. Es lohnt sich, seine Argumente näher zu betrachten.

4. Argumente gegen die Schülerschaft

Malosse' erstes Argument ist, dass keiner von den beiden den jeweils anderen mit Namen in seinen Werken zitiert. In der Tat spricht Libanios keinmal von Johannes Chrysostomos; dagegen nimmt Johannes Chrysostomos mehr als einmal mit ziemlicher Sicherheit auf Libanios Bezug: In seiner Rede *Auf den heiligen Babylas und gegen die Hellenen* (die später noch etwas genauer betrachtet werden soll) spricht Johannes mehrfach vom „Sophisten der Stadt" und meint damit zweifellos Libanios, denn er zitiert längere Partien aus einer Rede, von der wir wissen, dass sie von Libanios stammte. In einer weiteren Schrift (*An eine junge Witwe*, § 104) erzählt Johannes eine Anekdote aus seiner Jugend über „meinen Sophisten"; Malosse glaubt jedoch, dass damit nicht Libanios gemeint sein könne.

Im fraglichen Text steht Folgendes (Z. 95–104):

> Als ich nämlich noch ein junger Mann war, weiß ich, dass mein Sophist – er war abergläubischer als alle anderen – in Gegenwart vieler Leute meine Mutter bewunderte. Er fragte nämlich die neben ihm Sitzenden (wie er es gewohnt war), wessen Kind ich sei, und als einer sagte, das einer Witwe, erkundigte er sich bei mir nach dem Alter meiner Mutter und der Dauer ihrer Witwenschaft. Als ich sagte, dass sie, (jetzt) vierzig Jahre alt, vor zwanzig Jahren meinen Vater verloren habe, da erstaunte er und rief laut aus und sagte, zu den Anwesenden blickend: ‚Donnerwetter, was für Frauen es bei den Christen gibt!'

Ich sehe keinen Grund, warum Libanios diesen Ausruf nicht hätte tun können. Etwa weil er zu positiv wirkt? Aber er könnte auch ironisch distanziert gemeint gewesen sein. Klar scheint jedenfalls, dass der hier geschilderte Sophist ein überzeugter Heide ist (πάντων δὲ ἀνδρῶν δεισιδαιμονέστερος), was auf Libanios gut zutrifft.

Malosse glaubt ferner, dass die Bezeichnung „mein Sophist" (so in *An eine junge Witwe*) von der Bezeichnung „der Sophist der Stadt" (so in der Rede über Babylas) verschieden sei und daher nicht die gleiche Person bezeichnen müsse. Umgekehrt ist dies aber auch nicht ausgeschlossen; es gilt hier zu beachten, dass die Redesituation in beiden Texten eine sehr verschiedene ist (im einen geht es um das Erzählen einer Jugendanekdote, im anderen um die öffentlich-polemische Zurückweisung einer rivalisierenden Darstellung). In der Redeweise „mein Sophist" möchte Malosse eine Art von Zuneigung zu einem verehrten Lehrer erkennen;[5] aber dies ist keineswegs zwingend, denn immerhin nennt Johannes den gleichen Lehrer im gleichen Atemzug „abergläubischer als alle anderen" (πάντων δὲ ἀνδρῶν δεισιδαιμονέστερος), was auch Malosse als „qualification dédaigneuse" wertet.

Blicken wir zum Vergleich noch einmal auf das schon früher erwähnte Lehrer-Schüler-Paar Platon und Aristoteles: Auch hier erwähnt der Lehrer den Schüler kein einziges Mal; umgekehrt erwähnt Aristoteles Platon in seinen Schriften gar nicht so selten, lässt dabei aber nirgends erkennen, dass er von seinem jahrzehntelangen Lehrer spricht. Sollen wir diesen Befund auch als Gegenargument gegen eine Schülerschaft des Aristoteles bei Platon nehmen?

Malosse zieht ferner die Glaubwürdigkeit des frühesten expliziten Zeugnisses, das von der Schülerschaft des Johannes bei Libanios spricht, nämlich das des Kirchenhistorikers Sokrates von Konstantinopel (*Historia ecclesiastica* 6, 3, 1, vgl. o.) in Zweifel, und zwar auch deshalb, weil Sokrates im

[5] Malosse, Chrysostome (wie Anm. 4), 276.

gleichen Kapitel (6, 3, 8) einen Basileios, der ein Freund des Johannes war, offensichtlich mit dem berühmten Basileios von Kaisareia verwechselt. Reicht aber ein solcher Fehler aus, um auch die weiteren Angaben des Kapitels in Zweifel zu ziehen?

Malosse' drittes Argument ist, dass der erste Biograph des Johannes, Palladios von Helenopolis, Libanios nicht namentlich erwähnt, als er von Johannes' Rhetorikstudien spricht. Aber die Erwähnung dieser Studien ist ohnehin so kurz und summarisch, dass man sich über die Nichtnennung des Libanios nicht besonders wundern muss; es heißt dort (*Dialogus de vita Joannis Chrysostomi*, c. 5 p. 28,1–7): „Dieser Johannes … wurde durch seine rhetorischen Studien (τοῖς λόγοις) auf den Dienst an den göttlichen Worten hin ausgebildet; als er dann im achtzehnten Lebensjahr war, weigerte er sich, den Sophisten mit ihren Wortklaubereien zu gehorchen, und in seinem Verstand zum Mann geworden, begehrte er nach den heiligen Unterweisungen."

Malosse weist sodann darauf hin, dass Libanios nicht der einzige heidnische Sophist war, der in der Jugendzeit des Johannes Chrysostomos in Antiocheia klassische Rhetorik unterrichtete[6] und dass dieser daher gut auch bei einem anderen als Libanios hätte in die Schule gehen können. Dieses Argument ist schwer zu widerlegen; andererseits war damals sicher Libanios in Antiocheia derjenige, der in seiner Profession das meiste Ansehen genoss, und man darf es zumindest als wahrscheinlich ansehen, dass die verwitwete Mutter des Johannes ihrem Sohn die bestmögliche Bildung angedeihen lassen wollte. Wenn dem so war, dann war Libanios die erste Adresse.

---

[6] Vgl. Raffaela Cribiore: *The School of Libanius in Late Antique Antioch*. Oxford 2007, 37–41.

Malosse wundert sich auch, dass keiner von den 1544 erhaltenen echten Briefen des Libanios an Johannes adressiert ist (der bereits erwähnte Brief 1553 ist ja eine Fälschung) oder ihn in einem dieser Briefe erwähnt. In der Tat gibt es nicht wenige Briefe, in denen Libanios über Schüler spricht;[7] aber er tut dies gegenüber Adressaten, die in einem engen familiären Verhältnis zu den erwähnten Schülern stehen (also in der Regel die Eltern oder sonstige nahe Anverwandte sind). Warum aber hätte Libanios an die in Antiocheia lebende Mutter des Johannes einen Brief schreiben sollen? Falls irgendeine Benachrichtigung nötig war, ließ sie sich gewiss in direkterer Form übermitteln. Und warum hätte Libanios Johannes selber einen Brief schreiben sollen, wenn bzw. solange sie beide in Antiocheia lebten? Wenn aber das Verhältnis zwischen beiden, nachdem Johannes die Schule verlassen hatte, so war oder sich so entwickelte, dass sie sich nichts mehr zu sagen hatten und einander nach Kräften ignorierten, dann gab es für Libanios erst recht keinen Grund, an Johannes zu schreiben oder ihn in irgendeinem Brief zu erwähnen. Es ist ferner zu bedenken, dass wir nur den geringeren Teil des riesigen Briefcorpus des Libanios erhalten haben (nämlich mit wenigen Ausnahmen nur die Briefe der Jahre 355–365 und 388 sowie 390–393; nur die 18 ersten und die zwei letzten Briefe stammen aus anderen Jahren). Soweit wir den Lebensweg des Johannes kennen, kann er nur in den Jahren vor 368 in Libanios' Schule gewesen sein; nach 365 aber haben wir für über zwanzig Jahre keine Briefe von Libanios erhalten.

Es hat in der Vergangenheit Versuche gegeben, Indizien für eine Schülerschaft des Johannes bei Libanios in stilistischen Übereinstimmungen zwischen Schriften des Libanios und des Johannes zu finden; so hat D. G. Hunter versucht, Nach-

[7] Vgl. die Sammlung bei Cribiore, School (wie Anm. 6).

ahmungen von Libanios' Stil in Johannes' früher Schrift *Ein Vergleich zwischen König und Mönch* zu finden.[8] Mir selber sind bei etwas genauerer Betrachtung der ebenfalls recht frühen (wohl aus dem Jahr 378 stammenden) Johannes-Rede *Auf den heiligen Babylas und gegen die Hellenen* (zu dieser Rede gleich noch etwas mehr) einige Stellen aufgefallen, an denen Johannes eindeutig sprachliche Wendungen benutzt, die an bestimmten Stellen der klassischen griechischen Literatur auftauchen – z. B. eine Redeweise aus dem Komödiendichter Aristophanes[9] oder aus dem Philosophen Platon[10] – und dann bis auf seine Schriften nicht mehr, mit Ausnahme gerade der Schulschriften des Libanios. In solchen Fällen ist die Annahme zumindest nicht völlig abwegig, dass Johannes diese klassischen Wendungen (die dann in seinen eigenen Werken zum Teil sehr häufig auftauchen) gerade im Unterricht bei Libanios kennen und verwenden gelernt hat.

---

[8] David G. Hunter: „Borrowings from Libanius in the Comparatio regis et monachi of St. John Chrysostom". In: *Journal of Theological Studies* n.s. 39 (1988), 525–531; Ders.: „Libanius and John Chrysostom: New Thoughts on an Old Problem". In: *Studia Patristica* 22 (1989), 129–135.

[9] *De Babyla* 6 μιαροὶ καὶ παμμίαροι: vgl. Aristophanes: *Frieden* 183, *Frösche* 466; weitere Stellen bei Johannes Chrysostomos: *De Lazaro, PG* 48, 996,51; *Ad populum Antiochenum* PG 49, 73,12. 95,3. 214,36; *In sanctum Romanum, PG* 50, 611,1 und noch viele andere – vgl. Libanios: *Deklamation* 33,28.

[10] *De Babyla* 16 μαίνεσθαί […] καὶ παραπαίειν: vgl. Platon: *Symposion* 173e (μαίνομαι καὶ παραπαίω); weitere Stellen bei Johannes Chrysostomos: *Adversus oppugnatores vitae monasticae, PG* 47, 361,15 (καὶ μαίνεσθαι δοκοῦσιν οἱ σωφρονοῦντες, καὶ παραπαίειν οἱ νουθετοῦντες), *Ad Stagirium a daemone vexatum PG* 47, 475,22 (μαινομένων καὶ παραπαιόντων ἀνδρῶν), *In sanctum Ignatium martyrem, PG* 50, 589,48 (μαινομένῳ καὶ παραπαίοντι), *In Matthaeum, PG* 58, 558,6 (μαίνῃ καὶ παραπαίεις), *In Ioannem, PG* 59, 227,50 (οἱ μαινόμενοι καὶ παραπαίοντες). 465,54, *In epistulam ad Hebraeos, PG* 63,164,48 (μαινόμεθα καὶ παραπαίομεν), *De Babyla* 107 (μαινόμενον καὶ παραπαίοντα) – vgl. Libanios: *Deklamation* 12,26 (μαίνομαι καὶ παραπαίω).

Malosse hat demgegenüber festgestellt, dass stilistische Nachahmung kein ausreichendes Indiz für eine direkte Schülerschaft des Johannes bei Libanios ist. Das ist sicher richtig; sie spricht aber auch nicht dagegen, und man könnte sogar fragen, ob denn nicht vielleicht auch ein bewusstes Nachahmen der Schriften eines anderen bereits eine Art Schülerschaft gegenüber diesem anderen begründen kann. Wieder dürfte hier ein Vergleich recht erhellend sein: Dem späteren Kaiser Julian wurde es in seiner Jugend ausdrücklich verboten, zu (dem damals ebenfalls noch recht jungen, aber bereits als guter Rhetoriklehrer bekannten) Libanios in die Schule zu gehen; Julian verstand es aber, dieses Verbot elegant zu umgehen, indem er sich Mitschriften aus Libanios' Unterricht besorgte und diese durcharbeitete. Später – als Libanios im Herbst und Winter des Jahres 362 zu einem engen Vertrauten des damals in Antiocheia weilenden Kaisers Julian geworden war – konnte sich Libanios rühmen, dass Julian nicht nur in seinen eigenen Augen, sondern auch in denen anderer tatsächlich als sein Schüler galt.[11] Wenn sich also im Werk des Johannes Chrysostomos stilistische Einflüsse des Libanios zeigen, könnte man ihn in ähnlicher Weise wie Julian als seinen Schüler ansehen.

Solche Erwägungen können Malosse freilich nicht zufriedenstellen; er weist vielmehr das *onus probandi* den Befürwortern der Schülerschaft zu und fordert eindeutige Beweise.[12] Die wird man dieser Form jedoch wahrscheinlich

---

[11] Vgl. Libanios: Rede 18, 13–15; 15, 6f.; 16, 16; Brief 369, 1f. Foerster (dazu Heinz-Günther Nesselrath: *Libanios: Zeuge einer schwindenden Welt.* Stuttgart 2012, 74f.).

[12] Malosse, Chrysostome (wie Anm. 4), 279. André-Jean Festugière: *Antioche Païenne et Chrétienne: Libanios, Chrysostome et les moines de Syrie.* Paris 1959, 409f. weist dagegen eine entscheidende Bedeutung dem Zeugnis des Kirchenhistorikers Sokrates zu, nachdem er zuvor die Argumente von Paul Maas gegen die Schülerschaft zurückgewiesen hat.

niemals finden. Vielleicht kann erneut ein Vergleich zeigen, wie weit Malosses Forderungen gehen: Würde man dieselben Beweismaßstäbe an den Nachweis anlegen, dass Aristoteles ein Schüler Platons ist, könnte man wohl auch die Annahme dieser Schülerschaft arg unterminieren; denn – wie sich bereits zeigte – auch diese beiden behandeln sich nirgendwo in ihren (nicht gerade wenigen) Schriften als Lehrer und Schüler, und die späteren Zeugnisse, in denen sie explizit so bezeichnet werden, sind eben genau das: spätere Zeugnisse, denen man – wie im Fall des Libanios und des Johannes Chrysostomos – Glauben schenken kann oder nicht.

Unter der Annahme, dass es jedenfalls kein unumstößliches Faktum gibt, das gegen eine Schülerschaft des Johannes Chrysostomos bei Libanios spricht, möchte ich im verbleibenden Teil dieser Ausführungen noch etwas genauer einen Text des Johannes vorstellen, der wie vielleicht kein anderer ebenso sehr zeigt, was er von seinem mutmaßlichen Lehrer Libanios gelernt hat, als auch, was ihn im weiteren Verlauf seines Lebens von diesem trennte bzw. ihn sogar zu einem kompromisslosen weltanschaulichen Gegner des Libanios machte.

5. Johannes Chrysostomos' Rede auf den heiligen Babylas und Libanios

Die *Rede auf den heiligen Babylas und gegen die (heidnischen) Hellenen* (λόγος εἰς τὸν μακάριον Βαβύλαν καὶ κατὰ Ἑλλήνων) zeigt bereits in ihrem doppelten Titel, worum es im engeren und im weiteren Sinn in diesem Text geht: Sein Kerninhalt ist die Geschichte des wundersamen Lebens und Nachlebens des heiligen Babylas, seine Stoßrichtung aber geht gegen alle Bewohner der griechisch-sprachigen östlichen Hälfte des Römischen Reiches, die immer noch am paganen Polytheismus festhalten (und deswegen in dieser Zeit in christlichen, aber auch in nichtchristlichen Texten den Namen „Hellenen" tragen). Die Rede ist wahrscheinlich im Jahr 378 entstanden[13] und dürfte damit eines der frühesten Werke des Johannes sein; erst drei Jahre später wurde er (wie schon gesagt) zum Diakon, erst acht Jahre später zum Priester geweiht. Die Datierung begründet sich vor allem von daher, dass der Text noch keinen Hinweis auf die Gedenkstätte (Martyrium) des Babylas enthält, die Bischof Meletios, der geistliche *spiritus rector* des Johannes, in den Jahren 379–380 in der Nähe von Antiocheia errichten ließ. Es ist aber eine attraktive Annahme,[14] dass Meletios im Vorfeld dieses Bauvorhabens den damals vielleicht etwa dreißigjährigen Johannes, von dessen rhetorischer Begabung er sicherlich wusste, dazu „ermutigte", den Märtyrer Babylas zum Gegenstand einer öffentlichen Rede zu machen.

Babylas ist in der Tat eine Gestalt, die uns mitten hinein in die große weltanschauliche Auseinandersetzung führt, die sich gerade im 4. Jh. n. Chr. zwischen einem seit der sogenannten „Konstantinischen Wende" immer stärker auftrumpfenden Christentum und einem immer mehr in die Defensive geratenden Heidentum abspielte. Babylas selber gehörte schon einer früheren Zeit an: Er war um die Mitte des 3. Jh.s n. Chr. Bischof von Antiocheia gewesen und nach über zehnjähriger Amtszeit der Verfolgung eines damaligen römischen Kaisers zum Opfer gefallen (welcher Kaiser dies war, darüber gehen die erhaltenen Nachrichten auseinander). In den Mittelpunkt einer Auseinandersetzung zwischen Heiden und Christen geriet er erst etwa ein Jahrhundert später, als im Jahr 351 der damals in Antiocheia residierende Unterkaiser („Caesar")

---

[13] Vgl. Margaret Schatkin: *Johannes Chrysostomus, Discourse on Blessed Babylas and Against the Greeks*. Washington D. C. 1985, 15 f.

[14] Schatkin, Chrysostomus (wie Anm. 13), 15.

Gallus – übrigens ein älterer Halbbruder des späteren Kaisers Julian Apostata – die Gebeine des Babylas feierlich in der schönen Antiochener Vorstadt Daphne bestatten ließ, und zwar ausgerechnet in der Nähe eines nicht unbedeutenden Apollon-Tempels, in dem eine berühmte Kolossalstatue des Gottes stand, die noch im 4. Jh. v. Chr. von dem Künstler Bryaxis (der an der Skulpturenausstattung des berühmten Mausoleum von Halikarnass beteiligt gewesen sein soll) geschaffen wurde. Als dann elf Jahre später Kaiser Julian das Apollon-Orakel in diesem Tempel befragen wollte, musste er feststellen, dass es verstummt war – und zwar, wie ihm gesagt wurde, wegen der Nähe der Reliquien des christlichen Märtyrers Babylas. Julian ordnete daraufhin an – um den Gott von der ihn offenbar lähmenden Präsenz des christlichen Heiligen zu befreien –, diese Reliquien zu entfernen und im christlichen Friedhof von Antiocheia zu bestatten. Nur wenig später aber zerstörte ein nächtliches Feuer nicht nur das Dach des Tempels, sondern auch die in ihm befindliche einmalige und kostbare Statue des Gottes. Über die Ursache des Feuers gingen die Meinungen weit auseinander: Der wutentbrannte Kaiser vermutete christliche Brandstifter und ließ sogar den Priester des Apollon-Tempels foltern, um irgendwelche Hinweise darauf zu erhalten; der Historiker Ammianus Marcellinus (*Res gestae* 22, 13, 3) vermerkte einen wesentlich banaleren (und leider sehr plausiblen) Grund: Wachskerzen, die ein Besucher des Tempels am Vorabend aufgestellt und brennen gelassen hatte und deren Funkenflug dann in der Nacht zu dem verheerenden Brand führte. Johannes Chrysostomos freilich lässt in unserer Rede (Kap. 93[15]) das Feuer auf Inter-

[15] Vgl. auch Johannes Chrysostomos: *Panegyricus in Babylam* 8 (Bernard Grillet/Jean-Noel Guinot (Hgg.): *Jean Chrysostome, Homélie sur Babylas* [Sources Chrétiennes 362]. Paris 1990, 308), wo von einem göttlichen Blitzschlag die Rede ist.

vention des heiligen Babylas durch niemand anderen als den Christengott selbst entstehen und damit die Wirkmächtigkeit des Heiligen auch lange nach seinem Tod (und in größerer Entfernung vom Apollon-Tempel, denn Babylas' Gebeine waren ja nach Antiocheia zurückgebracht worden) bewiesen sein. In jedem Fall wurde der Brand des Tempels allgemein als ein Fanal empfunden, sowohl auf christlicher wie auch auf heidnischer Seite; Libanios schrieb sogar eine Klagemonodie auf die Zerstörung des Heiligtums, von der wir wenigstens noch Fragmente kennen, weil just Johannes Chrysostomos in seiner Rede daraus zitiert (vgl. u.).

Alle diese Ereignisse um Babylas und sein mächtiges Weiterwirken noch mehr als ein Jahrhundert nach seinem Tod werden in dieser Rede ausführlich von Johannes dargestellt, um zu zeigen, dass dieses Wirken eines christlichen Heiligen noch in seiner eigenen Zeit die Wahrheit des christlichen Evangeliums bestätige und insbesondere die Wahrheit der Prophezeiung Christi selbst (in Joh 14, 12, gleich zu Beginn von Johannes' Rede zitiert), dass alle diejenigen, die an ihn glaubten, die gleichen Wunder wie er und sogar noch größere zu tun imstande seien.

Die umfangreiche Einleitung von Johannes' Rede (Kap. 1–21) geht gerade von dieser Prophezeiung aus, um die Einmaligkeit der christlichen Botschaft zu zeigen: Anders als die von den Heiden als Götter verehrten Dämonen ist Christus bereit, seine Wundermacht voll und ganz mit seinen Anhängern zu teilen; dies wurde bereits durch die in der Apostelgeschichte beschriebenen Wunder erwiesen und in neuerer Zeit genauso durch Babylas, dessen Geschichte den in zwei Abschnitte gegliederten Hauptteil der Rede bildet: Der erste Abschnitt (Kapitel 22 bis 63) schildert sein Wirken zu seinen Lebzeiten bis zu seiner Ermordung, der zweite (noch umfangreichere: Kap. 64 bis 126) sein noch erstaunlicheres Wirken nach seinem Tod. Wir erhalten hier gewissermaßen eine Biographie, die weit über den eigentlichen Bios hinausreicht. Margaret Schatkin hat in diesem Text, was Struktur und Länge betrifft, deutliche Parallelen zu epideiktischen Reden des Libanios erkennen wollen,[16] und es könnte sein, dass Johannes vor allem mit einer ganz bestimmten Rede des Libanios in Konkurrenz treten wollte, nämlich mit dessen längstem Text überhaupt, der großen Leichenrede auf den toten Kaiser Julian: Ihm wird mit Babylas ein christlicher Märtyrer entgegengestellt, der seine Bemühungen um die Wiederbelebung der heidnischen Kulte an einem ganz neuralgischen Punkt, dem bedeutenden Apollontempel von Daphne mit seiner imposanten Statue des Gottes, auf Dauer zunichte machte, indem er – sozusagen unter Julians Augen! – für die Zerstörung von Tempel und Statue sorgte.

Wie souverän Johannes in dieser Rede die von ihm erlernte klassische griechische Rhetorik in den Dienst der eigenen Botschaft stellt, sei abschließend an einigen Stellen vorgeführt. In dem Abschnitt, in dem Johannes den bösen kaiserlichen Gegner des noch lebenden Babylas präsentiert, wird dessen tiefschwarzer Charakter in einer Ausmalung (Ekphrasis) seiner ersten Untat dargestellt, nämlich der Ermordung eines seiner Obhut anvertrauten fremden Fürstensohnes, noch bevor die Konfrontation mit Babylas beginnt (Kap. 26):

Wenn ich mir nämlich vergegenwärtige, wie jener Verruchte sich bewaffnet und das Schwert hebt und den Hals des Jungen ergreift und seine rechte Hand, mit der er (ihn als) Schutzbefohlenen empfangen hatte, wie er mit dieser das Schwert in den Hals stößt, dann platze ich und ersticke vor Zorn. Wenn ich aber wiederum sehe, wie der Knabe Angst hat und zittert und seine letzten Wehklagen ausstößt und nach seinem Vater ruft und sagt, *er* sei an dieser Tat schuld, und den

[16] Schatkin, Chrysostomus (wie Anm. 13), 46.

Mord nicht dem anrechnet, der das Schwert in seinen Hals taucht, sondern dem, der ihn gezeugt hat, und wie er nicht entfliehen kann und auch nicht sich wehren, sondern nur noch vergebliche Vorwürfe dem Vater macht und die Wunde empfängt und keucht und den Boden mit seinen Füßen tritt und die Erde mit den Strömen seines Blutes besudelt, dann zerreißt es mir die Eingeweide und verdunkelt sich mein Verstand, und ein Dunstschleier der Verzweiflung ergießt sich über meine Augen!

Jedes Wort dieser so detailreichen und lebendigen Schilderung zielt darauf ab, den Zuhörer das sich hier abspielende Verbrechen geradezu sehen zu lassen – ein erklärtes Ziel der griechischen Rhetorik, um dadurch im Adressaten die gewünschten Emotionen des Abscheus und gerechten Zorns hervorzubringen. Die Partie könnte auch in einer besonders gelungenen Deklamation des Libanios stehen; sie zeigt, wieviel Johannes von der griechischen Rhetorik gelernt hat.

Und dies gilt auch für diejenige Kapitelfolge im zweiten Hauptteil der Rede, die in unserem Kontext von ganz besonderem Interesse ist, weil Johannes hier in eine direkte Auseinandersetzung mit Libanios selbst eintritt (Kap. 98–113). Nachdem Johannes nämlich in diesem Teil geschildert hat, wie der Heilige für den Brand sorgte, der Tempel und Statue zerstörte (Kap. 93–97), lässt er als Kronzeugen für den gewaltigen Eindruck, den dieser Brand erzeugte, ausgerechnet Libanios auftreten, der (wie schon erwähnt) eine pathetische Klagerede auf dieses Ereignis verfasst hatte. Aus dieser Rede zitiert Johannes im Folgenden eine Reihe von (zum Teil recht umfangreichen) Passagen, die er so geschickt auswählt und kommentiert, dass sie in der Tat die Schlussfolgerungen, die er als Christ aus diesem Ereignis zieht (und die gewiss nicht in Libanios' Sinne waren), unterstützen.

Dies sei hier an wenigen Beispielen gezeigt: In Kap. 98 wird die Stelle aus der Klagerede zitiert, an der Libanios selber das Paradoxon hervorhebt, dass der Gott Apollon ausgerechnet zu einer Zeit, in der ihm durch Kaiser Julian alle früheren Ehren und Kulte wiederhergestellt waren, sein Heiligtum verlassen habe:

Jetzt, nach dem Empfang von vielen Schafen und vielen Rindern (als Schlachtopfern), nachdem du den heiligen Mund des Kaisers auf deinem Fuß (im Kuss) empfangen hast, nachdem du den gesehen hast, den du ankündigtest, und gesehen wurdest von dem, der verkündet worden war, nachdem du von der üblen Nachbarschaft eines dich in seiner Nähe störenden Leichnams befreit worden warst, bist du davongesprungen, mitten aus der dir erwiesenen Verehrung.

Hier hakt Johannes bei dem Satz „nachdem du von der üblen Nachbarschaft eines dich in seiner Nähe störenden Toten befreit worden warst" ein, denn hier geht es just um Babylas (Kap. 99):

Ja wer ist denn dieser Leichnam, Sophist, der deinen Gott belästigt? Welcher Art ist diese ‚üble Nachbarschaft'? Hier nämlich ist er [scil. Libanios] auf die tapferen Taten des heiligen Babylas gestoßen, und da er durch die Schande nicht hindurchschwimmen kann, zieht er sich die Kapuze über und läuft einfach daran vorbei ... er sagt einfach ‚nachdem du von einer üblen Nachbarschaft befreit worden warst'. Warum sagst du denn nicht, wer der Leichnam war, und weswegen allein er deinen Gott belästigte und weswegen allein er umgebettet wurde? Und warum auch nennst du ihn eine ‚üble Nachbarschaft', sag mir? Weil er den Betrug des Dämons aufdeckte? Aber das war doch nicht das Werk irgendeiner ‚üblen Nachbarschaft' wie auch nicht das eines Leichnams, sondern eines Lebenden und Wirkenden und Tüchtigen und Schutzpatrons und Fürsorgers und eines, der alles für eure Rettung ins Werk setzen würde, wenn ihr es denn wolltet!

An einer späteren Stelle nimmt sich Johannes genauso gnadenlos eine bewusst vage gehaltene Formulierung des Libanios vor, um sie zuungunsten der heidnischen Götter auszudeuten (Kap. 110):

Es lohnt sich zu erfahren, weshalb er dem Hephaistos Undankbarkeit vorwirft, wenn er folgendermaßen spricht: ‚Hephaistos, der Herr des Feuers, drohte dem (im Tempel) wütenden Feuer nicht, obwohl er dem Gott (Apollon) doch Dank für eine alte Anzeige schuldete.' Was denn für einen Dank? Für was für eine ‚alte Anzeige', sag? Weswegen verbirgst du die noblen Taten der Götter? Wenn du nämlich diese Dankesschuld direkt genannt hättest, hättest du Hephaistos noch in höherem Maß als undankbar erwiesen. Aber du schämst dich und errötest – na, dann werde ich einmal offen das sagen, was eigentlich deine Aufgabe zu sagen gewesen wäre. Was also war diese Dankesschuld? Ares, so erzählt man, verliebte sich einmal in Aphrodite, und weil er den Hephaistos – der war ihr Mann – fürchtete, passte er seine Abwesenheit ab und ging zu ihr hinein. Apollon aber sah, wie sie miteinander schliefen, ging zu Hephaistos und zeigte ihm den Ehebruch an. Als jener kam und beide im Bett fand, legte er ihnen Fesseln an, so wie sie waren, und rief dann die (anderen) zu diesem ungebührlichen Anblick und bestrafte sie in dieser Weise für ihren Ehebruch. Da also Hephaistos diese Dankesschuld hatte, sagt er [scil. Libanios], er hätte sich, als die Lage es erforderte, nicht um die Begleichung gekümmert.

Auf diese Weise gibt der christliche Prediger mit sichtlichem Vergnügen eine der berühmtesten Ehebruchsgeschichten zum Besten, die sich unter den griechischen Göttern ereignet haben soll und bereits im achten Buch der homerischen *Odyssee* erzählt wird, während der heidnische Sophist auf die Sache nur vorsichtig anspielt, um das Decorum zu wahren.

6. Fazit: Doch ein Schüler des Libanios?

Bereits diese wenigen Kostproben können zeigen, wie gründlich sich Johannes sowohl die Inhalte angeeignet hat, die für die klassische Rhetorik wichtig waren – hier wurden gerne Beispiele aus den griechischen Mythen und aus kanonischen

Autoren wie Homer für die Argumentation eingesetzt –, als auch ihre Verfahrensweisen (z. B. die Kunst der plastischen Beschreibung und der geistreiche, gelegentlich auch polemische Umgang mit dem Gegner unter Verwendung von direkten Apostrophen, rhetorischen Fragen und ähnlichem). Die *Rede auf den heiligen Babylas und gegen die Hellenen* illustriert in ausgezeichneter Weise, wie erfolgreich eine „Kulturtechnik“, die in einem ganz bestimmten Milieu entstanden ist – die Wurzeln der griechischen Schulrhetorik reichen bis in die klassische Zeit des 4. und 5. Jh.s v. Chr., sie hat aber vor allem in der Zeit des Hellenismus und der frühen und hohen römischen Kaiserzeit ihre abschließende Form erhalten –, in ein neues Milieu übertragen werden, das sich in wesentlichen Voraussetzungen und Phänomenen von dem Ursprungsmilieu unterscheidet (in diesem Fall die christliche Kultur der späten Antike).

Wir haben sichere Zeugnisse dafür, dass auch der Heide Libanios auf seine Weise zu dieser Übertragung wesentlich beigetragen hat: Er hatte christliche Schüler, die dann später Bischöfe geworden sind – etwa Amphilochios aus Kappadokien, der Ende 373 auf den Bischofsstuhl der Stadt Ikonion im kleinasiatischen Lykaonien kam,[17] und Optimos, ebenfalls aus Kappadokien, der seit 374 Bischof des phrygischen Agdamia und später des pisidischen Antiocheia war[18] –, und er

---

[17] In Brief 1543 Foerster (von 374) gibt sich Libanios zunächst darüber verstimmt, dass Amphilochios sich von der klassischen Rhetorik ab- und dem Christentum zugewendet habe (§ 1), beglückwünscht ihn dann aber in § 2 geradezu zu seiner Bischofsweihe, weil sie Amphilochios die Gelegenheit gebe, als christlicher Prediger die gelernte heidnische Rhetorik doch noch zu praktizieren.

[18] Vgl. Sokrates von Konstantinopel: *Historia ecclesiastica* 7, 36, 20. In Brief 1544 Foerster gratuliert ihm Libanios sehr freundlich zu seiner Bischofswahl, da sie ihn die gelernte heidnische Rhetorik nunmehr sinnvoll anwenden lasse. Zu Optimos vgl. Arnold Hugh Martin Jones et

hat es ausdrücklich begrüßt, dass sie in dieser Funktion die bei ihm gelernte Rhetorik anwenden konnten.

War auch Johannes Chrysostomos sein Schüler? Die hier vorgetragenen Überlegungen lassen dies zumindest nicht unwahrscheinlich erscheinen. Libanios kann Johannes' Hinwendung zum Christentum nur mit Bedauern verfolgt haben, und vor allem seine Neigung zum Mönchtum musste große Antipathie bei ihm auslösen, denn gerade von christlichen Mönchen hielt Libanios überhaupt nichts, wie klare Zeugnisse belegen.[19] Einer so exzellent ausgearbeiteten Rede wie „Auf den heiligen Babylas und gegen die Hellenen" dürfte aber auch Libanios seine Bewunderung nicht versagt haben – auch wenn er selber darin prominente Zielscheibe war –, weil sie eben so souverän die Inhalte und Formen gerade von Libanios' Rhetorik anzuwenden versteht. Und so könnte die von Sozomenos erzählte Anekdote – dass noch der sterbende Libanios es bedauert, dass sein Meisterschüler Johannes nicht sein Nachfolger werden konnte, weil er Christ geworden war – zwar nicht in einem konkret historischen Sinn, aber gewissermaßen auf einer höheren Ebene doch noch wahr sein.

---

al. (Hgg.): *Prosopography of the Later Roman Empire.* Bd. I. Cambridge 2006, 650.

[19] Vgl. Heinz-Günter Nesselrath: „Libanios und die Mönche". In: Beate Regina Suchla (Hg.): *Von Homer bis Landino. Beiträge zur Antike und Spätantike sowie zu deren Rezeptions- und Wirkungsgeschichte. Festgabe für Antonie Wlosok zum 80. Geburtstag.* Berlin 2011, 243–267.

Anleitung zur Glückseligkeit – Der spätantike Philosoph Proklos als Lehrer

Ilinca Tanaseanu-Döbler

1. Einleitung

Ich werde aber meine Darlegung nicht in der gewohnten Manier der Redenschreiber beginnen, die die Rede nach Hauptpunkten geordnet methodisch entfalten, sondern ich werde der Rede die Glückseligkeit des seligen Mannes als, wie ich meine, geziemendstes Fundament zugrunde legen. Denn ich bin der festen Überzeugung, daß er der glückseligste aller Menschen gewesen ist, die in der ganzen langen Vergangenheit in aller Leute Munde waren. Und das meine ich nicht nur im Sinne der Glückseligkeit der Weisen, obwohl er diese sicherlich im höchsten Maße besaß, noch in dem Sinne, daß ihm das, was zur Tugend gehört, zu einem guten Leben ausreichte, noch wiederum gemäß dem von den Vielen gepriesenen glücklichen Geschick, auch wenn dieses ihm wiederum von der Fortuna wohl bereitet war, wenn denn irgendeinem anderen Menschen; er war nämlich üppig mit allen Gütern ausgestattet, die man äußerlich nennt – nein, ich möchte eine vollkommene und in allen Punkten makellose Glückseligkeit ausdrücken, die aus jenen beiden zusammengesetzt war.[1]

So beschreibt Proklos' Schüler Marinos, der diesem als Schulhaupt der platonischen Schule von Athen nachgefolgt war, das Grundprinzip seiner Lobrede auf seinen Lehrer, die uns unter dem Titel „Proklos oder über die Glückseligkeit" überliefert

---

[1] Marinos: *Vita Procli* 2 (hg. v. Henri-Dominique Saffrey/Alain-Philippe Segonds (Hgg.): *Marinus. Proclus ou sur le bonheur*. Paris 2001).

ist. Marinos steht damit in der Tradition der spätantiken Philosophie. Das Verfassen von Viten, in denen bedeutende Philosophen als Inbegriff der höchsten Lebensform dargestellt wurden, gehört seit Porphyrios zu den besonderen Merkmalen neuplatonischen Schrifttums und Schullebens. Pythagoras, Plotin oder die Philosophen des 4. Jh.s wurden als philosophische Heilige gefeiert, über die materielle Welt erhaben und den Menschen das Göttliche nahebringend. Biographie wird in diesen Viten immer mehr zur Hagiographie, wie etwa Patricia Cox Miller gezeigt hat;[2] für einige dieser Viten hat die Forschung die Nähe zur christlichen Evangelienliteratur herausgearbeitet.[3] Mit der hymnischen Biographie seines Lehrers entscheidet sich Marinos dafür, nicht eine ehrwürdige Gestalt aus der grauen Vorzeit als Paradigma der Philosophie

---

[2] Patricia Cox Miller: „Strategies of Representation in Collective Biography. Constructing the Subject as Holy". In: Tomas Hägg / Philip Rousseau (Hgg.): *Greek Biography and Panegyric in Late Antiquity*, Berkeley / Los Angeles / London 2000, 209–254, hier 249. Vgl. auch dies.: *Biography in Late Antiquity: A Quest for the Holy Man*, Berkeley / Los Angeles 1983 sowie Richard Goulet:, *Études sur les vies de philosophes dans l'antiquité tardive*. Paris 2001. Kritik am Ansatz bei John Dillon: „Holy and Not So Holy: On the Interpretation of Late Antique Biography". In: Brian McGing / Judith Mossman (Hgg.): *The Limits of Ancient Biography*. Swansea 2006, 155–167, der allerdings ein problematisch verengtes Verständnis von „Hagiographie" an den Tag legt.

[3] Z. B. John Dillon / Jackson P. Hershbell: *Iamblichus. On the Pythagorean Way of Life*. Atlanta, GA 1991, 25 f., John Dillon: „Die Vita Pythagorica – ein Evangelium?". In: Michael von Albrecht et al.: *Jamblich: Pythagoras. Legende – Lehre – Lebensgestaltung*. Darmstadt 2002, 294–301; Lucien Jerphagnon: „Les sous-entendus anti-chrétiens de la Vita Plotini où l'Evangile de Plotin selon Porphyre". In: *Museum Helveticum* 47 (1990), 41–52; Mark Edwards: „Birth, Death and Divinity in Porphyry's Life of Plotinus". In: Hägg / Rousseau, Biography and Panegyric (wie Anm. 2), 52–71, hier 66–69. Zu den Philosophenviten und ihrer Interpretation in der Forschung vgl. Ilinca Tanaseanu-Döbler: „Neoplatonic Lives of Pythagoras – Media of Religious Paideia?". In: *Zeitschrift für Religionswissenschaft* 20, 1 (2012), 70–93, 71–73, mit weiterer Literatur.

zu wählen, sondern in seiner unmittelbaren Zeit zu bleiben und dort an Proklos die Möglichkeit und die Perspektiven eines gelingenden philosophischen, d. h. im höchsten Grade menschlichen Lebens aufzuzeigen. Wie Irmgard Männlein-Robert darlegt, tut er das in enger Auseinandersetzung mit Porphyrios' *Leben Plotins*, welches als Initialzündung spätantiker Philosophenviten angesehen werden kann.[4] Die Struktur solcher philosophischer Hagiographien ist variabel: von der biographischen Darstellung und Anekdotensammlung[5] über die Verwendung der neuplatonischen Hierarchie der Tugenden als Strukturprinzip[6] bis hin zur Einordnung des Lehrers in ein Panorama der zeitgenössischen Philosophiegeschichte.[7]

Mit der Glückseligkeit (*eudaimonia*) ist ein altes philosophisches Ideal angesprochen, das man auf Platon und Aristoteles zurückführen kann und das vor allem in der hellenistischen Philosophie immer stärker hervorgehoben wird: Philosophie ist nicht bloße Theorie, sondern eine Kunst gelingenden Lebens.[8] Es scheint somit nur folgerichtig, wenn Marinos dieses altehrwürdige Ideal heranzieht, um das Leben

[4] Irmgard Männlein-Robert: „Biographie, Hagiographie, Autobiographie – die Vita Plotini des Porphyrios". In: Michael Erler / Theo Kobusch (Hgg.): *Metaphysik und Religion. Zur Signatur des spätantiken Denkens.* München / Leipzig 2001, 581–609, hier 602 f.

[5] Anekdotensammlungen: Porphyrios: *Vita Pythagorae* oder Eunapios: *Vitae sophistarum et philosophorum.* Biographien: Porphyrios: *Vita Plotini.*

[6] Marinos: *Vita Procli*; ein viel komplexeres Strukturprinzip liegt Jamblichs *Vita Pythagorica* zugrunde, auch wenn Tugenden dort eine wichtige Rolle spielen. Dazu Michael Lurje: „Die Vita Pythagorica als Manifest der neuplatonischen Paideia". In: Michael von Albrecht et al.: *Jamblich: Pythagoras. Legende – Lehre – Lebensgestaltung.* Darmstadt 2002, 221–253, 236–247.

[7] Damaskios: *Vita Isidori.* Allerdings kann auch hier hypothetisch überlegt werden, inwiefern auch das Strukturprinzip der Tugenden am Werk sei: so Dominic J. O'Meara: „Patterns of Perfection in Damascius' Life of Isidore". In: *Phronesis* 51 (2006), 74– 90.

[8] Albrecht Dihle: *Philosophie als Lebenskunst.* Opladen 1990.

seines Lehrers zu feiern. Nur sind wir nicht mehr im Hellenismus, sondern in der griechischen Spätantike, am Ende des 5. Jh.s n. Chr. Seit fast anderthalb Jahrhunderten, seit der Regierungszeit Konstantins, ist das Christentum nicht mehr nur eine Stimme auf dem religiösen Markt der Möglichkeiten, sondern diejenige, die stetigen Einfluss gewinnt und auch von kaiserlicher Seite favorisiert wird – wenn wir die kurze Episode der Regierungszeit Julians ausnehmen. Pagane Kulte werden allmählich zurückgedrängt; vielerorts waren sie schon vorher langsam ausgestorben.[9] Seit fast einem Jahrhundert, der Regierungszeit Theodosios' I., sind Opfer und weitere Kultakte gesetzlich verboten. Zerstörungen von Heiligtümern können jederzeit drohen, wie die Apologie des Libanios für die Tempel erkennen lässt.[10] Wir befinden uns also im 5. Jh. n. Chr., und religiös scheint das römische Reich nun christlich besetzt zu sein. „Das ganze römische Reich? Nein! Ein von unbeugsamen Hellenen bevölkerter Elfenbeinturm hört nicht auf, dem Eindringling Widerstand zu leisten."[11] In den neuplatonischen Schulen des Ostens entfaltet sich gerade in der Spätzeit das Bestreben, aus der schier unermesslichen Vielfalt von Riten und Mythen eine hellenische bzw. pagane Identität mit einer philosophisch fundierten Theologie und Ritualtheorie zu entwickeln.[12]

---

[9] Zum Panorama des spätantiken Paganismus vgl. Ilinca Tanaseanu-Döbler: „Gibt es eine pagane communio sanctorum in der Spätantike?". In: Peter Gemeinhardt / Katharina Heyden: *Heilige – Heiliges – Heiligkeit in spätantiken Religionskulturen*. Berlin / New York 2012, 327–368. 340–344 mit weiterer Literatur.

[10] Libanios, XXX. Rede, jetzt in einer neuen kommentierten Ausgabe von Heinz-Günther Nesselrath et al.: *Libanios. Für Religionsfreiheit, Recht und Toleranz*. Tübingen 2011.

[11] Um mit der wohlbekannten Asterix-Einleitung zu sprechen.

[12] S. dazu den immer noch fundamentalen Aufsatz von Henri-Dominique Saffrey: „Accorder entre elles les traditions theologiques: une charactéristique du neoplatonisme athenien". In: Egbert P. Bos / Pieter

In diesem Umfeld lebt und wirkt Proklos als Schulhaupt von Athen, und sein Werk, das uns zu großen Teilen erhalten geblieben ist, trägt maßgeblich zu diesem Unterfangen bei. Während sein philosophisches System, seine Platonexegese sowie seine Einstellung zu Ritualen im Fokus der Forschung standen und stehen, wurde seiner Rolle als Lehrer und seinen Ansichten über Lehr- und Lernprozesse bisher weniger eigenständige Aufmerksamkeit zuteil.[13] Der vorliegende Beitrag ist diesem Thema gewidmet. Zunächst soll Proklos'

A. Meijer (Hgg.): *On Proclus and His Influence in Medieval Philosophy*. Leiden / New York / Köln 1992, 35–50, sowie Jan Stenger: *Hellenische Identität in der Spätantike. Pagane Autoren und ihr Unbehagen an der eigenen Zeit*. Berlin / New York 2009.

[13] Vgl. insbesondere Edward Watts: City and School in Late Antique Athens and Alexandria. Berkeley / Los Angeles / London 2006, 97–118, der Proklos' Karriere in der athenischen Schule anhand der biographischen Zeugnisse skizziert und dessen Religiosität und die daraus resultierenden Konflikte mit christlichen Kreisen in Athen betont, ohne allerdings Proklos als Lehrer genauer in den Blick zu nehmen. Vgl. auch John Dillon: „Philosophy as a Profession in Late Antiquity". In: Andrew Smith (Hg.): The Philosopher and Society in Late Antiquity. Swansea 2005, 1–17, hier 9–11, und Robert Lamberton: „The Schools of Platonic Philosophy of the Roman Empire: The Evidence of the Biographies". In: Yun Lee Too (Hg.): Education in Greek and Roman Antiquity. Leiden u.a. 2001, 433–472, hier 448–453. Wichtig sind die Bemerkungen von Philippe Hoffmann zur neuplatonischen Pädagogik, insbes. „La fonction des prologues exégétiques dans la pensée pédagogique néoplatonicienne". In: J. Dubois / B. Roussel (Hgg.), *entrer en matière. les prologues* (sic). Paris 1998, 209–245, bes. 228–240; teilweise wieder aufgenommen und anders akzentuiert in ders., „Bibliotheques et formes du livre à la fin de l'antiquité. Le témoignage de la littérature néoplatonicienne des Ve et VIe siècles". In: Giancarlo Prato (Hg.): *I Manoscritti greci tra riflessione e dibattito*. Bd. II. Florenz 2000, 601–632, sowie ders. „What Was Commentary in Late Antiquity? The Example of the Neoplatonic Commentators". In: M. L. Gill / P. Pellegrin (Hg.): *A Companion to Ancient Philosophy*. Oxford 2009 (urspr. 2006), 597–622. Angekündigt, aber noch nicht publiziert ist Gyburg Uhlmann: *Platon lehren und lernen. Der philosophische Unterricht in der Spätantike*. Berlin / New York.

Biographie in den Blick genommen werden. Sein Wirken als Philosophielehrer, seine Methoden und Lernziele bzw. Bildungsinhalte werden in einem zweiten Schritt diskutiert. Anhand zweier Kommentare wird anschließend Proklos' Lehrerideal sowie seine pädagogische Philosophie beleuchtet, um abschließend einige Punkte zu seiner Nachwirkung zu skizzieren. Als Quellen dienen dabei zum einen Proklos' umfangreiches Oeuvre selbst; zum anderen sind wir in der glücklichen Lage, zeitgenössische Quellen über Proklos zu besitzen. Die eingangs erwähnte Lobrede des Marinos wird dabei von differenzierteren und kritischen Hinweisen des Damaskios, eines „Enkelschülers" des Proklos, ergänzt.

2. Proklos: ein Leben im Zeichen von Schule und Religion

Für Proklos' Biographie ist die *Vita Procli* des Marinos eine unschätzbare Quelle, da sie relativ genaue Lebensdaten (um 410–485) ermöglicht. Das Bild, das daraus hervorgeht, ist das eines ziemlich geradlinigen, etwas monotonen Lebenslaufes. Proklos wurde in Konstantinopel in eine reiche adlige Familie aus Lykien hineingeboren; der Vater war Anwalt.[14] Seine Kindheit verbringt Proklos in Lykien, wo er die erste schulische Ausbildung bei einem *grammatikos*, einem Literaturlehrer, erhält. Zum weiteren Studium geht er zunächst nach Alexandria, wo er sich der (griechischen) Literatur und Rhetorik sowie dem Latein und dem römischen Recht widmet, da zunächst vorgesehen ist, dass er den Beruf seines Vaters ausüben solle. Eine Reise nach Konstantinopel löst eine Konversion zur Philosophie aus: nach Alexandria zu-

[14] Marinos: *Vita Procli* 4.6.7.

rückgekehrt, studiert er insbesondere bei Olympiodoros und einem gewissen Heron. Schließlich reist er nach Athen[15], um seine Studien bei Plutarchos und dessen Schüler und Nachfolger Syrianos zu vertiefen, zu deren Lieblingsschüler er – nach Marinos – rasch avanciert. Insbesondere Syrianos wird für ihn zum Lehrer schlechthin, den Proklos überschwenglich feiert, wie wir später sehen werden.[16]

Mit Athen und der athenischen Schule findet Proklos geographisch wie geistig seine Heimat, der er bis zu seinem Ende treu bleiben wird. Weitere Reisen sind nicht überliefert, bis auf eine kurze Episode, wo er es aufgrund von Unruhen in der Stadt – wohl Konflikten mit christlichen Bürgern – für klug hält, vorübergehend die Stadt zu verlassen: diese Zeit nutzt er für einen Aufenthalt in Kleinasien, wo er sich in den obskursten Kulten ‚weiterbildet'.[17] Recht früh, mit ca. 27 Jahren, tritt er die Nachfolge seines Lehrers Syrianos an. Er steht der athenischen Schule bis zu seinem Tode mit 75 Jahren vor und versucht, sie in seinem Sinne als Lehr- und Lebensgemeinschaft zu gestalten.

Bei der Darstellung von Proklos' früher Biographie sind Marinos zwei Aspekte wichtig. Er betont zum einen im Sinne der späteren neuplatonischen Klassifizierung der Tugenden,[18] die bei den naturgegebenen *aretai* ansetzt, auf einer ersten

[15] Ausschlaggebend waren nach Marinos, *Vita Procli* 10, philosophische Exegesen der Lehrer, die in den Vorlesungen vertreten wurden und die Proklos als „unwürdig der Denkweise des entsprechenden Philosophen" empfunden haben soll – eventuell ein versteckter Verweis auf Nähe zu christlichen Positionen? Anders Saffrey / Segonds, Proclus (wie Anm. 1), 93, Anm. 6.

[16] Zum Werdegang: Marinos: *Vita Procli* 8–13.

[17] Marinos: *Vita Procli* 15 und 32. Vgl. Dillon, Philosophy (wie Anm. 13), 10f; Watts, City (wie Anm. 13), 105–107.

[18] Dazu in der Forschung immer noch grundlegend die Übersicht bei Saffrey / Segonds, Proclus (wie Anm. 1), LXIX–XCVIII.

Stufe die perfekte Veranlagung seines Helden für die Philosophie: seine Lernfähigkeit, sein phänomenales Gedächtnis, die physische Ausdauer und Arbeitskraft, aber auch sein gewinnendes Wesen, das ihm die Herzen seiner Lehrer zufliegen lässt. Alle wollen den Wunderschüler festhalten. Seine Lehrer Leonas und Olympiodoros machen ihn zum Hausgenossen und behandeln ihn wie den eigenen Sohn. Olympiodoros versucht, ihn als Schwiegersohn zu binden. Heron, der Lehrer in den mathematischen Wissenschaften, öffnet ihm nicht nur sein Haus, sondern lässt ihn auch uneingeschränkt an seiner religiösen Praxis teilhaben[19] – für die damalige Zeit ein Beweis größten Vertrauens, welches sich Proklos von seinen athenischen Lehrern durch eine Selbstoffenbarung als Hellene förmlich erzwingt: Bei seinem ersten Besuch in Syrianos' „Sprechstunde", in dem er sich als neuer Student vorstellt, versucht Syrianos, ihn nach dem Gespräch wegzuschicken, damit er mit einem anderen Freund, dem Sophisten Lachares, seine Andacht zur Mondgöttin in Ruhe und unbeobachtet verrichten könne. Proklos entfernt sich, betet aber die Mondgöttin nach pythagoreischer Manier einige Schritte weiter in Sichtweite der beiden unbeschuht an, was Lachares dazu bringt, mit Platon auszurufen, dass Proklos sich entweder als ein großes Gut oder aber als das absolute Gegenteil erweisen werde.[20] Proklos erweist sich als ersteres; nicht nur Syrianos, sondern auch der greise Plutarch kümmern sich liebevoll um ihn und tragen Sorge für sein Studium.

Der zweite, wichtigere Aspekt in dieser Schilderung der Kindheit und Jugend des Proklos dient Marinos als Deutungsschlüssel: die besondere Nähe zu den Göttern. Proklos'

[19] Marinos: *Vita Procli* 3–5 und 8–9.

[20] Marinos: *Vita Procli* 10, mit den Anmerkungen von Saffrey/Segonds ad loc. Vgl. Jamblich: *Vita pythagorica* 23 (105).

Geburt in Konstantinopel wird als besonderes Zeichen der Nähe zu Athene gedeutet, die ihn sozusagen „von Mutterleib und Kindesbeinen an" zu seiner eigentlichen Bestimmung, dem guten Leben durch die Philosophie, führt:

Es empfing ihn aber gleichsam als Hebamme die Schutzgöttin von Byzantion, die ihm damals zur Ursache der Existenz wurde, da er in ihrer Stadt geboren wurde, später aber auch dafür sorgte, daß er gut und richtig lebte, als er schon zur Kindheit und frühen Jugend herangereift war. Denn diese berief ihn zur Philosophie in einer Traumerscheinung. Daher rührte, meine ich, auch seine enge Verwandtschaft mit der Göttin, so daß er auch in besonderer Weise deren Mysterien feierte und mit großer Begeisterung ihren heiligen Satzungen nachging.[21]

Auch seine Heimat Lykien entspreche seiner zukünftigen Bestimmung als Philosoph, da darüber Apollon, der Musenführer, herrsche.[22] Insbesondere seine Ankunft in Athen wird mit göttlichen Vorzeichen verbunden, mit denen Marinos symbolisch Proklos als gottgewolltes zukünftiges Schulhaupt von Athen erweist. Auf seinem Weg vom Hafen in die Stadt ruht sich Proklos – ohne es zu wissen – „beim Sokrateion" aus und bittet seinen Gastgeber, ihm etwas Wasser zu schöpfen – wie es sich herausstellt, aus einer Quelle neben der Stele des Sokrates, also im „heiligen Bezirk". Kaum in der Stadt angekommen, will Proklos (wohl zu fortgeschrittener Tageszeit) die Akropolis besuchen und wird vom Türhüter, der gerade im Begriff ist, den Riegel vorzuschieben, mit den – ärgerlichen? – Worten empfangen: „In der Tat, wenn du nicht gekommen wärest, hätte ich geschlossen". Für Marinos ein

[21] Marinos: *Vita Procli* 6. Vgl. auch die Bekehrung in *Vita Procli* 8, die ebenfalls in Konstantinopel lokalisiert wird. Es könnte sich hier sowohl um Kulte, als auch um Philosophie handeln; die Mysteriensprache gilt für beide.

[22] Marinos: *Vita Procli* 6.

klares Zeichen: Proklos ist derjenige, der den Tempel und den Kult der Athene – die Philosophie – weiterführen kann und vom Verfall retten wird.[23]

Proklos' Leben, so wie Marinos es uns insgesamt schildert, steht gänzlich im Zeichen der Institution Schule: er ist ein begabter und unermüdlicher Überflieger, um den sich verschiedene Lehrer reißen, der dann letztlich in Athen eine rasante Universitätskarriere[24] macht. Wir erhalten Einblicke in sein Studium bei Plutarchos und vor allem Syrianos[25], mit denen Proklos dem damaligen neuplatonischen Curriculum entsprechend zunächst die Schriften des Aristoteles studiert, dann die platonischen Dialoge, um anschließend zum Gipfel der philosophischen Exegese zu kommen: der Interpretation göttlich inspirierter Dichtung. Hier werden auch Proklos' eigene Leistung und Autodidaktizismus hervorgehoben: Syrianos schlägt zwei fortgeschrittenen Studenten, Proklos und Domninus, die Wahl zwischen den zwei Corpora vor, die als Hauptexponenten göttlich inspirierter Dichtung in der Spätantike galten: der orphischen Dichtung und den sogenannten *Chaldäischen Orakeln*. Er stirbt aber, bevor sich die Kommilitonen einig werden können. Aber gute Lehrer wirken nach ihrem Tod weiter. Proklos greift zu den Kommentaren von Syrianos zur orphischen Dichtung sowie zu den Kommentaren früherer Neuplatoniker wie Porphyrios oder Jamblich zu den *Chaldäischen Orakeln* und sonstigen

---

[23] Marinos: *Vita Procli* 10.

[24] Hartmut Leppin: „Proklos – Der Philosoph als Theurg". In: Andreas Goltz/Andreas Luther/Heinrich Schlange-Schöningen (Hgg.): *Gelehrte in der Antike*. Köln/Weimar/Wien 2002, 251–260, 255 spricht von einer „brillanten Karriere des ehrgeizigen Juristensohnes Proklos"– inwieweit nun von Ehrgeiz bei der Hinwendung zur Philosophie im mehrheitlich christlichen Kontext des 5. Jh.s die Rede sein kann, kann zumindest kontrovers diskutiert werden.

[25] Marinos: *Vita Procli* 12–14 und 26.

dazugehörigen Werken, und schließlich zu den *Orakeln* selbst. Durch akribische Exzerpte und vergleichendes Studium der Kommentare in mühevoller fünfjähriger Kleinarbeit produziert Proklos selbst einen Kommentar zu den *Orakeln*. Damit berühren wir schon Proklos' eigene Lehrtätigkeit, auf die wir später genauer eingehen werden.

Davor aber gilt es neben der Institution der athenischen Schule einen zweiten Punkt hervorzuheben, der Proklos' Lebensbeschreibung bei Marinos dominiert: die Religion. Proklos wird als begieriger Sammler verschiedenster Kulte und Praktiken dargestellt, bestrebt, nach Möglichkeit allen Göttern nach den Traditionen aller Völker seine Reverenz zu erweisen, als „Hierophant des ganzen Alls".[26] Dabei agiert er meist alleine, ob es nun um Fasten, rituelle Reinigungen, oder die Feier von Götterfesten geht, die er in strikter Enthaltsamkeit mit „Nachtwachen und Hymnengesang und ähnlichen Praktiken"[27] begeht. Die Hymnen dichtete Proklos zum Teil selbst; einige davon sind uns erhalten.[28] Eine weitere Komponente seiner Religiosität sind Rituale, die auf den *Chaldäischen Orakeln* basieren, die sogenannte „Theurgie", in die Proklos von der Tochter seines Lehrers Plutarchos, Asklepigeneia, initiiert worden sein soll. Diese sei die einzige Quelle für die vollständige Kenntnis dieser Riten gewesen, und ihre Weisheit habe sie an Proklos weitergegeben, der

---

[26] Marinos: *Vita Procli* 18f, Zitat 19. Zum Topos des Philosophen als Priester des höchsten, universalen Gottes vgl. auch Porphyrios: *Brief an Marcella* 17 oder *De abstinentia* II 50.

[27] Marinos: *Vita Procli* 19.

[28] Vgl. dazu die kommentierte Ausgabe von Robbert van den Berg: *Proclus' Hymns. Essays, Translation, Commentary*. Leiden / Boston / Köln 2001. Zum philosophischen Projekt hinter Proklos' Hymnendichtung vgl. Michael Erler: „Interpretieren als Gottesdienst. Proklos' Hymnen vor dem Hintergrund seines Kratylos-Kommentares". In: Gilbert Boss / Gerhard Seel (Hgg.): *Proclus et son influence*. Zürich 1987, 179–217.

damit Lichterscheinungen der Hekate hervorrufen oder aber über Regenzauber, Talismane gegen Erdbeben oder verschiedene Formen der Mantik verfügen konnte.[29] Seine Gottesnähe wird durch Berichte von Erscheinungen sowie von einer wundersamen Heilung eines Mädchens aus der Familie des Plutarchos unterstrichen, für die Proklos gebetet hatte.[30] Für die theurgischen Rituale gibt uns Damaskios einen weiteren Beleg mit der seltsamen Anekdote, dass sein Lehrer Isidoros, der bei Proklos studiert habe, diesen bei den chaldäischen Zeremonien durch seine perfekte Nachahmung von Vogelgezwitscher in Staunen versetzt habe.[31]

Schule und Religion – ihre Einheit und Bedeutung als Lebensinhalt für Proklos werden von Marinos durch eine eindrückliche Szene hervorgehoben: vor seinem Tode, während seiner letzten Krankheit, habe Proklos seine Schüler immer wieder darum gebeten, ihm am Krankenbett Hymnen und orphische Gedichte zu rezitieren; der greise Philosophielehrer, ansonsten der Welt schon entrückt, habe die Hymnen so tief in seinem Gedächtnis gespeichert gehabt, dass er sie mit den Schülern zu Ende sprechen konnte.[32] Insofern kann man sagen, dass der Proklos des Marinos neben Religion und Schule kein Privatleben im eigentlichen Sinne haben kann, sondern ganz der Philosophie als Lebensform, als Ausrichtung der gesamten Existenz auf das Verständnis der Welt und des Göttlichen hingegeben erscheint.

---

[29] Marinos: *Vita Procli* 28. Vgl. Ilinca Tanaseanu-Döbler: *Theurgy in Late Antiquity. The Invention of a Ritual Tradition.* Göttingen 2013, 186–257.

[30] Marinos: *Vita Procli* 29.

[31] Damaskios: *Vita Isidori* frg. 59F Athanassiadi = F200 Zintzen.

[32] *Vita Procli* 20.

3. Proklos' Lehre und Forschung: Theologie als Zentrum und Höhepunkt der Philosophie

Auch über Proklos' Lehrmethoden und sein Arbeitspensum gibt uns Marinos Auskunft. Er beschreibt ihn als wahren Multitasker, der seine Tage und Nächte zwischen Studium, Gebet und Lehre aufgeteilt habe.[33] Je nach Adressat fällt Proklos' Unterricht anders aus: neben dem normalen philosophischen Unterricht unterweist er etwa seinen Freund Archiadas, den Enkel des Plutarchos, insbesondere in der Kunst der Politik. Durch seine Schüler kann Proklos als neuplatonischer Philosoph auch jenseits der Schule in der Stadt wirken.[34] Der Topos der Übereinstimmung von Wort und Lebensführung wird von Marinos ebenfalls aufgegriffen, mit der Betonung, Proklos habe sich um ein respektables Verhalten seiner Schüler in der Öffentlichkeit bemüht[35]. Aus einer etwas anderen Perspektive berichtet Damaskios mit leiser Ironie von Proklos' Rigorismus, der Isidoros dazu verpflichten wollte, den rauhen Philosophenmantel zu tragen.[36] Marinos schildert Proklos' Lehre nicht als bloßes Tagesgeschäft, sondern als direkten Ausfluss seiner philosophischen Selbstdisziplinierung und seelischen Reinigung, die ihm die direkte Kontemplation des Göttlichen ermöglicht hätten. „Diese (d. h. die kontemplative Tugend der Weisheit) in die Tat umsetzend durchschaute der Philosoph mühelos die gesamte Theologie, die hellenische und barbarische und diejenige, die durch mythische Fiktionen verdeckt ist, und er brachte sie ans Licht für diejenigen, die ihm folgen wollten und konnten, indem

[33] *Vita Procli* 3.

[34] *Vita Procli* 14 und 17.

[35] *Vita Procli* 14 und 15; vgl. auch Damaskios, *Vita Isidori* frg. 91 A und B Athanassiadi = F 222 und 224 Zintzen.

[36] *Vita Isidori* frg. 59 B Athanassiadi = F 135 Zintzen.

er alles göttlich inspiriert auslegte und zur Übereinstimmung führte (...)".[37] Proklos sei dabei im Unterricht akribisch vorgegangen; er habe jede Lehrmeinung in den Texten Punkt für Punkt erörtert und den Ertrag dann in Schriften zusammengetragen.[38] Ein Arbeitspensum, das nicht gerade das Ideal der „Entschleunigung" propagiert:

Denn er legte eine maßlose Arbeitsfreude an den Tag: an ein und demselben Tag pflegte er fünf Vorlesungen Exegese zu halten, manchmal sogar noch mehr, und er schrieb meistens um die siebenhundert Zeilen; dann pflegte er auch noch auszugehen und sich mit den anderen Philosophen zu unterhalten, und abends gab es dann wieder Kolloquien, die nicht schriftlich festgehalten wurden. Und das alles nach jener nächtlichen und schlafraubenden Gottesverehrung, und nachdem er die Sonne morgens, mittags und abends angebetet hatte.[39]

Die Quelle seiner Energie ist höheren Ursprungs: Marinos betont, dass keiner sich ein Bild von Proklos in Aktion machen könne, der ihn nicht tatsächlich im Hörsaal und bei den Festvorträgen zu den Geburtstagen von Sokrates und Platon erlebt habe:

Seine Augen schienen von einem gewissen schimmernden Glanz erfüllt, und das übrige Antlitz hatte Anteil an göttlicher Erleuchtung. Einmal kam einer der bedeutenden Männer der Stadt in seinen Exegesekurs, der integer und auch sonst ehrwürdig war (sein Name war Rufin), und sah, wie ein Licht sein Haupt umlief. Als Proklos nun seine Auslegung beendet hatte, stand Rufin auf, verneigte sich

---

[37] Marinos: *Vita Procli* 22. Vgl. dazu Saffrey, Accorder (wie Anm. 11).

[38] Marinos: *Vita Procli* 22.

[39] Marinos: *Vita Procli* 22. Vgl. auch 24: Proklos verachtet den Schlaf und schläft nicht einmal dann, wenn er im Bett liegt und auf die Gebetszeit wartet: er verbringt die Zeit mit Hymnendichtung und philosophischer Problemlösung, die er dann am nächsten Morgen zu Papier bringt.

ehrfürchtig vor ihm und verkündete unter Eid die Details jener göttlichen Vision.[40]

Soviel zu den Topoi, die Marinos in seinem Lobpreis verarbeitet. Gehen wir nun den Schritt vom Enkomion zu Proklos' eigenen Schriften, deren Verflechtung mit der Lehre schon angeklungen ist. Wir wollen hier keine erschöpfende Aufzählung und Darstellung seiner Werke geben, sondern das Augenmerk auf das Zentrum proklischer Philosophie, auf Exegese und systematische Theologie, richten.[41]

Aus dem umfangreichen Kommentarwerk sind uns einige Stücke erhalten: Kommentare zu verschiedenen Dialogen Platons, so etwa zum *Ersten Alkibiades*, *Kratylos*, Essays zu einzelnen Stellen der *Politeia*, sowie Kommentare zum *Timaios* (ein Jugendwerk) und zum *Parmenides* – den zwei Dialogen, die den krönenden Abschluss des neuplatonischen Platoncurriculums darstellten und als Inbegriff von Platons Naturphilosophie beziehungsweise Theologie gelesen wurden.[42] Erhalten sind auch Teile eines Euklid-Kommentars sowie einige wenige Exzerpte aus dem Kommentar zu den *Chaldäischen Orakeln*. In seiner Platonexegese skizziert Proklos zunächst die Gesamtbotschaft, den Skopos, des jeweiligen Dialogs und geht dann Satz für Satz, Ausdruck für Ausdruck, manchmal Wort für Wort vor. Für ihn ist, gerade in den platonischen Dialogen,

---

[40] Marinos: *Vita Procli* 23. Vgl. auch Damaskios: *Vita Isidori* frg. 59 A Athanassiadi (eine Kombination aus F 129–133 Zintzen).

[41] Für eine Darstellung des Gesamtoeuvres vgl. Concetta Luna, Alain-Philippe Segonds, Gerhard Endress, „Proclus de Lycie". In: Richard Goulet (Hg.), *Dictionnaire des philosophes antiques*. Bd. Vb. Paris 2012, 1546–1674, sowie die neue Einführung von Radek Chlup: *Proclus: An Introduction*. Cambridge 2012.

[42] Zum neuplatonischen Curriculum vgl. z. B. Hoffmann, Prologues (wie Anm. 13), 211–213 oder Polymnia Athanassiadi: *La lutte pour l'orthodoxie dans le platonisme tardif. De Numénius à Damascius*. Paris 2006, 169–173.

kein Wort zufällig oder aus bloß stilistischen Gründen verwendet. Jedes Detail, auch die Gestaltung der Prologe mit ihren handelnden Personen und deren Gesten verfolgen die Absicht, den Leser auf den eigentlichen Skopos des Dialoges zu fokussieren; sie seien weder als rein literarische, hübsche Fiktion noch als tatsächlich historische Ereignisprotokolle zu lesen, sondern „alle Elemente (des Prologes) zusammen führen zum vollendeten Ziel der Untersuchungen, wie in einer Mysterienfeier“[43] – eine Analogie, die uns noch begegnen wird. Besonders eindrucksvoll ist dies in der Exegese des *Parmenides* und des *Timaios* ausgeführt: der letztere Dialog habe die Natur zum Gegenstand, deswegen finde er an den ‚kleinen Panathenaeen‘ statt, während der theologische *Parmenides* an den großen Panathenaeen stattfinde.[44] Gyburg Radke hat für den Parmenideskommentar nachverfolgt, wie die theologische Exegese des narrativen Rahmens und der Personen funktioniert, wie jedes Lächeln und jede Bewegung tiefe metaphysische Bedeutung erhält und als Hinweis auf den Aufstiegsprozess der Seele vom Materiellen zum Göttlichen gelesen wird;[45] zu diesem Aufstieg wolle Platon in Proklos' Sicht seine Leser anregen und führen, gleichsam als Lehrer auch späterer Generationen.[46]

Neben den Kommentarwerken beschreitet Proklos im Neuplatonismus neue Wege, indem er systematische Werke verfaßt, welche die Gesamtheit platonischer Theologie behandeln. Erhalten sind zwei Werke. In der monumentalen

---

[43] *In Alcibiadem* 18 f. Creuzer, I 15 f. Segonds.

[44] *In Parmenidem* I 643 Cousin, I 29 Steel. Vgl. auch die Diskussion der Umstände des Gesprächs in der *Politeia*, *In rem publicam* I 17 f. Kroll. und *In Timaeum* I 20–24 Diehl.

[45] Gyburg Radke: *Das Lächeln des Parmenides. Proklos' Interpretationen zur Platonischen Dialogform*. Berlin 2006.

[46] Zu der spätantiken Stilisierung Platons als göttlichem Lehrer vgl. den Beitrag von Jens Halfwassen im vorliegenden Band.

Platonischen Theologie beschreibt Proklos systematisch alle Stufen der Realität ausgehend vom ersten Prinzip. Hier ist Raum für die Verbindung traditioneller Göttergestalten und Mythen mit philosophischer Theologie. Anders präsentiert sich sein Handbuch der Theologie, die *Elementatio theologica*, welche zwar thematisch ähnlich aufgebaut ist, aber abstrakt das theologische System anhand von metaphysischen Lehrsätzen und Beweisen präsentiert. Um gleich den Anfang als Beispiel zu nehmen (einen Prolog gibt es hier nicht): sie beginnt mit dem Satz „Jede Vielheit hat auf eine Weise teil am Einen" – das alte Problem des Einen und Vielen. Der Satz wird durch eine knappe, Schritt für Schritt vorgehende Beweisführung demonstriert.[47] Theologie erscheint hier als etwas zutiefst Geschlossenes, als ein durchkomponiertes, die vernünftige Struktur der Wirklichkeit nachverfolgendes System.[48] Beide Werke zusammen präfigurieren das Denken, das sich später bei Theologen wie Thomas von Aquin zur vollen Blüte entfalten wird – mit Recht ist Proklos manchmal als der „Scholastiker" des spätantiken Neuplatonismus betrachtet worden.[49] Dieses nicht unproblematische Unter-

---

[47] Zum Anliegen und Charakter der *Elementatio* vgl. z. B. Annick Charles-Saget: *L'architecture du divin. Mathématique et philosophie chez Plotin et Proclus*. Paris 1982, 191–296; Dominic J. O'Meara: „La science métaphysique (ou théologie) de Proclus comme exercice spirituel". In: Alain-Philippe Ségonds / Carlos Steel (Hgg.): *Proclus et la Théologie platonicienne*. Leuven / Paris: 2000, 279–290.

[48] Vgl. z. B. Werner Beierwaltes: „Proklos – ein ‚systematischer' Philosoph?". In: Jean Pépin / Henri-Dominique Saffrey (Hgg.): *Proclus lecteur et interprète des anciens*. Paris 1987, 351–368 sowie Charles-Saget, Architecture (wie Anm. 47) und „La raison et le divin chez Proclus". In: *Revue des sciences philosophiques et théologiques* 53 (1969), 458–482.

[49] So schon Karl Praechter in seinem einflussreichen Aufsatz „Richtungen und Schulen im Neuplatonismus". In: Ders.: *Kleine Schriften*, hg. von Heinrich Dörrie. Hildesheim 1973, 165– 216 (urspr. 1910), hier 180. Zu Proklos' tatsächlichem Einfluss auf die Scholastik, ob direkt oder,

fangen, welches eine solche kohärente platonische Theologie voraussetzt, wird von Proklos in den ersten Kapiteln seiner *Platonischen Theologie* eingeführt und gegenüber möglichen Kritikern legitimiert, die dies als Versuch begreifen könnten, „gleichsam viele Bäche in eine Mischung zusammenzuführen, die nicht alle aus ein und derselben Quelle entspringen“[50], und fordern könnten, sich auf die Lektüre Platons und die verschiedenen explizit behandelten Themen zu beschränken, ohne eine von Platon selbst nicht anvisierte Theologie aus seinen Texten herauszulesen. Demgegenüber hält Proklos an dem Prinzip fest, dass theologische Themen in allen Dialogen mehr oder weniger deutlich enthalten seien; insbesondere der *Parmenides* böte eine solche systematische Theologie und habe somit als Lektüreschlüssel für die platonische Theologie zu gelten (und nicht als bloße Übung in der Dialektik).[51]

---

noch viel bedeutender, indirekt durch die Vermittlung des Ps.-Dionysios Areopagita oder des *Liber de causis* vgl. aus der reichen Literatur etwa Klaus Kremer: *Die neuplatonische Seinsphilosophie und ihre Wirkung auf Thomas von Aquin*. Leiden 1966, Cristina d'Ancona: „Saint Thomas lecteur du Liber de causis. Bilan des recherches contemporaines concernant le De causis et analyse de l'interpretation thomiste“. In: Dies.: *Recherches sur le Liber de Causis*. Paris 1995, 229–258 (urspr. *Revue thomiste* 92 (1992), 611–649), Andreas Bächli-Hinz: *Monotheismus und neuplatonische Philosophie. Eine Untersuchung zum pseudo-aristotelischen Liber de causis und dessen Rezeption durch Albert den Großen*. Sankt Augustin 2004, 178–206.

[50] *Theologia platonica* I 6, 27 Saffrey/Westerink.

[51] *Theologia platonica* I 7, 30–32 Saffrey/Westerink. Zur zentralen Bedeutung der Interpretation des *Parmenides* für die neuplatonische Theologie vgl. z. B. die einschlägigen Beiträge in John D. Turner/Kevin Corrigan (Hgg.): *Plato's Parmenides and Its Heritage*, Bd. 1–2. Atlanta, GA 2010. Den Anspruch des Proklos, seine Theologie aus dem *Parmenides* heraus zu entfalten, dekonstruiert Carlos Steel: „Le *Parménide* est-il le fondement de la *Théologie platonicienne*?“. In: Alain-Philippe Segonds/ders. (Hgg.): *Proclus et la théologie platonicienne*. Leuven/Paris 2000, 373–397, s. bes. 395 f.

Wie beschreibt Proklos nun das theologische Lehr- und Lernunterfangen?[52] Zu Beginn der *Platonischen Theologie* gibt er als Lehrer Aufschluss über Gliederung und Aufbau und beschreibt seine Methode und Lehrziele – Präzision, Akribie und Klarheit.[53] Sodann umreißt er die Voraussetzungen, welche die Hörer mitbringen müssen, wenn denn seine Lehren bei ihnen fruchtbar werden sollen, so wie in Mysterienfeiern bestimmte Gegenstände und / oder Personen erst einmal durch geeignete Riten zur Aufnahme der göttlicher Gegenwart vorbereitet werden:

> Der Hörer der vorliegenden Lehren muß zum einen mit den moralischen Tugenden geschmückt sein und alle niederen und unharmonischen Regungen der Seele durch das Prinzip der Tugend vorher gefesselt und auf die eine Form des Denkens ausgerichtet in Einklang gebracht haben. Denn, wie Sokrates sagt, es wird dem Unreinen doch wohl nicht gestattet sein, das Reine zu berühren. (...) Er soll sich zum anderen auch schon in allen logischen Methoden geübt haben (...) Drittens darf er zusätzlich auch nicht unerfahren sein in der Naturphilosophie und ihren vielgestaltigen Plausibilitätsüberlegungen, damit er, nachdem er durch die Abbilder so, wie es sich gehört, die Ursachen der seienden Dinge erforscht hat, schon zur eigentlichen Natur der transzendenten und erstwirkenden Hypostasen leichter voranschreite.[54]

Eine komplette philosophische Ausbildung also, die dem traditionellen Curriculum entspricht und die einem Origenes, wie wir ihn durch die Brille seines Schülers Gregor kennengelernt haben,[55] sehr ähnlich klingt. Aber es geht nicht

---

[52] Eine umfassende Analyse der proklischen Konzeption einer dialektischen philosophischen Theologie bietet die hervorragende Studie von Elena Gritti: *Proclo. Dialettica – Anima – Esegesi*. Mailand 2008.

[53] *Theologia platonica* I 2, 8–10 Saffrey / Westerink.

[54] *Theologia platonica* I 2, 10 f. Saffrey / Westerink.

[55] Vgl. den Beitrag von Tobias Georges in diesem Band.

nur um die Ausbildung in Ethik, Dialektik und Physik, den traditionellen Subdisziplinen der Philosophie:

Wenn er aber all diese Fähigkeiten verbunden und auf seine Vernunft, den Seelenführer, hin ausgerichtet hat (...), dann soll er sich ausgiebig mit der Exegese der göttlichen und seligen Lehren befassen, indem er durch Liebe die Tiefen seiner Seele entfaltet, wie es das Orakel beschreibt, da es ja unmöglich ist, einen besseren Helfer für das Begreifen dieser Betrachtung zu finden als die Liebe, wie auch Platons Darlegung irgendwo sagt. Er soll sich in der Wahrheit geübt haben, die alle Dinge durchdringt, sein intelligibles Auge für die echte Wahrheit selbst erweckt und sich selbst fest in der bleibenden und unbewegten und sicheren Form des Wissens um das Göttliche gegründet haben; er soll überzeugt sein, daß nichts anderes zu bewundern sei und man nicht auf etwas anderes wegschauen dürfe, sondern (er soll) mit fester Denkkraft und der unerschöpflichen Kraft des Lebens zum göttlichen Licht eilen und, um es kurz zu sagen, eine solche Art von Tätigkeit und Ruhe zugleich sich vorgenommen haben, wie sie demjenigen geziemt, der auf diese Weise Koryphäe sein will, wie Sokrates irgendwo im Theaitetos sagt.[56]

Theologie wird hier zur existentiellen Suche nach dem Eigentlichen, die die gesamte Person einbezieht; letztlich, zum mystischen Aufstieg. Dieser Aufstieg, diese Bewegung zum höchsten Prinzip hin, und die Erörterung der verschiedenen Stufen der Realität, die sich aus diesem entwickeln, werden in immer neuen Formen in Proklos' theologischen Schriften und auch in den Kommentaren diskutiert – philosophische Werke werden zur Inszenierung und zum Medium dieser Kontemplation des Göttlichen.[57]

Was möchte Proklos inhaltlich theologisch vermitteln? Ausgehend vom Grundproblem der Einheit und Vielheit

---

[56] *Theologia platonica* I 2, 11 Saffrey/Westerink.

[57] Vgl. z.B. O'Meara, Science métaphysique (wie Anm. 47), der den anagogischen Charakter der proklischen Theologie herausarbeitet oder Gritti, Proclo (wie Anm. 52), 15.48f. (Exegese als Aufstieg).148–154.337.

versucht er, das Bild der gesamten Realität, von der Materie bis zum höchsten transzendenten, letztlich unaussprechlichen und unerkennbaren Prinzip zu zeichnen und die Realität als ein komplexes, vielfältiges, aber streng geordnetes und harmonisches Ganzes zu beschreiben.[58] Wie kaum ein anderer vor ihm betont Proklos immer wieder die Einheit und den Zusammenhang der Wirklichkeit.[59] Dabei kommen ihm die schon erwähnten *Chaldäischen Orakel* zu Hilfe: sie enthalten die Vorstellung, dass der Schöpfergott seiner Schöpfung Symbole seiner selbst eingesät habe, die diese ontologisch mit ihm verbinden, und führen sogar die Entstehung der Materie auf ein göttliches Prinzip zurück.[60] Für Proklos ist alles mit dem höchsten Einen verbunden, auch wenn dieses wiederum absolut transzendent bleibt. Selbst die materielle Welt wird in diese Einheit einbezogen; auch sie hat Anteil am Einen, wenngleich auf schwächere, ihr angemessene Weise, wenngleich ihr die Teilhabe am Leben oder gar an der Vernunft fehlt.[61] Für Proklos ist selbst die Materie nicht primär als

---

[58] Zur Henologie des Proklos bzw. zum Problem der Entstehung des vielfältigen Seins aus dem absolut einfachen Einen vgl. aus der neueren Forschung z. B. Dirk Cürsgen: *Henologie und Ontologie. Die metaphysische Prinzipienlehre des späten Neuplatonismus*. Würzburg 2007, 37–284, oder Michele Abate: *Il divino tra unità e molteplicità. Saggio sulla Teologia Platonica di Proclo*. Alessandria 2008. Als notwendiges Komplement zur Konzentration auf die Henologie vgl. den Klassiker von Werner Beierwaltes: *Proklos. Grundzüge seiner Metaphysik*. Frankfurt a M. ^{2}1979 (ursprünglich 1965), der die triadische Strukturierung der einheitlichen Wirklichkeit nach Proklos herausarbeitet.

[59] Z. B. *Elementatio theologica* 1; *In Alcibiadem* 183 Creuzer, II 244 Segonds. Vgl. Gerard Bechtle, „Göttliche Henaden und platonischer Parmenides: Lösung eines Mißverständnisses?". In: *Rheinisches Museum für Philologie* 142 (1999), 358–391, 381–383.

[60] *Chaldäische Orakel* frg. 34 und 108 des Places.

[61] Z. B. *Elementatio theologica* 11, 20, 57 oder 144f; *In Timaeum* I 209–211 Diehl, *De sacrificio et magia* 148 Bidez, *In Alcibiadem* 181 Creuzer, II 242 Segonds.

Ursprung des Bösen und Hindernis der Seele zu verstehen, sondern ist ein sinnvoll gestalteter Teil des Weltganzen und auf das höchste Prinzip zurückbezogen: mit Theodoros von Asine, einem Philosophen der dritten neuplatonischen Generation, drückt es Proklos folgendermaßen aus: „Alles betet außer dem Ersten".[62]

Diese Prinzipien findet Proklos in unterschiedlicher Weise in verschiedenen religiösen Traditionen wieder. Getreu dem Programm der Harmonisierung dieser Traditionen, welches schon von seinem Lehrer Syrianos geprägt worden war, hebt Proklos hervor, dass Platon dasselbe sage wie etwa Orpheus und die „orphische" Dichtung, die *Chaldäischen Orakel* oder die Pythagoreer – wenngleich mit anderen, ihm spezifischen Worten. Diese Traditionen werden letztlich nur als theologische Idiome verstanden, die jeweils besondere Götternamen und Symbole verwenden, nicht als unterschiedliche Lehrsysteme.[63]

Mit dem Verständnis der Realität als geeinter, geordneter Komplexität geht auch ein besonderer Zug proklischer Argumentation einher: das Aufspüren von Korrespondenzen zwischen verschiedenen Aspekten der Wirklichkeit, die Verwendung von Analogien, um bestimmte Punkte zu erhellen. Alles ist mit allem verbunden, in komplizierten Relationen von Urbild und Abbild.[64] Die Aktivitäten der Menschen finden ihre Entsprechung und ihr Vorbild im Wirken der

---

[62] *In Timaeum* I 213 Diehl. Vgl. Nestor Kavvadas: *Die Natur des Schlechten bei Proklos. Eine Platoninterpretation und ihre Rezeption durch Dionysios Areopagita*. Berlin / New York 2009, 26–57.

[63] Vgl. z. B. *Theologia platonica* I 4, 20 Saffrey / Westerink. Dazu Gritti, Proclo (wie Anm. 52), 50–66 und 339–368 mit weiterer Literatur.

[64] Vgl. z. B. Anne Sheppard: *Studies on the 5th and 6th Essays of Proclus' Commentary on the Republic*. Göttingen 1980, 151–161; Gritti, Proclo (wie Anm. 52), 52; Tanaseanu-Döbler, Theurgy (wie Anm. 29), 188 f. oder 236 f. Vgl. auch Beierwaltes, Proklos (wie Anm. 58), 153–158.

göttlichen Mächte: menschliche Erziehung hat ihr Pendant im Wirken höherer Wesen im All,[65] ebenso Reinigungsrituale oder Mysterieneinweihungen[66]. Die Philosophie verfolgt auf ihre Weise das gleiche Ziel wie wahrhaftige, inspirierte Dichtung oder Mysterienzeremonien: sie ist eine Form der Rückwendung zum Göttlichen, der *epistrophe* – und somit schließlich Gebet.[67]

4. Proklos' Lehrerideal

Damit haben wir einen Einblick in Proklos' Wirken als Lehrer anhand der Biographie und einiger seiner Schriften erhalten. Bleibt zu fragen, wie Proklos selbst die Rolle des Lehrers sieht: welches Lehrerideal entwickelt er, welche Philosophie des Lehrens und Lernens?

4.1 Proklos' Lehrer

Einen eindrücklichen Zugang zu Proklos' Ideal des philosophischen Lehrers eröffnen die Passagen in den Prologen des Kommentars zum *Parmenides* sowie der *Platonischen Theologie*, die er seinem eigenen Lehrer Syrianos widmet. Lassen wir ihn selbst zur Sprache kommen. Zu Beginn des Kommentars betet er um göttliche Einsicht in die Theologie Platons,

---

65 Z. B. *In Timaeum* I 40–42 Diehl.

66 *In Timaeum* I 118 f. Diehl; *In rem publicam* II 153 f. Kroll.

67 *In Timaeum* I 20 Diehl oder *In rem publicam* II 154 Kroll. Vgl. dazu z. B. Luc Brisson: „Le commentaire comme prière destinée à assurer le salut de l'âme: la place et le rôle des *Oracles Chaldaïques* dans le Commentaire sur le *Timée* de Platon par Proclus". In: M.-O. Goulet-Cazé (Hg.): *Le commentaire entre tradition et innovation.* Paris 2000, 329–353 und Tanaseanu-Döbler, Theurgy (wie Anm. 29), 214–237 und 248 f.

welche er uns selbst im *Parmenides* mit der der Sache geziemenden Tiefe offenbart, die aber durch seine überaus reinen Intuitionen derjenige entfaltet hat, der mit Platon zusammen wahrhaftig göttlich inspiriert war und voll der göttlichen Wahrheit, der für uns zum Führer dieser Schau wurde und zum wahrhaftigen Hierophanten dieser göttlichen Reden. Von diesem möchte ich sagen, daß er als Abbild der Philosophie zu den Menschen kam, um den hier befindlichen Seelen Wohltaten zu erweisen, anstelle der Götterbilder, anstelle der Heiligtümer, anstelle der gesamten Kultpraxis selbst, als Urheber des Heils sowohl für die heutigen Menschen als auch für die späteren Generationen.[68]

Syrianos wird hier als höchster Mysterienpriester gefeiert, der Platon auslegen kann, weil er an der gleichen göttlichen Inspiration partizipiert. Er wird als Wohltäter und Heiland inszeniert, *qui propter nos homines et propter nostram salutem descendit de caelo*, denn die Philosophie, die er vermittelt, die philosophische Betrachtung, zu der er kundig führt, ist ein wirksamer und ausreichender Ersatz für die zu Proklos' Zeit im Verfall befindliche pagane Kultpraxis. Die Überhöhung des philosophischen Lehrers, des *kathegemon,*[69] als eines Heiligen, der eigentlich nicht zu dieser Welt gehört, aber zum Wohle der Menschen in ihr wirkt, ist typisch neuplatonisch.[70] Porphyrios

---

[68] *In Parmenidem* I 617f. Cousin, I 1f. Steel. Vgl. zur Analyse der Syrianosdarstellung in den Proömien des Parmenideskommentars und der *Platonischen Theologie* die Beobachtungen von Angela Longo: „L'elogio di Siriano e i proemi dottrinali procliani". In: *Ktema* 35 (2010), 385–392, die auf eine gewisse Strukturparallelität zu Syrianos' eigenem Proöm zu seinem Kommentar der aristotelischen Metaphysik hinweist.

[69] Vgl. z. B. Polymnia Athanassiadi: *Julian. An Intellectual Biography.* London/New York 1992 (urspr. 1981), 34, Anm. 96 oder Maria Dzielska: *Hypatia of Alexandria.* Cambridge, MA 1998 (urspr. polnisch 1993), 47, Anm. 52.

[70] Vgl. Hoffmann, Prologues (wie Anm. 13), 229–231, bes. 229: „cette philosopie de professeurs comporte en somme une autoglorification de la fonction de professeur!"

hatte seinen Lehrer Plotin in seiner Vita als Fremden im Körper dargestellt, der durch sein Leben Philosophie leibhaftig greifbar macht. Jamblich hatte Pythagoras als Offenbarer der göttlichen Philosophie gefeiert, als göttliche Seele, die aus dem Gefolge Apollons als Wohltäter für die Menschen auf die Erde hinabsteigt; wie John Dillon das treffend formuliert hat, als „a kind of boddhisattva".[71] Anspielungen auf und die implizite Auseinandersetzung mit christlichen Vorbildern sind dabei, wie eingangs erwähnt, durchaus intendiert.

In der *Platonischen Theologie* wird der Topos der platonischen Philosophie als Mysterium noch detaillierter entfaltet. Sie sei den Seelen, die sich im Werden bewegen, als Erleuchtung und Offenbarung von den Göttern geschenkt worden. Insbesondere die Theologie sei durch einen einzigen Mann, gemeint ist Platon, mit einem besonderen Gespür für ihre Sakralität geoffenbart worden;[72] er habe es verstanden, als Hierophant das Mysterium der Theologie geschützt im Allerheiligsten der Philosophie zu verbergen, so dass es den meisten unbemerkt geblieben sei. Würdige Priester seien nötig gewesen, damit im Laufe der Geschichte in geregelten Perioden das verborgene Geheimnis geoffenbart und wirksam werden konnte.

Als diese Exegeten der platonischen höchsten Mysterienschau, die uns auch die hochheiligen Darlegungen über die göttlichen Dinge entfalteten und eine Natur erlangt hatten, die derjenigen ihres Lehrers fast gleich war, würde ich sicherlich Plotin den Ägypter ansehen und diejenigen, die von diesem die philosophische Kontemplation empfangen haben, Amelios und Porphyrios, und an dritter Stelle, meine ich, diejenigen die von diesen gleichsam uns zu Statuen gemeißelt worden sind, Iamblich und Theodoros und alle anderen, die nach

[71] John M. Dillon / Jackson P. Hershbell (Hgg.): *Iamblichus: On the Pythagorean Way of Life*. Atlanta, GA 1991, 27 (bezogen auf Pythagoras).

[72] Vgl. den Beitrag von Jens Halfwassen im vorliegenden Band.

> diesen im Gefolge dieses göttlichen Reigens um die Lehren Platons in ihrem Denken ekstatisch inspiriert waren. Von diesen empfing derjenige das echteste und reinste Licht der Wahrheit unbefleckt in den Schößen seiner Seele, der für uns nach den Göttern Führer zu allem Schönen und Guten wurde, und so machte er uns sowohl zu Teilhabern an der gesamten übrigen Philosophie Platons und zu Genossen der Lehren, die er im Verborgenen von den Älteren empfangen hatte, als auch insbesondere zu Mittänzern der mystischen Wahrheit über die göttlichen Dinge. Wenn wir nun diesem den gebührenden Dank für die Wohltaten, die er uns erwiesen hat, abstatten wollten, dann würde die gesamte Zeit nicht ausreichen. Wenn wir aber nun nicht nur selbst von anderen das herausragende Gut der platonischen Philosophie empfangen, sondern auch späteren Nachkommen Aufzeichnungen über die seligen Anblicke zurücklassen sollen, deren Schauende und nach Möglichkeit Nachahmende wir geworden zu sein behaupten, unter der Anleitung des Führers, der von allen unseren Zeitgenossen der vollkommenste war und den Gipfel der Philosophie erreicht hatte, dann sollten wir doch wohl mit Recht die Götter selbst anrufen, damit sie unseren Seelen das Licht der Wahrheit anzünden (...).[73]

Syrianos wird hier in eine Traditionskette gestellt, die die wahre Philosophie Platons als göttliche Offenbarung kennt und anderen – Schülern – zugänglich machen kann. Die Namen, die genannt werden, bilden den gesamten Neuplatonismus ab, von der „Restauration" platonischer Philosophie durch Plotin bis auf Proklos, der sich selbst in diese Reihe stellt und ausdrücklich die Verpflichtung zur Weitergabe betont. Diese Konstruktion einer geheiligten, rechtmäßigen Lehrtradition ist ebenfalls typisch für den späteren Neuplatonismus. So spricht der alexandrinische Philosoph Hierokles, der bei Plutarchos studiert hatte, von einem „heiligen Geschlecht", das er auf Ammonios Sakkas zurückführt.[74] Eu-

[73] *Theologia platonica* I 1, 6 f. Saffrey / Westerink.
[74] Hierokles: *De providentia*, ap. Photios: *Bibliotheke* cod. 214, 173a.

napios' Philosophenviten lassen sich z. T. auch in diesem Licht lesen, und Marinos beleuchtet die Sukzession der athenischen Schule in ähnlicher Weise, wie die oben erwähnten Sokrateion- und Akropolis-Episoden zeigen. Die Philosophen werden zu einer Kette von heiligen Wohltätern, die die reine Lehre weitergeben und weitergeben müssen; so wirken sie als Lehrer noch weit über ihren physischen Tod hinaus. Gerade die Schriftlichkeit spielt dabei eine wichtige Rolle: Proklos sieht seine Pflicht ja auch darin, zukünftigen Generationen Aufzeichnungen, *hypomnemata*, zu hinterlassen – sein didaktisches Projekt ist also langfristig auf Nachwirkung angelegt.[75]

4.2 Bemerkungen zu Proklos' pädagogischer Philosophie

Die Überhöhung der Lehrergestalten, gerade auch derer aus der unmittelbaren Gegenwart, nicht nur der glorreichen Vergangenheit, wirft die Frage nach der Vorstellung von Lehren und Lernen auf: diese Prozesse werden damit gewissermaßen aus dem konkreten Schulalltag herausgehoben. Proklos selbst bietet uns in zwei Kommentaren Einblicke darin, wie er philosophische Lehr- und Lernsituationen versteht: dem Kommentar zum *Alkibiades maior* und demjenigen zum *Parmenides*, also zum ersten und zum letzten Dialog in der neuplatonischen Leseordnung. Die Auseinandersetzung mit dem Thema ist ihm durch den Text vorgegeben. Der *Alkibiades* markiert den Beginn einer philosophischen Gemeinschaft von Lehrer (Sokrates) und Schüler (dem jungen Alkibiades). Im *Parmenides* nimmt der junge Sokrates die Rolle des Schülers ein, der von Parmenides unterwiesen wird.

---

[75] Tanaseanu-Döbler, Communio (wie Anm. 9), 359–367. Zur Sukzession in der athenischen Schule vgl. Watts, City (wie Anm. 13), 96–100 und 112–118. Vgl. auch Erler, Platons Schriftkritik (wie Einleitung, Anm. 17), 162 f.

Für Proklos hat der *Alkibiades* die Suche nach wahrer Selbsterkenntnis zum Ziel, die überhaupt am Anfang des gesamten philosophischen Unterfangens steht.[76] Der junge Alkibiades wird von Sokrates dazu angestoßen und angeleitet, indem seine Selbstverliebtheit, das Vertrauen auf sein soziales Prestige und seine politischen Karrierepläne gründlich hinterfragt und als nichtig und eitel erwiesen werden. Eine philosophische Lehrer-Schüler-Konstellation, wie sie im Buche steht. Interessant ist, dass Proklos diese Begegnung jedoch nur am Rande in strikt pädagogischen Begriffen, als Lehren und Lernen, beschreibt.[77] Andere Metaphern und Terminologie sind ihm viel wichtiger, wie z. B. die Liebe oder die Fürsorge und Vorsehung. Sokrates ist ja der Liebhaber des jungen Alkibiades, aber ein absonderlicher Liebhaber, der dem Angebeteten still und leise folgt, auch nachdem alle anderen, die an Alkibiades interessiert waren, wegen seines Alters sich wieder abgewandt hatten.[78] Aufbauend darauf zeichnet Proklos ein Bild von Sokrates als dem wahren Liebhaber, der wie ein höheres Wesen, ein schützender Daimon, wirke, dessen Ziel es sei, zunächst aus der Ferne für den jungen Mann zu sorgen und ihn dann zur rechten Zeit anzusprechen und zum Höheren anzuleiten.[79] Der Prozess, den Sokrates für

[76] *In Alcibiadem* 1–11 Creuzer, I 1–9 Segonds (im Folgenden werden die Editorennamen abgekürzt).

[77] Vgl. Proklos' Einschätzung in *In Alcibiadem* 27f. C., I 22 S.: „in diesem ganzen Werk herrscht in besonderer Weise das Wirken der Liebeswissenschaft (*erotike episteme*) vor". Vorsehung und Fürsorge: etwa 53–55 C., I 44–46 S. Als Lehren und Lernen, als *paideia*, wird die Interaktion zwischen Sokrates und Alkibiades zusammenhängend in *In Alcibiadem* 151–154 C., II 216–219 S. beschrieben. *In Alcibiadem* 187–281 C., II 247–321 S. geben Wissen, Forschung und Erkenntnis das Grundgerüst, ergänzt und erweitert durch inhaltliche ethische Überlegungen.

[78] *Alkibiades maior* 103a–104d.

[79] *In Alcibiadem* 41 C., I 33f. S.; 44–46 C., I 36–38 S.; 50 C., I 41 S. Vgl. Francesca Filippi: *L'immaginario e il simbolico nell'uomo. Il com-*

Alkibiades damit anstößt, ist die Rückwendung zum wahren Selbst und somit zu der Erkenntnis des Höheren, d.h. Geistigen, und der wahren Werte und Wertehierarchie.[80] Ein echter Liebender zieht den Geliebten an und führt ihn hinauf zur wahren, intelligiblen Schönheit, zum Göttlichen; er fungiert somit als aktiver Mittler. Auch Sokrates ist eine der Seelen, die aus Menschenliebe ins Werden hinabsteigen, um für diejenigen Fürsorge zu tragen, die des Heiles bedürfen – ob durch Mantik, Telestik oder eben durch einen *erotikos bios*.[81] In dieser selbstlosen Güte ahmt Sokrates in seinem Wirkungsbereich den guten Demiurgen nach, als Werkzeug der Vorsehung im menschlichen Bereich, wenn er den Schüler zu der ihm wesensgemäßen Vollkommenheit führt.[82]

Dieses providentielle Vorgehen des Sokrates vergleicht Proklos zum einen wiederholt mit dem Vorgehen eines Arztes – ein alter Topos.[83] Als zweiter Vergleich werden Mysterienfei-

---

mentario di Proclo all' „Alcibiade primo" di Platone. Mailand 2012, 81–83 bemerkt die Parallelen zwischen der Wirkung des Sokrates auf Alkibiades und Rudolf Ottos *mysterium tremendum et fascinans*; so erscheine die Gestalt des Sokrates bei Proklos stellenweise gleichsam „ammantata dei caratteri propri del numinoso"; vgl. auch 85.

[80] Z.B. *In Alcibiadem* 19f. C., I 16f. S. Damit geht es um die volle Selbstwerdung der menschlichen Seele. So analysiert Francesca Filippi in ihrer kommentierten Ausgabe des Kommentars Proklos' Ausführungen als Explikation der Selbstkonstitution der menschlichen Seele im Spannungsfeld von Intellekt und materieller Welt (Immaginario [wie Anm. 79], 16–164).

[81] *In Alcibiadem* 28f. C., I 23f. S.; 31–33 C., I 26f. S.; vgl. auch 132f. C., I 110 S.: Sokrates steige hinab zu Alkibiades wie Herakles in die Unterwelt hinabsteigt, um seinen Freund heraufzuholen.

[82] *In Alcibiadem* 125f. C., I 103f. S. Vgl. dazu als Kontext die Ausführungen Hoffmanns (Prologues [wie Anm. 13], 233f. und 239f) zur neuplatonischen Pädagogik insgesamt; auf Proklos' Alkibiadeskommentar geht er nur kurz ein (239, Anm. 125).

[83] Z.B. *In Alcibiadem* 155 C., II 219 S. (Parallele Medizin – Bildung); 119–121 C., I 98–100 S. (Parallele Medizin – Heilung der menschlichen Verfehlungen durch die Götter und philosophische Seelenheilung); 305

ern herangezogen, die ebenfalls auf ihre Weise den Menschen Kontakt zum Höheren ermöglichen. So wie in den Mysterien Reinigungsriten den göttlichen Erscheinungen vorangingen, müsse auch Sokrates Alkibiades durch seine Prüfungen und Widerlegungen reinigen;[84] so wie in den ersten Phasen des Rituals heftige Emotionen wie Erschrecken den Boden für die Anwesenheit des Göttlichen bereiteten, konfrontiere Sokrates den jungen Mann mit seinem Unwissen und setze geschickt Emotionen ein.[85] Wiederholt werden im Laufe des Kommentars Sokrates' Menschenkenntnis, Takt und pädagogisches Gespür und Fingerspitzengefühl hervorgehoben. Um sein Ziel zu erreichen, setze er genau die richtigen Methoden ein, die auf Alkibiades' Persönlichkeit abgestimmt seien. Er erkenne Alkibiades' temperamentvollen Ehrgeiz und nähere sich ihm behutsam an, indem er anfangs seine Position noch vorsichtig andeute und nicht gleich mit aller Macht behaupte, indem er ihn als Sohn des Kleinias anspreche und so ihn bei seinem Familienstolz packe, schließlich indem er ihn in Staunen versetze und fasziniere.[86] Seine vorsichtigen Formulierungen gewöhnten Alkibiades langsam an Tadel und Korrekturen, indem sie ihm die Möglichkeit gäben, seine Fehler und sein Nichtwissen selbst zu entdecken, und ihn

---

C, II 341 S. Vgl. z. B. Plutarch: *De sera numinis vindicta* 549F–550A oder 551D; Clemens: *Paidagogos* I 1 oder 2.

[84] *In Alcibiadem* 174 f. C., II 236 f. S.

[85] *In Alcibiadem* 61 C., I 50 f. S.; 142 C., I 118 S. Vgl. auch *In Alcibiadem* 39 f. C, I 32 f. S.: wie in Mysterienfeiern das Göttliche sich dem Initianden erst nach der Reinigung von dämonischen Mächten zeige, die die Seele zur Materie ziehen, so zeige sich der gottbegeisterte Liebhaber (Sokrates) erst nachdem die falschen Liebhaber von der Bildfläche verschwunden seien. Die Mysterien, um die es geht, gehören in das Spektrum der Theurgie (vgl. dazu Tanaseanu-Döbler, Theurgy, [wie Anm. 29], 222f).

[86] *In Alcibiadem* 24–25 C., I 19 f. S.; 61 f. C., I 50 f. S. Vgl. Filippi, Immaginario (wie Anm. 79), 79–87.

nicht gleich direkt damit konfrontierten.[87] Generell wird die Anpassung an die Persönlichkeit des Schülers als wesentliche Fähigkeit des Lehrers präsentiert; Sokrates führe jeden zu dem seinem Wesen entsprechenden Ziel.[88] Das Ziel, das Sokrates als Liebhaber und Lehrer anstrebe, sei der Aufstieg der Seele aus der Materie zum Geistigen und Göttlichen, zum wahren Guten.[89]

Werfen wir einen Blick auf einige Stellen des Parmenideskommentars, wo Sokrates als gelehriger Schüler des Parmenides in theologischen Dingen dargestellt wird.[90] Schon anhand der *Platonischen Theologie* haben wir gesehen, dass hier besondere Anforderungen an den Schüler gestellt werden: er muss eine geeignete Natur besitzen, die zusätzlich durch eine langwierige umfassende philosophische Bildung vorbereitet worden ist. Für den Lehrer ist hier eine andere Methode als die schrittweise Hinführung zur Selbsterkenntnis gefragt. Er solle das Mysterium der Theologie kurz und andeutungsweise übermitteln, mit knappen Hinweisen, die im geeigneten Hörer die richtigen Impulse auslösen, die aber das Geheimnis als solches bewahren. Die Darlegungen des Lehrers sollen von dem Schüler nach eigener vorbereitenden Aktivität passiv, wie eine göttliche Offenbarung, entgegengenommen werden, wie auch in den Mysterien zunächst eine Phase der rituellen Aktivität

[87] *In Alcibiadem* 101–103 C., I 83–85 S.; 228 f. C., II 280 f. S.; vgl. auch 156 C., II 221 S.; 164 C., II 227 S.; 289 C., II 327 f. S.

[88] *In Alcibiadem* 152 C., II 216 f. S.

[89] *In Alcibiadem* 152 f. C., II 217 f. S. (mit einer Anspielung auf das Höhlengleichnis), 136 C., I 113 S.: Aufstieg der Seelen vollzieht sich durch Wissen (*episteme*); besonders für die Seele, die zur Kette des Zeus gehört, ist die Rolle der Lehrer entscheidend, um nicht im Irdischen verharrend zum Tyrannen zu werden. 242–251 C., II 291–298 S. (wahre Bildung als Aufstieg vom Vielen zum Einen). Auch Hermes als Schutzgott der *paideia* hat eine primär anagogische Funktion: *In Alcibiadem* 194 f. C., II 253 f. S.

[90] Vgl. Hoffmann, Prologues (wie Anm. 13), 225–227.

zur Vorbereitung der göttlichen Anwesenheit vorangehe, aber letztere nur in absoluter Passivität empfangen werden könne.[91] Wieder haben wir den Vergleich des Lehrens und Lernens mit einer Mysteriensituation, aber hier geht es weniger um die vorbereitenden Riten, mit denen die Situation im *Alkibiades* verglichen worden war, und mehr um den eigentlichen Kern des Rituals nach Proklos, um den Aufstieg zur göttlichen Gegenwart. Wie in echten Mysterienfeiern habe der Aufstieg durch die Dialektik stufenweise und geordnet zu geschehen, indem kein Baustein des Wissens ausgelassen werden dürfe.[92]

Die Tätigkeit des Lehrens wird von Proklos somit religiös konnotiert, als Nachahmung der göttlichen Prozesse im Kosmos, durch die die tieferstehenden Wesen wieder zu ihrem Ursprung zurückgewendet werden und so Vollkommenheit erfahren. Wahre Begegnung mit dem Göttlichen ist für ihn in seiner Zeit nur noch im Rahmen der Philosophieschule als Lern- und Lebensgemeinschaft möglich, wo Lehrer wie Syrianos in der Tradition der alten Lehrerfiguren der Vergangenheit wie Parmenides und Sokrates auch in seiner Zeit noch wirken. Denn diese ist ansonsten, wie er offen zugibt, von den *atheoi*, den Christen geprägt. Aber man solle ja auch nicht die große Masse und ihre Meinungen zu Lehrern nehmen, sondern die wahrhaft Gebildeten und Wissenden. Christentum ist für Proklos eine Sache der Unbildung, der *anepistemosyne*, die den niederen Seelenregungen Tür und Tor öffnet und einen ständigen Krieg widersprüchlicher Meinungen produziert[93] – vielleicht eine Anspielung auf die verschiedenen christlichen Gruppierungen und ihren Umgang miteinander.

---

[91] *In Parmenidem* II, 781 Cousin, I 190 Steel.

[92] *In Parmenidem* V, 990 f. Cousin, II 205 f. Steel; vgl. auch V, 993 Cousin, II 209 Steel.

[93] *In Alcibiadem* 264 f. C., II 307 f. S. Vgl. dazu Philippe Hoffmann: „Un grief antichrétien chez Proclus: l'ignorance en théologie". In: Ar-

5. Schlussbetrachtung

In der doch für Anhänger der alten Kulte und Götter bedrückenden spätantiken Situation bleibt Proklos bis auf solche punktuellen Spitzen gegen die Christen merkwürdig unberührt und schreibt, als gäbe es sie überhaupt nicht, den Blick auf das Kosmische und Ewige gerichtet.[94] Philosophie als Lehre sowie als schulische Institution und soziales Milieu tritt an die Stelle der alten Kulte und ermöglicht ein gelingendes menschliches Leben in Verbindung mit den Göttern, ein Leben, das als immerwährendes Gebet im Nachvollzug der Entfaltung der bunten und doch geordneten Wirklichkeit aus Gott stilisiert werden kann. Praktische und theoretische Philosophie, vom Eros angetrieben, ermöglichen dem Einzelnen die Eingliederung in diese kosmische Ordnung. Die Figur des Lehrers erhält zentrale Bedeutung, denn nur Bildung garantiert Heil, und er kann und muss sie den Würdigen vermitteln. Dies ist eine hohe Verantwortung: die letzte Aufgabe, die Proklos als Lehrer wahrnimmt, ist die Regelung seiner

---

nauld Perrot (Hg.): *Les chrétiens et l'hellénisme. Identités religieuses et culture grecque dans l'Antiquité tardive*. Paris 2012, 161–197, bes. 164–180.

[94] Die klassische Studie zu Proklos' allusiven Spitzen gegen die Christen ist Henri-Dominique Saffrey: „Allusions antichrétiennes chez Proclus, le diadoque platonicien". In: *Revue des sciences philosophiques et théologiques* 59 (1975), 553– 563. Vgl. darauf aufbauend und fokussierend Hoffmann, Grief (wie Anm. 93); zum bewussten Ignorieren der Christen durch die Neuplatoniker 161 und 196 f. Auch die Schrift über die Ewigkeit der Welt, die wir aus der Widerlegung des Johannes Philoponos sowie aus arabischen Teilübersetzungen kennen, ist nicht als eine ausdrücklich und ausschließlich gegen die Christen gerichtete Polemik aufzufassen, wenn auch diese natürlich mit im Blick gewesen sein werden: dazu Clemens Scholten: *Johannes Philoponos. De aeternitate mundi*. Bd. 1: *Einleitung*, Turnhout 2009, 16–25; Benjamin Gleede: *Platon und Aristoteles in der Kosmologie des Proklos: ein Kommentar zu den 18 Argumenten für die Ewigkeit der Welt bei Johannes Philoponos*. Tübingen 2009, 2–36.

Nachfolge, für die er zunächst Marinos und dann als dessen Kollegen Isidoros gewinnen möchte. Mit Nachdruck überliefert Damaskios Isidoros' Bedenken, das Amt des Scholarchen zu akzeptieren: er habe das Amt mit dem Priestertum verglichen und demgegenüber seine Unwürdigkeit betont – bis in das verwendete Ibykos-Zitat hinein derselbe Gestus, mit dem ein christlicher Philosoph auf seine Wahl zum Bischof reagiert.[95]

Für die spätere griechische Philosophie bleibt Proklos der unumstrittene Referenzpunkt, an dessen theologischem System weder für pagane noch für christliche Neuplatoniker ein Weg vorbeiführt. Sein programmatisches Unterfangen, seine Lehrtätigkeit gerade auch in seinen Schriften so festzuhalten, dass sie auch für spätere Generationen nützlich bleiben würde, ist ihm geglückt, vielleicht sogar an einer Stelle, die er weder vorhergesehen noch gewollt hätte: durch die Rezeption seiner Philosophie durch Ps.-Dionysios Areopagita[96], eine, wenn nicht gar die maßgebliche Autorität der

---

[95] *Vita Isidori* frg. 98 C–F, evtl auch 103 E Athanassiadi = E 150 und F 250–253, E 151; E 152; evtl. auch F 270 Zintzen; vgl. Synesios von Kyrene, Brief 105. Synesios' Bedenken ordnen sich in einem spätantiken Topos ein: vgl. Rita Lizzi: *Il potere episcopale nell'Oriente romano. Rappresentazione ideologica e realtà politica (IV–V sec. d. C.).* Rom 1987, 33–55. Mit einem anderen Hintergrund zieht auch Leppin, Proklos (wie Anm. 24), 254f. die Parallele zwischen Bischof und Schulhaupt.

[96] Das Verhältnis von Proklos und Ps.-Dionysios ist ein beliebter Gegenstand der Forschung; vgl. z.B. Werner Beierwaltes: „Dionysios Areopagites – ein christlicher Proklos?" In: Theo Kobusch/Burkhard Mojsisch (Hgg.): *Platon in der abendländischen Geistesgeschichte.* Darmstadt 1997, 71–100, der die Synthese von Platonismus und Christentum betont. Einen anderen Blickwinkel legen Sarah Klitenic Wear/John Dillon: *Dionysius the Areopagite and the Neoplatonist Tradition: Despoiling the Hellenes.* Aldershot/Burlington, VT 2007 an den Tag. Die These, dass hinter dem Pseudonym Dionysios ein heidnischer Neuplatoniker, etwa Damaskios, versuche, proklische Philosophie christlich schmackhaft zu machen, um ihr bleibende Relevanz für die Nachwelt zu verschaffen, ist

christlichen Mystik, wirkte er mittelbar auf die christliche Theologiegeschichte ein. Ein weiteres Medium war die arabische Bearbeitung seiner *Elementatio theologica*, die als *Liber de causis* zu „l'une des sources les plus importantes de la métaphysique au moyen âge“ avancierte.[97] Vielleicht wäre er mit einem anderen, späteren Nachfolger eher einverstanden gewesen – Marsilio Ficino, der ebenfalls das Programm einer platonischen Theologie aufnahm. So blieb sein Anliegen, Hörer und Leser zu ihrer naturgegebenen Bestimmung, der Kontemplation und Vereinigung mit dem Göttlichen – und somit zur Glückseligkeit anzuleiten, nicht ohne Erfolg.

---

nicht gut begründet und berücksichtigt die spannungsvolle Beziehung des Damaskios zu Proklos nicht (ein Beispiel wäre Tuomo Lankila: „The Corpus Areopagiticum as a Crypto-Pagan Project“. In: *Journal for Late Antique Religion and Culture* 5 (2011), 14–40).

[97] Henri-Dominique Saffrey: „L'état actuel des recherches sur le Liber de causis comme source de la métaphysique au Moyen Âge“. In: Paul Wilpert (Hg.): *Die Metaphysik im Mittelalter. Ihr Ursprung und ihre Bedeutung*. Berlin 1963, 267–281, hier 281.

Johannes Sinaites – Mönch, Abt und Lehrer

Andreas Müller

In die Höhe der Enthaltsamkeit
setzte Dich der Herr wahrhaftig,
wie einen fixen Stern,
der bis an die Grenzen leuchtet,
kathegetes (Lehrer) Johannes, unser Vater.[1]

Mit diesem zentralen Fest-Hymnus, dem so genannten *Kontakion zum vierten Sonntag der Fastenzeit*, besingen die orthodoxen Kirchen bis heute einen ihrer bedeutendsten Lehrer und Kirchenväter: Johannes vom Sinai, auch Scholastikos oder nach seinem Hauptwerk *Klimax* (*Leiter zum Paradies*) Klimakos genannt. Er ist immerhin so bedeutend, dass ihm einer der Fastensonntage gewidmet ist. Seine Schriften sind in zahlreichen Handschriften und Übersetzungen tradiert. Es existieren fast ebenso viele Handschriften seiner *Leiter zum Paradies* wie von der Bibel und von den *Apophthegmata Patrum*, der berühmten Sammlung von Wüstenvätersprüchen. Daher ist ein Beitrag über ihn vollkommen zu Recht in die Publikation zu bedeutenden Lehrern aufgenommen worden.

Johannes Sinaites bietet sich aber nicht nur wegen seiner herausragenden Bedeutung in der ostkirchlichen Tradition

[1] Kontakion zum 4. Sonntag der Fastenzeit. In: O. A. [ohne Autor]: *Triodion katanyktikon periechon hapasan tēn anēkusan aut'akoluthian tēs hagias kai megales tessarakostēs*. Athen, o. J., 275; Übersetzung: Andreas Müller.

als ein Beispiel eines christlichen Lehrers an. Er hat vielmehr selbst auch ausführlich über die Rolle des „Geistlichen Vaters" beziehungsweise Begleiters als Lehrer reflektiert und wurde sogar als ein solcher stilisiert. Bereits in dem *Kontakion* wird etwas von seinem Lehrer-Ideal deutlich, das wahrscheinlich von dem anderer in dieser Publikation behandelten Lehrern deutlich abweicht. Johannes Sinaites war nicht nur selbst durch starke Askese geprägt, er hatte vielmehr als ein solcher Asket durch göttliche Beauftragung auch andere zu erleuchten. Sowohl durch sein unmittelbares Vorbild als auch durch seine Lehren, die sich in der *Leiter zum Paradies* finden, hat dieser Lehrer seine zahlreichen Schüler selbst außerhalb von Klöstern geprägt. Das Ziel des Unterrichts ist dabei das himmlische Leben. Es geht also beim Sinaiten letztlich nicht um eine Unterrichtung zu einer besseren Weltgestaltung, sondern um die Vorbereitung auf das Leben in der jenseitigen, himmlischen Welt. Peter Gemeinhardt hat für solch eine Form von Unterricht von „geistlicher Bildung" gesprochen.[2] Der von meiner Kieler Kollegin Sabine Bobert propagierte Begriff „Mystagogik"[3] kommt dem sinaitischen Bildungsideal wohl noch näher. Dieses fand auch in einer Ode zum zweiten großen Festtag des Sinaiten, dem 30. März, ihren Ausdruck:

Indem Du für die Gehorsamen eine lange Rede
geschrieben hast, Seliger, allweiser Johannes,
führst Du sie durch Deine Lehren hinauf
von der Erde bis zum seligen Leben.[4]

---

[2] Peter Gemeinhardt: *Antonius, der erste Mönch. Leben, Lehre, Legende.* München 2013, 110–121.

[3] Sabine Bobert: *Jesus-Gebet und neue Mystik. Grundlagen einer christlichen Mystagogik.* Kiel 2010.

[4] 1. Ode zum 30.3. In: O.A. [ohne Autor]: *Mēnaion Martiu.* Athen ²1991, 244; Übersetzung: Andreas Müller.

Für ein besseres Verständnis eines solchen Lehrer-Ideals ist es notwendig, sich zunächst mit der Biographie und den Schriften des Sinaiten zu beschäftigen. Sodann werde ich das Lehrer-Ideal des Johannes nach dessen eigenen Werken vorstellen und mit dem Lehrer-Bild kontrastieren, das sein Biograph Daniel von Raithu entworfen hat. Schließlich werden die geschilderten Lehrer-Ideale noch mit anderen seiner Zeit und seines Milieus zu vergleichen sein.

1. Zur Biographie des Sinaiten

Biographisch zuverlässige Daten über den Sinaiten existieren nicht mehr. Eine historisch auswertbare *Vita* ist von Johannes nicht überliefert. Die Lebensbeschreibung durch Daniel von Raithu[5] illustriert vielmehr mittels einer konstruierten Biographie die Umsetzbarkeit des in der *Klimax* gezeichneten idealen (Mönchs-)Lebens. Sie ermöglicht allenfalls eine relative Chronologie. Die *Diegemata* des Anastasios Sinaites, in denen Johannes erwähnt wird, können nicht einmal für die Erhebung der Lebensdaten des Sinaiten verwendet werden, wie dies François Nau versucht hat.[6] Die *Diegemata* sind mehrmals literarisch überarbeitet worden – nur die letzte Redaktionsschicht lässt sich eindeutig festlegen. Datierbar ist der Sinaite allein auf Grund von Mönchsnamen, die sowohl in der *Klimax* als auch in zeitgenössischen Schriften wie dem *Leimonarion* des Johannes Moschos und den *Diegemata* des Anastasios belegt sind. Ich habe in meiner

[5] Vgl. Daniel von Raithu: *De Vita S. Climaci* (Patrologia Graeca 88, 596–609).

[6] Vgl. u. a. François Nau: „Note sur la date de la mort de Jean Climaque." In: *Byzantinische Zeitschrift* 11 (1902), 35–37.

Habilitationsschrift die Namen ausführlich ausgewertet und bin zu folgendem Schluss gekommen: Wahrscheinlich lebte Johannes Sinaites von ca. 525 bis ca. 603 n.Chr. Mithilfe der relativen Chronologie des Daniel von Raithu, die allerdings mit Vorsicht zu behandeln ist, ließe sich Johannes' Aufenthalt bei seinem Altvater und Lehrer Martyrios ca. 540 bis ca. 559 datieren. Er begann seine monastische Karriere also in einer Art Lehrer-Schüler-Verhältnis, das man als semianachoretische Lebensform bezeichnen kann. Eine solche war zu seiner Zeit auf der Sinai-Halbinsel üblich. Die Jahre zwischen ca. 559 und 599 verbrachte Johannes als Einsiedler in Thola im zentralen Sinai-Massiv. Anschließend wurde er *hegumenos* (Abt) im nahe gelegenen Dornbusch-Kloster, dem heutigen Katharinen-Kloster. Dieses war erst kürzlich von dem 565 verstorbenen Kaiser Justinian gegründet worden. Sein Abt-Amt versah Johannes möglicherweise nur vier Jahre. Während seiner Zeit als *hegumenos* könnte die *Klimax* entstanden sein. Nach einer historisch nicht mehr sicher zu belegenden Tradition soll der Sinaite noch einmal in die Einsamkeit zurückgekehrt sein.

Johannes Sinaites hätte nach der vorgeschlagenen Datierung sowohl die Gesetzgebung für das Mönchtum durch Kaiser Justinian († 565) miterlebt als auch als Abt des Dornbusch-Klosters sogar mit Papst Gregor dem Großen († 604) korrespondiert. Die *Klimax* kann dementsprechend als ein Dokument gelten, das in einer Zeit starken Wachstums und starker Umstrukturierungen des Sinai-Mönchtums geschrieben worden ist. Dies war zugleich eine Zeit konkurrierender Autoritätskonzepte, des hierarchisch-koinobitischen und des charismatisch-semianachoretischen. Neben der *Klimax* stammen der *Logos pros ton poimena* (Rede an den Hirten) und ein Brief an Johannes von Raithu aus der Feder des Sinaiten.

2. Der Lehrer in den Schriften Johannes des Sinaiten

Das Bild des Lehrers findet sich in den Ausführungen des Sinaiten über den idealen „Geistlichen Vater" und ist von diesem nicht zu lösen. Nur als „Geistlicher Vater" wird der „Lehrer" thematisiert. Entsprechende Ausführungen finden sich in übersichtlicher Form im *Logos pros ton poimena*. Der Sinaite dekliniert hier in seinen einleitenden Definitionen insbesondere vier Bilder für einen „Geistlichen Vater" durch, nämlich *poimen* (Hirt), *kybernetes* (Steuermann), *iatros* (Arzt) und *didaskalos* (Lehrer).[7] Diese Bilder erhalten allesamt eine stark charismatische Prägung. Die Definition des Lehrers lautet dabei:

> Ein wahrer Lehrer ist, wer das geistige Buch der Erkenntnis durch den Finger Gottes, d. h. durch die Wirkung der Erleuchtung aus Gott besitzt und keiner weiteren Bücher mehr bedarf. Es ziemt sich nicht für den Lehrer, vom Blatt zu lehren, und für Maler, von alten Gemälden abzuzeichnen.
>
> Der du die Irdischen erziehst, lehre von oben her aus der Höhe, und vom wahrnehmbaren Äußeren her lass dich über das andere (das Geistige)[8] belehren.[9]

---

[7] Kallistos Ware: „Foreword. The Spiritual Father in Saint John Climacus and Saint Symeon the New Theologian". In: Irénée Hausherr: *Spiritual Direction in the Early Christian East*. Kalamazoo, Michigan 1990, VII–XXXI, hier XIII, bevorzugt für den Lehrer den Titel *σύμβολος*, den Johannes allerdings in seiner eigenen einleitenden Systematisierung im *Λόγος* nicht verwendet.

[8] Τὸ ἕτερον: An dieser Stelle weichen die Editionen Matthäus Rader (Patrologia Graeca 88) und Archimandrites Ignatios (Hg.): *Tu hosiu Patros hēmon Iohannu tu Sinaitu Klimax. Eisagoge – keimenon – metafrasis – scholia – pinakes*. I Mone Parakletou. Oropos Attikes [7]1997, voneinander ab. Ignatios bietet hier das Neutrum τὸ ἕτερον, Rader das Maskulinum τὸν ἕτερον. Wahrscheinlich handelt es sich bei Rader um einen Druckfehler. Gegen seine Lesart spricht, dass das bei ihm zur Stelle

Der Lehrer erscheint somit als Charismatiker. Wie bereits das Urbild der Mönche Antonios[10] ist er *theodidaktos* (gottgelehrt).[11] Kraft seiner Erleuchtung lehrt der Lehrer direkt aus einem „geistigen Buch der Erkenntnis", das heißt durch unmittelbare Inspiration. Wenn Johannes betont, dass der Lehrer nicht vom Blatt lehren soll, so steckt dahinter wohl weniger der Gedanke, dass er dabei langweilig sein könnte. Vielmehr geht es darum, dass er unmittelbar aus seiner Gotteserfahrung, von seiner Belehrung von oben her seine Erkenntnisse weitergeben soll. Der von Gott selbst Belehrte soll Irdische lehren. Johannes sieht in der Gottesschau geradezu eine Legitimation für den Lehrer.[12]

Der Sinaite betont, dass die Qualität des Lehrers insbesondere durch Erfolg bei ungelehrigen beziehungsweise schwierigen Schülern deutlich wird. Schwierige Schüler sind solche, die – wohl nach weltlichen Maßstäben – *amatheis* (ungebildet) und *asophoi* (unweise) sind. Damit könnte allerdings

aufgeführte Scholion 3 lautet: Τὸ ἕτερον, ἤγουν τὸ πνευματκόν· ὡς γὰρ σὺ τοὺς μαθητὰς παιδεύεις αἰσθητῶς, οὕτως καὶ σὲ νοητῶς ὁ Θεός. Die Übersetzung von Georgios Makedos: *Heiliger Johannes vom Sinai. Klimax oder Die Himmelsleiter*. Athen 2000, orientiert sich an diesem Scholion. Die Radersche Variante müsste anders übersetzt werden: „... und durch das wahrnehmbare Äußere lass den anderen belehren."

[9] *Logos pros ton poimena* 5f. (Patrologia Graeca 88, 1165BC).

[10] Vgl. Athanasios: *Vita Antonii*, 62,2 (hg. Gerhard J. M. Bartelink: *Athanase d'Alexandrie. Vie d'Antoine*. Paris 1994, 308, 4f.). Vgl. auch Ysabel de Ania: „Antoine le Grand, θεοδίδακτος". In: *Le monde copte* 21/22 (1993), 25–34.

[11] Nach gradus IV 39 – die *Klimax* ist in 30 Stufen = *gradus* aufgebaut – ist der „Geistliche Vater", der hier allerdings nicht explizit als „Lehrer" bezeichnet wird, tatsächlich von Gott unterrichtet (πληροφορήσει), seinem Schüler beizustehen und zum Vertrauten zu werden.

[12] Vgl. den Abschluss von *Logos pros ton poimena* 6 (Patrologia Graeca 88, 1168A), wo Johannes wieder einmal plötzlich vom Bild des Lehrers in das Bild des Arztes überwechselt: Οὐ γὰρ πέφυκε τὰ κάτω, τὰ χαμαὶ θεραπεύειν ποτέ.

auch lediglich betont sein, dass die Schüler über keine besondere weltliche Bildung verfügen. Dieser Gedanke ist weit in der Mönchsliteratur verbreitet und hat selbst in der *Vita des Johannes* durch Daniel von Raithu seinen Niederschlag gefunden.[13] *Thaumastos* (bewundernswert) ist der Lehrer jedenfalls, wenn er solche Schüler weise macht und vollendet. Das Ziel des Unterrichts liegt also sowohl im Erlangen von „Weisheit" als auch in der Vollendung. Die Vermittlung von Weisheit ist freilich nicht im Sinne der Vermittlung weltlicher Weisheit, sondern der Bildung zu einem „christlichen Philosophen", das heißt hier in erster Linie zu einem Mönch zu verstehen.[14]

2.1 Die Methodik der Lehrer

Zur Methodik der Lehrer äußert sich Johannes im *Logos pros ton poimena* 28 (Patrologia Graeca 88, 1180A), allerdings in einem Kontext, in dem es darum geht, dass der „Geistliche Vater" seiner Pflicht zum Tadel beziehungsweise zu harten Worten nachzukommen hat:

„Unter den Vorstehern gibt es, um mich so auszudrücken, eine naturbedingte Neigung zur Schamhaftigkeit, was unbedingt den Gehorsamen gesagt werden muss, zu verschweigen. Doch sollten sie nicht ablehnen zu tun, was die Pflicht der Lehrer gegenüber den Lernenden ist, und ihnen die nötigen Anweisungen[15] aufschreiben und überreichen!"

---

[13] Vgl. die *Vita* aus der Feder Daniels von Raithu, Patrologia Graeca 88, 597B, wo von Johannes als οὐρανίῳ ἰδιωτείᾳ μαθητευόμενος die Rede ist.

[14] Vgl. zum Begriff φιλόσοφος bzw. zur „*philosophia Christi*" in der patristischen Literatur insbesondere ab dem 4. Jh. als Überblick Peter Walter: „Philosophia Christi". In: *Lexikon für Theologie und Kirche* 8 (^{4}1999), 247 f.

[15] In der ed. Rader (Patrologia Graeca 88) (wie Anm. 8) steht hier ἀπαγγέλματα, was eher mit Bericht (einer Gesandtschaft) zu übersetzen ist. In der ed. Ignatios (wie Anm. 8) steht hingegen παραγγέλματα. Sicher

Im Blick auf die Methodik ist hier der Hinweis interessant, dass „Geistliche Väter“ ihren Schülern Anweisungen schriftlich aufzeichnen sollen. Es ist nicht ganz deutlich auszumachen, ob sich diese Formulierung nur aus dem Kontext des Schulbildes ergibt. Sollte dies, wie ich vermute, nicht der Fall sein, so läge hier ein Beleg dafür vor, dass im 6. Jahrhundert schriftliche Anweisungen von Mönchsführern nicht nur in Form von Klosterregeln abgefasst wurden, sondern auch individuell für den einzelnen Mönch von seinem „Geistlichen Vater“ aufgeschrieben werden konnten. Dementsprechend würde der Sinaite an dieser Stelle Befürchtungen aus den Kreisen der konstantinopolitanischen Hoftheologen entgegnen, dass das nicht ausschließlich koinobitisch organisierte Mönchtum nur auf spontan-charismatische, vollkommen unkontrollierbare Weise geregelt sei. Auch die strikte Aufforderung zu Zurechtweisung und Tadel könnte darauf hinweisen, dass Johannes in der Öffentlichkeit das Bild verbreiten wollte, dass geistliche Schülerschaft auf ähnliche Weise zu geordnetem Mönchtum beiträgt wie streng geregelter Koinobitismus. Solche schriftlichen Anweisungen eines „Geistlichen Vaters“ an seine Schüler aus dem 6. Jahrhundert haben sich meines Wissens nicht erhalten. Allenfalls die geistlichen Briefe des Barsanuph lassen sich in diesem Sinne verstehen. Sie haben sich allerdings aus den äußeren Umständen, nämlich dem Reklusentum des Abbas, notwendig ergeben und bieten somit kein wirklich brauchbares Vergleichsmaterial.[16]

---

ist dieses Wort, welches so viel wie „Anordnung“ bedeutet, hier passender. Die *lectio difficilior* gebietet aber, ἀπαγγέλματα zu lesen und dies im Sinne der Mitteilung von bestimmten Regeln zu verstehen. Dahinter steckt noch deutlicher das Bewusstsein, dass der Lehrer nur Übermittler der Anweisungen ist.

[16] Vgl. als Überblick Judith Pauli: „Barsanuphius und Johannes“. In: Siegmar Döpp / Wilhelm Geerlings (Hgg.): *Lexikon der antiken christlichen Literatur*. Freiburg u. a. 1998, 95 f. Ferner die Einleitung von François

2.2 Der Inhalt der Lehre

Wie sieht aber das Bildungsprogramm genauer aus? Der „Geistliche Vater" macht seine Schüler durch die wahre Philosophie – und gemeint ist damit eben das vorbildliche mönchische Leben – weise und vollkommen. Der Unterricht darf einer gewissen Strenge nicht entbehren. Gehorsam steht gleichsam am Anfang aller Bemühungen in der „Schule", das heißt vor allem in der Schule des Mönchtums. In *gradus* XXVI 14 (Patrologia Graeca 88, 1017A–C) spricht Johannes von drei Klassen entsprechend verschiedener Klassen an der Schule, einer Klasse der *eisagomenoi* (Anfänger) beziehungsweise für *pantes* (alle), einer der *mesoi* (Fortgeschrittenen) und einer der *didaskaloi* (Lehrer) beziehungsweise der *teleioumenoi* (Vollkommenen).[17] Für die Klassen bietet er drei Alphabete, für die erste und die letzte jeweils ein vollständiges mit 24 Begriffen.[18] Zu Beginn des ersten Alphabetes steht an exponierter Stelle der Gehorsam vor weiteren, zunächst noch äußerlich sichtbaren Übungen. Gehorsam ist also in eine Art geistliches Programm eingebunden, das in der zweiten Klasse zum Beispiel die *hesychia* (Ruhe) und *diakrisis* (Unterscheidung) beinhaltet und in der dritten „Klasse" den Mönch zum *mimetes Despotou* (Nachahmer des Herrn) werden lässt. In seiner Hinführung zu den drei Alphabeten betont Johannes allerdings, dass je nach dem eigenen Fortschritt die Klasse zu

---

Neyt / Paula de Angelis-Noah (Hgg.): *Barsanuphe et Jean de Gaza. Correspondance I/1*. Paris 1997, 50–53; Lorenzo Perrone: „Aus Gehorsam zum Vater: Mönche und Laien in der Briefen von Barsanuphius und Johannes von Gaza". In: Alberto Camplani / Giovanni Filoramo (Hgg.): *Foundations of Power and Conflicts of Authority in Late-Antique Monasticism. Proceedings of the International Seminar Turin, December 2–4, 2004*. Leuven u. a. 2007, 217–243.

[17] Vgl. dem Abschnitt vorausgehender *gradus* XXVI 13 (Patrologia Graeca 88, 1016D).

[18] Die mittlere Klasse bietet je nach Zählung 12 oder 13 Begriffe.

wechseln sei.[19] Das würde bedeuten, dass Gehorsam nur von Anfängern zu üben ist.[20] Johannes ist an dieser Stelle freilich nicht eindeutig. Obwohl er vor dem Verbleiben des Bejahrten in dem *paideuterion* (Schule) warnt, erklärt er trotzdem das erste Alphabet als *ariste pasin alphabetos* (das beste Alphabet für alle). Bemerkenswert ist hier jedenfalls die exponierte Stelle des Gehorsams am Anfang mönchischer Alphabete und der Zusammenhang mit den unmittelbar folgenden „Buchstaben" – als weitere Übungen werden nämlich *nesteia* (Fasten), *sakkos* („Sack"), *spodos* (Staub), *dakrya* (Tränen), *exomologesis* (Beichte) und so weiter genannt, also alles Handlungen aus dem Bereich von Buße und Beichte. Evagrios Pontikos (345–399) hätte diesbezüglich von der Abwendung der äußeren Anfechtungen gesprochen. Die zweite Stufe ist mit derjenigen der Abwendung der inneren Gedanken, die dritte mit der Annäherung an die *henosis* (Vereinigung) verbunden.

Der Unterrichtende in den mönchischen Alphabeten ist nach Johannes eng mit Gott selbst verbunden. Dementsprechend spricht Johannes in *gradus* XXV 43 (Patrologia Graeca 88, 997D) seine Leser als „Schüler Gottes" an und verbindet diese Schülerschaft eng mit der Demut. Der Gehorsam gegenüber Gott und der Gehorsam gegenüber dem „Geistlichen Vater", die Schülerschaft Gottes und die Schülerschaft gegen-

[19] Vgl. gradus XXVI 14 (Patrologia Graeca 88, 1017A): Πρόσχωμεν νουνεχῶς, μήπως ἐν τῇ μαθήσει χρονίσαντες ἔτι ἐν τοῖς εἰσαγωγικοῖς διατρίβωμεν ἐπαγγέλμασι· ὅπερ αἰσχύν πᾶσι γνωρίζεται γηραλέον ἰδέσθαι εἰς παιδευτήριον πορευόμενον.

[20] Walther Völker: *Scala Paradisi. Eine Studie zu Johannes Climacus und zugleich eine Vorstudie zu Symeon dem Neuen Theologen.* Wiesbaden 1968, 36, bemerkt, dass der Gehorsam in der *Klimax* zwar der gesamten Entwicklung des Mönches dient, aber doch betont an ihren Anfang gestellt wird. Meines Erachtens ist die durchgehende Gehorsamsforderung noch viel stärker zu betonen – der Hinweis auf das geistliche Alphabet in *gradus* XXVI 14 (Patrologia Graeca 88, 1017A) reicht als Gegenargument nicht aus.

über dem *geron* (Altvater) sind bei Johannes eng miteinander verknüpft. Grundlage dafür ist das Konzept der Repräsentanz Gottes durch den „Geistlichen Vater".[21]

2.3 Johannes von Raithu und Johannes Sinaites als vorbildliche Lehrer

Ein Bildungsprogramm ist nicht nur in Form von abstrakten Aussagen in der *Klimax* selbst tradiert. Vielmehr sind im selben Umfeld Paradigmen der Umsetzung überliefert. In den Schriften des Sinaiten wird der Adressat der *Klimax*, Johannes von Raithu, als ein vorbildlicher Lehrer vorgestellt. Dieser wird jedenfalls vornehmlich als Lehrer innerhalb seiner Mönchsgemeinschaft, das heißt in erster Linie als „Geistlicher Vater" und nicht als Institution „Abt" eingeführt.[22] Nach dem Abschnitt *Logos pros ton poimena* 100, der sekundär mit „*Laus cœnobiarchæ Raythuni*" übertitelt wurde (Patrologia Graeca 88, 1201C–1208A), lobt Johannes den Raithenser als eine mit Gott bereits durch die Reinheit vereinte Seele (Patrologia Graeca 88, 1201C),[23] die keines Vermittlers einer Lehre bedarf. Sie trage nämlich das ewige Wort als Mystagogen, Führer und Erleuchtung in sich. Johannes von Raithu hat dem-

[21] Bereits Eph 6,5 setzt den Gehorsam von Sklaven gegenüber ihren Herren, also gegenüber menschlichen Autoritäten, dem Gehorsam gegenüber Christus gleich. Meines Wissens wird dieser Bibelvers aber vom Sinaiten nicht rezipiert, obwohl er ihn in seinem Sinne hätte auslegen können.

[22] Vgl. z. B. zum Gebrauch des Titels *hegumenos* u. a. in den Schriften Kyrills von Skythopolis Joseph Patrich: *Sabas. Leader of Palestinian Monasticism. A Comparative Study in Eastern Monasticism, Fourth to Seventh Century*. Washington 1994, 170, bes. Anm. 2.

[23] Vgl. auch bereits die Ausführungen in den Einleitungsbriefen Patrologia Graeca 88, 628A. Auch hier bringt der Sinaite die Vorstellung des gereinigten Auges des Verstandes, das das göttliche Licht aufnimmt und von ihm erleuchtet wird, mit dem Raithenser in Verbindung.

nach Gott schon geschaut. Als derartig Begabtem ist ihm die Führung der Brüder vom Herrn anvertraut.[24] Diese Führung übernimmt er als Lehrer, als Myste (vgl. Patrologia Graeca 88, 1205D) und *ouranodromos* (Himmelsweisender). Er besitzt zum Beispiel auch einen Vorsprung an Weisheit und nimmt von daher eine derart wichtige Rolle als Vermittler beziehungsweise Lehrer ein.[25]

Johannes stellt nicht nur selbst in seinen Schriften einen idealen Lehrer vor. Vielmehr wird auch er in der von Daniel von Raithu abgefassten *Vita* als ein solcher stilisiert. Die *Vita* dient in erster Linie dem Zweck, anhand des Lebens des Johannes zu verdeutlichen, dass die Ideale der *Klimax* tatsächlich – und hier beispielhaft – umgesetzt werden können. Sie gliedert sich in vier Hauptteile. Im ersten wird der Eintritt des Sinaiten in den Mönchsstand und dessen Gestaltung bei seinem „Geistlichen Vater" geschildert, im zweiten sein Leben in der Einsamkeit. Der dritte Hauptteil macht dann deutlich, wie der selbst weit fortgeschrittene Johannes als Lehrer zwei Schüler betreut. Ein Schüler namens Moses wird durch Johannes in die *ontos philosophia* (wahre Philosophie), das Mönchtum, eingeführt. Anekdotenhaft wird ähnlich wie in den Erzählungen des Johannes Moschos oder des Anastasios Sinaites beschrieben, wie das Gebet des Altvaters seinen Schüler vor dem sicheren Tod durch einen herabrollenden Stein beschützte.[26] In einer zweiten Erzählung stellt Daniel

---

[24] Vgl. Patrologia Graeca 88, 1204A: Διό σοι καὶ Κύριος τὴν τῶν ἀδελφῶν ὁδηγίαν, ὡς ἀκραδάντῳ, πεπίστευκεν.

[25] Vgl. den Titel πάνσοφε (*Logos pros ton poimena* 99, Patrologia Graeca 88, 1201A). In *Logos pros ton poimena* 100 wird der Raithenser ferner als alle in Erkenntnis Überragender dargestellt (1205C: καὶ πάντων τῶν ὑπὲρ ἡμᾶς ἐν γνώσει προὔχοντα).

[26] Vgl. Patrologia Graeca 88, 604A. Zum Gebet des geistlichen Vaters vgl. Voelker, Scala (wie Anm. 20), 45: „Vor allem ist das Gebet des Vaters eine schirmende Macht. Es hat seinen festen Platz in der Deutung der

den Sinaiten als *iatros molopon aphanon* (Arzt für unsichtbare Striemen) dar.[27] Mit dieser bereits an das große Vorbild aller Anachoreten, Antonios, erinnernden Bezeichnung,[28] die auch in der *Klimax* sehr häufig auftaucht,[29] verbindet Johannes nochmals ein Wunderwirken des bedeutenden Mönches mit Gebet, diesmal allerdings nicht im physischen, sondern im psychischen Bereich: Er befreit einen Mönch namens Isaak[30] von sexuellen Gedanken.

In einem ähnlichen Zweischritt wie diesem ist auch der letzte Hauptteil der *Vita* gestaltet. In ihm geht es nicht nur um das Wirken des Heiligen auf einzelne Schüler, sondern auf eine größere Gemeinschaft. Dabei erwähnt Daniel das Verhalten der Bewunderer des Altvaters: Diese veranlassen ihn beinahe gewaltsam, die Mönche auf dem Sinai als neuerschienener Moses zu führen, was er nicht nur als *hegumenos*, sondern auch in Form eines neuen, gottgeschriebenen Gesetzes, nämlich der *Klimax*, tut. An diesem Punkt erreicht

---

geistlichen Waffenrüstung, indem Climacus unter dem Helm des Heils versteht τὴν τοῦ προεστῶτος δι᾽ εὐχῆς σκέπην (*gradus* IV, Patrologia Graeca 88, 677D). Es ist eine Kraft, die das ganze Leben des Geführten mit einer belebenden Wirkung durchdringt, ja die ihn auch beschirmt, wenn er in bestimmten Geschäften außerhalb des Klosters weilen sollte …“ Vgl. zur Kraft des Gebetes des Altvaters auch *gradus* V, Patrologia Graeca 88, 776A; gradus XV, Patrologia Graeca 88, 893B.

[27] Auch an dieser Stelle tauchen noch weitere Attribute auf: In der ed. Rader (Patrologia Graeca 88) (wie Anm. 8) wird Johannes als τύπος bezeichnet, in der ed. Ignatios (wie Anm. 8) als ἄνθρωπος θεοῦ – ein Terminus, den bereits Athanasios auf Antonios angewendet hatte.

[28] Vgl. Athanasios: *Vita Antonii*, 62,2 (hg. Bartelink: *Athanase d'Alexandrie*, 358) (wie Anm. 10).

[29] Vgl. u.a. *gradus* IV, Patrologia Graeca 88, 680D; 681C; 697AB; 708D; 709CD; 712A; 725A.

[30] Der Name Isaak mag bei dem Mönchsnamen auch eine symbolische Konnotation haben. In den *Narrationes* des Nilus (Patrologia Graeca 79, 596) berichtet der Autor, dass der Sohn des Protagonisten die Wünsche seines Vaters mit dem Gehorsam Isaaks erfüllt habe.

die Erzählung den Höhepunkt – Johannes wird als derjenige dargestellt, der durch Askese und Betreuung von einzelnen Schülern geformt, nun als Vermittler des guten Wortes Gottes eintritt. Der in diesem Zusammenhang verwendete Titel „Neuer Moses" als solcher ist zur Bezeichnung einer leitenden Gestalt des Sinai-Mönchtums keineswegs ungewöhnlich.[31] Die Verwendung des Ehrentitels für den Sinaiten ist nicht nur bei Daniel zu finden. Als neuer Moses wird Johannes auch in den *Diegemata* des Anastasios bezeichnet.[32] Dabei steht der Titel mit der *arete* (Tugend), die den Sinaiten auszeichnete, in Verbindung, nicht mit dessen herausragender vermittelnder Rolle. Die besondere Leistung Daniels ist es, den Titel nicht nur auf den Sinaiten einfach anzuwenden, sondern ihn in verschiedenen Dimensionen auch zu beleuchten. Johannes wird mit dem Titel des „Neuen Moses" als eine besondere Führungspersönlichkeit[33] im sinaitischen Mönchtum dargestellt und erscheint als ein nach langer, vierzigjähriger Zeit der inneren Klärung derart Fortgeschrittener, dass er zwar wie Moses gottgeschriebene Tafeln an das Mönchsvolk vermittelt, aber noch über Moses hinaus[34] nach Jerusalem ge-

---

[31] Vgl. Nilus: *Narrationes*, Patrologia Graeca 79, 625A–C.

[32] Anastasios: *Diegema* XXXIV; vgl. ferner *Diegema* XXXII, abgedruckt in: François Nau (Hg.): „Le texte grec des récits du moine Anastase sur les saints pères du Sinai". In: *Oriens Christianus* 2 (1902), 58–89.

[33] In diesem Sinne kann später sogar behauptet werden, dass sich Muhammad an Moses orientiert habe. Der armenische Historiker Sebeos schildert Muhammad als solchen, der seine Truppen wie zwölf Stämme nach Israel marschieren ließ. Vgl. Robert W. Thomson/James Howard-Johnston (Hgg.): The *Armenian History Attributed to Sebeos. Translated Texts for Historians XXXI*. Bd. 1. Liverpool 1999, 95f.

[34] Der Gedanke, dass der Sinaite den Moses noch überboten hat, liegt wohl auch dem *Diegema* VII des Anastasios (wie Anm. 32) zugrunde. Dort dient der zunächst anonym bleibende Moses bei der Bewirtung einer Gruppe von sechshundert Fremden im Kloster unter dem *hegumenos* Johannes.

langt – sogar in die himmlische Stadt. Ist das Konzept eines charismatischen, vorbildlich handelnden Lehrers nun aber eine Erfindung des Sinaiten? Ein Blick in die Geschichte macht deutlich, dass das Konzept schon lange vorbereitet war.

3. Lehrer in der monastischen und kirchlich-monastischen Tradition der Spätantike

Der mönchische Lehrer, der als Mystagoge durch Erfahrung lehrt, ist schon lange vor Johannes Sinaites thematisiert worden. Bereits in der frühesten monastischen Ideal-Vita wird er beschrieben, nämlich in der aus dem 4. Jahrhundert stammenden *Vita Antonii.* Athanasios schildert Antonios als einen Mönch, der in weltlicher Bildung *agrammatos* (ungebildet) ist (*Vita Antonii* 72,1), der dafür aber direkt von Gott geschult und als ein solcher *theodidaktos* (Gottgelehrter)[35] sogar in der Lage ist, sich dem Diskurs mit paganen Philosophen (vgl. *Vita Antonii* 72–80) erfolgreich zu stellen. Für ihn wie für andere Mönche stand also die „geistliche Bildung" im Vordergrund, „die keine literarischen Kenntnisse vermittelt, sondern den Menschen zu sich selbst – und vor Gott – bringen will und auf der Beziehung von Lehrer und Schüler basiert".[36] Als Vermittler einer solchen Bildung an seine Mönche wird Antonios in *Vita Antonii* 16–44 vorgestellt. In ihr fordert der Mönchsvater unter anderem auch dazu auf, die Vorbilder der „Heiligen" nachzuahmen (*Vita Antonii* 27,1). Peter Gemeinhardt fasst die Rede des Antonios gegenüber den Mönchen in diesen Kapiteln passend zusammen: „Antonius lehrt seine Schüler wie ein Philosoph seine Jünger, teils unter Rück-

---

[35] Vgl. *Vita Antonii* 66,2; vgl. zu dem Begriff auch bereits 1 Thess 4,9.

[36] Peter Gemeinhardt, Antonius (wie Anm. 2), 84.

griff auf Begriffe der zeitgenössischen Philosophie, vor allem aber aus seiner Erfahrung im Kampf gegen die Dämonen heraus."[37] Sogar die paganen Philosophen forderte er mit Gal 4,12 auf, wie er selbst zu werden, weil man Gutes nachahmen müsse (vgl. *Vita Antonii* 72,4f.). Ihnen gegenüber betont Antonios, dass Menschen mit „gesundem" Verstand der Bildung nicht bedürfen (vgl. *Vita Antonii* 73,3).

Vergleichbare „Geistliche Bildung" prägt auch die *Apophthegmata Patrum*. Jene „basiert auf der Bibel und wird vom *abbas* in konkreten Situationen vermittelt. [...] Diese Lehre unterscheidet sich grundlegend von der schulphilosophischen oder gar grammatisch-rhetorischen Bildung in der Spätantike."[38] Dementsprechend werden der *didaskalos* (Lehrer) und der „Geistliche Vater" in den *Apophthegmata* häufiger identifiziert.[39] Eine solche Identifikation wird sogar direkt im Vorwort der Alphabetisch-Anonymen und der Systematischen Sammlung vorgenommen.[40] Auch in der Literatur über das Mönchtum, zum Beispiel in der aus dem 5. Jahrhundert stammenden Kirchengeschichte des Sozomenos, wird das Mönchtum als „Philosophie" beschrieben, die „auf Wissens-

---

[37] Gemeinhardt, Antonius (wie Anm. 2), 91f. In seinen Briefen erscheint Antonius hingegen „nicht als Märtyrer, Wundertäter oder Dämonenbekämpfer, sondern als ‚Weisheitslehrer'." (ebd. 99).

[38] Gemeinhardt, Antonius (wie Anm. 2), 108f.

[39] Vgl. Theodora 5 (Patrologia Graeca 65, 204A; Übersetzung: Bonifaz Miller: *Weisung der Väter. Apophthegmata Patrum, auch Gerontikon oder Alphabeticum genannt.* Trier [3]1986, Nr. 313, zukünftig = G); Isidor 5 (Patrologia Graeca 65, 236B; G 413; Isidor setzt den Lehrer und den Vater gleich); Johannes der Perser 4 (Patrologia Graeca 65, 240A; G 419; Johannes nennt sich u.a. einen Lehrer wie Paulos) und Systematische Sammlung V,54 (hg. Jean Claude Guy: *Les Apophthegmes des Pères. Collection systématique. Chapitres I–XI*. Paris 1993, 308, 8).

[40] In Patrologia Graeca 65, 72 A werden die Heiligen Väter, von denen im Folgenden die Rede sein wird, als Eiferer für das selige Leben der Mönche und dessen Lehrer beschrieben.

ballast und logische Kunstfertigkeiten verzichtet", da sie zur wirklichen rechten Lebenskunst nichts beitragen.[41]

In der Mitte des 6. Jahrhunderts von Kyrill von Skythopolis († um 558) verfassten *Vita Sabae* wird die „geistliche Belehrung" durch das Vorbild eines „Geistlichen Vaters" explizit beschrieben. Dort heißt es über Sabas:

> Er hatte nämlich viel Milde und eine wahrhaftige Demut, da er Christus darin nachahmte, den wahren Gott, der sich selbst zur Nachahmung darbot denen, die wollen, indem er sprach: Lernt von mir, weil ich mild bin und von Herzen demütig. Auf dieses Vorbild blickend demütigte er beständig sich selbst, indem er sich selbst allen unter ihm als geringsten hinstellte und als Diener. Einen jeden von ihnen aber unterrichtete er, weil er mit allen Dingen bereits Erfahrung hatte, und ermahnte sie, tapfer gegen die Listen des Teufels zu stehen und keineswegs nachzugeben oder in der Trauer zu versinken infolge der vielfältigen Schlechtigkeit der Dämonen. Es ist nämlich auch nötig, sagte er, dass derjenige, der sich gereinigt und sich selbst Gott geweiht hat, durch die Hoffnung auf die kommenden Güter umzäunt wird. Es ist nämlich der feigen Seele zu eigen, den Beschwerden zu unterliegen. Er ernährte ihre Seelen mit diesen und derartigen Taten und Worten und er unterließ es nicht, [sie] zu tränken und er gab ihnen Flügel und lehrte sie fliegen und rüstete sie aus, in den Himmel hinüber zu gehen.[42]

Der Ausschnitt aus der *Vita Sabae* macht deutlich, dass das Konzept des Sinaiten zumindest im Nahen Osten in mönchischen Kreisen weit verbreitet war. Das Neue an der Position des Sinaiten lag insbesondere darin, dass er die „geistliche Bildung" in ein großes System eingebunden hat und dadurch

---

[41] Vgl. Sozomenos: *Historia Ecclesiastica* I 12,1; I 13,1 (hg. Joseph Bidez/Günther Christian Hansen: Sozomenus Kirchengeschichte. Berlin 1960, 24; 27) und dazu Gemeinhardt, Antonius (wie Anm. 2), 120.

[42] Kyrill von Skythopolis: *Vita Sabae* 16 (hg. Eduard Schwartz: Kyrillos von Skythopolis. Leipzig 1939, 100, 15–101, 5; Übersetzung: Andreas Müller).

weit über die semianachoretischen Kreise bekannt machte: Sowohl im *Koinobion* als auch jenseits desselben. Damit ist der Sinaite in eine Entwicklung einzuzeichnen, die sich auch im westlichen Mittelmeergebiet beobachten ließ. Hier fanden sich selbst in der kirchlichen Hierarchie vergleichbare Formen von Bildung. Ich möchte daher mit einem Hinweis auf Papst Gregor I. schließen. Dieser favorisierte gegen Ende des 6. Jahrhunderts in ausgeprägter Form eine Theorie der Mystagogik durch Vorbilder. Gregor bietet im Prolog zu seinen *Vier Büchern der Dialoge* eine kurze Begründung dafür, dass sich die Beschäftigung mit Vorbildern und die Unterrichtung über sie besonders lohnt. Diese mit der Schriftexegese sehr wohl konkurrenzfähige Art der Bildung wird durch Gregors fiktiven Gesprächspartner Petrus Diaconus jedenfalls in doppelter Weise begründet:

> Es scheint mir unbedenklich, aus diesem Anlaß (scil. der Beschäftigung mit italischen Heiligen) die Schriftforschung zu unterbrechen, da die Erinnerung an Tugendbeispiele ebenso erbaulich ist. Denn bei der Schriftauslegung sehen wir, wie die Tugend erworben und bewahrt wird; aus der Erzählung der Wunder aber erkennen wir, wie die erworbene und bewahrte Tugend sich offenbart. Auch werden manche eher durch Beispiele als durch Lehren zur Liebe zum himmlischen Vaterlande entflammt. Es entspringt sogar in der Regel aus der Erzählung der Väterbeispiele für den Zuhörer ein doppelter Nutzen, insofern er nämlich durch den Vergleich mit den Vorfahren zur Liebe zum zukünftigen Leben angeeifert wird und zugleich in seiner Selbsteinschätzung sich gedemütigt findet, wenn er Größeres an anderen wahrnimmt.[43]

[43] Adalbert de Vogüé (Hg.): *Grégoire le Grand. Dialogues II*. Paris 1979, 16, 68–79. Übersetzung: Joseph Funk: *Des heiligen Papstes und Kirchenlehrers Gregor des Großen vier Bücher Dialoge*. München 1933, 3.

4. Schluss

Ich fasse zusammen: Bildungsgeschichtlich lassen sich an Johannes Sinaites folgende Punkte festhalten, die auch weit über den Horizont des Sinai für Bildungsideale im monastischen Bereich der gesamten Spätantike von Bedeutung waren.

1. Unterricht ist beim Sinaiten eng mit „geistlicher Bildung“ verbunden – in diesem Zusammenhang ist am besten von einer Art Mystagogik zu sprechen.
2. Die mystagogische Bildung ist von jener der „Welt“ gerade auch durch ihre Erfahrungsprägung unterschieden: Voraussetzung für eine solche Unterrichtung, die zum Heil führen soll, ist die eigene Erfahrung des Lehrers. Es handelt sich nicht um eine Bücherweisheit, obwohl schriftliche Unterrichtung auch bei der Mystagogik eine Rolle spielen konnte.
3. Johannes selbst wird sogar als „Neuer Moses“ bezeichnet. Dadurch wird er nicht nur zu einer – auf dem Sinai äußerst passenden – Führungspersönlichkeit stilisiert, sondern auch als Vermittler des göttlichen Wortes.
4. Bei der Vermittlung in drei unterschiedlichen Klassen spielt besonders der Gehorsam des Schülers gegenüber dem Lehrer eine zentrale Rolle. Ziel ist es letztlich, Nachahmer Christi zu werden. Diese Forderung stellt sich an alle möglichen Leser der *Leiter* unabhängig von ihrer Lebensform.
5. Das Besondere des Sinaiten gegenüber vergleichbaren „Geistlichen Vätern“ vor ihm ist insbesondere in der Vermittlung seines charismatisch begründeten Konzeptes weit über die Grenzen semianachoretischer Sozialstrukturen zu sehen: Er wurde sowohl in semianachoretischen und koinobitischen Gemeinschaften als auch von Laienchristen stark rezipiert. Durch ihn wurde das Konzept „Mystagogik“ in

ein größeres System geistlichen Fortschritts eingebunden und dadurch in allen kirchlichen Kreisen rezipierbar.

„Ich aber wurde als Lehrer gesandt!"

Der Prophet Muhammad als *spiritus rector* der Muslime*

Jens Scheiner

Große Männer tragen besondere Namen. Und je bedeutender sie sind, umso kürzer scheint der Name zu sein, unter welchem sie erinnert werden. Ist Marcus Tullius nicht unter seinem *cognomen* Cicero viel bekannter? Wer kennt zudem schon die Nachnamen von Michelangelo, Raffael oder Tizian? Entsprechend ist auch der Religionsstifter des Islams nur unter einem Kurznamen bekannt, obwohl er einen vielteiligen Namen getragen hat: Muhammad, der Sohn des ʿAbdallah, der Enkel des ʿAbd al-Muttalib, der Urenkel des Haschim, der Ur-Urenkel des ʿAbd Manaf und der Ur-Ur-Urenkel des Qusaiy. Weitere vierundvierzig Namensteile, die in einer konstruierten Genealogie bis auf Adam zurückgehen, werden von einem frühen Biographen genannt.[1] Die Kurzform und der

---

* Der vorliegende Beitrag ist eine verkürzte Version meiner demnächst erscheinenden Monographie zum gleichen Thema. Er entstand in dem mit Mitteln der Exzellenzinitiative geförderten Courant Forschungszentrum „Bildung und Religion" an der Georg-August-Universität Göttingen. Ich danke Monika Winet und meinen Kollegen am CRC EDRIS für ihre wertvollen Anregungen zu einer früheren Version dieses Beitrages.

[1] ʿAbd al-Malik ibn Hischam: *Al-sira al-nabawiyya*, teilüb. G. Rotter als: *Ibn Isḥāq. Das Leben des Propheten*. Tübingen 1976. [Nachdruck der 1. Aufl. Kandern 2008], 25.

Ruf- bzw. Vorname „Muhammad“ ist von seiner grammatikalischen Form her ein Partizip Passiv (*muhammad*), so dass man den Namen mit ‚der Gepriesene‘ übersetzen kann. Das deutet darauf hin, dass es sich um einen Ehrennamen handelt und aus diesem Grund fügen gläubige Muslime dem Namen Muhammads die Eulogie ‚Gott segne ihn und schenke ihm Heil‘ (*salla llahu alaihi wa-sallam*) bei. Muhammads Aussehen soll von seinem Vetter und Schwiegersohn ʿAli folgendermaßen beschrieben worden sein:

> Er hatte einen großen Schädel, große Augen, lange Augenbrauen, eine gewisse Röte in den Augen, einen dicken Bart und einen hellen Teint. Wenn er ging, dann so, als würde er eine Anhöhe besteigen. Wenn er sich umwandte, dann tat er das vollständig. Seine Hände und Füße waren fleischig.[2]

Muhammad wird von den Muslimen als Gottgesandter (*rasul Allah*) und damit als Prophet angesehen, worin er sich von Jesus unterschied, der wie Reinhard Feldmeier in seinem Beitrag in diesem Band zeigt, nur bedingt als Prophet gelten kann, sondern in erster Linie Lehrer war.[3] Auch eine so enge Verbindung zu Gott wie Jesus sie für sich in Anspruch nahm, kann Muhammad nicht aufweisen. Zwar soll er nach Auskunft der islamischen Quellen teils direkt, teils durch Vermittlung des Engels Gabriel Gottes Botschaft erhalten haben und während seiner sogenannten Himmelsreise Gott sehr nahe gekommen sein, doch ist von einer Gottessohnschaft nie die Rede. Muhammad wurde, so diese Quellen weiter, im Jahre 570 n. Chr. geboren und starb 632 n. Chr.

---

[2] Muhammad ibn Saʿd: *Kitab al-tabaqat al-kabir*, hg. von E. Sachau als: *Ibn Saad. Biographien Muhammeds, seiner Gefährten und der späteren Träger des Islams bis zum Jahre 230 der Flucht.* 9 Bde. Leiden 1904–1940, Bd. 1–2, 121 (meine Übersetzung).

[3] Vgl. Reinhard Feldmeiers Beitrag, „Gottessohn und Lehrer. Jesus von Nazareth“, 41 in diesem Band.

als Mensch. Seine Worte und Lebensführung haben deutliche Spuren in dieser Welt hinterlassen, so dass Muslime in Muhammad den Begründer der Religion des Islams sehen, d. h. einer nach-jüdischen bzw. nach-christlichen religiösen Erneuerungsbewegung, welche die bedingungslose Unterwerfung (*islam*) des Gläubigen unter Gottes Willen zum Hauptinhalt hat, wohingegen Nicht-Muslime ihn sowohl in der Vergangenheit als auch in der Gegenwart zum Teil sehr kritisch charakterisiert haben. So wurde Muhammad vor allem im europäischen Mittelalter nur sehr selten als Gottgesandter anerkannt. Viel öfter wurde er als Pseudoprophet, Häretiker, Betrüger oder Epileptiker verunglimpft,[4] oder seine herrschaftlichen und gesetzgeberischen Tätigkeiten wurden in den Vordergrund gestellt. Tor Andrae, einer der bedeutendsten Forscher zur Biographie Muhammads, formulierte es folgendermaßen: Muhammad wurde „von dem religiösen schwärmer zum schlauen, von masslosem ehrgeiz und herrschsucht getriebenen politiker".[5] Äußerst selten wurde Muhammad in der westlichen Forschung als Lehrer charakterisiert – womit sich diese deutlich von den muslimischen Zugängen zu Muhammad unterscheidet. In einigen Muhammad-Biographien und auf Webseiten im Internet, die von Muslimen verfasst wurden, wird Muhammad nicht nur als Gesandter Gottes (*rasul Allah*) anerkannt, sondern gelegentlich auch als Lehrer porträtiert. Zudem gibt es einige Studien, wie diejenige von ʿAbd al-Rahman al-Barr,[6] die sich

---

[4] Vgl. Marco Schöller: *Muhammad.* Frankfurt 2008, 127.

[5] Tor Andrae: *Die Person Muhammeds in Lehre und Glauben seiner Gemeinde.* Stockholm 1918, 15.

[6] ʿAbd al-Rahman al-Barr: *Al-samat al-ʿaschra li-l-nabi al-muʿallim* (‚Die Zehn Merkmale in Bezug auf den lehrenden Propheten') 2011. Unter: http://www.alabaserah.com/news.php?newsid=879 und http://www.alabaserah.com/news.php?newsid=885 (12.7.2014).

nur dem letztgenannten Teilaspekt von Muhammads Vita widmen. Der vorliegende Beitrag nimmt diese muslimische Interpretation auf und möchte zeigen, dass die Porträtierung von Muhammads Wirken – wie sie sowohl in islamischen als auch in außer-islamischen Quellen greifbar wird – schon sehr früh die Komponente einer ausgeprägten Lehrtätigkeit enthielt. Damit soll zugleich eine Lücke in der europäischen Muhammad-Forschung geschlossen werden.

1. Quellen zur Muhammad-Biographie

Es ist unbestritten, dass Muhammad als Person existiert hat. Dafür bürgen einige außer-islamische Quellen, die ihn unter anderem als militärischen Führer skizzieren. So heißt es etwa in der syrischen „Chronik von Khuzistan", die etwa 30 Jahre nach Muhammads Tod verfasst wurde:

> Gott führte die Söhne Ismaels (d.h. die Muslime) gegen sie (d.h. die Perser), (so zahlreich) wie Sand an der Meeresküste. Ihr Führer (*mdabbrana*) war Muhammad und weder Mauern noch Tore, Waffen und Schilde, widerstanden ihnen.[7]

Trotz solch bestätigender Quellen steckt die historisch-kritische Forschung zu Muhammads Leben, die sich vornehmlich auf arabische Schriftquellen stützen muss, noch in den Kinderschuhen. Bislang wurden nur wenige Ereignisse aus Muhammads Leben historisch-kritisch überprüft und aus den ältesten Quellen mit Hilfe der sogenannten *isnad-cum-matn*-Analyse rekonstruiert. Was allerdings möglich ist, und auch von Wissenschaftlern wie etwa Uri Rubin und Tilman

---

[7] Zitiert (und übersetzt) nach Robert G. Hoyland (Hg.): *Seeing Islam as Others Saw It. A Survey and Evaluation of Christian, Jewish and Zoroastrian Writings on Early Islam*. Princeton 1997, 186.

Nagel unternommen wurde,[8] ist im großen Umfang zu untersuchen, wie Muhammad von den späteren muslimischen Gelehrten gesehen und porträtiert wurde. Allerdings sagen diese Ausführungen kaum etwas über den historischen Muhammad aus, sondern geben ein Prophetenbild wieder, wie es in den arabischen Quellen greifbar ist, die etwa 100–200 Jahre nach Muhammads Tod entstanden sind und damit zahlreichen inner-islamischen religiösen und politischen Einflüssen ausgesetzt waren.[9]

Die beiden wichtigsten arabischen Quellengattungen für die Analyse des Muhammad-Bildes sind die *Sira*-Literatur und die *Hadith*-Literatur. Diese Literaturen beinhalten Überlieferungen über Muhammad, die im 9. Jh. n. Chr. in Umlauf waren. Damit dienen sie hier als Quellen für die Untersuchung der Frage nach der Darstellung der Lehrertätigkeit Muhammads, die zur selben Zeit von den Gelehrten vertreten und tradiert wurde.[10] Ergänzt werden diese beiden Literaturgattungen durch Ausführungen zu entsprechenden Passagen im Koran.

---

[8] Uri Rubin: *The Eye of the Beholder. The Life of Muḥammad as Viewed by the Early Muslims. A Textual Analysis.* Princeton 1995; Tilman Nagel: *Allahs Liebling. Ursprung und Erscheinungsformen des Muhammadglaubens.* München 2008.

[9] In einem kürzlich erschienen Aufsatz, der in einigen persönlichen Angriffen auf Fachkollegen weit über den guten Geschmack hinausgeht, nennt Nagel den Prozess, durch welchen dieses Prophetenbild geformt wurde, „das zweite Leben" Muhammads. Vgl. Tilman Nagel: „‚Authentizität' in der Leben-Muhammad-Forschung". In: *Arabica* 60 (2013), 516–568.

[10] Da zahlreiche dieser Überlieferungen aber schon mehrere Jahrzehnte (evtl. sogar Jahrhunderte) in Umlauf waren, könnten sie auch ein älteres Prophetenbild reflektieren bzw. eine Entwicklung des Selbigen darstellen. Eine solche diachrone Analyse von Muhammads Porträtierung als Lehrer kann hier jedoch weder methodisch, noch aus Gründen des Umfangs geleistet werden. Dasselbe gilt für das Korpus der außer-islamischen Quellen. Für Beispiele aus diesen Texten siehe Scheiner, Lehrer (wie Anm. *).

Die *Sira*-Literatur umfasst die indigenen arabischen Werke, die Muhammads Biographie zum Inhalt haben. Zu dieser Gattung gehören insbesondere dasjenige des Ibn Hischam (gest. 833), der die ältere Biographie des Ibn Ishaq (gest. 767) redigiert hatte,[11] und das des Muhammad ibn Saʿd (gest. 845)[12].

Die andere Quellengattung ist die *Hadith*-Literatur, welche Überlieferungen (*ahadith*, Sg. *hadith*) über Aussprüche und Handlungen des Propheten Muhammad in Form von Kurznarrativen enthält.[13] Während die biographischen Werke historischen Charakter haben – so liegt ihnen etwa ein chronologisches Gerüst zu Grunde –, dienen die *Hadith*-Werke den Gelehrten einerseits dazu, juristische und theologische Fragen zu erörtern, und andererseits spielen sie als (rechtliche) Handbücher eine bedeutende Rolle für die Lebensgestaltung der Muslime. Die darin aufgeführten Worte und Verhaltensweisen des Propheten sind Richtschnur für deren Verhalten im Alltag, d. h. sie konstituieren den prophetischen Brauch (*sunna*). Damit weist die *Hadith*-Literatur schon als Gattung einen dezidiert didaktischen Charakter auf und ist

[11] ʿAbd al-Malik ibn Hischam: *Al-sira al-nabawiyya*, hg. von Ferdinand Wüstenfeld als: *Das Leben Muhammed's nach Muhammed Ibn Ishâk bearbeitet von Abd el-Malik Ibn Hischâm. Aus den Handschriften zu Berlin, Leipzig, Gotha und Leyden.* 3 Bde. Göttingen 1858–1860. Für eine gekürzte deutsche Übersetzung siehe Anm. 1.

[12] Ibn Saʿd, Kitab al-tabaqat al-kabir (wie Anm. 2). Al-Waqidis *Kitab al-maghazi*, das ebenfalls zahlreiche Belegstellen enthält, wurde aus Platzgründen hier nicht herangezogen. Für Quellenbelege aus diesem Werk siehe Scheiner, Lehrer (wie Anm. *).

[13] Einführend in die *Hadith*-Literatur siehe Mustafa Shah: „Hadith, Language of". In *Encyclopaedia of Arabic Language and Linguistics*, Online-Ausgabe; James Robson: „Hadith". In *The Encyclopaedia of Islam*, Second Edition, Online-Ausgabe; Jens Scheiner: „Der Hadith". In: Rainer Brunner (Hg.): *Einführung in den Islam*. Stuttgart 2015 [im Druck].

nicht primär daran interessiert, frühere historische Inhalte zu dokumentieren. Da die *Hadithe* aber aufgrund ihres Inhalts zugleich Einblicke in Muhammads Lebenswelt ermöglichen, sind sie als Quelle für das Muhammad-Bild bestens geeignet. Es muss allerdings betont werden, dass eine scharfe Trennung zwischen beiden Quellengattungen, d. h. der biographischen *Sira*-Literatur und der *Hadith*-Literatur nicht immer möglich ist, da sie sich gelegentlich inhaltlich überschneiden.[14] Die *Hadith*-Literatur ist eine der umfangreichsten Gattungen der arabischen Literatur und füllt eine ganze Bibliothek. Für die hier zu untersuchende Frage nach der Porträtierung von Muhammads Lehrerschaft wurden daher nur die sechs angesehensten Werke des sunnitischen Mehrheitsislams, die sogenannten ‚Sechs Bücher' (*al-kutub al-sitta*), ausgewertet. Zu diesen gehören die *Hadith*-Sammlungen von al-Buchari[15] (gest. 870), Muslim[16] (gest. 875), Abu Dawud[17] (gest. 888), al-Tirmidhi[18] (gest. 892), al-Nasaʾi[19] (gest. 915) und Ibn Madscha[20] (gest. 887).

[14] Über das genaue Verhältnis beider Gattungen gibt es eine intensive Forschungskontroverse, die bis heute noch nicht entschieden ist.

[15] Muhammad ibn Ismaʿil al-Buchari: *Al-dschamiʿ al-sahih*, teilhg. und teilüb. von Muhammad Ibn Rassoul. Düsseldorf [12]2012.

[16] Muslim ibn Hadschdschadsch: *Al-dschamiʿ al-sahih*, üb. von ʿAbdul Hamid Siddiqi. 4 Bde. Lahore 1976.

[17] Abu Dawud al-Sidschistani: *Sunan*, hg. von Matbaʿat Mustafa al-Babi al-Halabi. 2 Bde. Kairo 1952.

[18] Muhammad al-Tirmidhi: *Al-dschamiʿ al-sahih*, hg. von ʿAbd al-Wahid al-Tazi. 13 Bde. Kairo 1931–1934.

[19] Ahmad al-Nasaʾi: *Sunan*, hg. und üb. von Zubair ʿAli Zaʾi und Nasiruddin al-Khattab. 6 Bde. Riyad 2007.

[20] Muhammad ibn Madscha: *Sunan*, hg. von Muhammad Fuʾad ʿAbd al-Baqi. 2 Bde. Kairo 1952–1954.

2. Muhammad als Lehrer

Im Islam – wie auch im Christen- und Judentum – wird „Lehre“ als ein mündliches oder schriftliches System von Traditionen verstanden, das Glaubensinhalte und religiöse Praktiken beschreibt. So spricht man von der Lehre Jesu oder derjenigen Muhammads. Lehre ist somit ein konstitutives Charakteristikum der drei „abrahamitischen“ Religionen. Die islamische Lehre findet sich teils im Koran, teils in Traditionen (*hadith*), sowie in späteren Abhandlungen von (religiösen) Gelehrten. Ihre Entwicklung kann in mehrere Phasen eingeteilt werden, so dass sie – je nach Entwicklungsstufe – eine Vielzahl von Themen, etwa die Glaubensinhalte des Monotheismus oder des Endgerichts, rituelle Praktiken, wie das Pflichtgebet oder die Pilgerriten, sowie verschiedene theologische und rechtliche Inhalte, aber auch moralische und ethische Elemente beinhaltet. Die islamische Lehre, welche über die Jahrhunderte entstanden ist und (weiter-)entwickelt wurde, umfasst somit die verschiedenen Ausprägungen der islamischen Religion, so dass man ebenso von Lehren im Plural sprechen könnte.[21]

Allerdings braucht eine Lehre Personen, die deren Inhalte vermitteln, d. h. jemanden, der eine Lehraktivität ausübt. Ein solcher „religiöser Lehrer“ soll – für die islamische Lehre seiner Zeit – Muhammad gewesen sein, der sich, wie die islamischen Quellen berichten, im Rahmen seiner Lehrtätigkeit intellektuell und emotional mit der islamischen Lehre auseinander setzte. So soll Muhammad manche seiner Lehrinhalte weiterentwickelt haben, gewisse Umsetzungen oder Praktiken befürwortet, und einige seiner Anhänger für deren

[21] Einführend zur islamischen Lehre siehe Sebastian Günther: „Teaching“. In: Jane D. McAuliffe (Hg.): *Encyclopaedia of the Qurʾān*. Leiden 2001–2006, Bd. 5, 200–205.

unzureichende Ausübung der Riten kritisiert haben. Manchmal berichten die Quellen hingegen auch, dass Muhammad Gottes Wort nur wiedergegeben habe, quasi wie ein Sprachrohr, ohne dem Inhalt etwas hinzu gefügt zu haben. In diesem Fall spricht man von Muhammad dem Verkündiger. Damit unterscheidet die islamische Tradition zwischen „verkündigen" und „lehren", um so dem Vorwurf zu begegnen, Muhammad hätte einen Teil der Lehre frei erfunden. Allerdings nimmt ein Sprecher nie eine passive Sprachrohrfunktion ein. Für jeden bewussten Sprechakt gilt, dass eine Auswahl von Wörtern getroffen wird und diese auf eine bestimmte Art intoniert werden, mit dem Resultat dass damit zusätzliche Informationen gegeben oder andere weggelassen werden. Weitererzählte Sachverhalte werden folglich meist nur annähernd bzw. ungenau wiedergegeben. Entsprechend diesem Kommunikationsmodell, das sich auf Gerold Ungeheuers Überlegungen stützt,[22] werde ich im Folgenden entgegen der islamischen Tradition die Sprechakte „verkündigen" und „lehren" nicht voneinander trennen.

Die Vermittlung von Lehre kann als eine Art von religiöser Kommunikation zwischen Menschen verstanden werden. Menschliche Kommunikation wiederum ist eine Form sozialer Interaktion, die üblicherweise ein bestimmtes Ziel verfolgt, nämlich ein gemeinsames Verständnis zu erzielen. Um dieses gegenseitige Verstehen zu erreichen, gibt es mehr oder weniger erfolgreiche, mündliche oder schriftliche, Kommunikationsstrategien. Die Konversation gilt als sehr effektive Strategie und wird sowohl auf verbaler als auch auf non-verbaler Ebene geführt, wobei immer sozio-perzeptive Elemente mitwirken. Diese drei Ebenen lassen sich bei der Darstellung

[22] Gerold Ungeheuer: „Kommunikationssemantik. Skizze eines Problemfeldes". In: *Zeitschrift für germanistische Linguistik* 2 (1974), 1–24.

von Muhammads Lehrtätigkeit nachweisen.[23] Auf der verbalen Ebene finden sich mündliche Formen, wie Predigten, öffentliche Ansprachen und persönliche Unterweisungen. Die Predigt (*chutba*) hat ihren Platz typischerweise in dem Gemeindegottesdienst, dem im Islam der Freitagsgottesdienst entspricht, und geht meist von der Auslegung (oder zumindest der Erwähnung) „heiliger" Schriften, hier dem Koran, aus. Öffentliche Ansprachen und persönliche Unterweisungen hingegen haben keinen zwingenden Schriftbezug und können an jedem Ort, etwa auf der Straße oder im Privathaus, und zu jeder Zeit durchgeführt werden. Ein zentraler Unterschied zwischen diesen Formen der mündlichen Lehrtätigkeit ist, dass sowohl die Predigt als auch die öffentliche Ansprache ein größeres Publikum erreichen als die persönliche Unterweisung, die sich nur an eine Person oder einen ganz kleinen Personenkreis richtet. Solche Formen mündlicher Lehrtätigkeit werden in der Regel von non-verbalen Lehrformen begleitet. Dazu gehören sowohl akustische Elemente, etwa die Intonation, als auch nicht-akustische Elemente, wie Gesten, Mimik und Körpersprache, die alle in Bezug auf Muhammad beschrieben sind.

Zusammenfassend lässt sich somit sagen, dass Muhammads Lehrtätigkeit als eine Form religiöser Kommunikation angesehen werden kann, die Predigten, öffentliche Ansprachen und persönliche Unterweisungen umfasst, und zudem von non-verbalen Ausdrucksmitteln geprägt ist.

Auf dieser theoretischen Basis soll die Darstellung von Muhammads Lehrtätigkeit in den nächsten Abschnitten

[23] Auf der verbalen Ebene finden sich ebenfalls schriftliche Formen der Lehrtätigkeit, wie etwa Briefe. Sowohl diese als auch die sozio-perzeptiven Elemente bleiben in diesem Beitrag unberücksichtigt. Für nähere Ausführungen und Beispiele aus den islamischen Quellen siehe Scheiner, Lehrer (wie Anm. *).

näher beschrieben werden und zwar unter Berücksichtigung der *Sira*-Literatur, des Korans und der *Hadith*-Literatur, wobei in dem Abschnitt zur *Sira*-Literatur gleichzeitig noch ein einführender, kursorischer Überblick über Muhammads Leben gegeben wird.

2.1 Muhammads Lehrtätigkeit in der Sira-*Literatur*

Der islamischen Tradition zufolge wurde Muhammad im Jahr des Elefanten, d. h. 570 n. Chr., in der zentralarabischen Stadt Mekka geboren.[24] Dort wuchs er ohne Eltern auf, bevor er sich als Kaufmann betätigte und seine erste Frau Chadidscha heiratete. Im Alter von 40 Jahren machte Muhammad, wie andere individuelle Gottsuchende seiner Zeit, bei asketischen Übungen in der Berghöhle von Hira seine erste Gotteserfahrung, die in ersten Mitteilungen von Gott mündete. Nach den Darstellungen der islamischen Tradition soll der Engel Gabriel zu ihm gekommen sein und ihn beauftragt haben zu rezitieren. Auf die Frage Muhammads, was er rezitieren solle, sagte Gabriel auf Arabisch – und dies sind zugleich die ersten fünf Verse der Koransure 96 – „iqraʾ", d. h.

(1) Trag vor im Namen deines Herren, der erschaffen hat, (2) den Menschen aus einem Embryo erschaffen hat! (3) Trag vor! Dein höchst edelmütiger Herr ist es ja, (4) der den Gebrauch des Schreibrohrs gelehrt hat (5) den Menschen gelehrt hat, was er (zuvor) nicht wusste.[25]

---

[24] In den vergangenen Jahren sind einige Muhammad-Biographien aus der Feder deutscher Autoren erschienen, welche die Biographie Muhammads und die damit zusammenhängenden wissenschaftlichen Kontroversen kurz und bündig wiedergeben: Hartmut Bobzin: *Muhammad.* München 2000; Schöller, Muhammad (wie Anm. 4); Rainer Brunner: *Muhammad. Wissen, was stimmt.* Freiburg 2011.

[25] Rudi Paret: *Der Koran. Kommentar und Konkordanz*, Stuttgart [5]1993; die von R. Paret ergänzten Zusätze in Klammern wurden hier weitgehend weggelassen.

Nach dieser Aufforderung begann Muhammad, der wie Jesus keine Ausbildung zum Schriftgelehrten erhalten hatte und damit nicht zur religiösen Elite seiner Zeit gehörte,[26] so die Quellen weiter, in Mekka erste Glaubensinhalte und religiöse Praktiken öffentlich zu kommunizieren, d. h. seinen Zuhörern mündlich mitzuteilen. Damit zeigen die Quellen, dass er eine Form von religiöser Kommunikation und nach obiger Definition eine Lehrtätigkeit ausübte.

Die ersten Leute, bei denen er Gehör fand, waren seine Frau Chadidscha, sein Cousin ʿAli und andere Angehörige seiner Sippe. Zudem fielen Muhammads Reden, wie im Falle von Jesus, bei den Armen und Schwachen der mekkanischen Gesellschaft auf fruchtbaren Boden.[27] Die Führer der dominierenden Sippen hingegen wandten sich in Wort und Tat gegen Muhammad, da sie um ihre politische, soziale und religiöse Vormachtstellung fürchteten.[28] Als die Drangsal für Muhammad zunahm, traf er sich mit arabischen Stämmen aus der Nachbarschaft Mekkas, um einen Stammesverband zu finden, der bereit war, ihn als neues Mitglied aufzunehmen. Letztlich zeichnete sich eine solche Möglichkeit bei zwei Stämmen der Oasenstadt Yathrib ab, die einen externen Schlichter suchten, um innere Stammeskonflikte zu lösen.

Schon bei der ersten Begegnung mit Vertretern dieser Oasenstadt warb Muhammad für seine neue Botschaft. In der Biographie des Ibn Hischam heißt es: Sie (d. h. die Vertreter Yathribs) „setzen sich zu ihm und er rief sie zum Glauben an

---

[26] Beide religiöse Lehrer konnten wohl lesen und schreiben: Muhammad trotz späterer gegenteiliger theologischer Interpretation (das sog. *ummi*-Dogma) wegen seiner Händlertätigkeit; Jesus trotz Abstammung aus einfachen Verhältnissen. Vgl. Feldmeier, Gottessohn und Lehrer (wie Anm. 3), 45.

[27] Vgl. Feldmeier, Gottessohn und Lehrer (wie Anm. 3), 61.

[28] Auch in diesem Punkt ergeben sich Parallelen zu Jesu Wirken.

den Erhabenen Gott auf, legte ihnen den Islam dar und trug ihnen den Koran (d.h. die göttliche Offenbarung) vor."[29] Diese Passage kann dahingehend interpretiert werden, dass Muhammad schon am Anfang seiner (politischen) Karriere einen großen Wert auf Lehrtätigkeit legte, indem er islamische Glaubensinhalte weitergab und das Wort Gottes (re-) zitierte. Ob es sich dabei um die Predigtform oder eine öffentliche Ansprache handelte, geht aus dieser Passage nicht klar hervor; Letzteres scheint aber wahrscheinlicher.

Als es dann zu einem offiziellen Treffen zwischen wichtigen Stammesvertretern und Muhammad bei ʿAqaba kam, in welchem dessen Übersiedlung verhandelt wurde, ging Muhammad noch einen Schritt weiter. Im Anschluss an das Treffen schickte er einen frühen Gefolgsmann, in den arabischen Quellen wird zumeist der Name Musʿab ibn ʿUmair genannt, nach Yathrib und befahl ihm, dort „den Koran (d.h. die göttliche Offenbarung) vorzutragen, sie (d.h. die Stammesmitglieder) den Islam zu lehren und sie in der Religion zu unterweisen."[30] Das heißt, Muhammad beauftragte einen seiner frühen Gefährten, man könnte in diesem Kontext auch von einem frühen Schüler sprechen, eine Art Religionsunterricht in Yathrib durchzuführen und damit selbst eine Lehrtätigkeit auszuüben. Fragen nach der Kompetenz oder Qualifikation des neuen Lehrers werden bei Ibn Hischam in diesem Zusammenhang nicht erwähnt. Diese Beispiele zeigen aber, dass Ibn Hischam Muhammad schon vom Anfang seines Prophetentums an eine Lehrtätigkeit ausüben lässt und zudem aufzeigt, dass Muhammad frühe Anhänger seiner Religion mit derselben beauftragte. Ibn Hischam porträtiert Muhammad folglich dahingehend, dass Muhammad diesem

[29] Ibn Hischam, al-Sira (wie Anm. 1), 93 (meine Übersetzung).
[30] Ibn Hischam, al-Sira (wie Anm. 1), 95 (meine Übersetzung).

die Vermittlung religiöser Inhalte, was man auch als Mission bezeichnen könnte, besonders am Herzen gelegen habe.

Die Tätigkeit Musʿab ibn ʿUmairs in Yathrib scheint Früchte getragen zu haben, denn Muhammad wurde, wie Ibn Hischam weiter berichtet, bei einem zweiten offiziellen Treffen mit den Stammesvertretern von einem der ersten Muslime aus Yathrib, einem Mann namens Baraʾ ibn Maʿrur, zur richtigen Gebetspraxis befragt.[31] An dieser Stelle zeigt sich ein besonderes Merkmal in der Darstellung von Muhammads Lehrtätigkeit, nämlich der Topos des Fragens nach religiösen Sachverhalten und dessen Beantwortung, d. h. die Wissensvermittlung über einen Dialog. Dieser Topos nimmt auch in der *Hadith*-Literatur einen breiten Raum ein. Mit der endgültigen Übersiedlung (*hidschra*) Muhammads in die Stadt Yathrib im Jahre 622 n. Chr., die dann den Namen ‚Stadt des Propheten' (*madinat al-nabi*) oder kurz: ‚Medina', erhalten sollte, endete vorerst Muhammads Auftreten in Mekka.

Aus den erwähnten Passagen ist deutlich geworden, dass Muhammad schon in dieser frühen Periode so porträtiert wird, dass er eine Lehrtätigkeit ausgeübt und ein gewisses Bewusstsein für Unterrichten (und Mission) an den Tag gelegt habe. Diese Merkmale treten in den Schilderungen über Muhammads Aufenthalt in Medina noch deutlicher zum Vorschein. Insgesamt führte Muhammad in Medina das fort, was er in Mekka begonnen hatte: Er vermittelte die göttliche Offenbarung, die jetzt zusätzlich gesetzliche Inhalte umfasste, und er übte und gestaltete die islamischen Riten weiter aus. So führte er in Medina den bereits genannten Freitagsgottesdienst und die fünf täglichen Gebete ein, er sprach Recht und setzte sich – in seiner Funktion als „Staatsmann" – teils militärisch, teils vertraglich mit den Mekkanern auseinan-

---

[31] Ibn Hischam, al-Sira (wie Anm. 1), 97.

der. Das heißt, die *Sira*-Literatur zeigt, dass Muhammad in Medina eine Lehrtätigkeit ausübte, da er auch dort seinen Glauben artikulierte und Freund und Feind religiöse Inhalte näherbrachte.

Schon im ersten Jahr von Muhammads Aufenthalt in Medina berichtet Ibn Hischam von der ersten Predigt, die Muhammad in der neuen Moschee, die architektonisch mit seinem Wohnbereich verbunden war, gehalten haben soll.[32] Obwohl diese Predigt nicht im Wortlaut erhalten geblieben ist, so beschreibt Ibn Hischam damit eine besondere Form von Muhammads mündlicher Lehrtätigkeit näher. Darüberhinaus wurden weitere Predigten tradiert: eine maßregelnde Predigt Muhammads an seine Unterstützer, die eine seiner Handlungen in Frage gestellt hatten, und die im Detail überlieferte Predigt während der sog. Abschiedswallfahrt, in welcher Muhammad u. a. koranische Inhalte in eigenen Worten wiedergab.[33] Diese Predigt ist ein gutes Beispiel für seine intellektuelle Auseinandersetzung mit der Lehre und zeigt, dass Muhammad nicht auf eine reine Sprachrohrfunktion reduziert werden kann.

Ibn Hischam berichtet außerdem von öffentlichen Ansprachen Muhammads in Medina, die er sowohl vor seinen Anhängern als auch vor jüdischen Rabbis gehalten haben soll. Zu letzteren gehört die Episode, wonach Muhammad ein jüdisches Lehrhaus (arab.: *bait al-midras* > hebr.: *beth ha-midrasch*) in Medina (ein Teil der dortigen Synagoge?) betrat und die darin versammelten Juden zum Glauben an Gott, gemeint ist wohl die neue Religion des Islams, aufrief.[34]

---

[32] Ibn Hischam, al-Sira (wie Anm. 1), 110.

[33] Ibn Hischam, al-Sira (wie Anm. 1), 236 bzw. 250.

[34] Ibn Hischam, al-Sira (wie Anm. 1), 120. Darüber hinaus wird berichtet, dass Muhammad einige Rabbis belehrt haben soll. Vgl. Ibn Hischam, al-Sira (wie Anm. 1), 118 f.

Leider berichtet Ibn Hischam nur, dass im Anschluss an diesen Aufruf ein Streitgespräch über die Rolle Abrahams entbrannte, aber letztlich folgten die meisten Juden in Medina Muhammads Aufruf nicht. Diese Episode erinnert jedoch an die Fundstellen in den Evangelien, nach welchen Jesus in einer jüdischen Synagoge lehrte.[35] Auch dieses Gespräch mit jüdischen Vertretern über Glaubensinhalte kann somit als Lehrtätigkeit Muhammads verstanden werden.

Wie schon in Mekka beauftragte und bevollmächtigte Muhammad in Medina frühe Gefolgsleute, eine Lehrtätigkeit auszuüben. So ließ Muhammad nach der Eroberung von Mekka Muʿadh ibn Dschabal in der Stadt zurück, damit dieser „die Mekkaner im Glauben unterweise und sie den Koran (d. h. die göttliche Offenbarung) lehre".[36] Auch Chalid ibn al-Walid, oder nach anderen Quellen ʿAmr ibn Hazm, wurde beauftragt, die Banu Harith im südlichen Arabien „im Islam, dem ‚Buch Gottes' und der Lebensweise" des Propheten zu unterweisen.[37] Mit anderen Worten sollten diese Schüler Muhammads nach Angabe der *Sira*-Literatur den Angehörigen der arabischen Stämme eine Art Religionsunterricht erteilen, damit letztere den neuen Glauben verstehen und praktizieren konnten.

Muhammads Lehrtätigkeit in Medina fand zum Teil in einem sehr engen, persönlichen Verhältnis mit seinen frühen Anhängern bzw. Schülern statt, da die Muslime in Medina –

---

[35] Etwa Mk 1,21 („Und sie gingen hinein nach Kapernaum; und alsbald am Sabbat ging er (d. h. Jesus) in die Synagoge und lehrte") oder Joh 6,59 („Da sagte er in der Synagoge, als er in Kapernaum lehrte"). Die Bibelzitate in diesem Beitrag folgen der Lutherübersetzung. Für weitere Belege für das Lehrersein Jesu vgl. Feldmeier, Gottessohn und Lehrer (wie Anm. 3), 38–40.

[36] Ibn Hischam, al-Sira (wie Anm. 1), 237 (meine Übersetzung).

[37] Ibn Hischam, al-Sira (wie Anm. 1), 245–246 (meine Übersetzung).

ähnlich wie Jesus mit seinen Schülern[38] – eine Lebens- und Lerngemeinschaft bildeten. Das kam daher, dass zum einen einige frühe Muslime bereits mit ihm nach Medina emigriert waren und zum anderen immer wieder Neu-Muslime zu ihm nach Medina kamen, um eine Zeit lang mit Muhammad zu leben und von ihm zu lernen. Eine Gruppe von Muhammads Schülern ist in den islamischen Quellen sogar unter der Bezeichnung ‚die Leute der Säulenhalle' (*ahl al-suffa*) bekannt, weil sie in Armut unter dem Portico der Moschee in Medina, und damit in unmittelbarer Nähe zum Propheten, gelebt hatten. Dieses enge Verhältnis zwischen Lehrendem und Lernenden spiegelt sich auch in der Bezeichnung ‚Gefährten' (*sahaba*) bzw. *sahabi* (‚ein Gefährte') für die mit Muhammad lebenden Muslime wider[39] und lässt sich auch bei anderen bedeutenden Lehrern der Spätantike nachweisen.

Muhammad übte in Medina, wie die *Sira*-Literatur berichtet, aber nicht nur eine kontinuierliche Lehrtätigkeit aus, sondern wandelte sich zudem zum Staatsmann und Feldherren, da er einen stammesübergreifenden, islamisch geprägten Verband (*umma*) gründete und mehrere Razzien und Feldzüge anführte oder initiierte. Die Schlachten bei Badr und Uhud, der Grabenkrieg und die bereits erwähnte Eroberung Mekkas durch die Muslime gehören dabei zu den wichtigsten militärischen Unternehmungen. Im Vergleich zu Jesus, dessen „Reich nicht von dieser Welt" war,[40] war es Muhammad bis zu seinem Tod, der nach einer kurzen Krankheit im Jahr 632 n. Chr. eintrat, letztlich gelungen, die Grundlagen eines Staa-

---

[38] Vgl. Feldmeier, Gottessohn und Lehrer (wie Anm. 3), 61.

[39] Der Begriff des Schülers hat in diesem Zusammenhang, anders als der griechische Begriff *mathetes* (Pl. *mathetai*) im Neuen Testament, keine arabische Entsprechung. Zu den *mathetai* vgl. Feldmeier, Gottessohn und Lehrer (wie Anm. 3), 38.

[40] Joh 18,36.

tes auf der arabischen Halbinsel zu legen, der mehrheitlich aus muslimischen Gläubigen bestand und in Richtung der angrenzenden Großreiche zu expandieren begann.

2.2 Muhammads Lehrtätigkeit im Koran

Auch wenn es sich bei den eben geschilderten Beispielen um ein Muhammad-Bild aus dem frühen 9. Jahrhundert handelt, das in weiten Teilen nach dessen Tod entwickelt wurde und sowohl echte historische Informationen als auch spätere interessengeleitete Veränderungen beinhalten dürfte, so wurden in der Darstellung Ibn Hischams einige Merkmale der Lehrtätigkeit aufgenommen, die schon in der koranischen Offenbarung angelegt sind.[41] Die koranische Offenbarung lag zu Lebzeiten des Propheten noch nicht in Buchform vor, sondern wurde mündlich bewahrt und vorgetragen. Inhaltlich nahm sie zum Teil Bezug auf die monotheistischen Diskurse der Spätantike, so dass man diese Offenbarung als einen weiteren spätantiken Debattenbeitrag verstehen kann.[42] Erst circa 30 Jahre nach Muhammads Tod wurden, nach Meinung der meisten Wissenschaftler, die koranischen Passagen von einer Kommission gesammelt und zu dem Buch zusammengestellt,[43] das man gemeinhin als „Koran" (*mushaf*) bezeichnet.[44]

---

[41] Ob man diese Übereinstimmung zwischen beiden Textgattungen als Bestätigung des historischen Muhammad sehen darf, muss von der Forschung noch genauer untersucht werden.

[42] Dazu ausführlich Angelika Neuwirth: *Der Koran als Text der Spätantike. Ein europäischer Zugang*. Berlin 2010.

[43] Dazu grundlegend Theodor Nöldeke: *Geschichte des Qorāns*. 3 Bde. Leipzig ^{2}1909–1938. [Nachdruck der 2. Aufl. Hildesheim 1961].

[44] Die koranische Offenbarung in ihrer mündlichen Form beinhaltet zentrale islamische Glaubensinhalte, die zu Muhammads Lebenszeit Teil seiner Lehrtätigkeit waren. Es ist plausibel, dass der kanonisierte Koran

Die koranische Offenbarung macht Aussagen über den Propheten selbst und bietet daher ein eigenes Muhammad-Bild. Zum einen heißt der siebenundvierzigste Abschnitt (*sura*, dt. Sure) dieser Offenbarung „Muhammad",[45] und zum anderen wird sein Name in der gesamten Offenbarung vier Mal genannt.[46] An einer dieser Stellen steht explizit „Muhammad ist der Gesandte Gottes",[47] was die theologische Grundlage für die Wahrnehmung Muhammads als Prophet ist. Die koranische Offenbarung sagt dann auch, dass Muhammad nur dem „folge, was ihm offenbart wurde".[48] Dieser Satz kann dahingehend verstanden werden, dass Muhammad keine inhaltlichen Zusätze zur Lehre einbrachte; ganz so wie Jesus im Johannesevangelium versichert: „Meine Lehre ist nicht von mir, sondern von dem, der mich gesandt hat."[49] Dieser Gedanke findet sich auch bei Ibn Hischam in der *Sira* und in der *Hadith*-Literatur. Auf ihm basiert die oben erwähnte theologische Vorstellung, dass Muhammad als Sprachrohr Gottes die koranische Offenbarung nur verkündigte. So fordert beispielsweise der neukonvertierte Zaid ibn Lusait in einer Episode der *Sira* Muhammad, dessen Kamel sich verirrt hatte, mit den Worten heraus: „Muhammad behauptet, er erhielte himmlische Botschaft. Dabei weiß er nicht einmal, wo sein Kamel ist!" Der Prophet erfuhr von diesen Worten und sprach, nachdem Gott ihm gezeigt hatte, wo sein Kamel

(*mushaf*) vermutlich kein späteres Muhammad-Bild beinhaltet, sondern Rückschlüsse erlaubt, die – mit hoher Wahrscheinlichkeit – für den historischen Muhammad gelten.

[45] Q. 47.

[46] Q. 3:144, 33:40, 47:2 und 48:29.

[47] Q. 48:29.

[48] Q. 6:50.

[49] Joh 7,16. Vgl. dazu: Feldmeier, Gottessohn und Lehrer (wie Anm. 3), 54.

war: „Ich weiß nur, was Gott mich wissen lässt. Er hat mir gezeigt, wo es ist."[50]

Durch Muhammad als arabischen Propheten trat Gott – nach islamischem Verständnis – mit den Menschen in Kontakt. Folglich wird Muhammad in der koranischen Offenbarung durch unterschiedliche Begriffe aufgefordert, Gottes Ge- und Verbote zu übermitteln, wie beispielsweise ‚sprich' (*qul*, Q. 3:12), ‚erzähle' (*fa-haddith*, Q. 93:11) oder ‚berichte' (*fa-'qsus*, Q. 7:176), dann wieder ‚gib bekannt' (*fa-'sda*ʿ, Q. 15:95), ‚trag vor' (*iqra*ʾ, Q. 96:1), ‚verlies' (*wa-'tlu*, Q. 7:175) oder ‚warne' (*fa-dhakkir*, Q. 88:21). Alle diese unterschiedlichen Verben fordern zu einem kommunikativen Akt auf und weisen darauf hin, dass Muhammad zu anderen Menschen über islamische Glaubensinhalte und seinen Glauben sprechen sollte. Mit anderen Worten: Das Muhammad-Bild der koranischen Offenbarung zeigt, wie Muhammad aufgefordert wird, Wissen auf mündliche Weise zu vermitteln und damit eine Lehrtätigkeit auszuüben. Betont wird dies noch durch die koranischen Aussagen über die Menschen, wonach diese „nicht Bescheid wüssten"[51] und damit der Unterrichtung bedürften. Gemäß der koranischen Offenbarung ist folglich Muhammads Lehrtätigkeit ein zentraler Bestandteil seines Prophetentums.

Die koranische Offenbarung wird aber noch etwas präziser. An drei Stellen nimmt sie auf Muhammad Bezug, etwa wenn es heißt: Gott habe sich um die Gläubigen verdient gemacht, „als er unter ihnen einen Gesandten aus ihren eigenen Reihen (d. i. Muhammad) auftreten ließ, der ihnen seine (d. i. Gottes) Verse verliest [...] und sie die Schrift

---

[50] Ibn Hischam, al-Sira (wie Anm. 1), 117 f. (meine Übersetzung).
[51] Q. 34:28.

und die Weisheit lehrt“[52]. In diesem Vers ist ganz explizit von einem von Gott initiierten Lehrauftrag Muhammads die Rede, wobei das arabische Wort für lehren, *ʿallama*, gebraucht wird (*wa-yuʿallimuhum al-kitab wa-l-hikma*). Denselben Lehrauftrag habe, so die koranische Offenbarung, auch schon Abraham erhalten.[53] Der Inhalt dieses Auftrages besteht darin, die Schrift und die Weisheit zu lehren. Mit „der Schrift“ ist nach koranischer Vorstellung die himmlische Urschrift Gottes gemeint, in welcher die islamischen Glaubensinhalte niedergeschrieben sind und die Muhammad teilweise offenbart wurde. Was aber mit „der Weisheit“ gemeint ist, bleibt unklar. Die Konjunktion „und“ deutet an, dass sowohl Schrift als auch Weisheit göttlichen Ursprungs sind. Somit verweist „Weisheit“ vermutlich ebenfalls auf ein religiöses Wissen. Es könnte sich daher um das Wissen über die rechtlichen Normen handeln, welche nicht in der koranischen Offenbarung erwähnt sind und die Muhammad in Medina etabliert hatte.[54] Oder mit *al-hikma* könnte wie im Falle des Neuen Testaments „Gottes Weisheit“ gemeint sein, wodurch Muhammads Lehrtätigkeit in einen sehr engen Bezug zu Jesu Wirken gesetzt würde.[55] Auch wenn dieser Vers letztlich viele Interpretationen zulässt, so ist der Auftrag, die Schrift und die Weisheit anderen Menschen mitzuteilen, d. h. diese zu unterweisen, doch klar formuliert.

Die koranische Offenbarung, die als Ganzes ebenfalls einen didaktischen Charakter aufweist, man denke nur an die

---

[52] Q. 3:164. Die Parallelstellen für diesen Ausdruck sind Q. 62:2 und 2:151.

[53] Q. 4:54.

[54] Vgl. Muhammad al-Tabari: *Dschamiʿ al-bayan fi taʾwil al-Qurʾan*, hg. von Muhammad Schakir. 16 Bde. Kairo 1957–1972, Bd. 3, 210–211.

[55] Zur göttlichen Weisheit, die durch Jesu Lehre zugänglich gemacht wurde, vgl. Feldmeier, Gottessohn und Lehrer (wie Anm. 3), 49.

zahlreichen darin enthaltenen Straflegenden früherer Völker, beinhaltet aber nicht nur Gottes Ge- und Verbote, die durch Muhammad kommuniziert wurden, sondern erhebt auch Muhammads Handlungen zur Richtschnur für die Gläubigen. An einer Stelle heißt es: „Im Gesandten Gottes habt ihr doch ein schönes Beispiel“,[56] was von muslimischer Seite so verstanden wurde, dass sich die Gläubigen an Muhammads Worten und Taten orientieren und diesen sogar imitieren sollten. Durch diese Vorbildfunktion geht die Lehrtätigkeit Muhammads über die sprachliche Kommunikation hinaus und umfasst auch die non-verbale Ebene: der Prophet lebt vor, was seine Gefolgsleute und Schüler nachahmen bzw. imitieren sollen.

Die hier aufgezeigten koranischen Vorstellungen zeichnen somit das Bild eines Lehrers, der nicht nur mit Worten sondern auch durch seine Taten und sein Benehmen alle Sinne der Menschen anspricht. Dieses Bild fand später sowohl in der bereits besprochenen *Sira*-Literatur seinen Niederschlag, als auch – wie gleich zu zeigen sein wird – in einem viel detaillierteren Maße in der *Hadith*-Literatur.

2.3 Muhammads Lehrtätigkeit in der Hadith-*Literatur*

Das folgende *Hadith* aus der Sammlung des Muslim (gest. 875) ist paradigmatisch für Muhammads Lehrtätigkeit. Abu Rifaʿa, ein Gefährte Muhammads, berichtet:

> Ich kam zum Propheten […] während dieser predigte. Da sagte ich: ‚Oh Gesandter Gottes, ein Fremder kam (zu mir), der nach seiner Religion gefragt wurde, aber nichts darüber wusste.‘ Darauf wandte sich mir der Gesandte Gottes zu, ließ von seiner Predigt ab, und kam zu mir. Siehe, da stand ein Stuhl, dessen Beine aus Eisen waren, wie

[56] Q. 33:21.

ich meinte. Der Gesandte Gottes setzte sich darauf und begann mich zu lehren, was Gott ihn gelehrt hatte. Im Anschluss daran vollendete er seine Predigt.[57]

Die Vermittlung von Wissen steht in diesem *Hadith* im Mittelpunkt. Zum einen erscheint Gott selbst als Lehrer, zum anderen wird Muhammads Lehrtätigkeit in Form der Predigt und der persönlichen Unterweisung dargestellt. Diese Darstellung zeigt Muhammad wie er seine Predigt unterbricht, um Abu Rifaʿa in einem persönlichen Gespräch zu unterweisen und ihn damit zu befähigen, einen unwissenden Dritten zu unterrichten. Anlass der Unterweisung war dessen Unwissenheit über die Religion, vermutlich den Islam. Zugleich wird der koranische Gedanke aufgenommen, dass Muhammad das vermittelt, was er von Gott gelernt habe. Diese Szene, die man örtlich wohl in die Moschee von Medina verlegen darf, zeigt nicht nur zwei Hauptformen von Muhammads mündlicher Lehrtätigkeit auf, sondern positioniert diese auch in zwei unterschiedliche *mise-en-scène*: Die persönliche Unterweisung findet sitzend auf einem Stuhl mit Eisenbeinen statt, während die Predigt in räumlichem Abstand dazu, vermutlich stehend auf einer Kanzel abgehalten wurde. Zusätzlich benutzt der Erzähler zwei verschiedene Termini für die beiden Kommunikationsformen: *khataba*, das Wort für ‚predigen', für die Homilie, bzw. *ʿallama* ‚unterrichten', für die persönliche Unterweisung.

Dass Muhammad auch in der *Hadith*-Literatur als Lehrer bezeichnet wurde, zeigt ein *Hadith* aus der Sammlung von Ibn Madscha (gest. 887). Darin berichtet der Prophetengefährte ʿAmr ibn al-ʿAs Folgendes:

---

[57] Muslim, Sahih (wie Anm. 16), Bd. 2, 414 (mit leichten Varianten ins Deutsche übersetzt).

Der Gesandte Gottes verließ eines Tages eines seiner Zimmer und betrat den Gebetsplatz, wo zwei Schülerzirkel waren. In dem einen rezitierte man die koranische Offenbarung und rief Gott, den Allmächtigen, an, während man in dem anderen lernte und lehrte. Darauf sprach der Prophet: ‚Alles (beide) dient dem Guten (*kull ʿala khair*). Die einen rezitieren die koranische Offenbarung und rufen Gott an […] und die anderen lehren und lernen. (Darauf fuhr er fort:) Ich aber wurde als Lehrer gesandt!‘ und setzte sich zu Letzteren.[58]

Diese Überlieferung zeigt nicht nur den Vorzug, den Muhammad dem Lehr- und Lernzirkel gegeben haben soll, sondern beinhaltet auch die explizite Bezeichnung Muhammads als Lehrer, wenn er sagt: „Ich aber wurde als Lehrer gesandt!" (*innamā buʿithtu muʿalliman*). Diese Aussage, welche sowohl die koranische Gottgesandtschaft als auch die Betonung der Lehrtätigkeit aufnimmt, trägt somit maßgeblich zur Porträtierung Muhammads als Lehrer in der *Hadith*-Literatur bei. Das geschieht in erster Linie durch den Gebrauch des arabischen *terminus technicus* für Lehrer – *muʿallim*. Die Parallele zum Johannesevangelium, in dem es heißt: „Meister, wir wissen, du bist ein Lehrer, von Gott gekommen",[59] ist so deutlich, dass es sehr wahrscheinlich ist, dass dieser *Hadith* in Anlehnung an das Johannesevangelium textlich geformt wurde, um Muhammads Porträtierung als Prophet und religiöser Lehrer mit derjenigen von Jesus im Neuen Testament zu korrelieren.[60] Auch einige muslimische *Hadith*-Gelehrte

---

[58] Ibn Madscha, Sunan (wie Anm. 20), Bd. 1, 83 (meine Übersetzung). Muslim hat eine Variante bewahrt, in der Muhammad sagt: „Gott schickte mich als angenehmen Lehrer (*wa-lakinna baʿathani muʿalliman maisaran*)". Vgl. Muslim, Sahih (wie Anm. 16), Bd. 2, 763.

[59] Joh 3,2. Vgl. dazu Feldmeier, Gottesssohn und Lehrer (wie Anm. 3), 40.

[60] Für weitere Beispiele von *Hadithen*, die in Anlehnung an das Neue Testament geformt wurden, siehe Ignaz Goldziher: „Ḥadīth und Neues

sahen diese Überlieferung nicht als *Hadith* erster Güte an und zweifelten an dessen Authentizität, wobei sie die Bewertung der Überlieferer (und nicht die inhaltliche Aussage) als Kriterium für ihre Kritik an dieser Überlieferung zugrunde legten.[61]

Ebenso wie dieses *Hadith* gibt es noch zahlreiche weitere Überlieferungen, die Muhammad explizit als Lehrer bezeichnen und seine Lehrtätigkeit darstellen.[62] So finden sich in diesen *Hadithen* Aussagen über Lehrinhalte, Lehrorte und Lehrmethoden wie folgende Beispiele zeigen.

Wertet man die *Hadithe* nach den Lehrinhalten aus, so verwundert es nicht, dass zahlreiche religiöse Themen und rituelle Praktiken angesprochen werden, die für die Entwicklung der islamischen Theologie bis zum 9. Jahrhundert bedeutsam waren. Ein Beispiel aus al-Bucharis (gest. 870) *Hadith*-Sammlung macht das deutlich. Der Prophetengefährte Anas ibn Malik berichtet:

Während wir mit dem Propheten […] in der Moschee saßen, kam ein Mann auf einem Kamel angeritten; er ließ das Kamel auf dem Boden der Moschee niederknien, band es an und sprach zu den Anwesenden: ‚Wer von Euch ist Muhammad?‘ Dies geschah als der Prophet […] sich (an jemanden) anlehnend unter den Leuten befand. Zu dem Mann wurde gesagt: ‚Es ist der gutaussehende Mann, der dort (an jemanden) gelehnt sitzt.‘ […] Darauf begann der Mann Muhammad eine Reihe von Fragen zu stellen: über dessen Gott, seine Gottgesandtschaft, die Pflichtpredigten, das Fasten und die Almosensteuer. Muhammad antwortete auf alle Fragen bestätigend,

---

Testament“. In: Ders.: *Muhammedanische Studien.* Halle 1889–1890. [Nachdruck der 1. Aufl. Hildesheim 1961], Bd. 2, 382–400.

[61] Vgl. den entsprechenden Kommentar über die Meinung einiger *Hadith*-Gelehrter, der sich direkt im Anschluss an diese Überlieferung in der Edition findet: Ibn Madscha, Sunan (wie Anm. 20), Bd. 1, 83.

[62] Für weitere Beispiele vgl. Scheiner, Lehrer (wie Anm. *).

worauf der Mann abschließend erklärte: ‚Ich glaube an das, was Du (vor-) gebracht hast. Zudem bin ich der Sendbote für meine Leute, die mir nachfolgen. Ich bin Dimam ibn Thaʿlaba […].‘[63]

Die hier angesprochenen Lehrinhalte umfassen verschiedene Fragen zu Glaube und Ritus, wobei auch vier der fünf islamischen Hauptpflichten genannt werden. Interessant ist hierbei, dass die Pilgerfahrt als fünfte Hauptpflicht nicht angesprochen wird. Dieser *Hadith*, der Muhammad als geduldigen Lehrer darstellt, beinhaltet noch weitere Elemente, die teilweise schon angesprochen wurden: So sticht der ungebildete Beduine hervor, der auf der Suche nach religiösem Wissen ist und mit seinem Kamel in die Moschee reitet ohne Muhammad zu kennen, die persönliche Unterweisung Muhammads, die wieder sitzend stattfindet, dann die Lehrmethode des Dialogs, d. h. des Fragens und Antwortens, und am Ende der Geschichte die Konversion des Beduinen zum Islam und damit die direkte Bestätigung für Muhammads Lehrerfolg. So wie in dieser Überlieferung beschreiben auch andere *Hadithe* was der Prophet gelehrt haben soll: die koranische Offenbarung, die religiösen Pflichten eines Muslims, den Glauben, sowie asketische Inhalte und Paradies- bzw. Höllenvorstellungen. Die Lehre Muhammads wie sie sich in den *Hadithen* findet, bleibt damit vor allem auf religiöse Themen beschränkt.[64] Aus Sicht der religiösen Gelehrten,

---

[63] Al-Buchari, Sahih (wie Anm. 15), 42 f.

[64] In dem von mir ausgewerteten Quellenkorpus fanden sich fast keine Hinweise auf nicht-religiöse Inhalte. Selbst die Überlieferung, in welcher Muhammad nach einer Baumart fragt, deren Blätter nicht abfallen – wie er nachher sagt, handelt es sich um die Dattelpalme – hat insofern eine religiöse Aussage, als diese Baumart mit einem Muslim verglichen wird und damit eigentlich eine (Lehr-) Parabel darstellt. Vgl. al-Buchari, Sahih (wie Anm. 15), 41. Auch *Hadithe*, die vom Kampf handeln, stehen oft im Kontext der religiösen Pflicht, sich als Muslim auf ‚dem Pfad Gottes zu bemühen‘ (*dschahada fi sabil Allah*).

welche die *Hadith*-Sammlungen im 9. Jahrhundert zusammengestellt hatten, umfasste alles, was Muhammad gesagt und getan hatte, religiöse Themen, da Muhammads Vorbildfunktion zu dieser Zeit schon fester Bestandteil der islamischen Lehre geworden war. In einer Überlieferung wird Muhammad so dargestellt, dass er zwischen nützlichem und unnützem Wissen unterscheidet. So zitiert Muslim (gest. 875) in seiner *Hadith*-Sammlung nach Zaid ibn Arqam: „Der Gesandte Gottes pflegte zu sagen: [...] ‚Oh Gott, ich suche Zuflucht bei Dir vor dem Wissen (*ʿilm*), das unnütz ist! [...]‘ “[65] Um welche Wissensbereiche es sich hierbei handelt, wird nicht ausgeführt. Vermutlich geht es dabei um all das Wissen, das einen nicht näher zu Gott bringt und das damit in einem deutlichen Kontrast zum religiösen Wissen steht, das diesem Ziel dient.

Die Orte, an denen Muhammad gelehrt haben soll, sind in der *Hadith*-Literatur nur selten spezifiziert. Prinzipiell könnten Muhammads Predigten, seine öffentlichen Ansprachen und persönlichen Unterweisungen mit verschiedenen Lokalitäten in Verbindung gebracht werden: in den Straßen von Mekka und Medina, auf den Märkten, in den Moscheen, in Häusern oder in Muhammads Privaträumen. Denkbar wären aber auch Lagerplätze während der Feldzüge oder die Stätten der islamischen Pilgerfahrt. Tatsächlich verorten diejenigen *Hadithe*, die Angaben dazu enthalten, Muhammads Lehrtätigkeit allerdings in den meisten Fällen in der Moschee, d. h. in der Hauptmoschee in Medina, welche die frühen Muslime kurz nach Muhammads Übersiedlung nach Medina erbaut hatten. Im Unterschied zu Jesus beschreiben die *Hadithe* Muhammad damit nicht als wandernden Lehrer, der von

---

[65] Muslim, Sahih (wie Anm. 16), Bd. 4, 1425 (mit leichten Varianten ins Deutsche übersetzt).

Ort zu Ort umherzog,[66] sondern legen den geographischen Schwerpunkt seiner Lehrtätigkeit auf Medina. Die predigende Lehrtätigkeit Muhammads fand der *Hadith*-Literatur zufolge meist stehend auf der Kanzel (*minbar*) statt, die vermutlich schon zur Zeit des Propheten von Tamim al-Dari eingeführt wurde,[67] während die Ansprachen und Unterweisungen meist im Sitzen dargestellt wurden, etwa indem Muhammad einen Schülerkreis (*halqa*) um sich versammelt haben soll.

Regelmäßig werden Muhammad in den *Hadithen* bestimmte Lehrmethoden zugeschrieben. So wird aufgezeigt wie der Prophet verschiedene didaktische Techniken – sowohl verbaler als auch non-verbaler Art – benutzt haben soll, um Wissen zu vermitteln. In der *Hadith*-Sammlung von al-Buchari (gest. 870) etwa ist in einer Überlieferung nach Anas ibn Malik zu lesen, „dass der Prophet [...] seine Worte dreimal wiederholte, damit sie (so) verstanden werden, wie er sie gemeint hatte [...].“[68]

Aber auch die Schüler sollten Fragen stellen: ein *Hadith* beschreibt Muhammad so, dass er seine Zuhörer mit zorniger Stimme aufgefordert haben soll: „Fragt mich doch, was ihr wollt!“[69] Diese Aufforderung steht im Zusammenhang mit dem schon beschriebenen Topos des fragenden Schülers, der sich regelmäßig in der *Hadith*- und *Sira*-Literatur fin-

---

[66] Vgl. Feldmeier, Gottessohn und Lehrer (wie Anm. 3), 47.

[67] Dazu und zu den weiteren religiösen Verdiensten Tamims, der u. a. als der erste „Geschichtenerzähler“ (*qass*) angesehem wird, siehe Jens Scheiner: „Single Ḥadīths or Riwāyas? Quoted Books in Ibn ʿAsākir's tarjama of Tamīm al-Dārī“. In: Maurice Pomeranz / Amir Shahin / Sean Anthony (Hgg.): *Festschrift für Wadad al-Qadi*. Leiden 2015 [Im Druck].

[68] Al-Buchari, Sahih (wie Anm. 15), 48.

[69] Diese Überlieferung findet sich in einer anderen Teilübersetzung von al-Bucharis Sahih. Vgl. Muhammad ibn Ismaʿil al-Buchari: *Al-dschamiʿ al-sahih*, teilüb. von Dieter Ferchl als: *Ṣaḥīḥ al-Buḫārī. Nachrichten von Taten und Aussprüchen des Propheten Muhammad*. Stuttgart 1991, 53.

det. Er bildet quasi die Kehrseite dieser Medaille. Die hier erwähnte Information zu Muhammads Intonation („mit zorniger Stimme“) weist auf die non-verbale Ebene hin, mit der er etwas vermittelt haben soll, welche ebenfalls in der *Hadith*-Literatur öfters geschildert wird. So wird darin zum Beispiel immer wieder berichtet, dass Muhammad geschwiegen haben soll, wenn er die Fragen nicht beantworten konnte oder wollte.[70]

Darüber hinaus wird berichtet, dass Muhammad, wie Jesus, in Parabeln sprach.[71] So findet sich in der *Hadith*-Sammlung des al-Nasaʾi (gest. 915) folgende Aussage, die Muhammad geäußert haben soll:

> Das Gleichnis des Heuchlers ist wie das Bild des Schafes, das zwischen zwei Herden umherstreift. Mal geht es zu dieser, mal zu jener. Letztlich weiß es aber nicht, welcher von beiden es folgen soll.[72]

Gemeint ist hier wohl eine Person, die sich nominell zum Islam bekennt, aber innerlich, d. h. vom Glauben her, noch den paganen Göttern folgt und deswegen zwischen beiden Positionen hin- und hergerissen ist.

Neben Gleichnissen, soll Muhammad im Rahmen seiner non-verbalen Lehrtätigkeit auch Zeichnungen und Gesten zur Veranschaulichung genutzt haben, wie ein *Hadith* bei al-Buchari (gest. 870) zeigt:

> Der Prophet […] zeichnete ein Rechteck und zog durch dessen Mitte eine Linie, die über seine Kontur hinausragte. Er zeichnete noch dazu kürzere Linien, die seitlich zu dem Teil standen, der sich innerhalb des Rechtecks befand und sagte: ‚Das ist der Mensch und das ist seine Lebensdauer, von der er umgeben ist. Was aber darüber hinausragt

---

[70] Vgl. beispielsweise Muslim, Sahih (wie Anm. 16), Bd. 2, 501.

[71] Vgl. Feldmeier, Gottessohn und Lehrer (wie Anm. 3), 39.

[72] Al-Nasaʾi, Sunan (wie Anm. 19), Bd. 6, 45 (meine Übersetzung).

ist seine Hoffnung, während die kürzeren Linien die Ereignisse darstellen, die ihn treffen werden […]'[73]

In anderen Überlieferungen wird Muhammad auf eine Weise dargestellt, der zufolge er Dinge ganz lebenspraktisch vorzeigte, damit man diese imitieren könne. So beschreibt ein *Hadith* sehr detailliert, wie Muhammad die rituelle Waschung vornahm, und lässt ihn anschließend folgende Worte sagen:

Wer seine rituelle Waschung (*wudu'*) in dieser Weise vornimmt, wie ich meine rituelle Waschung vorgenommen habe, […] dem wird jede seiner vergangenen Missetaten vergeben.[74]

In einem anderen *Hadith* wird Muhammad beim Häuten eines Opfertieres dargestellt. Als ein Gefährte nicht weiter wusste, zeigte ihm Muhammad, wie man „die Hand zwischen Haut und Fleisch stecken muss, bis man die Schulterblätter erreicht", um so die Haut von den Muskeln zu lösen.[75] All diese *Hadithe*, welche die Vorbildfunktion Muhammads veranschaulichen und unterstreichen, arbeiten offensichtlich die im Koran angelegte non-verbale Glaubenskommunikation der *imitatio Muhammadi* weiter aus.

In den genannten (und vielen weiteren) *Hadithen* werden zahlreiche und unterschiedliche Lehrmethoden dargestellt, denen ein didaktisches Grundverständnis zugrunde liegt und die damit Muhammad als ausgewiesenen religiösen Lehrer porträtieren. Gleichzeitig schlagen diese didaktischen Elemente eine Brücke zu dem in der koranischen Offenbarung propagierten Bild des lehrenden Propheten und formen es auf vielfältige Weise aus. Dass sich der historische Muhammad all dieser Methoden wirklich bediente, ist eher unwahrschein-

---

[73] Al-Buchari, Sahih (wie Anm. 15), 646.
[74] Al-Buchari, Sahih (wie Anm. 15), 60.
[75] Abu Dawud, Sunan (wie Anm. 17), 42 (meine Übersetzung).

lich. Dieses breite didaktische Instrumentarium Muhammads basiert viel eher auf Erfahrungen und Praktiken, die in der multidisziplinären und interreligiösen Wissensgesellschaft des 9. Jahrhunderts vorherrschten und sich in Bagdad und anderen Gelehrtenzentren unter islamischen Vorzeichen entwickelt hatten – d.h. in dem Umfeld, in welchem die hier analysierten Werke der *Sira-* und *Hadith-*Literatur verfasst wurden und welches wohl auch Einfluss auf die detaillierte Porträtierung Muhammads als Lehrer hatte.

Abschließend soll noch kurz auf die Entwicklung von Muhammads Schülerschaft eingegangen werden. Würde man alle Gefährten und Gefährtinnen Muhammads, welche der islamischen Tradition namentlich bekannt sind, als seine Schüler bezeichnen, da sie wie verschiedene Quellen berichten mehr oder weniger lang mit ihm zusammen gelebt und ihn, den Angaben in der *Sira-* und *Hadith-*Literatur folgend, als Lehrer erlebt haben, müsste man von einer Zahl von etwa 12.300 ausgehen.[76] Dazu gehören die bereits genannten nahen Gefährten, die Muhammad selbst mit der religiösen Lehre beauftragt, bevollmächtigt und zu den arabischen Stämmen geschickt haben soll. Ein *Hadith* in der Sammlung des al-Buchari (gest. 870), demzufolge Muhammad gesagt haben soll: „Wer das Wissen gehört hat, soll es den anderen weitergeben!"[77] stützt eine solche Sichtweise. Dennoch lässt sich der Kreis verkleinern, denn in den *Hadith-*Sammlungen werden einige Gefährten und Schüler Muhammads ganz besonders hervorgehoben, wie zum Beispiel die beiden Cousins des Propheten ʿAbdallah ibn ʿAbbas (gest. 688) und ʿAli

---

[76] So viele Gefährten und Gefährtinnen führt der große Gelehrte Ibn Hadschar al-ʿAsqalani (gest. 1449) in seinem biographischen Lexikon *Al-isaba* auf. Vgl. Jonathan A. Brown: *Hadith. Muhammad's Legacy in the Medieval and Modern World.* Oxford 2009, 88.

[77] Al-Buchari, Sahih (wie Anm. 69), 55.

ibn Abi Talib (gest. 661). Über letzteren soll Mohammad einem *Hadith* zufolge gesagt haben: „Ich (d. h. Muhammad) bin das Haus der Weisheit und ʿAli ist sein Zugang (*ana dar al-hikma wa-ʿAli babuha*)".[78] Daneben zählen ʿAʾischa (gest. 678), Muhammads Lieblingsfrau und eine Expertin für viele Fragen des islamischen Ritus, Abu Huraira (gest. ca. 680), ein Hauptüberlieferer der Aussagen Muhammads, und die beiden späteren Kalifen Abu Bakr (gest. 634) und ʿUmar (gest. 644) zu denjenigen Schülern Muhammads, die ihm am nächsten standen. Der islamischen Tradition zufolge waren es diese, aber auch einige andere Schüler, die nach den islamischen Eroberungen des Nahen Ostens in den unterworfenen Städten und Gebieten des ehemaligen Byzantinischen und Sassanidischen Reiches wiederum eigene Schülerkreise um sich versammelten, um die Lehre des Islams und die Worte Muhammads weiter zu vermitteln. So entstanden erste Gelehrtenzirkel und Lehrertraditionen in den Städten Medina, Kufa, Damaskus und Bagdad, in denen die islamische Religion und Kultur (weiter-) entwickelt wurde. Darüber hinaus wurden in diesen Zirkeln die islamischen Lehren mit Hilfe didaktischer Methoden an Schüler vermittelt, die (d.h. die Lehren) diese dann im 8. und 9. Jh. in Büchern zusammenfassten. Diese Entwicklung wurde als im Sinne des Propheten dargestellt, denn in einem *Hadith* werden ihm folgende Worte in den Mund gelegt:

> „Die Gelehrten sind die Erben der Propheten. Die Propheten aber vererben weder Dinare noch Dirhams, sondern das Wissen. Wer (etwas) davon aufnimmt, erlangt Glück in Hülle und Fülle."[79]

---

[78] Al-Tirmidhi, Al-dschamiʿ (wie Anm. 18), Bd. 13, 171 (meine Übersetzung).

[79] Al-Tirmidhi, Al-dschamiʿ (wie Anm. 18), Bd. 10, 154–155 (meine Übersetzung).

3. Zusammenfassung

Die Frage, ob der Prophet Muhammad nicht nur als „Staatsmann“ sondern auch als Lehrer charakterisiert werden kann, darf nach den vorangegangenen Beispielen und Überlegungen mit Sicherheit bejaht werden. Darstellungen von Muhammads Lehrtätigkeit finden sich zuerst in der koranischen Offenbarung, und später in der *Sira-* und in der *Hadith*-Literatur. Die Quellen stellen jeweils bestimmte Facetten von Muhammads Lehrtätigkeit und Lehrinhalten auf eine Art und Weise dar, die als religiöse Kommunikation zwischen Menschen auf verbaler und non-verbaler Ebene bezeichnet werden kann.

Die Porträtierung von Muhammads Lehrtätigkeit ist schon in der koranischen Offenbarung angelegt und stellt ein zentrales Merkmal seines darin erwähnten Prophetentums dar. So soll Muhammad der koranischen Offenbarung zufolge zahlreiche Anweisungen von Gott erhalten haben, Glaubensinhalte zu vermitteln, sowie den expliziten Auftrag, die Schrift und die Weisheit zu lehren. Durch die darauf basierende Erhebung zu einem vorbildhaften Beispiel wird Muhammad vom Gesandten Gottes und religiösen Lehrer der Gläubigen zum *spiritus rector* (wörtlich: zum führenden Geist) aller Muslime und damit zu jemandem, dessen geistig-intellektuelle Fähigkeiten eine ganze Gemeinschaft anerkennt und von dem sie sich leiten lässt.

Dieses frühe koranische Verständnis Muhammads wird später in der *Sira*-Literatur aufgenommen und ausgearbeitet. So findet sich bei Ibn Hischam ein Muhammad-Bild, bei dem die im Koran angelegte Lehrtätigkeit in bestimmte historische Kontexte gesetzt wird, indem Muhammads Predigten, öffentliche Ansprachen und persönliche Unterweisungen geschildert werden. Das koranische Verständnis von Muhammad als Lehrer liegt aber auch vielen späteren Überlieferungen in der *Hadith*-Literatur zu Grunde. Dort finden sich nicht nur Beschreibungen von Muhammads verbalen und nonverbalen Lehraktivitäten, sondern Muhammad wird explizit als Lehrer (*muʿallim*) bezeichnet. Muhammads Lehrtätigkeit umfasst verschiedene religiöse Inhalte und wird vor allem in der Moschee von Medina verortet. Großen Raum nehmen in den *Hadithen* zudem die Lehrmethoden ein, die Muhammad eingesetzt haben soll. Die detaillierten Beschreibungen von Muhammads didaktischen Mitteln – sowie die Wahrnehmung und ausführliche Porträtierung Muhammads als Lehrer – ist, so meine These, in der islamischen Wissensgesellschaft des 9. Jahrhunderts begründet, die aus den älteren Lehrzirkeln von Muhammads Schülern hervorgegangen ist. Somit waren es die Gelehrten dieser Wissensgesellschaft – zu denen auch die Verfasser der hier untersuchten Quellen gehören –, die das Bild Muhammads insgesamt und damit das Bild Muhammads als Lehrer mitformten und -prägten, welches unsere Vorstellungen von diesem Mann bis zum heutigen Tage bestimmt.

Al-Farabi und die Neubegründung der Philosophie in der islamischen Welt

Ulrich Rudolph

Al-Farabi (gest. 950 n. Chr.) wird in mittelalterlichen arabischen Quellen häufig als ‚der zweite Lehrer' bezeichnet. Damit ist eine hohe Wertschätzung verbunden, denn es bringt zum Ausdruck, dass er nach Aristoteles, ‚dem ersten Lehrer', als die dominante Figur in der Geschichte der Philosophie und des wissenschaftlichen Denkens angesehen wurde. Man könnte folglich meinen, dass er seine Zeitgenossen beeindruckt hat. Sein Ehrentitel scheint nämlich auf den ersten Blick anzudeuten, dass er sie als Persönlichkeit faszinierte und allgemein im Rufe stand, nicht nur ein großer Gelehrter, sondern auch ein charismatischer Lehrer und ein Meister der Unterweisung gewesen zu sein.

Wer sich al-Farabi mit solchen Erwartungen nähert, wird allerdings eine gewisse Enttäuschung erleben. Denn es spricht Weniges dafür, dass er sich durch eine ungewöhnliche Zahl von Schülern oder durch besondere didaktische Ambitionen ausgezeichnet hätte.[1] Vermutlich war er sogar öffentlichkeits-

[1] Die wenigen Indizien, die gleichwohl ein Licht auf al-Farabis Verständnis von Lehre und Unterweisung werfen, wurden gesammelt von Sebastian Günther: „The principles of instruction are the grounds of our knowledge. Al-Fārābī's philosophical and al-Ghazālī's spiritual approaches to learning". In: Osama Abi-Mershed (Hg.): *Trajectories of Education in the Arab World. Legacies and Challenges*. London / New York 2009, 15–35;

scheu. Das legen zumindest die Aussagen nahe, die wir in mittelalterlichen Biographien über ihn finden. Dort heißt es unter anderem, er habe ein einsames Leben geführt und jede Form von Gesellschaft gemieden. Deswegen soll er, als er auf Einladung des lokalen Herrschers in Damaskus lebte, seine Tage auch nicht im Palast, sondern am Ufer eines kleinen Flusses oder in einem schattigen Garten verbracht haben.[2]

Wenn al-Farabi trotzdem den Ehrentitel ‚der zweite Lehrer' erhalten hat, geschah das also aus anderen Gründen. Sie lagen weniger in seiner Ausstrahlung als Lehrer und Pädagoge als in dem schriftlichen Œuvre, das er hinterlassen hat. Mit ihm gelang es al-Farabi tatsächlich, eine spürbare und weit reichende Wirkung auszuüben. Man könnte sogar sagen, dass sein Wirken in der Geschichte der Philosophie der islamischen Welt eine Schlüsselposition einnimmt. Einerseits war er selbst noch Zeuge des großen Prozesses der griechisch-arabischen Übersetzungen. Er profitierte also unmittelbar von der Tätigkeit der Übersetzer, die mit großer Ausdauer und höchster Präzision eine immense Zahl von griechischen philosophischen Texten auf Arabisch zugänglich machten, darunter nahezu alle Werke des Aristoteles und viele Schriften seiner Kommentatoren. Andererseits war al-Farabi nicht einfach ein Rezipient. Er beschränkte sich nicht darauf, die Werke des Aristoteles, den er verehrte, zu lesen und kommentierend weiterzugeben. Ihm ging es vielmehr darum, das Gelesene neu zu verstehen und auf andere Fragestellungen

---

vgl. auch Saheed Ahmad Rufai: „Al-Fārābī and Ibn Sīnā as Islamic educational thinkers. A comparative and contrastive analysis". In: *The Islamic Quarterly* 52 (2008), 85–96.

[2] Ibn Challikan: *Wafayat al-aʿyan*, hg. von Ihsan ʿAbbas. 8 Bde. Beirut 1968–1972, Bd. 5, 156; englische Übersetzung von William MacGuckin de Slane als: *Ibn Khallikan's biographical dictionary*. 4 Bde. Paris 1842–1871, Bd. 3, 309.

anzuwenden, womit er zum eigentlichen Begründer der Philosophie in der islamischen Welt geworden ist.[3]

Wie ihm das gelungen ist, soll im Folgenden genauer beleuchtet werden. Dabei werden wir uns dem Thema nicht aus historischer Perspektive nähern, sondern nach systematischen Gesichtspunkten vorgehen. Das geschieht mit Hilfe von vier Fragen, die an al-Farabis Werk gestellt werden. Sie lauten: 1. Was ist Philosophie, d. h. was genau hat al-Farabi unter Philosophie verstanden? 2. Warum gibt es Philosophie, d. h. wie hat al-Farabi die Entstehung der philosophischen Wissenschaft historisch erklärt? 3. Wie ist die Philosophie in die islamische Welt gekommen, d. h. wie positioniert sich al-Farabi gegenüber der antiken Tradition? 4. Welchem Zweck dient die Philosophie in der islamischen Welt, d. h. welche Ziele verfolgt al-Farabi mit seiner philosophischen Tätigkeit? Um diese Fragen historisch und biographisch kontextualisieren zu können, soll vorab al-Farabi etwas genauer vorgestellt werden.

Abu Nasr al-Farabi stammte aus dem Nordosten Irans, wo er wohl um das Jahr 870 n. Chr. geboren wurde.[4] Allerdings scheint er nicht lange in seiner Heimat geblieben zu sein, sondern ging, vermutlich zu Studienzwecken, bald in die ʿabbasidische Hauptstadt Bagdad. Dort lernte er sehr schnell die führenden philosophischen Zirkel kennen. Sie waren dafür bekannt, dass sie sich intensiv mit den Schriften des aristotelischen *Organon* auseinandersetzten. Man las den Text gemeinsam, der inzwischen vollständig in einer ausgezeichneten

---

[3] Für eine ausführliche Übersicht über al-Farabis Lehre, Werke und Wirkung vgl. jetzt Ulrich Rudolph: „Abū Naṣr al-Fārābī". In: Ulrich Rudolph (Hg.): *Grundriss der Geschichte der Philosophie. Philosophie in der islamischen Welt. 1: 8.–10. Jahrhundert.* Basel 2012, 363–457.

[4] Zur Biographie vgl. Dimitri Gutas: „Fārābī, Abū Naṣr. Biography". In: *Encyclopaedia Iranica*, Bd. 9 (1999), 208–212, und Rudolph, Grundriss (wie Anm. 3), 369–374.

arabischen Übersetzung vorlag. Man kommentierte ihn und erörterte dabei einzelne Sachprobleme, die bei der Lektüre auftraten. Darüber hinaus kam es aber auch zu Diskussionen mit Vertretern anderer Disziplinen. Berühmt geworden ist zum Beispiel eine öffentliche Debatte, in der das Verhältnis von Grammatik und Logik wie überhaupt die Bedeutung der Logik für das Studium der Wissenschaften verhandelt wurde.[5]

Al-Farabi dürfte an solchen Diskussionen teilgenommen haben und war auch sonst vermutlich ein aktives Mitglied seines Zirkels. Zumindest wissen wir, dass er mehrere Schüler hatte[6] und dass zwei seiner Werke Bagdader Honoratioren – dem christlichen Gelehrten Abu Ishaq Ibrahim al-Bagdadi und dem Wesir Abu Dschaʿfar al-Karchi – gewidmet waren. Ende 942 oder Anfang 943 verließ al-Farabi jedoch die Hauptstadt des Kalifats und wandte sich weiter nach Westen. Sein Weg führte ihn zunächst nach Damaskus und Aleppo. Später finden wir ihn auch in Ägypten, wo er 948–49 einige Monate verbracht haben muss. Lange kann er dort allerdings nicht geblieben sein, denn schon Ende 949 begegnet er uns wieder in Damaskus. Dort starb er schließlich im Dezember des Jahres 950, offenbar am Hof des lokalen Herrschers, wie uns von seinen Biographen übereinstimmend berichtet wird.

Al-Farabis Leben verlief also unspektakulär. Er erlebte weder – wie später Avicenna – hohe Ehrungen noch – wie manch anderer Philosoph – tiefe Krisen. Wenn man überhaupt einen charakteristischen Zug aus seiner Biographie ab-

---

[5] Gerhard Endress: „Grammatik und Logik. Arabische Philologie und griechische Philosophie im Widerstreit". In: Burkhard Mojsisch (Hg.): *Sprachphilosophie in Antike und Mittelalter*. Amsterdam 1986, 163–299.

[6] Zu al-Farabis Lehraktivitäten im Bereich der Astronomie in Bagdad vgl. Johannes Thomann: „From Lyrics by al-Fazārī to Lectures by al-Fārābī. Teaching Astronomy in Baghdad (750–1000 C. E.)". In: Jens Scheiner / Damien Janos (Hgg.): *The Place to Go to. Contexts of Learning in Baghdad from the eighth to tenth Centuries*. Princeton 2014 [im Druck].

leiten möchte, besteht er wohl darin, dass er zeit seines Lebens in Ruhe an seinem wissenschaftlichen Werk arbeiten konnte. Entsprechend groß ist das Œuvre, das al-Farabi hinterlassen hat. Es umfasst, obwohl manche Texte verloren sind, mehr als 50 zum Teil umfangreiche Schriften. Sie behandeln der Reihe nach sämtliche Gebiete, die damals zum Curriculum eines Philosophen zählten, also Propädeutik, Logik, Mathematik, Physik, Metaphysik, Ethik und Politik. Darüber hinaus hat al-Farabi – vermutlich als erster Autor überhaupt – eine Reihe von Texte geschrieben, die man als philosophische Summen bezeichnen kann und die uns später noch genauer beschäftigen werden.[7]

In diesem immensen Œuvre finden sich Antworten auf die eingangs gestellten Fragen. Denn al-Farabi behandelt darin nicht nur die Themen, deren Untersuchung man traditionell von einem Philosophen erwarten konnte, sondern legt auch immer wieder Rechenschaft über sein eigenes Tun und über seine Stellung in der Philosophiegeschichte ab. Diese Aussagen sollen nun im Einzelnen nachvollzogen werden, denn sie erlauben, seine Positionierung gegenüber der antiken Tradition wie gegenüber der islamischen Gesellschaft zu verfolgen. Daraus wird sich schließlich ergeben, wie er die Philosophie und die Tätigkeit eines Philosophen im Kontext seiner Zeit und seiner Umgebung begründet hat.

1. Was ist Philosophie?

Die erste Frage, die sich in diesem Zusammenhang stellt, lautet: Was versteht al-Farabi unter Philosophie? Wie definiert

---

[7] Für eine Beschreibung sämtlicher erhaltener Werke vgl. Rudolph, Grundriss (wie Anm. 3), 377–407.

er die Wissenschaft, die seine eigene war, und wie grenzt er sie ab von anderen Disziplinen und anderen geistigen Tätigkeiten? Diese Frage wird im Rahmen seines Œuvres mehrfach angesprochen. Dabei markiert jede Antwort ein bestimmtes Stadium in seiner Auseinandersetzung mit älteren Antworten, die von verschiedenen griechischen Autoren und insbesondere in der spätantiken *Prolegomena*-Literatur gegeben worden sind.

Den Ausgangspunkt dieser Auseinandersetzung bildet die kleine propädeutische Schrift mit dem Titel *Über das, was dem Studium der Philosophie vorangehen muss* (*Fima yanbaghi an yuqaddama qabla ta'allum al-falsafa*). In ihr behandelt al-Farabi zehn Fragen wie z. B. „Womit beginnt die philosophische Untersuchung", „Was ist ihr Ziel" und „Was ist ihr Weg", die traditionell zur Einführung in die aristotelische Philosophie erörtert worden sind. Das geschieht bis ins Detail nach dem Schema, das wir aus der Spätzeit der Schule von Alexandria kennen, so dass man hier kaum von einem originellen Werk, sondern eher von der Adaptation einer spätantiken Vorlage sprechen kann.[8]

Einen Schritt weiter führt uns der zweite Text, der den Titel *Die Weisung auf dem Weg zum Glück* (*Al-tanbih 'ala sabil al-sa'ada*) trägt. Denn er kombiniert zwei Elemente, die al-Farabi sehr geschickt miteinander verbindet: eine einführende Darstellung in die Ethik, die in der Spätantike ebenfalls zur philosophischen Propädeutik gehörte, und eine kurze Einteilung der Philosophie, die bereits Züge seiner eigenen wissenschaftstheoretischen Überlegungen trägt.[9]

---

[8] Deutsche Übersetzung von Friedrich Dieterici: *Alfārābī's Philosophische Abhandlungen*, Leiden 1892, 82–91.

[9] Englische Übersetzung von John McGinnis / David. C. Reisman: *Classical Arabic philosophy. An anthology of sources.* Indianapolis / Cambridge 2007, 104–122.

Vollständig erkennbar wird sein Konzept von Wissenschaft aber erst, wenn wir einen dritten Text hinzuziehen. Gemeint ist die bekannte Schrift über *Die Aufzählung der Wissenschaften* (*Ihsa' al-'ulum*), die unter dem Namen *De scientiis* auch im lateinischen Mittelalter rezipiert worden ist. In ihr schreibt al-Farabi schließlich die spätantiken Prolegomena für seine Zwecke um, indem er nicht nur auf die Philosophie, sondern auch auf andere Disziplinen, die im arabisch-islamischen Kulturkreis inzwischen entstanden waren, eingeht und sie zu einem vollständigen System der Wissenschaften zusammenfasst.[10]

Das System, das auf diese Weise entsteht, gliedert sich in fünf Gebiete. Sie lauten: (1) Grammatik, (2) Logik, (3) Mathematik, (4) Physik und Metaphysik sowie (5) die Wissenschaft vom Gemeinwesen. Letztere umfasst im Wesentlichen die Ethik und die Politik, wird aber auch durch weitere, dem Sachgebiet zugerechnete Disziplinen wie die islamische Rechtswissenschaft und die islamische Theologie ergänzt. Zu all diesen Disziplinen legt al-Farabi eine kurze Beschreibung vor: Er nennt ihre Aufgaben, ihre Teilgebiete, gelegentlich auch ihre Basistexte. Insofern ist auch sein Buch über *Die Aufzählung der Wissenschaften* in erster Linie eine propädeutische Schrift, die Anfänger in das Studium einführen soll. Mit dem deskriptiven Vorgehen verbindet sich jedoch ein normativer Zweck. Denn die Beschreibung der Disziplinen lässt implizit ihre Aufteilung in zwei distinkte Gruppen erkennen. Zur

---

[10] Der Text liegt sowohl im arabischen Original als auch in zwei mittelalterlichen lateinischen Versionen vor, die beide vor kurzem ins Deutsche übersetzt wurden; vgl. Franz Schupp: *Al-Fārābī. Über die Wissenschaften. De scientiis. Nach der lateinischen Übersetzung Gerhards von Cremona*. Hamburg 2005, und Jakob Hans Josef Schneider: *Al-Fārābī. De scientiis. Über die Wissenschaften. Die Version des Dominicus Gundissalinus*. Freiburg u. a. 2006.

ersten gehören die Logik, die Mathematik, die Physik, die Metaphysik, die Politik und die Ethik, während zur zweiten Grammatik, Rechtswissenschaft und Theologie gerechnet werden.

Der Unterschied zwischen beiden liegt im Geltungsbereich. Denn nur die Wissenschaften, die zur ersten Gruppe zählen, können für sich beanspruchen, demonstrativ zu sein, d. h. von universal anerkannten Prämissen auszugehen und universal anerkannte Ergebnisse zu erzielen. Sie streben somit nach allgemein gültiger, begrifflicher Erkenntnis und konstituieren das, was al-Farabi „die Philosophie" oder auch „die absolute Weisheit" nennt. Die Disziplinen der zweiten Gruppe sind im Unterschied dazu lediglich partikular. Sie können keine Universalität beanspruchen, sondern sind in ihrer Zuständigkeit an ganz bestimmte, regional begrenzte und kulturell determinierte Voraussetzungen gebunden. Das gilt sowohl für die Grammatik, die immer nur eine bestimmte Sprache analysiert, als auch für die Rechtswissenschaft und die Theologie, deren Interesse auf eine bestimmte religiöse Überlieferung gerichtet ist.

Trotzdem soll zwischen beiden Erkenntnisebenen ein Zusammenhang bestehen. Denn jeder Gegenstand, den eine partikulare Disziplin behandelt, kann ebenfalls – wenn auch in anderer Intention – auf seine universalen Eigenschaften hin untersucht werden. Das führt al-Farabi schließlich dazu, die begrenzten Auslegungs- und Anwendungsdisziplinen unter die theoretischen Wissenschaften zu subsumieren und die Partikularien von Grammatik, Theologie und Recht den Universalien von Logik, Metaphysik und Ethik zuzuordnen.[11]

[11] Zur Sache vgl. Muhsin Mahdi: „Science, philosophy, and religion in Alfarabi's *Enumeration of the sciences*". In: John Emery Murdoch/ Edith Dudley Sylla (Hgg.): *The Cultural Context of Medieval Learning*. Dordrecht 1975, 113–147, und Gerhard Endress: „Die Wissenschaften.

Die Philosophie besitzt demnach einen solitären Rang: Sie ist nicht eine von vielen Disziplinen, sondern der einzige Weg zu sicherer, demonstrativer Erkenntnis. Denn sie allein ist imstande, die Dinge nicht nur in ihrer Partikularität und in ihren verschiedenen akzidentellen Erscheinungsformen zu betrachten, sondern sie ihrem Wesen nach zu erfassen und damit so zu erkennen, wie sie wirklich sind.

Damit stellt sich aber ein neues Problem. Denn wenn allein die Philosophie zu demonstrativer Erkenntnis führt – warum gibt es dann parallel zu ihr noch andere Erkenntnisstrukturen? Was rechtfertigt ein mehrstufiges System von Wissenschaften, wie es al-Farabi gerade geschildert hat? Und wie sind die verschiedenen Formen der Betrachtung und der Analyse von Dingen entstanden? Das führt uns zum zweiten Schritt unserer Untersuchung, d. h. zu der Frage, wie al-Farabi das Aufkommen der Philosophie und die Entstehung ihrer verschiedenen Teilgebiete erklärt hat.

2. Wie ist die Philosophie entstanden?

Die Antwort darauf finden wir nicht mehr in seinem Buch über *Die Aufzählung der Wissenschaften*, sondern in einem anderen Text, der inzwischen ebenfalls große Bekanntheit erlangt hat. In diesem Falle handelt es sich nicht um ein eigenständiges Werk, sondern um eine längere Passage, die in dem berühmten *Buch über die Partikeln* (*Kitab al-huruf*) enthalten ist. Dort räsoniert al-Farabi systematisch über den Zusammenhang zwischen Sprache und Reflexion und erörtert unter anderem die Frage, wie sich das wissenschaftliche

Philosophie“. In: Wolfdietrich Fischer (Hg.): *Grundriss der arabischen Philologie. III: Supplement.* Wiesbaden 1992, 25–61, hier 50.

Denken entwickeln konnte. Dabei gehen seine Überlegungen von zwei Annahmen aus, die man als axiomatisch bezeichnen kann: Der Mensch ist von Natur aus gesellig und gemeinschaftsbildend, und er besitzt *qua* Mensch die Fähigkeit zu sprechen.

Der historische Prozess, den al-Farabi aus diesen beiden Prämissen ableitet, lässt sich in folgende Etappen unterteilen: Zunächst schlossen sich die Menschen zu Gemeinschaften zusammen und wollten miteinander kommunizieren. Also bildeten sie Laute und Wörter. So kam es schließlich zu einem Wortschatz, der durch Konvention und durch die Tätigkeit eines „Sprachsetzers" festgelegt wurde. Die weitere Differenzierung der Ausdrucksmöglichkeiten, die sich vor allem durch verschiedene Formen der Ausweitung und Übertragung von Grundbedeutungen vollzog, hatte zur Folge, dass nacheinander die „allgemein verständlichen" Künste Rhetorik und Poetik, Erzähl- und Memorierkunst, Grammatik und Schrift entstanden. Anschließend führte die Suche nach Gründen zur Entwicklung der Mathematik und der Physik; danach das Streben, die Argumentationstechnik zu verfeinern, zur Ausbildung der Dialektik (mitsamt der Sophistik). Platon vollendete die Dialektik und entwarf die Wissenschaft vom Gemeinwesen (d.h. Politik und Ethik).[12] Aristoteles vollendete die gesamte Entwicklung des wissenschaftlichen (d.h. philosophischen) Denkens, indem er die Beweislehre konzipierte. Da aber nur wenige Menschen die Wahrheit in demonstrativer Form verstehen, bedurfte es noch zweier zusätzlicher Schritte: So kam die Religion auf, um die(selbe) Wahrheit mit den Mitteln der Poetik und Rhetorik zu ver-

[12] Zu Platon und insbesondere zu der Frage, ob er eine „philosophische Religion" geschaffen hatte, siehe Jens Halfwassens Beitrag in diesem Band.

künden; und zu guter Letzt entstanden auch noch Rechtswissenschaft und Theologie, deren Aufgabe darin besteht, die Aussagen der Religion mit dialektischen Argumenten auszulegen und zu verteidigen.[13]

Soweit al-Farabis Ausführungen zur Entwicklung des (wissenschaftlichen) Denkens. Sie bieten durchaus Ansätze zu einer Kulturtheorie, weshalb sie nicht ohne Berechtigung als eine „idealistische Systematisierung der Kulturgeschichte" bezeichnet worden sind.[14] In unserem Zusammenhang ist aber vorrangig, wie al-Farabi an dieser Stelle die Ausbildung des philosophischen Denkens begründet. Dazu erhalten wir eine Reihe von Hinweisen, die nicht nur für seine Haltung zur Philosophie, sondern für sein gesamtes Wissenschaftsverständnis höchst aufschlussreich sind. Drei unter ihnen scheinen ein besonderes Gewicht zu besitzen:

(1) der linguistische Aspekt: Wie al-Farabi betont, spielt die Sprache bei der Entfaltung des Geistes eine entscheidende Rolle. Ihre Ausdifferenzierung ist die treibende Kraft der Entwicklung. Sie hat zur Folge, dass aus den zuerst entstandenen, partikularen Ausdrucks- und Verständigungsweisen (i. e. der Gegenstand der Grammatik) Schritt für Schritt ein auf die Universalien ausgerichtetes Denken (i. e. der Gegenstand der Logik) geworden ist. Dabei ist auffällig, dass al-Farabi die kulturelle Entwicklung konkret als einen Weg von der ‚Poesie' zur ‚Philosophie' beschreibt. Damit knüpft er vermutlich an Vorstellungen an, die sich in vergleichbarer Form bei einigen

[13] Englische Übersetzung der einschlägigen Passage von Muhammad Ali Khalidi: *Medieval Islamic Philosophical Writings*. Cambridge 2005, 4–20; zur Sache Georges Vajda: „Langage, philosophie, politique et religion d'après un traité récemment publié d'Abū Naṣr al-Fārābī". In: *Journal Asiatique* 258 (1970), 247–260.

[14] Dimitri Gutas: „Paul the Persian on the classification of the parts of Aristotle's philosophy. A milestone between Alexandria and Baġdād". In: *Der Islam* 60 (1983), 231–267, hier 259.

frühen arabischen Historiographen finden lassen (al-Ya'qubi und Abu 'Isa al-Munadschdschim). Sie gingen in ihren Darstellungen verschiedentlich auf Fragen der Kulturgeschichte ein und verwiesen dabei auch auf Parallelen, die aus ihrer Sicht zwischen der griechischen und der arabischen Kulturgeschichte bestanden. In beiden Fällen lasse sich nämlich eine Entwicklung von einer frühen Blüte der Dichtkunst zur späteren Ausbildung des philosophischen Denkens beobachten. Bei den Griechen habe dieser Weg mit Homer begonnen und zu Aristoteles geführt; bei den Arabern begann er mit Imru' al-Qais, einem Dichterfürsten des 4. Jahrhunderts, und führte – wie wir im Sinne unserer Quellen ergänzen dürfen – zu niemand anderem als al-Farabi.[15]

(2) der pragmatische Aspekt: Trotz der Teleologie, die dem beschriebenen Prozess innewohnt, ist er nicht ausschließlich auf die höchste Denkform, also die philosophische Apodeixis, ausgerichtet. Al-Farabi geht vielmehr davon aus, dass die meisten Menschen diese Stufe niemals erreichen können und deswegen mit weniger differenzierten Argumentationsformen wie Poetik, Rhetorik oder bestenfalls Dialektik angesprochen werden müssen. An dieser Stelle kommt seine Idee von den parallelen Erkenntnisstrukturen wieder ins Spiel, denn sie erlaubt es ihm, jedem Menschen den ihm angemessenen Zugang zum Wissen zuzuweisen. Wer in der Lage ist, demonstrative Schlüsse zu verstehen, halte sich an die Philosophie. Wer nur dialektische Argumentationsgänge nachvollziehen kann, wird in der Theologie das Richtige finden. Wer aber lediglich imstande ist, rhetorischen und poetischen Schlüssen

[15] Ulrich Rudolph: „Die Deutung des Erbes. Die Geschichte der antiken Philosophie und Wissenschaft aus der Sicht arabischer Autoren". In: Richard Goulet/Ulrich Rudolph (Hgg.): *Entre Orient et Occident. La philosophie et la science gréco-romaines dans le monde arabe.* Vandœuvres-Genève 2011, 279–320, hier 309–311.

zu folgen, sollte sich an die Offenbarungstexte halten, in denen alle Wahrheiten, die ein Philosoph unverhüllt erkennt, in Symbolen und Gleichnissen ausgedrückt sind.

(3) der historische Aspekt: Hinter den erkennbar allgemein gehaltenen Ausführungen steht eine konkrete Bezugnahme auf Aristoteles. Denn al-Farabi betont ja, dass die Entwicklung des wissenschaftlichen Denkens in Aristoteles kulminierte. Er war es nämlich, der die Beweislehre konzipierte und damit die menschlichen Reflexionen in den Rang einer demonstrativen Wissenschaft erhob. Doch damit nicht genug: Wie al-Farabi an anderer Stelle hinzufügt, durchschaute Aristoteles auch alle anderen, von Menschen erprobten Denkformen. Er hat sie sogar als erster zusammenhängend erläutert und systematisch dargestellt. Das geschah im Rahmen des *Organon*, das nicht von ungefähr acht verschiedene Schriften umfasst. Die ersten drei, also die *Kategorien*, *De Interpretatione* und die *Analytica Priora* beschreiben die grundlegenden Elemente unseres Denkens (Begriff, Satz und Schluss). Die anderen fünf Bücher haben dagegen die Aufgabe, die verschiedenen Schlussarten, die von den Menschen entwickelt wurden, zu analysieren. Sie thematisieren folglich die Denkformen, die im Laufe der Kulturgeschichte durchschritten wurden und die noch immer den Horizont der menschlichen Rationalität abstecken. Die *Analytica Posteriora* behandeln den demonstrativen Schluss, der allein in der Philosophie zur Anwendung kommt, die *Topik* untersucht die dialektischen Schlüsse der Theologen und Juristen. Die *Ars Rhetorica* erklärt rhetorische Schlüsse, die *Poetica* poetische Schlüsse. Und die *Sophistischen Widerlegungen* decken auf, welche Arten von Trugschlüssen es gibt.[16]

Angesichts dieser Äußerungen kann kein Zweifel daran bestehen, wie al-Farabi die Philosophiegeschichte deutet: Für

[16] Rudolph, Grundriss (wie Anm. 3), 416–418.

ihn ist Aristoteles die maßgebliche Autorität, an der sich alle Späteren messen lassen müssen, und das *Organon* ist sowohl das Gründungsdokument der Philosophie als auch ihr methodischer Schlüsseltext. Damit sind entscheidende Wegmarken formuliert. Deswegen kann es für al-Farabi eigentlich nur noch darum gehen, sich als legitimer Nachfolger des Meisters und als Kenner der aristotelischen Logik auszuweisen. Und das führt uns zu unserem dritten Punkt, d. h. zu den Fragen:

3. Wie ist die Philosophie in die islamische Welt gekommen? bzw. Wie kam al-Farabi selbst in Kontakt mit ihr?

Auch darauf ist eine Antwort in seinem Œuvre zu finden, diesmal in der kurzen Schrift *Über das Aufkommen der Philosophie* (*Fi zuhur al-falsafa*). Sie ist in gewisser Hinsicht sogar besonders aufschlussreich, weil sie nicht nur allgemeine kulturtheoretische Überlegungen, sondern konkrete historiographische Angaben enthält. Der Text ist trotz seiner Kürze zu lang, um hier vollständig präsentiert zu werden. Aber es lohnt sich dennoch, ihn in seinem originalen Duktus kennen zu lernen. Deswegen werde ich im Folgenden jeweils einige Sätze daraus in deutscher Übersetzung wiedergeben und anschließend kurz zusammenfassen, auf welche historischen Vorgänge al-Farabi anspielt und wie er sie interpretiert.[17] Der Text setzt mit folgenden Worten ein:

---

[17] Zur Überlieferungssituation vgl. Rudolph, Grundriss (wie Anm. 3), 381. Das erhaltene Fragment der Schrift ist schon mehrfach in europäische Sprachen übersetzt worden, ins Deutsche zuletzt von Gotthard Strohmaier: „‚Von Alexandrien nach Bagdad' – eine fiktive Schultradition". In: Jürgen Wiesner (Hg.): *Aristoteles. Werk und Wirkung. II: Kommentierung, Überlieferung, Nachleben.* Berlin / New York 1987, 380–389, hier 381–382

Die Philosophie war hoch angesehen in den Tagen der griechischen Könige und nach dem Tod des Aristoteles in Alexandrien bis zum letzten der Tage [der Herrschaft] der Frau. Als er (= Aristoteles) gestorben war, blieb der Unterricht daselbst (= in Alexandria) unverändert, bis dreizehn Könige geherrscht hatten, und in der Zeit ihrer Regierung folgten zwölf Lehrer der Philosophie aufeinander. Der letzte von ihnen ist unter dem Namen Andronikos bekannt. Der letzte dieser Könige war die Frau. Augustus, der König vom Volk der Römer, besiegte und tötete sie und bemächtigte sich der Herrschaft. Als sie ihm sicher war, inspizierte er die Bibliotheken und ihre Einrichtung und fand darin Kopien von Büchern des Aristoteles, die zu dessen Lebzeiten und zu Lebzeiten des Theophrast abgeschrieben worden waren. Auch fand er, dass die Lehrer und die Philosophen Bücher über die Themen verfasst hatten, über die Aristoteles geschrieben hatte. Da befahl er, dass jene Bücher, die in den Tagen des Aristoteles und seiner Schüler geschrieben worden waren, kopiert werden sollten und dass man aus ihnen unterrichten und von dem übrigen absehen sollte.

Der Text setzt gewissermaßen an der Stelle ein, an der die Passage aus dem *Buch über die Partikeln*, die wir vorher betrachtet haben, endete. Dort hieß es, erst Aristoteles habe die Beweislehre entwickelt und damit das Nachdenken der

---

[Nachdruck in: Gotthard Strohmaier: *Von Demokrit bis Dante. Die Bewahrung antiken Erbes in der arabischen Kultur.* Hildesheim u. a. 1996, 313–322, hier 314–315], an dessen Übersetzung sich der Wortlaut der nachfolgenden Zitate im Wesentlichen orientiert. Zur Interpretation des Abschnitts vgl. ebenfalls Strohmaiers Beitrag „Von Alexandrien nach Bagdad“ sowie Joep Lameer: „From Alexandria to Baghdad. Reflections on the genesis of a problematic tradition“. In: Gerhard Endress/Remke Kruk (Hgg.): *The Ancient Tradition in Christian and Islamic Hellenism. Studies on the Transmission of Greek Philosophy and Sciences, dedicated to H. J. Drossaart Lulofs on his ninetieth Birthday.* Leiden 1997, 181–191, und Dimitri Gutas: „The 'Alexandria to Baghdad' Complex of Narratives. A Contribution to the Study of Philosophical and Medical Historiography among the Arabs“. In: *Documenti e studi sulla tradizione filosofica medievale* 10 (1999), 155–193.

Menschen auf die Stufe der demonstrativen Wissenschaft geführt. Hier wird diese Annahme nun vorausgesetzt und beschrieben, welche Abläufe auf Aristoteles' Wirken folgten. Dabei hält sich al-Farabi sehr genau an die historischen Vorstellungen, die uns auch sonst in der frühen islamischen Geschichtsschreibung begegnen. Man wusste sehr gut, dass Aristoteles zur Zeit Alexanders des Großen gelebt hatte und letzteren sogar unterrichtet hatte. Bekannt war auch, dass auf Alexander die so genannten „griechischen Könige", d.h. die Ptolemäer in Ägypten, folgten. Ihre Dynastie endete mit „der Frau", wie es in unserem Text heißt, also mit Kleopatra. Danach ging die Herrschaft auf den römischen Kaiser Augustus über, von dem al-Farabi etwas unscharf, aber martialisch behauptet, dass er Kleopatra getötet habe.

Wichtiger ist in unserem Zusammenhang jedoch, wie al-Farabi die Entwicklung der Philosophie in dieser frühen Zeit schildert. Dazu erfahren wir, dass sie allseits ein hohes Ansehen genoss und dass ihre öffentliche Unterweisung unverändert blieb. Das gilt zunächst einmal für die Epoche der Ptolemäer. Aber es gilt auch für die Regentschaft des Augustus. Letzterer soll sogar befohlen haben, die Schriften des Aristoteles zu kopieren und zur alleinigen Grundlage des Unterrichts zu machen.

Wir können folglich als erstes Ergebnis unserer Lektüre festhalten, dass die Philosophie – laut al-Farabi – lange Zeit prosperierte und sich ungehindert entfalten konnte. Bis in die römische Kaiserzeit hinein studierte man das *Corpus Aristotelicum* vollständig und ohne Einschränkungen. Dabei garantierte eine ununterbrochene Kette von Lehrern und Schülern, dass dieses Studium ernst genommen wurde und ganz im Sinne des Meisters verlief.

Damit kommen wir zum nächsten Abschnitt des Texts, aus dem zunächst wieder einige Sätze zitiert seien:

Er (= Augustus) wies ihn (= Andronikos) an, jemanden als seinen Nachfolger in Alexandrien einzusetzen und mit ihm nach Rom zu reisen. So gab es den Unterricht fortan an zwei Orten (= Alexandria und Rom) und dabei blieb es, bis das Christentum aufkam. Da hörte der Unterricht in Rom auf. In Alexandrien blieb er jedoch bestehen, bis der König der Christenheit die Angelegenheit untersuchte. Da versammelten sich die Bischöfe und berieten, was von dieser Lehre belassen und was abgeschafft werden sollte. Sie beschlossen, dass aus der Logik bis zum Ende der Figuren des Wirklichen gelehrt werden sollte, nicht aber das, was danach kommt, denn sie waren der Meinung, dass dies dem Christentum schädlich wäre, während in dem, was sie zum Unterricht freigäben, etwas enthalten sei, was zur Durchsetzung ihrer Religion dienlich sein könnte. So blieb der öffentliche Unterricht in diesem Umfang erhalten. Den Rest davon studierte man im Geheimen, bis lange Zeit später der Islam aufkam.

Wie wir sehen, hat sich die Lage der Philosophie in der Spätantike – immer laut al-Farabi – dramatisch verschlechtert. Zunächst musste eine Schule in Rom geschlossen werden, die von Augustus erst eröffnet worden war. Dann wurde auch der Unterricht in Alexandria, der traditionellen Stätte philosophischer Bildung, eingeschränkt. Schuld daran waren angeblich einflussreiche christliche Kreise. Sie sollen durchgesetzt haben, dass die aristotelische Logik nur noch „bis zum Ende der Figuren des Wirklichen" gelehrt wurde. Damit soll angedeutet werden, dass der Unterricht bei der Behandlung der *Analytica Priora*, Kap. I 7, abgebrochen werden musste, weil anschließend im Text die Analyse der modalen Schlüsse anfängt.

Diese Angabe entspricht allerdings kaum der historischen Realität. Wie wir wissen, ist das *Organon* in der Schule von Alexandria bis zuletzt vollständig gelesen und kommentiert worden. Wenn al-Farabis Bemerkung einen sachlichen Hintergrund haben sollte, kann sie also nicht die Alexandriner betreffen, sondern nur auf die Schulen der christlichen Syrer bezogen sein. Dort scheint man in der Tat nicht immer das ganze *Organon* studiert zu haben. Jedenfalls kennen wir eine Reihe von syrischen Texten aus dem 6. und 7. Jahrhundert, in denen die *Analytica Priora* nur bis zum Kapitel I 7 kommentiert wurden.[18] Es kann also sein, dass al-Farabi von dieser Praxis wusste und sie verkürzend in sein Geschichtsbild integrierte. Denn auf diese Weise ließ sich anschaulich machen, was er demonstrieren wollte: dass der philosophische Unterricht in der Spätantike degenerierte und dass für diesen Niedergang christliche Kreise verantwortlich waren.

Das änderte sich erst mit dem Aufkommen des Islams, und damit kommen wir zum dritten und letzten Abschnitt seiner Ausführungen. Dort erfahren wir Folgendes:

(Als der Islam gekommen war,) wurde der Unterricht aus Alexandrien nach Antiochien überführt und blieb dort eine lange Zeit, bis (nur noch) ein Lehrer übrig blieb. Von ihm lernten zwei Männer und zogen fort, wobei sie die Bücher mit sich nahmen. Der eine von ihnen stammte aus Harran, der andere aus Marw. Von dem aus Marw lernten wiederum zwei Männer, einer namens Ibrahim al-Marwazi und einer namens Yuhanna ibn Hailan, und auch der aus Harran hatte zwei Schüler … [Sie alle gingen – wie ich diesen Textabschnitt kurz zusammenfassen möchte – in späteren Jahren in die Hauptstadt Bagdad.] … Dort lernte Abu Bischr Matta von al-Marwazi, und zwar ebenfalls nur bis zum Ende der Figuren des Wirklichen. Abu Nasr al-Farabi berichtet aber von sich selbst, dass er bei Yuhanna ibn Hailan bis zum Ende des Buches vom Beweis (= bis zum Ende der *Analytica Posteriora*) studiert hat. Man bezeichnete damals das, was nach den Figuren des Wirklichen kommt, als ‚den Teil, der nicht gelesen wird', bis er dann eben doch gelesen wurde. Als die Angelegenheit zu den Lehrern der Muslime überging, wurde es nämlich üblich, dass man

[18] Henri Hugonnard-Roche: *La logique d'Aristote du grec au syriaque. Études sur la transmission des textes de l'Organon et leur interprétation philosophique*. Paris 2004, 16.

nach den Figuren des Wirklichen weiterstudierte, soweit man es eben vermochte. Abu Nasr al-Farabi aber sagt, dass er bis zum Ende des Buches vom Beweis gelesen hat.

Nachdem sich der philosophische Unterricht in der islamischen Welt etabliert hatte, kam es also erneut zu einer spürbaren Wende. Denn jetzt war man nicht mehr an die Vorschriften von Bischöfen gebunden, sondern konnte das *Organon* wieder ohne Einschränkungen lesen. Das klingt in unseren Ohren vielleicht nicht gerade spektakulär, betrifft aber einen entscheidenden Punkt. Denn an dieser Stelle legt al-Farabi offen, wie er seine eigene Position in der Philosophiegeschichte deutet. Seine Leistung besteht eben nicht darin, den spätantiken Aristotelismus fortzusetzen, sondern dessen Unvollkommenheiten und Restriktionen hinter sich zu lassen und zu Aristoteles selbst zurückzukehren.

Man kann diesen Anspruch auch noch pointierter formulieren. Denn die *Analytica Posteriora*, von denen hier die Rede ist, waren nicht irgendein Buch. Für al-Farabi sind sie vielmehr jene Schrift, in der Aristoteles die Grundlagen des demonstrativen, philosophischen Denkens dargelegt hatte. Wenn dieses Werk also lange Zeit vernachlässigt war und erst im Bagdad des 10. Jahrhunderts wieder zu seinem Recht kam, hat al-Farabi die Philosophie eigentlich gar nicht fortgeführt, sondern zu neuem Leben erweckt und als Wissenschaft restituiert.

Mit dieser Feststellung sind die Ansprüche, die al-Farabi erhoben hat, abgesteckt. Er stellt sich nicht in die spätantike Tradition, sondern erhebt sich über diese. Sein Platz ist unmittelbar neben Aristoteles, denn er treibt Philosophie nach den Kriterien, die vom Meister selbst festgelegt worden sind. Das aber führt uns schließlich zu unserer letzten Überlegung, die lautet:

4. Welchem Zweck dient die Philosophie in der islamischen Welt? bzw. Welche Ziele verfolgt al-Farabi mit seiner philosophischen Tätigkeit?

Auf diese Fragen könnte man, wie sich denken lässt, eine Reihe von Antworten geben. Denn es gibt in al-Farabis Œuvre zahlreiche Werke, in denen er Konzepte von Aristoteles aufgreift, umdeutet und für seine eigenen Fragestellungen einsetzt. In unserem Kontext genügt es jedoch, ein einzelnes Beispiel hervorzuheben. Es gehört zu einer Textgattung, die bereits weiter oben kurz erwähnt wurde, nämlich zu den Schriften, die man als „philosophische Summen" bezeichnen kann. Das Werk trägt den etwas umständlichen Titel *Die Prinzipien der Ansichten der Bürger eines vorzüglichen Gemeinwesens* (*Mabadi' ara' ahl al-madina al-fadila*). Es verweist also von Anfang an auf das Thema Gemeinwesen, weshalb es in der Forschung oft der politischen Philosophie zugeordnet worden ist. Tatsächlich schlägt der Text aber einen sehr viel weiteren Bogen, denn er behandelt nicht nur Fragen der Politik und der Ethik, sondern auch der Metaphysik und der Physik. Insofern gewinnt man in den sechs Abschnitten, in die sich das Werk gliedert, einen konzisen Einblick in zentrale Anliegen von al-Farabis Philosophie.[19]

Der erste Abschnitt ist Gott gewidmet, der im Text als die „Erste Ursache" bezeichnet wird. Von ihm erfahren wir, dass er einer, ewig, vollkommen und unveränderlich ist und über zahlreiche andere Attribute wie Leben, Größe, Majestät und

[19] Edition und englische Übersetzung des Werkes stammen von Richard Walzer: *Al-Farabi on the Perfect State*. Oxford 1985. Deutsche Übersetzung von Cleophea Ferrari: *Abū Naṣr al-Fārābī. Die Prinzipien der Ansichten der Bewohner der vortrefflichen Stadt*. Stuttgart 2009. Für eine detaillierte Werkbeschreibung vgl. Rudolph, Grundriss (wie Anm. 3), 397–400.

Schönheit in vollkommener Form verfügt. Darüber hinaus legt al-Farabi Wert darauf, Gott zwei weitere fundamentale Eigenschaften zuzuschreiben. Gott denkt sich selbst und ist – ganz im Sinne der aristotelischen Metaphysik – das Erste Geliebte (*al-ma'schuq al-auwal*). Und er ist der Ursprung aller Dinge, denn er bewirkt alles Seiende durch eine Emanation (*faid*), ohne davon selbst affiziert zu sein.

Wie das geschieht, wird im zweiten Abschnitt der Schrift thematisiert. Dort entfaltet al-Farabi das kosmologische Modell, für das er berühmt werden sollte. Es geht von der Annahme aus, dass Gottes Denken seiner selbst nicht nur reflexiv, sondern auch produktiv sei. Aus ihm geht nämlich von Ewigkeit her ein Intellekt hervor. Dieser Intellekt denkt ebenfalls von Ewigkeit her, aber sein Denken richtet sich auf zwei Objekte. Er erkennt Gott und lässt dadurch einen weiteren Intellekt entstehen, und er erkennt sich selbst, was zur Entstehung der äußersten, gestirnlosen Himmelssphäre führt. Dieser Vorgang wiederholt sich mehrfach, bis die gesamte kosmische Ordnung vorliegt. Sie besteht aus zehn Intellekten und neun ihnen zugeordneten Himmelskörpern: der gestirnlosen Sphäre, den Fixsternen, Saturn, Jupiter, Mars, Sonne, Venus, Merkur und dem Mond.

Was unterhalb des Mondes passiert, skizziert al-Farabi im dritten Abschnitt des Textes. Dort lesen wir, dass unsere Welt ebenfalls ewig ist, weil sie schon immer den Einflüssen der ewigen Himmelskörper und des zehnten Intellekts unterliegt. Diese bewirken, dass in der sublunaren Welt die Materie und die Formen entstehen, die sich in zahlreichen hierarchisch gestaffelten Gestaltungen anordnen – von den vier Elementen bis hin zum höchsten irdischen Wesen, dem Menschen.

Abschnitt vier geht im Einzelnen auf den Menschen ein und bespricht dessen körperliche Organe und die verschiedenen Vermögen der Seele bis hin zum Denken. Dabei erläutert al-Farabi auch seine bekannte Lehre von den vier Stufen des menschlichen Intellekts. Darüber hinaus gibt ihm die Beschreibung der Seele die Gelegenheit, die Frage nach dem Ursprung und dem Wesen der Prophetie zu erörtern. Sie wird damit erklärt, dass einzelne Menschen ein besonders starkes Vorstellungsvermögen besässen, mit dessen Hilfe sie – via den zehnten kosmischen Intellekt – Einsicht in das Göttliche erhalten könnten.

In Abschnitt fünf und Abschnitt sechs kommt al-Farabi schließlich auf die staatlichen Gemeinschaften zu sprechen. Dabei geht es ihm zunächst um das vorzügliche, an der Erkenntnis und an der Tugend ausgerichtete Gemeinwesen. In ihm sind Philosophie und Religion auf vollkommene Weise verwirklicht, so dass seine Bürger in ihrem diesseitigen Leben nach Glückseligkeit streben und im Jenseits auf ewigen Lohn hoffen dürfen. Oft ist der Staat aber nicht ideal. Denn es gibt viele Möglichkeiten, wie Gemeinwesen degenerieren oder erst gar nicht gut eingerichtet werden. Mit ihrer ausführlichen Beschreibung endet schließlich die Darstellung, wobei jeweils die negativen Folgen, die sich aus solchen Missständen für unser Schicksal im Jenseits ergeben sollen, in der Argumentation hervorgehoben werden.

Soviel zum Inhalt des Textes. Wie wir gesehen haben, dient er al-Farabi dazu, eine Reihe zentraler philosophischer Themen abzuhandeln. Dabei lässt bereits dieser kurze und gänzlich summarische Überblick ahnen, dass viele seiner Aussagen nicht wirklich neu, sondern aus der antiken Philosophie bekannt sind. Die Forschung hat sich deswegen schon seit Langem darum bemüht, al-Farabis Quellen bzw. die Autoren, von denen er direkt oder indirekt Anregungen erhalten haben könnte, zu benennen. Dabei ist eine lange Liste von Namen entstanden. Zu ihr gehören, um nur die Wichtigsten aufzuführen: Aristoteles mit zahlreichen seiner Werke; Platons politische Philosophie; die neuplatonische Metaphysik, wobei man hinzufügen muss, dass sie in der arabischen Überlieferung zum Teil unter dem Namen des Aristoteles kursierte; aber auch Autoren wie Alexander von Aphrodisias oder der Astronom Ptolemaios, deren Lehren nicht ohne Einfluss auf al-Farabis Kosmologie geblieben sein dürften.[20]

Mit solchen Quellenangaben wird allerdings nur eine bestimmte Ebene des Textes berührt. Sie helfen uns, den intellektuellen Hintergrund, also gewissermaßen die virtuelle Bibliothek, über die al-Farabi verfügt hat, zu erkennen. Aber damit ist noch nicht erklärt, wozu er diese Werke aufgegriffen hat und warum er *Die Prinzipien der Ansichten der Bürger eines vorzüglichen Gemeinwesens* in genau der Form, in der sie uns vorliegen, konzipiert hat.

Diese Frage verlangt eine ganz eigene Annäherung an den Text, und sie ist schwierig, wie die bisherige Forschung gezeigt hat. Denn es gibt in der philosophischen Tradition keine einzige Schrift, die man konzeptionell oder von ihrer Struktur her mit al-Farabis Werk vergleichen könnte. Das gilt nicht nur für die arabische Philosophie des 9. und 10. Jahrhunderts, sondern auch für die gesamte philosophische Literatur, die uns auf Griechisch erhalten ist.

Letztlich kann dieser negative Befund aber nicht wirklich überraschen. Denn al-Farabis Schrift behandelt ja keine präzise philosophische Fragestellung. Sie hält sich auch nicht an die übliche Distinktion zwischen theoretischer und praktischer Philosophie, sondern präsentiert der Reihe nach eine Vielzahl von Themen, die wechselweise der Metaphysik, der Physik, der Politik und der Ethik zuzuordnen sind. Wenn man also einen möglichen Ansatzpunkt für die Textstruktur

---

[20] Für Einzelnachweise vgl. Walzers Kommentar zu Edition und Übersetzung: Walzer, Al-Farabi (wie Anm. 19).

finden will, wird man ihn eher außerhalb der philosophischen Literatur suchen müssen. Denn es gab im 9. und 10. Jahrhundert durchaus Schriften, die den *Prinzipien der Ansichten der Bürger eines vorzüglichen Gemeinwesens* der Form nach entsprachen. Aber sie stammen nicht von philosophischen Autoren, sondern aus dem Umkreis der islamischen Theologie. Dort bildete sich im 9. Jahrhundert ein literarisches Genre heraus, das man als theologische Summe bezeichnen kann. Es hatte den Zweck, die zentralen dogmatischen Aussagen – auf Arabisch: „die Prinzipien der Religion" (*usul al-din*) – systematisch zur Darstellung zu bringen. Und genau solche Werke dürften es gewesen sein, die al-Farabi vor Augen hatte, als er seine eigene, philosophische Summe verfasst hat.

Der Nachweis für diese Feststellung lässt sich hier nicht en détail führen. Wichtig ist aber festzuhalten, dass er sich nicht auf einzelne Ähnlichkeiten und Übereinstimmungen, sondern auf die parallele Gesamtanlage der Werke stützt. Schriften über die *usul al-din* – also „die Prinzipien der Religion" – folgten nämlich einer festen argumentativen Struktur. Sie begannen mit der Beschreibung der geschaffenen Welt und erörterten dann der Reihe nach Gott und seine Attribute, das Prophetentum, Handlungen und Aufgaben der Menschen, die richtige Leitung der Gemeinde und unsere Bestimmung im Jenseits. Genau diese Themen sind uns aber gerade bei al-Farabi begegnet, denn seine Schrift gliederte sich, wie gesehen, in die Abschnitte: Gott und seine Eigenschaften; die Entstehung des Kosmos und der sublunaren Welt; der Aufbau der Welt; der Mensch; das Prophetentum; gute und schlechte menschliche Gemeinschaften sowie die Konsequenzen, die sich aus unserer Zugehörigkeit zu solchen Gemeinwesen für das Jenseits ergeben.[21]

---

[21] Einzelnachweise zum Thema bei Ulrich Rudolph: „Reflections on

Damit soll nicht gesagt sein, dass *Die Prinzipien der Ansichten der Bürger eines vorzüglichen Gemeinwesens* ein theologischer Text wären. Im Gegenteil: Al-Farabi zitiert in ihnen weder den Koran noch irgendeine theologische Schule. Das widerspräche auch seiner eigenen Hermeneutik, denn er meinte ja, dass Offenbarungsschriften nur rhetorisch und poetisch argumentieren könnten, während die Theologie auf die Ebene von dialektischen Schlüssen beschränkt sei. Worauf al-Farabi zielt, ist etwas ganz Anderes. Ihm geht es offenbar darum, die zentralen religiösen Anliegen, die zu seiner Zeit in der islamischen Gemeinschaft verhandelt wurden, zu thematisieren und ernst zu nehmen. Und das konnte am besten dadurch geschehen, dass er sie aufgriff und einer demonstrativen, also philosophischen Analyse unterzog.

Dieser letzte Punkt lässt seine Philosophie noch einmal in einem ganz anderen Licht erscheinen. Denn an diesem Beispiel wird klar, wie virtuos sich darin Rezeption und Konstruktion verschränken: Al-Farabi übernahm zweifelsohne die verschiedensten, antiken Texten entlehnten Konzepte und ließ sich von ihnen zu eigenen Reflexionen anregen. Aber seine eigene Reflexion war immer schon da und hat bereits die Auswahl der Konzepte und seinen Zugriff auf sie bestimmt. Aufs Ganze gesehen, stehen wir also vor einem dialektischen Prozess. Er kann nicht als schlichte Fortsetzung des antiken Denkens beschrieben werden, sondern führte zu einer Neubegründung der Philosophie, die sich der Tradition bediente und sie vitalisierte. Aber vielleicht ist ja gerade dieser vitale Umgang mit der Tradition das schönste Kompliment, das man der antiken Philosophie machen kann.

---

al-Fārābī's *Mabādi' ārā' ahl al-madīna al-fāḍila*". In: Peter Adamson (Hg.): *In the Age of al-Fārābī. Arabic Philosophy in the Fourth/Tenth Century*. London 2008, 1–14.

Talente muss man entwickeln! – Aufklärung, Erziehung und Gehorsam in der Pädagogik um 1800

Christoph Auffarth

Für Jürgen Lott

1. Autonomie als Entfremdung von Gott? Die Aufklärung als Herausforderung der Theologie

„Bildung statt Ausbildung!" prangt als Graffito an einem der Gebäude meiner Universität Bremen.* „Bildung" hat einen eigentümlich deutschen Klang, man kann das Wort nicht einfach übersetzen. Waren in den vorausgehenden Kapiteln Lehrer als leitende Persönlichkeiten in der antiken und nachantiken Geschichte des Mittelmeerraumes und Europas das Thema, so soll in diesem Beitrag der Nachwirkung und Neuformung der Tradition der Vermittlung von „Bildung" nachgegangen werden. An einem für europäische Religions- und Bildungsgeschichte zentralen Beispiel wird gezeigt, wie aus dem Humanismus stammende antike pagane Ideale von

* Mein Kollege Jürgen Lott hat sich in der Hansestadt Bremen mit ihrem nicht konfessionell gebundenen Religionsunterricht immer für Bildung stark gemacht. Das Graffito stammt (mutmaßlich) nicht von ihm, entspricht aber seiner Grundhaltung.

Lehren und Lernen mit christlichen Werten konkurrieren und sich verbinden, bei denen der Lehrer nicht als Meister auftritt, sondern hinter den zu vermittelnden Inhalten zurücktritt. Als neues Ziel der Spätaufklärung und noch vor dem neuhumanistischen Bildungsideal der höheren Bildung des 19. Jahrhunderts fordern die großen Lehrer eine Umkehrung in Bezug auf denjenigen, der im Prozess der Bildung handelt (*agency*): Bildung sei ein aktives Handeln der jungen Menschen, Selbstbildung. In einem positiv-optimistischen Menschenbild habe Gott jedem Menschen „Talente" mitgegeben, die es zu entwickeln gelte. Diese Umbewertung stelle ich in dem folgenden Beitrag in ihren historischen Zusammenhang und lese sie in ihrer Verflechtung mit religiösen, sozialen und politischen Faktoren.

Bildung ist für die frühe Neuzeit, insbesondere für die Reformation ambivalent: Einerseits treibt diese, lutherisch wie calvinistisch, Bildung als ein zentrales Reformziel energisch voran, mit langfristigem und weitreichendem Erfolg. Auch die darauf reagierende katholische Reform nimmt einiges von diesem Bildungsideal auf. Andererseits befürchten die Reformatoren, dass mit der Bildung auch die Ein-bildung wachse, der gebildete Mensch mehr und mehr auf sich und das Verstehen der Welt vertraue und damit das Angewiesensein auf die Gnade Gottes aus den Augen verliere.[1] Noch in neueren kirchlichen Programmen ist die Sorge vor der Bildung ausgedrückt, ganz explizit im Votum des Theologischen Ausschusses der Evangelischen Kirche der Union 2001: Überall ist der Mensch durch die Formulierungen ins Passive gedrängt: „Gebildet wird der Mensch", „er wird von

---

[1] Differenziert bei Thomas Kaufmann: „Die Ehre der Hure. Zum vernünftigen Gottesgedanken in der Reformation". In: *Gott der Vernunft. Protestantismus und vernünftiger Gottesgedanke.* Tübingen 2009, 61–91, sowie Ders.: *Der Anfang der Reformation.* Tübingen 2012, 436–463.

Gott in seinem Personsein konstituiert", „der Mensch wird zum Ebenbild Gottes geschaffen", wenn er dann selbst aktiv wird, dann „existiert er infolge seiner Abwendung von Gott gegen seine Gottebenbildlichkeit", „Bildung ist ein Gebildetwerden zu seiner Bestimmung." „Man muss – deutlicher als Schleiermacher – an dieser Stelle auf den Zusammenhang mit der Rechtfertigungslehre achten. Denn der den Menschen als Person vor Gott konstituierende Bildungsvorgang basiert auf der exklusiven Zuwendung Gottes, der sich allein aus Gnade (*sola gratia*) mitteilt und allein aus Glauben (*sola fide*) ergriffen wird",[2] usw. Bildung, Wissen, mündig werden, kritikfähig werden, die Ermächtigung des Menschen zu selbständigem verantwortlichen Handeln, zur Partizipation – all das kommt in diesem Konzept der Bildung in evangelischer Verantwortung nicht vor. Auch das neue große religionspädagogische Lehrbuch, der Grundriss von Bernd Schröder 2012, kann das theologisch konstruierte Dilemma zwischen Gnadengabe und Bildung als Selbstbefreiung aus der selbst verschuldeten Unmündigkeit nicht auflösen.[3]

Begleitet wird die neuzeitliche, bis in unsere Zeit reichende evangelisch-theologische Problematisierung der Bildung von einem ambivalenten Diskurs über die Interpretation der Aufklärung, welcher die jeweiligen widerstreitenden geschichtsphilosophischen und politischen Prämissen spiegelt. Die deutsche Nationalidee entwickelt sich neben der Rekrutierung der Armee gegen Napoleon, aus der in vielem fatalen Romantik[4] sowie der Machtpolitik des preußisch-protestantischen

---

[2] Joachim Ochel (Hg.): *Bildung in evangelischer Verantwortung auf dem Hintergrund des Bildungsverständnisses von F. D. E. Schleiermacher. Eine Studie des Theologischen Ausschusses der Evangelischen Kirche der Union*. Göttingen 2001, 42 f.

[3] Bernd Schröder: *Religionspädagogik*. Tübingen 2012.

[4] Rüdiger Safranski: *Romantik. Eine deutsche Affäre*. München 2007.

Kaiserreichs mit den Ideen von 1914,[5] die den Nationalprotestantismus in trotzige Abwehr zur von Sozialdemokraten, Juden und Katholiken getragenen Demokratie der Weimarer Republik treten ließ. In diesem Prozess galt die Aufklärung als unterschiedlich interpretierbare *Krisis*. Für Wilhelm Lütgert (1867–1938) war „[d]ie historische Katastrophe der englisch-französischen Aufklärung [war] die Französische Revolution, im Guten wie im Bösen Frucht der Aufklärung." Demgegenüber habe sich die deutsche Aufklärung, religiös in der Reformation fundiert, anders als der „französische Materialismus" im deutschen Idealismus vollendet und überwunden.[6] Dem stellte Emanuel Hirsch entgegen, dass die Aufklärung die Theologie in eine „Umformungskrise" gestürzt habe, die allerdings von der Theologie nicht gemeistert worden sei und als Aufgabe noch unerledigt vor ihr liege.[7] Die NS-Diktatur, die manchen als Kind der Aufklärung, anderen als Bollwerk gegen die Säkularisierung durch die Aufklärung erschien, brachte die unterschiedliche Bewertung in die offene Auseinandersetzung des Kirchenkampfs. Bultmanns Entmythologisierungsprogramm gehört ebenfalls in diesen Diskurs um

---

[5] Klaus von See: *Freiheit und Gemeinschaft. Völkisch-nationales Denken in Deutschland zwischen Französischer Revolution und Erstem Weltkrieg.* Heidelberg 2001.

[6] Dafür einschlägig die vier Bände von Wilhelm Lütgert: *Die Religion des deutschen Idealismus und ihr Ende.* Gütersloh 1923–1930; die Zitate aus Bd. 1 *Die religiöse Krisis des deutschen Idealismus.* Gütersloh 1923, 6 f. In der Frontstellung zwischen liberalen („kulturprotestantischen") und positiven Theologen vertrat Lütgert die positive Partei, die sich auf die Bibel als Fundament bezog.

[7] Mit „Umformungskrise" greift Emanuel Hirsch einen Begriff von Ernst Troeltsch auf. Dazu Martin Laube: *Theologie und neuzeitliches Christentum. Studien zu Genese und Profil der Christentumstheorie Trutz Rendtorffs.* Tübingen 2006. Hirsch fordert die Theologie seiner Zeit auf, sich der Herausforderung der Aufklärung zu stellen und wird dann im NS zum Wortführer einer deutsch-christlichen Theologie.

die Bedeutung und Bewertung der Aufklärung. Nach der Katastrophe setzte sich die vorwiegend negative Bewertung der Aufklärung in der Aufarbeitung und den Schuldzuweisungen fort.[8] Der deutsche Protestantismus hat sich zumeist von seiner Halbschwester Aufklärung distanziert.[9]

In meinem Beitrag möchte ich zeigen, dass sich die neuen Ideen und Programme der Aufklärung durchaus auf religiöse Prinzipien berufen. Die optimistische Anthropologie, die diese Programme fundamental voraussetzen, reibt sich mit der negativen oder zumindest ambivalenten Anthropologie der lutherischen Orthodoxie. Die dynamischen Kräfte im Prozess der Bildungsreformen um 1800 kommen von religiösen Bewegungen außerhalb der großen Kirchen. Mit ihren Reformschulen und Bildungsprogrammen sind es die Pietisten, vor allem das Schulprojekt von August Hermann Franke in Halle, die Herrnhuter, zu denen man im weiteren Sinne auch Schleiermacher zählen kann, oder die Zürcher Reformierten; die Calvinisten wie der Genfer Jean-Jacques Rousseau oder die Frühaufklärung in England und Schottland begeistern die Pädagogen zum *sapere aude!* Zentrales Anliegen der Pädagogen dieser Richtungen ist es, ihre jungen Talente nicht mehr in die Ställe der Tradition einzupferchen, sondern sie sich entwickeln zu lassen.

---

[8] Notker Slenczka spricht von den unerledigten Anfragen der Deutschen Christen: „Das theologische Programm der Deutschen Christen im 3. Reich. Historische Überlegungen mit aktueller Abzweckung". In: Ders.: *Der Tod Gottes und das Leben des Menschen.* Göttingen 2003, 165–180.

[9] Thomas Schlag: „Evangelische Bildung, Demokratie und Pluralität. Eine wechselvolle Geschichte mit offenem Ausgang". In: Klaus Tanner (Hg.): *Christentumstheorie. Geschichtsschreibung und Kulturdeutung.* Leipzig 2008, 103–116.

Für diesen Beitrag habe ich nicht *einen* besonderen „Lehrer in der Tradition der Antike und der monotheistischen Religionen" ausgewählt. Wohl kommen bedeutende Theologen und Pädagogen der Zeit zu Wort, aber das Entscheidende am neuen Bildungsbegriff, der in der Aufklärung wurzelt und um 1800 aufblüht, liegt gerade darin, dass die Lernenden nicht mehr Objekt der Bildung sein sollen, sondern ihr Subjekt. Somit erfährt die Rolle des Lehrers eine grundsätzliche Neukonzeptionierung, die entscheidende Weichen für spätere Diskurse um Lehrerideale stellt. Der Diskurs um das Talent des zu bildenden Menschen steht im Mittelpunkt meiner Darstellung. Mit Bezug auf Johann Gottfried Herder (1744–1803) beschreibt Rainer Wisbert die neuen pädagogischen Akzente folgendermaßen:[10]

> Schon in Herders frühen Bildungsentwürfen, die in Auseinandersetzung mit Positionen vor allem der Spätaufklärung entstanden sind, zeigen sich Leitvorstellungen einer neuen, humanistischen Bildung des Menschen. In der ersten Schulrede von 1764 Ineuntem hominis aetatem knüpft Herder an dem von Rousseau im Émile vollzogenen Paradigmawechsel vom Objekt zum Subjekt als Bezugspunkt pädagogischen Handelns an und steigert diesen die Pädagogik der Neuzeit revolutionierenden Ansatz, indem er den insbesondere in der poetischen Debatte der Zeit auftauchenden Gedanken der Unnachahmlichkeit in die Pädagogik überträgt. Auf diese Weise formuliert Herder die auf den Neuhumanismus vorausweisende Zielbestimmung des Individuellerwerdens.

Ich werde in diesem Beitrag zunächst die Ideologisierung des spezifisch deutschen Begriffs und Konzepts der Bildung ansprechen. Der nächste Schritt wird dann ein biblischer Bezug

---

[10] Rainer Wisbert: „Herder als Pädagoge". In: Johann Gottfried Herder: *Werke in zehn Bänden*. Hg. Martin Bollacher et al., Bd. 9,2: *Journal meiner Reise im Jahr 1769: Pädagogische Schriften*. Frankfurt 1997, 842.

sein, dessen Auslegung Bildung zur evangelischen Pflicht macht. Versuche, diese Pflicht in einer staatlich durchgesetzten und kirchlich kontrollierten „Schulpflicht" zu konkretisieren werden als Konsequenz diskutiert, bevor abschließend die Synthese zwischen dem aufklärerischen Verständnis der Bildung als aktiver Entfaltung eigener Anlagen und der Rolle von Tradition / Schule / Lehrern als Bildungsvermittlern anhand der pädagogischen Philosophie Johann Gottfried Herders als Grundlage für spätere moderne Bildungsdiskurse angesprochen wird.

2. Bildung und Einbildung

2.1 Bildung: Ein neuer Kollektivsingular

Die „Grundbegriffe" der präzisen Begriffssprache verdanken sich in erster Linie der semantischen Umbesetzung der Wörter in der „Sattelzeit", also in dem Jahrhundert zwischen 1750 und 1850, und weniger einer Neubildung von Wörtern oder Übernahme von Fremdwörtern.[11] Nicht nur auf dem Gebiet des historisch-politischen Wortschatzes,[12] sondern in

---

[11] Zu wissenschaftsgeschichtlichen Besetzung von „Grundbegriffen", vgl. Christof Dipper: „Die ‚Geschichtlichen Grundbegriffe'. Von der Begriffsgeschichte zur Theorie der historischen Zeiten". In: *Historische Zeitschrift* 270 (2000), 281–308. Auch in: Hans Joas / Peter Vogt (Hg.): *Begriffene Geschichte. Beiträge zum Werk Reinhart Kosellecks*. Frankfurt 2011. Zur Entstehung und dem Grundproblem vgl. Otto Gerhard Oexle: „‚Begriffsgeschichte' – eine noch nicht begriffene Geschichte". In: *Philosophisches Jahrbuch* 116 (2009), 381–400. Christoph Auffarth: „Allowed and forbidden words: Canon and Censorship in ‚Grundbegriffe', ‚Critical Terms', Encyclopaedias. Confessions of a person involved." In: Ernst van den Hemel / Asja Szafraniec / Helen Tartar (Hgg.): *Words. Situating Religion in Language*. Fordham UP 2014, im Druck.

[12] Das GGB hat das an einer Auswahl von „Grundbegriffen" geleistet:

allen Kulturbereichen setzen sich in der Sattelzeit andere Bedeutungen durch. Die Arbeit an der Frage der politischen Öffnung zur Öffentlichkeit hat keine Entsprechung in einer Aufarbeitung des religiösen Wortschatzes gefunden, nachdem August Langen auf die überragende Bedeutung des pietistischen Wortschatzes und seiner Transformation hingewiesen,[13] ihn aber nicht systematisch erschlossen hat. Ein solches Unterfangen kann nur in einem arbeitsteiligen Großprojekt realisiert werden, welches analysiert, wie sich die Hinwendung zu Innerlichkeit, Lebensführung, Zukunft, Krisis und Erweckung operationalisiert, institutionalisiert und dabei neue Bedeutung erfährt.

„Bildung“ ist die Schwester jener zentralen Umbesetzung des Wortes Geschichte.[14] Geschichte war *magistra vitae*, Lehrerin für die Lebensführung, indem die Menschen durch beispielhafte Geschichten, *exempla*, ein Vorbild vor Augen gestellt bekamen, etwa dasjenige des kleinen Mönchs Luther,

---

Otto Brunner/Werner Conze/Reinhart Koselleck (Hgg.): *Geschichtliche Grundbegriffe. Historisches Lexikon zur politisch-sozialen Sprache in Deutschland.* 8 Bde. in 9. Stuttgart 1972–1997.

[13] August Langen: *Der Wortschatz des deutschen Pietismus.* Tübingen 1959; ²1968. Das Projekt eines zum GGB parallelen Unternehmen zur religiösen Sprache ist angemahnt u. a. von Hans-Jürgen Schrader: „Die Sprache Canaan. Auftrag der Forschung“. In Udo Sträter/Hartmut Lehmann/Thomas Müller-Bahlke/Johannes Wallmann (Hgg.): *Interdisziplinäre Pietismusforschungen. Beiträge zum Ersten Internationalen Kongress für Pietismusforschung 2001*, 2 Bde. Tübingen 2005. Ders.: „Die Sprache Canaan. Pietistische Sonderterminologie und Spezialsemantik als Auftrag an die Forschung“. In: Martin Brecht/Klaus Deppermann/Ulrich Gäbler/Hartmut Lehmann (Hgg.): *Geschichte des Pietismus.* 4 Bde. Göttingen 1993–2004, hier Bd. 4 (2004), 494–429.

[14] Eine gute Grundlage bildet immer noch die Dissertation von Ilse Schaarschmidt: *Der Bedeutungswandel der Worte „bilden“ und „Bildung“ in der Literaturepoche von Gottsched bis Herder.* Königsberg 1931, Nachdruck Weinheim 1965.

der durch mutige Taten gegenüber dem fast allmächtigen Kaiser der Wahrheit zum Siege verhilft. In der Sattelzeit wird nun Geschichte zum „Kollektivsingular“ im Horizont neuzeitlich bewegter Geschichte.[15] Ein ‚bewegtes‘ Wort, „Zukunft“ war in seiner alten Bedeutung als das auf uns zukommende Jüngste Gericht zu verstehen, lateinisch *adventus*: Gott ‚kommt an‘, um mit den Menschen abzurechnen, und es ist nicht abzusehen, wie er sie beurteilt. Um 1800 wird aus Zukunft das offene *futurum*, ja mehr noch, das Ziel der Geschichte, die der Vollendung entgegengeht. Was Herder noch als den „Gang Gottes durch die Geschichte“ in einer Gleichwertigkeit der Kulturen und Epochen sah, das wird bei Hegel abgelöst durch ein „Fortschreiten“ nun nicht mehr Gottes, sondern der Menschheit, zunächst noch auf Gott hin, dann in eine verheißungsvolle Freiheit. Die kommenden Zeiten werden bessere Zeiten, die Zukunft enthält ein Heilsversprechen, das aber nicht der Gnade oder Willkür Gottes unterliegt.

Modell der Umbesetzung ist der Chiliasmus, das Vorwegnehmen des dann anschließenden Reiches Gottes bereits auf dieser Erde. Dies erfordert menschliche Aktivität und steht damit im Gegensatz zu sonst in apokalyptischen Szenarien verbreiteten Haltung, dass der Christ abwarten und dulden müsse und die Erlösung von außen komme.[16]

---

[15] Vgl. Reinhart Koselleck: „*Historia Magistra vitae*. Über die Auflösung des Topos im Horizont neuzeitlich bewegter Geschichte“. In: Hermann Braun / Manfred Riedel (Hgg.): *Natur und Geschichte. Festschrift für Karl Löwith*. Stuttgart 1967, 196–219.

[16] Walter Sparn: „Religiöse und theologische Aspekte der Bildungsgeschichte im Zeitalter der Aufklärung“. In: *Handbuch der deutschen Bildungsgeschichte*. Bd. 2: *18. Jahrhundert. Vom späten 17. Jahrhundert bis zur Neuordnung Deutschlands um 1800*, hg. von Notker Hammerstein / Ulrich Herrmann. München 2005, 135. Ders.: „Chiliastische Hoffnungen

Wie das mit den fehlbaren Menschen gelingen kann, lösen die Aufklärer auf unterschiedliche Weise, wobei der Bildung eine entscheidende Rolle zukommt. Herder schlägt das *Palingenesie*-Modell vor: Wie aus der äußerlich hässlichen Raupe der herrliche Schmetterling wird, so kann sich auch die Menschheit entwickeln: die Selbst-Bildung zur Humanität.[17] Lessing spielt keck in der Überarbeitung seiner „Erziehung des Menschengeschlechts" 1780 mit einem Modell der vielen Leben dank der Seelenwanderung. Schon die Mystiker des 13. Jahrhunderts, so meint Lessing, hätten den Fortschritt zum Dritten Reich verstanden. Kant schiebt der Fehlbarkeit der Menschen den Gesellschaftsvertrag vor, der auf dem Weg zum Reich Gottes verbindliche Vereinbarungen setze.

2.2 Bildung und Mystik: Deutsche Einbildung

Das neue Konzept und damit die Umbesetzung des Wortes Bildung schärft sich an einem impliziten Gegenkonzept. Bildung sei ein innerlicher Prozess, der die Deutschen von den äußerlichen Regeln, der hohlen Rhetorik der Franzosen und teils der Engländer unterscheide. Das Grimmsche Wörterbuch zitiert Goethe mit den Worten „Franzthum drängt in diesen verworrenen tagen, wie ehmals Lutherthum es gethan, ruhige bildung zurück. Göthe 1, 402".[18] Der Seitenhieb aufs Lutherthum verweist zum einen auf den Humanismus der Epoche Luthers, aber auch auf eine ältere Wurzel, die das Luthertum verdrängt habe: natürlich nicht die verhasste ‚katho-

---

und apokalyptische Ängste". In: Bernd Schipper / Georg Plasger (Hgg.): *Apokalyptik und kein Ende?*. Göttingen 2007, 207–228.

[17] Sparn, Religiöse und theologische Aspekte (wie Anm. 16), 152.

[18] Jacob Grimm / Wilhelm Grimm: *Deutsches Wörterbuch*. Bd. 2 (1853), 22–24. Digitalisat http://woerterbuchnetz.de/DWB/?sigle=DWB&mode=Vernetzung&lemid=GB07250 (5.6.2012).

lische' Scholastik, sondern die Mystik des Deutschen Eckart. Der vom Ketzervorwurf bedrohte Meister Eckart wird zum Modell für eine antiklerikale, deutsche Religiosität.[19]

Lange hielt sich in der Forschung die Erklärung, dass „Bildung" ein Wort aus der deutschen Mystik sei:[20] Bei Meister Eckart findet sich das Wort *bildung* in dem Sinne, dass das Bild Gottes (im Hintergrund steht die Gottesebenbildlichkeit des Menschen in Gen 1, 27), die *imago Christi,* sich im Menschen, wenn er dafür den Raum öffnet, ein-bilden könne und so die mystische Verschmelzung mit Gott ermögliche. Über die protestantische Mystik sei das Wort in die Aufklärung gekommen. Die Belege für eine Kontinuität sind schwach. Dagegen hielten die Zeitgenossen der Aufklärung ‚Bildung' für ein neues Wort, so Moses Mendelssohn 1784: „... einen neuen Ankömmling in unserer Sprache ... vorderhand bloß in der Büchersprache."[21] Und dieser neue Bildungsbegriff vermittelt

---

[19] Mit den Belegen aus Christoph Auffarth: „Mysticism in modernity, a longue durée and innovations: The Idea of the Third Reich between Lessing and Hitler." In: Annette Wilke (Hg.): Constructions of Mysticism: Inventions and Interactions Across the Borders. Wiesbaden 2014, im Druck.

[20] Ernst Lichtenstein: „Bildung". In: *Historisches Wörterbuch der Philosophie* 1 (1971), 921–937. Ders.: „Bildung". In: *Archiv für Begriffsgeschichte* 12 (1968), 7–29. Dogmatisch ausgedeutet bei Wolfhart Pannenberg: *Grundfragen systematischer Theologie*, Bd. 2. Göttingen 1980, 207–225. Hans Schilling: *Bildung als Gottesebenbildlichkeit. Eine motivgeschichtliche Studie zum Bildungsbegriff.* Freiburg i. Br. 1961. Aus Meister Eckart zieht Pannenberg den Schluss, Bildung sei „ausschließliche Zuständigkeit Gottes", vgl. Grundfragen (wie Anm. 20), 212. Auch im neuen Lehrbuch bleibt Schröder, Religionspädagogik (wie Anm. 3), 215 f. und *passim* bei der Ableitung von der „Einbildung" in der mittelalterlichen Mystik.

[21] Moses Mendelssohn: *Schriften zur Philosophie*, hg. von Moritz Brasch. Bd. 2: *Schriften zur Psychologie und Aesthetik sowie zur Apologetik des Judentums.* Leipzig 1880, 246. Zitiert nach Lichtenstein, Bildung (wie Anm. 20), 921. Reinhard Staats: „Klopstock und der deutsche Ursprung des Wortes ‚Bildung'". In: Ders.: *Protestanten in der deutschen Geschichte.*

nichts von einem mystischen Verschmelzen, sondern verweist in seiner Verbindung mit *forma* eher auf die Schöpfung, das Kreative. Reinhard Staats verweist auf eine andere Quelle: die frühen Pietisten, angefangen mit Johann Arndt und hundert Jahre später Gottfried Arnold, hätten die Kirchenväter intensiv gelesen. Daraus zieht er den Schluss:

„Das eigentümlich deutsche Wort ‚Bildung' ist abgeleitet von der ‚Imago Dei'-Vorstellung altchristlicher patristischer Theologie, die im 17. und 18. Jahrhundert im deutschen Pietismus wieder auflebte. Der Mensch ist geschaffen nach dem Bilde Gottes und der Christenmensch ist neu geschaffen, um auf das Bild des Gottmenschen Christus hin zu leben."[22]

Ausgangspunkt für die Popularität des Bildungsbegriffs in der Aufklärung dürfte die Verwendung im *Messias* von Friedrich Gottlieb Klopstock sein, deren erste Gesänge 1748/49 in Bremen im Druck erschienen.[23] Staats zeigt an den Texten, dass Klopstock das Wort Bildung häufig verwendet. Die These der Einführung des Bildungsbegriffs durch Klopstock bedarf jedoch der Überprüfung und Nuancierung. Im Wörterbuch der Grimms werden hundert Jahre später drei Bedeutungen unterschieden, nämlich

„1) ursprünglich bedeutete bildung *imago*, was bild und bildnis bedeute, dann 2) länger hält sich der Sinn von forma, species, gestalt, nicht nur der menschlichen, sondern auch der thierischen, und jeder andern natürlichen, dann auch gestaltung, und 3) bildung, cultus animi, humanitas."

Leipzig 2004, 201; Staats meint sogar, die Herleitung aus der Mystik und überhaupt dieser altdeutsche Mystiker und Dominikanertheologe sei im 18. und 19. Jh. so gut wie unbekannt gewesen.

[22] Staats, Klopstock (wie Anm. 21), 196.

[23] Schaarschmidt, Bedeutungswandel (wie Anm. 14). Staats, Klopstock (wie Anm. 21), 202–206. Auch Lichtenstein, Bildung (wie Anm. 20), 923, hebt Klopstock hervor.

Bei Klopstock finden sich Belege ausschließlich für die Bedeutung 2), ganz in dem Sinne der *formatio* mit einer Vertiefung durch den *imago Dei*-Gedanken, im Sinne der allerdings deutlich christologisch gewendeten Gottesebenbildlichkeit. Am ehesten zu dem pädagogischen Sinne passt noch die Verwendung im Blick auf Nebukadnezar. Nach seiner tierischen Verwilderung, in der er auf allen Vieren ging, d. h. auf den Boden starrte, wird er wieder Mensch (im biblischen Text Daniel 4, 25–34) und kann nämlich im aufrechten Gang auch den Himmel schauen: „Also entfloh vom hohen Euphrates Nebucadnezar, da ihm der Ratschluss der heiligen Wächter die menschliche Bildung wiederum gab, und ihn zum Anschaun des Himmels erhöhte." (Messias II 199 f). Bildung meint an dieser Stelle, der König habe wieder seine menschliche Gestalt gefunden, wird wieder *species* Mensch; immerhin ist Bildung (nur) an dieser Stelle mit der *intelligentia* verbunden. Noch liegt hier kein Hinweis auf das neue pädagogische Programm vor, welches Bildung nicht mehr im Sinne der passiven Formung des Lernenden versteht, wie bis dahin durchweg der Fall ist, sondern als einen aktiven Prozess der Entfaltung des pädagogischen Subjekts, an dem der Lernende selbst aktiv beteiligt ist. Damit steht Klopstock eher dem Bildungsideal der Antike nahe, wie es im Humanismus wiederbelebt wurde.

Grimms dritte Bedeutung *bildung, cultus animi, humanitas* verweist auf das antike Ideal der *humanitas*, die durch das *studium* der Klassiker erworben wird. Hier sehen wir, wie die antiken Vorstellungen von Bildung und Lehrer, die Gegenstand anderer Beiträge des Bandes sind, weiterleben: die Klassiker, Grundlage der antiken *paideia*, bleiben weiterhin ein Maßstab und wirken als Lehrer in der Bildungstradition der Elite nach. Diese Bildungsidee ist besonders von Cicero geprägt: er, der *homo novus,* verdankt seinen Aufstieg zum Consulamt und zum *otium cum dignitate* nicht einer ‚klassischen', d. h. adligen Geburt: Denn ‚klassisch' bedeutet zunächst Oberschicht.[24] Diese Bedeutung wird in der Definition des Humanismus, wie ihn Friedrich Immanuel Niethammer für sein Schulprogramm in den Reformen der Säkularisation unter Graf Montgelas in Bayern entwickelt und das Wort erfindet, nicht überwunden. Wie die antike *paideia* bleibt auch diese Bildungsidee des Neuhumanismus elitär:[25] sie ist Voraussetzung für den Aufstieg in Funktionseliten in Politik und Verwaltung, im Militär, in der Wissenschaft und höheren Bildung, in den Kirchen. Auch Niethammer bleibt im Wesentlichen bei der Elitenbildung, nicht bei der Volksbildung. In dieser Hinsicht sind Herder oder Pestalozzi viel weiter.

Das hohe Vertrauen in die menschlichen Anlagen, die der Einzelne z. B. durch *studium* der Klassiker, der Literatur der Oberschicht, weiter ausbildet, aktiv ausbildet – ist das ein antikes Ideal, das christlich übermalt ist? Oder gibt es andere Quellen für das neue pädagogische Ideal der Selbstbildung?

---

[24] Die antiken Konzepte von *paideia* und klassischer Bildung sind ausführlicher dargestellt bei Christoph Auffarth: „Religious Education in Classical Greece". In: Ilinca Tanaseanu-Döbler / Marvin Döbler (Hgg.): *Religious Education in Pre-Modern Europe.* Leiden / Boston 2012, 39–61.

[25] Vor den Neuhumanismus greifen aus (und damit in die hier betrachtete Epoche) Cancik und Vöhler in: Martin Vöhler / Hubert Cancik: *Genese und Profil des europäischen Humanismus,* Heidelberg 2009. Zu Niethammer vgl. Hubert Cancik: „Der Ismus mit menschlichem Antlitz. ‚Humanität' und ‚Humanismus' von Niethammer bis Marx und heute (1992)". In: Ders.: *Antik – Modern. Beiträge zur römischen und deutschen Kulturgeschichte,* hg. von Richard Faber / Barbara von Reibnitz / Jörg Rüpke. Stuttgart / Weimar 1998, 317–332.

3. Talent, Begabung und Bestimmung: Bildung ist ein Muss

In der Bedeutung des Wortes „Talent“ findet sich eine entscheidende Grundlage für das neue Ideal. Das sehr spezifische griechische Wort τάλαντον („Talent“) kommt im Neuen Testament an zwei Stellen vor, in zwei Gleichnissen bei Matthäus. Einmal fällt der Begriff im Gleichnis vom hartherzigen Schuldner, der selbst seine Schulden (10000 Talente) erlassen bekommt, aber eine geringe Summe, die ihm geschuldet wird, hartherzig eintreibt (Mt 18,23–34). Gleich fünfmal kommt *talanton* in dem „Gleichnis von den anvertrauten Talenten“ vor (Mt 25, 14–30). Das synoptische Gleichnis bei Lukas verwendet ein anderes Wort, die kleinere Geldeinheit der Mine, griechisch μνᾶ. Die Vulgata übernimmt das griechische Fremdwort *talentum* in den Matthäusstellen ebenso wie in Lukas *mna* bzw. *pecunia*. Aber nun kommt ein Problem: Luther übersetzt in seiner Bibel von 1542 bei Lukas „Pfund“ und bei Matthäus „Zentner“.[26] Auch die Zürcher Bibel, die heute das Wort Talent verwendet, hat in der Ausgabe von 1534 das Wort mit „Centner“ übersetzt.[27] Die wahrscheinlichste Quelle für die Übernahme in die deutsche Sprache fällt also aus. Die Wörterbücher und begriffsgeschichtlichen Studien erklären, das Wort sei im 17. Jahrhundert aus dem

[26] Martin Luther: *Die gantze Heilige Schrift Deudsch* 1545. [München: Rogner und Bernhardt 1972, S. 2003: Mt 18,24 „Pfund“; S. 2018 f. Mt 25,15; 19 usw. „Centner“. S. 2120 f. Lukas 19, 13 ff. „Pfund“].

[27] „Bibel Teütsch, der ursprünglichen Hebreischen und Griechischen warheit nach, auffs treüwlichest verdolmetschet; Was über die nächst außgegangnen edition weyters hinzu kommen sye, wirt in nachvolgender Vorred gnugsam begriffenn“. Zürich, 1534 [VD16 B 2695], digitalisiert http://www.e-rara.ch/zuz/ch16/content/titleinfo/755409?lang=en.

Französischen als Fremdwort übernommen worden.[28] An den meisten Stellen bleibt Talent auf das Talente-Gleichnis bezogen. Das deutsche Wörterbuch von Johann Christoph Adelung (1732–1806), erklärt unter dem Stichwort ‚Pfund', dass es das Gleiche bedeute wie Talent:

> Pfund, […] 2) Figürlich bedeutet es, nach dem Muster des Griechischen Talent, das einem jeden mitgetheilte bestimmte Maß natürlicher Fähigkeiten; doch nur in den aus Luc. 19, 23 entlehnten R. A. [Redensart] mit seinem Pfunde wuchern, sein Pfund gut anlegen, seine Gaben zu seinem und andrer Nutzen pflichtmäßig anwenden; sein Pfund in einem Schweißtuche vergraben, den pflichtmäßigen Gebrauch seiner Gaben vorsetzlich unterlassen. Unser Verstand ist ein kostbares Pfund, das uns der Allmächtige zum Wucher anvertrauet hat, gell.[29]

Das biblische Gleichnis hat eine lange Auslegungstradition, die in einer neueren Dissertation von Meinrad Böhl übersichtlich aufgearbeitet ist.[30] Er unterscheidet drei Traditionen. Eine *hierarchische* Tradition, in der der Lehrer oder Prediger sät, die Hörer die Zinsen zu zahlen haben. Ob mehr oder weniger, das deutet der selbstbewusste Intellektuelle Origenes

[28] Grimm, Deutsches Wörterbuch (wie Anm. 18) s. v. Talent. Eugen Lerch: „Talent. Eine wort- und kulturgeschichtliche Studie". In: *Die neueren Sprachen* 41 (1933), 410–420. Astrid von der Lühe: „Talent". In: *Historisches Wörterbuch der Philosophie* 10 (1998), 886–889 beruft sich 888 A. [1] fälschlich auf die Übersetzung der Zürcher Bibel.

[29] Johann Christoph Adelung: „Pfund 2". In: Ders.: *Grammatisch-kritisches Wörterbuch der hochdeutschen Mundart, mit beständiger Vergleichung der übrigen Mundarten, besonders aber der oberdeutschen*. [Postume Auflage mit Ergänzungen von Dietrich Willhelm Soltau und Franz Xaver Schönberger des Wörterbuchs, zuerst 1774–1786 unter dem Titel *Versuch eines vollständigen grammatisch-kritischen Wörterbuches der hochdeutschen Mundart*, überarbeitete und ergänzte zweite Auflage. 4 Bde, Leipzig 1793–1801]. 4 Bde. Wien: 1811, hier Bd. 3, 760.

[30] Meinrad Böhl: *Das Christentum und der Geist des Kapitalismus. Die Auslegungsgeschichte des biblischen Talentgleichnisses*. Köln 2007.

auf unterschiedliche Intelligenzquotienten.[31] Das Gleichnis wird aber arbeitsteilig aufgebrochen. Ob die Predigt Zinsen bringt, hängt nicht vom Prediger ab, sondern von seinen Zuhörern.[32] Das passt eher zum Gleichnis vom vierfachen Ackerfeld (Mk 4, 3–20 mit den entsprechenden Parallelen). Eine zweite Auslegungstradition findet man bei Hieronymus:[33] Bei ihm tritt die Aufgabe des Lehrens und Predigens zurück hinter das Selbstverständnis seines *asketischen* Lebenswandels. Er wirft dem dritten Knecht vor, der das Talent

---

[31] *Origenes Matthäuserklärung 3: Fragmente und Indices*, hg. von Ernst Benz/Erich Klostermann. Leipzig 1941, (*Origenes Werke*, Bd. 12) Hälfte 1, 205–210. Böhl, Das Christentum und der Geist des Kapitalismus (wie Anm. 30), 39–43.

[32] Böhl, Das Christentum und der Geist des Kapitalismus (wie Anm. 30), 39–43.

[33] Hieronymus: *Commentarii in Mathaeum/Commentaire sur St. Matthieu*. hg, von Émile Bonnard., Bd. 2, Paris 1979, 220–222. Der Text lautet: *uocatis apostolis doctrinam euangelicam tradidit, non pro largitate et parcitate alteri plus et alteri minus tribuens, sed pro accipientium uiribus, quomodo et apostolus eos qui solidum cibum capere non poterant lacte potasse se dicit. Denique et illum qui de quinque talentis decem fecerat et qui de duobus quatuor simili recepit gaudio, non considerans lucri magnitudinem sed studii uoluntatem. In quinque et duobus et uno talento uel diuersas gratias intellegamus quae unicuique traditae sunt, uel in primo omnes sensus examinatos, in secundo intelligentiam et opera, in tertio rationem qua homines a bestiis separamur.*

(Vers 16.) *Abiit autem qui quinque talenta acceperat et operatus est in eis; lucratus est alia quinque. Acceptis terrenis sensibus, caelestium sibi notitiam duplicauit, ex creaturis intellegens creatorem, ex corporalibus incorporalia, ex uisibilibus inuisibilia, ex breuibus aeterna.*

(Vers 17.) *Qui duos acceperat, lucratus est alia duo. Et iste pro uiribus quidquid in lege didicerat in euangelio duplicauit, siue et scientiam et opera praesentis uitae, futurae beatitudinis typos intellexit.*

(Vers 18.) *Qui autem unum acceperat, abiens fodit in terram et abscondit pecuniam domini sui. Nequam seruus terrenis operibus et saeculi uoluptate Dei praecepta neglexit et polluit, quamquam in alio euangelista scriptum sit quod in sudario ligauerit, id est doctrinam patrisfamiliae molliter et delicate uiuendo eneruauerit.*

vergräbt, er sei nicht nur faul – das steht ja auch im Text –, sondern darüber hinaus verschwenderisch, nicht-asketisch! „Den bei Origenes fundamentalen zweiten Aspekt der Vermehrung der Talente, die Weitergabe des Evangeliums durch Unterweisung, klammert er aus."[34] Bei Hieronymus findet sich aber auch die dritte Tradition, die entscheidende Weichen für die spätere Auslegungstradition stellt und somit für unser Thema von zentraler Bedeutung wird. Er wendet die drei verschieden großen Gaben des Herrn an die Knechte in eine *anthropologische* Qualität: Die *gratiae diversae* („die verschiedenen Gnadengaben") sind unterschiedlich verteilt.

– Nur *ein* Talent bedeutet gerade einmal die fundamentale Unterscheidung des Menschen vom Tier: es ist die *ratio qua homines a bestiis separamur* („der Verstand, durch den wir Menschen uns von den Tieren unterscheiden").
– Die *zwei* Talente deutet er als die beiden *bona* („Gaben/Güter") Gottes an die Christen, nämlich *intelligentia et opera* („Intelligenz und tätige Umsetzung").
– Die *fünf* Gaben Gottes erhält auch jeder Mensch, es sind die fünf Sinne.
– Der die fünf Gaben erhielt, verdoppelte sie, indem er mit seinen irdischen Sinnen die himmlischen Dinge zu verstehen lernte.
– Der mit den zwei Gaben lernte, sie anagogisch zu verdoppeln; zur *lex* (Gesetz) kommt das *evangelium*. Mit Wissen und Anstrengung erkennt er die Wonnen des künftigen Lebens.
– Der nur ein Talent empfing, vergab auch dieses, indem er aus seiner Gabe des Verstandes nichts machte.

---

[34] Böhl, Das Christentum und der Geist des Kapitalismus (wie Anm. 30), 49.

Die allegorische Auslegung des Gleichnisses baut auf diesen Auslegungstraditionen auf, auch noch in der Aufklärung,[35] bevor dann die historisch-kritische Methode die exegetischen Regeln streng an den vorliegenden Text bindet.[36] Dabei bevorzugte die lutherische Orthodoxie das hierarchische Verständnis auf die *ecclesiae ministri* (Pastoren; Diener/Beamte der Kirche) und betont den Zusammenhang mit dem Gericht Gottes.[37] Die Reformierten stoßen schnell auf ein Problem mit der Prädestination und ziehen die asketische Auslegung vor: Gott hasst die Faulheit.[38] Doch insbesondere im Wortschatz der Enzyklopädien, weniger bei den Exegeten, wird die anthropologische Bedeutung des Talents greifbar. Das Wort erhält jedoch eine Umbesetzung seiner Bedeutung und wird synonym mit dem Wort „Begabung". Als Subjekt ist nicht mehr Gott genannt, der die Gabe schenkt, sondern die Natur. Das wird noch nicht scharf unterschieden oder gar als Gegensatz verstanden. So liest man etwa bei Adelung unter dem Stichwort Begabung:

Begabung: verb. reg. act. mit etwas als einer Gabe versehen. Ein Mann der von der Natur mit vielem Verstande begabet ist. Mit einem guten Herzen, mit vieler Tapferkeit begabet seyn. Daher die Begabung.[39]

---

[35] Böhl, Das Christentum und der Geist des Kapitalismus (wie Anm. 30), 78–229 stellt die katholische, die lutherische und die reformierte Auslegungstradition der Neuzeit vor.

[36] Den Übergang beschreibt in klugen Beobachtungen Hanna Kauhaus: *Vielfältiges Verstehen. Wege der Bibelauslegung im 18. Jahrhundert.* Leipzig 2011.

[37] Böhl, Das Christentum und der Geist des Kapitalismus (wie Anm. 30), 150–163 zu Johann Gerhard (1582–1637) und Georg Lorenz Bauer (1755–1806).

[38] Böhl, Das Christentum und der Geist des Kapitalismus (wie Anm. 30), 188 f.

[39] Johann Christoph Adelung: „Begaben". In: Ders.: *Grammatisch-kritisches Wörterbuch* (wie Anm. 29), Bd. 1, 795–796.

s.v. Talent[40] „ja sollte gott das wohl haben wollen, dasz du da ewig an der nähnadel sitzen bleiben sollst und deine talente vergräbst?" Stilling wander. (1780) 26,[41] franz. enfouier son talent.

Aegidius Albertinus verwendet in seiner Übersetzung des spanischen Schelmenromans von Mateo Alemán, *Der Landstörtzer: Gusman von Alfarche*, bereits 1615 den Begriff Talent.[42]

Das Wort ist also aus den romanischen Sprachen übernommen, aber bald konstruieren die deutschen Aufklärer einen Gegensatz zwischen dem ‚deutschen' Talent und der Bildung einer innerlichen (Gottes- oder Natur-)Begabung einerseits, und dem ‚welschen' technischen Anlernen von Kompetenzen andererseits:[43] Bildung gegen Ausbildung.[44] In dem Jahr der Niederlage Napoleons in der Völkerschlacht von Leipzig schlägt auch Joachim Heinrich Campe die Franzosen auf dem Feld der Wörter:

---

[40] Grimm, Deutsches Wörterbuch (wie Anm. 18) 21, 96–98.

[41] Johann Heinrich Jung-Stilling*: Henrich Stillings Wanderschaft: eine wahrhafte Geschichte*. Berlin / Leipzig, 1778.

[42] Mateo Alemán: *La vida del Pícaro Guzmán de Alfarache* (1599), übersetzt von Aegidius Albertinus: *Der Landstörtzer: Gusman von Alfarche oder Picaro genannt, dessen wunderbarliches abenthewrlichs und possirliches Leben … hierin beschriben wirdt.* München 1615.

[43] Bei Johann Gottfried Herder ist das in der ersten Fassung seiner Briefe zu Beförderung der Humanität noch nicht der Fall: Hier erkennt man 1792 seine chiliastische Einschätzung der Französischen Revolution. Die Zensur verlangte aber starke Korrekturen. Bernhard Suphan (Hg.) im Schlussbericht zu Bd. 18 (*Sämtliche Werke* / Johann Gottfried Herder. Berlin 1883), 527. Hubert Cancik: „Die Begründung der Humanität bei Herder. Zur Antikerezeption in den ‚Briefen zur Beförderung der Humanität'". In: Vöhler / Cancik, Genese und Profil des europäischen Humanismus (wie Anmerkung 25), 114.

[44] Martin Vöhler: „Von der Humanität zum Humanismus: Herder, Abegg und Niethammer". In: Vöhler / Cancik, Genese und Profil des europäischen Humanismus (wie Anmerkung 25), 140 zitiert aus einem Gespräch Johann Friedrich Abeggs: „Je mehr Du, Knabe, lernst, was Du nicht unmittelbar brauchen kannst, desto besser für Dich."

Talent. Bei den Griechen bedeutet das Wort eine gewisse Summe Geldes. Wir Deutsche verstehen darunter 1) eine angeborene besondere Fähigkeit zu dieser oder jener Kunst, also eine Kunstfähigkeit, Kunst- oder Naturgabe, wofür wir auch Gabe schlechtweg sagen. 2) nach Französischem Sprachgebrauch werden darunter auch Kunstgeschicklichkeiten oder Kunstfertigkeiten verstanden. [...] Ein talentvoller Kopf ist ein wohlbegabter, ein Kopf voll vieler und großer Anlagen. Wie Vollbeding bildnerisch und Bildungskopf dafür ansetzen konnte, leuchtet nicht ein.[45]

Als Konsequenz kann man vorläufig festhalten, dass das neue Bildungsprogramm der Aufklärung sich aus vielen Quellen und Bewegungen speist, nicht nur aus dem Pietismus (und seinen angenommenen Wurzeln in der deutschen Mystik). Und innerhalb des unter dem gemeinsamen Begriff zusammengefassten Pädagogen, darauf hat zu Recht Walter Sparn hingewiesen, sind die Differenzen zwischen dem eher spielerischen Gotteskind bei den Herrnhutern und dem agonischen Bußkampf bei anderen Pietisten zu beachten.[46] Da liegen Welten dazwischen.

Wie schlägt sich nun dieses Ideal, das das Subjekt akzentuiert und die Rolle des Lehrers vom Hauptakteur der Bildung hin zum Gehilfen verschiebt, in Institutionen nieder? Dazu wollen wir uns im Folgenden einigen Ansätzen zuwenden, jenseits der traditionell-humanistischen elitären Bildung eine Bildung aller Volksschichten zu entwickeln.

---

[45] Joachim Heinrich Campe: *Wörterbuch zur Erklärung und Verdeutschung der unserer Sprache aufgedrungenen fremden Ausdrücke.* Neue stark vermehrte und durchgängig verbesserte Ausgabe. Braunschweig 1813, 581.

[46] Albrecht Beutel: *Aufklärung in Deutschland.* Göttingen 2006, 366–69.

4. Implementierung des Programms. Von den Modellschulen zur Schulpflicht

4.1 Die evangelischen Pfarrer als Gelehrtenstand: Predigt als Volksbildung

Eine der grundlegenden Veränderungen der Reformation ist die Verpflichtung der Prediger auf eine gründliche Ausbildung auf der Grundlage der Kenntnis der alten Sprachen Latein, Griechisch und Hebräisch.[47] Die Pfarrer bilden Dynastien in ihren Landeskirchen als Funktionseliten in enger Dienstpflicht zum Landesherrn ihrer Konfession. Das Pfarrhaus wird zur Bildungsstätte.[48] Damit entwickelt sich auch ein eigener Stand: Die evangelischen Pfarrer werden als Gelehrtenstand betrachtet, der für die Verbreitung höheren und wissenschaftlich erarbeiteten Wissens außerhalb der Universität zuständig ist.[49] In diesem Zusammenhang führt Grimm im Wörterbuch unter „Talent" ein bezeichnendes Zitat an:

> (wenn der pastor) in keinem buche list, als wenn es spatt sonnabent ist ..., wie kan er den rechtschaffen lehrn und sein talent mit wucher mehrn? Ringwald laut. warh.[50] (1597) 219

---

[47] Luise Schorn-Schütte: *Evangelische Geistlichkeit in der Frühneuzeit: deren Anteil an der Entfaltung frühmoderner Staatlichkeit und Gesellschaft dargestellt am Beispiel des Fürstentums Braunschweig-Wolfenbüttel, der Landgrafschaft Hessen-Kassel und der Stadt Braunschweig*. Gütersloh 1996, 152–226.

[48] Schorn-Schütte, Evangelische Geistlichkeit (wie Anm. 47), 287–330.

[49] Schorn-Schütte, Evangelische Geistlichkeit (wie Anm. 47), 31–41.

[50] Gemeint ist Bartholomäus Ringwaldt (1532–ca. 1599) evangelischer Geistlicher in der Neumark, der als Dichter beliebt war. Sein Lehrgedicht *Die lautere Wahrheit* (zuerst Erfurt 1585) verlangt von den Geistlichen die gleiche Professionalität und das gleiche Training wie beim Militär: „wie sich ein weltlicher und geistlicher Kriegsmann in seinem Beruf verhalten soll".

In ihren Pfarreien bleiben die Pfarrer bzw. Pastoren mit ihren Familien Fremde: Sie sind zwar Landeskinder, aber nicht in der Gemeinde geboren. Sie haben beamtliche Aufsichtspflichten: Kritik und Aufsicht der Kirchenzucht wird ihnen zur obrigkeitlichen Pflicht gemacht.[51] Die Pfarrer werden zudem regelmäßig in eine andere Kirchengemeinde versetzt. Die Bildung des gesamten Volkes wird zum Programm in den evangelischen Gebieten.[52] Bei der Säkularisation werden ehemalige Klöster zu Internats-Schulen umgewidmet, in denen auch einfache Kinder durch die Aufnahmeprüfung kostenlos leben und lernen können. Aber auch die katholische Reform rückt Bildung stärker in den Vordergrund. Zumindest in den gemischt-konfessionellen Konkurrenzsituationen legen die katholischen Gemeinden auch Wert auf gelehrte Geistliche, wie Renate Dürr für das Kleine Stift Hildesheim gezeigt hat.[53] Hingegen setzen die Jesuitenschulen ausschließlich auf Begabten- und Elitenförderung.

Bildung wird somit Teil eines umfassenden Programms der Volksaufklärung. Der Ausweg aus der Unmündigkeit gelingt nur über die Bildung. Und die Partizipation soll nicht auf die Eliten beschränkt sein, sondern das Volk als Ganzes

---

[51] Schorn-Schütte, Evangelische Geistlichkeit (wie Anm. 47), 331–389. Christoph Auffarth: „Theologie als Religionskritik in der Europäischen Religionsgeschichte". In: *Zeitschrift für Religionswissenschaft* 15 (2007), 5–27. Gut ausgearbeitetes Beispiel: Susanne Schmaltz: *Der Holzgerlinger Kirchenkonvent. Aufgaben und Kompetenzen im Wandel (1700–1846)*. Holzgerlingen 2002.

[52] Karl Holl: „Die Kulturbedeutung der Reformation. (1911/1918)". In: Karl Holl: *Gesammelte Aufsätze zur Kirchengeschichte*. Bd. 1: *Luther*. Tübingen 1927, 468–543.

[53] Renate Dürr: *Politische Kultur in der Frühen Neuzeit. Kirchenräume in Hildesheimer Stadt- und Landgemeinden 1550–1750*. Gütersloh 2006, 181–255.

mitnehmen.[54] Parallel dazu wird an dem Programm einer „Volkskirche" gearbeitet.[55]

4.2 Die Volksschule als Volksaufklärung

Die neue Pädagogik setzte die Regeln der Aufklärung um. Besonders radikal forderten Pädagogen wie Johann Bernhard Basedow (1724–1790), das Kind in den Mittelpunkt zu stellen, seine Neugierde, Lust zum Ausprobieren, sein Entwickeln von Fähigkeiten in das Zentrum zu setzen. Toleranz, keine Körperstrafen, hohe Wertschätzung und die sokratische Pädagogik der *Maieutik* waren die – umstrittenen – Prinzipien der extremen Reformer. Basedows Mitarbeiter Joachim Heinrich Campe (1746–1818) setzte die Prinzipien in seinem Roman „Robinson der Jüngere" mit dem edlen Wilden Freitag erzählerisch um: es geht nicht um ein Einfügen, um ein Erlernen der Tradition, schon gar nicht der religiösen. Als Institution wurde Basedow die Umsetzung seiner Ideen im Philanthropinums in Dessau (1774–1793) durch den dortigen Fürsten ermöglicht. Weitere folgten, viele scheiterten. Unter den Theologen machte sich der höchst umstrittene Karl Friedrich Bahrdt 1741–1792 an den Aufbau einer ähnlichen Schule, scheiterte aber ebenfalls nach kurzem.

Das Prinzip der Philanthropien ist: Die Kinder tragen in sich das Wissen. Die Bildungsanstalt ist dazu da, es sich entwickeln zu lassen. Wie schon Sokrates seine Methode als *Maieutik* (Hebammenkunst) bezeichnet hat, verhilft der

---

[54] Umfassend Holger Böning/Hanno Schmitt/Reinhart Siegert (Hgg.): *Volksaufklärung. Eine praktische Reformbewegung des 18. und 19. Jahrhunderts*. Bremen 2007.

[55] Tobias Sarx: „Zu den Ursprüngen des Begriffs ‚Volkskirche' um 1800". In: *Archiv für Kulturgeschichte* 94 (2012), 113–146.

Lehrer wie eine Hebamme den Kindern zur Geburt ihres in ihnen verborgenen und unbewussten Wissens. Kinder sollen nicht auf eine Tradition hin getrimmt werden. Die verbildet das natürliche Genie, das eingeborene Können.[56]

Gegen diese Pädagogik polemisiert Immanuel Niethammer in einer Streitschrift und entwirft eine Reform der Bayerischen Schulen[57] – als evangelischer Theologe vom katholischen Reform-Minister berufen. Aufgrund seiner Erfahrungen im Atheismus-Streit in Jena, wo er auch selbst dem Vorwurf ausgesetzt war, baut er seine Pädagogik auf, die Grundlage neuhumanistischer Programmatik.[58] Sie enthält aber auch das Erlernen der traditionellen positiven Religion der staatlich anerkannten Religionsgemeinschaft.

Für Preußen entwarf der führende Theologe an Berlins Universität, Friedrich Daniel Ernst Schleiermacher, auf der Grundlage der preußischen Reformen das Programm für eine Pädagogik.[59] Dort stehen zwei Pfeiler nebeneinander, die

---

[56] Patrick Bühler: *Negative Pädagogik. Sokrates und die Geschichte des Lernens.* Paderborn 2012. Bei (dem platonischen) Sokrates ist das besonders in den Dialogen *Euthydemos* und *Theaitetos* verhandelt. Bei der aristophanischen Karikatur in den *Wolken* wird auf das Bild von der Bildung als Geburt mehrfach angespielt.

[57] Friedrich Immanuel Niethammer: *Der Streit des Philanthropinismus und Humanismus in der Theorie des Erziehungs-Unterrichts unsrer Zeit.* Jena 1808; Nachdruck (zusammen mit der Abhandlung *Allgemeines Normativ 1808*) in: Friedrich Immanuel Niethammer: *Philanthropinismus – Humanismus. Texte zur Schulreform.* Bearb. von Werner Hillebrecht. Weinheim 1968. Gunther Wenz: *Hegels Freund und Schillers Beistand. Friedrich Immanuel Niethammer 1766–1848.* Göttingen 2008, 193–198. Vöhler, Humanität (wie Anm. 44), 127–144, hier bes. 141 f.

[58] Heinz-Elmar Tenorth: „Allgemeines Normativ 1808. Niethammer als Schulreformer". In: Gunther Wenz (Hg.): *Friedrich Immanuel Niethammer, 1766–1848. Beiträge zu Biographie und Werkgeschichte.* München 2009, 65–81.

[59] Pädagogik-Vorlesung 1826. Auszugsweise in: Jens Brachmann/ Michael Winkler (Hgg.): *Texte zur Pädagogik.* Kommentierte Studien-

Bildung zur Individualität und die Bildung zur Teilnahme am staatlichen, kirchlichen und geselligen Leben im geordneten Staat. „Mit dieser Verbindung von religiöser und allgemeiner Bildung ist eine neues Kapitel der deutschen Bildungsgeschichte aufgeschlagen, in dem die Epoche der Aufklärung als vergangen gilt, in der das aufklärerische Projekt Erziehung und Bildung jedoch ein wichtiger, wenn auch schwer bestimmbarer Faktor bleibt."[60]

1.3 Schweizer Lehrer in Bremen

An einem lokalen Beispiel sei das Auflodern der Strohfeuer privat(-religiöser) Initiativen vorgestellt, nach deren Scheitern der Staat die Notwendigkeit von Volksbildung als seine Aufgabe wahrnahm und die Schulpflicht einführte. In Bremen unternahmen zwei in der Reformpädagogik vernetzte Theologen einen Schulversuch.[61] Traditionell hatte das calvinistische Bremen Verbindungen in die Schweiz, die insbesondere bei Johann Caspar Lavater (1741–1801) zusammenliefen.

So gründeten die beiden reformierten Pastoren Johann Ludwig Ewald und Johann Caspar Häfeli eine Bürgerschule im Juli 1799. Auch wenn sie nur vier Jahre bis zum November 1803 bestand, beobachtete der Rat der Stadt das Experiment

---

ausgabe. Frankfurt am Main 2000. Christiane Ehrhardt: *Religion, Bildung und Erziehung bei Schleiermacher. Eine Analyse der Beziehungen und des Widerstreits zwischen den „Reden über die Religion" und den „Monologen"*. Göttingen 2005.

[60] Sparn, *Religiöse und theologische Aspekte* (wie Anm. 16), 163.

[61] Hier kann ich auf die Ergebnisse der Untersuchungen von Tilman Hannemann und Marvin Döbler bauen: „Der Biblische Geschichtsunterricht in Bremen: Historische und rezente Kontexte". In: Marvin Döbler u. a. (Hgg): *Religionspädagogik zwischen religionswissenschaftlichen Ansprüchen und pädagogischen Erwartungen*. Bremen 2013, 105–134, aus dem ich auch die Quellenzitate entnehme.

genau, denn die strukturellen Defizite des städtischen reformierten Pädagogeums stärkten angesichts eines erhöhten Bildungsbedarfs während des wirtschaftlichen Aufschwungs der 1790er einerseits die Position des lutherischen Lyceums und begünstigten andererseits die Gründungen einer Vielzahl von Privatschulen beider Konfessionen.

1802 zählt Häfeli 45 private Schulen, davon 22 reformierte und 23 lutherische Schulen mit 939 bzw. 970 Schülern und 22 bzw. 23 Lehrern beiderlei Geschlechts (StAB 2-T.5.b.5.k.1.b, Nr. 89, 11.10.1802);

1803/04 werden 19 reformierte und 25 lutherische Schulen mit 770 bzw. 990 Schülern ermittelt (ebd., Nr. 105, 14.03.1804). 1807 zählte die Stadt rund 36 000 Einwohner.

Gegensätzliche Auffassungen von Religion und Religionsunterricht kommen zu Wort, aber alle spiegeln die gemeinsame Grundlage wider, dass nicht abstrakte Bildungsinhalte, sondern das Kind mit seinen dem jeweiligen Alter entsprechenden Bedürfnissen und Anlagen im Mittelpunkt des pädagogischen Prozesses stehen muss. So erläutert der Ratsherr Arnold Gerhard Deneken als Vorsitzender einer im September 1798 gegründeten Bildungskommission dieser am 14. Oktober 1798 seine Überlegungen zur künftigen Einrichtung der Heck-(= Grund-) Schulen mit. Während er grundsätzlich für eine gemischte weltliche und geistliche Oberaufsicht eintritt, plädiert er hinsichtlich des Religionsunterrichts für eine – wie es scheint deistisch geprägte – Sittenlehre:

Religions-Unterricht zu ertheilen, müßte den Schulmeisterinnen garnicht mehr gestattet seÿn, theils weil sie diesem Geschäfte durchaus nicht gewachsen sind, theils weil Kinder von diesem Alter noch kein Religionsbedürfnis und keine Religionsfähigkeit haben. Dagegen müßte ihr aufkeimender Verstand desto sorgfältiger an Gegenständen der Natur und des gemeinen Lebens entwickelt – ihr sittliches Gefühl erweckt und geschärft, ihre Willensfreÿheit geübt und gebildet und so auf den künftigen Religions-Unterricht vorbereitet werden. (StAB2-T.5.b.5.k.1.b, Nr. 3, S. 4)

Anders das reformierte Projekt der „Bürgerschule", deren Stundentafel in gedruckter Form vorliegt (s. Abb. auf folgender Seite):

Auf dem Stundenplan der Bürgerschule steht biblische Geschichte mit drei Stunden in der Woche, ebenso viele werden dem Singen eingeräumt.[62] Johann Ludwig Ewald begeistert sich für das Philanthropinum und vor allem für Pestalozzi. Als die Schule geschlossen wird, bemerkt der Bremer Bürgermeister Christian Abraham Heineken im Nachhinein 1813 deren allgemeinen Erfolg, wobei er vor Ironie triefend herausstellt, wie sich nicht nur die Tonkunst der „Jugend" verbesserte, sondern auch die der „Frösche um Bremen herum". Die Bürgerschule konnte nach drei Jahren „wieder eingehen [...], da sie ihren Zweck erfüllt hatte".

Die Schulpflicht (bzw. Bildungspflicht) wurde flächendeckend eingeführt; damit wurden frühere Entwicklungen fortgesetzt. So wurde sie in evangelischen Gebieten bereits im 16. Jahrhundert im Herzogtum Pfalz-Zweibrücken 1592, Straßburg 1598 eingeführt; es folgten Sachsen-Gotha (1642), Braunschweig-Wolfenbüttel (1647) und Württemberg (1649), im 18. Jahrhundert Preußen (1717). Zuletzt führte Sachsen 1835 die allgemeine Schulpflicht ein. Auch wenn die Schulpflicht zunächst nur begrenzt durchgesetzt werden konnte, so ist doch das Prinzip v. a. in protestantischen Gebieten erkennbar.[63] Das Bemühen um eine Bildung für alle Schichten ist

---

[62] Zu Ewald grundlegend die Monographie von Hans-Martin Kirn: *Deutsche Spätaufklärung und Pietismus: Ihr Verhältnis im Rahmen kirchlich-bürgerlicher Reform bei Johann Ludwig Ewald (1748–1822).* Göttingen 1998.

[63] Peter Faulstich: *Aufklärung, Wissenschaft und lebensentfaltende Bildung. Geschichte und Gegenwart einer großen Hoffnung der Moderne.*

In den Stunden	Montags in der 1 Klasse	Montags in der 2 Klasse	Dienstags in der 1 Klasse	Dienstags in der 2 Klasse	Mittwochen in der 1 Klasse	Mittwochen in der 2 Klasse	Donnerstags in der 1 Klasse	Donnerstags in der 2 Klasse	Freytags in der 1 Klasse	Freytags in der 2 Klasse	Sonnabends in der 1 Klasse	Sonnabends in der 2 Klasse
von 8 = 9	Bibelgeschichte		Uebung im Denken		Bibelgeschichte		Uebung im Denken; besonders Verstehen von manch: Aufsätzen		Bibelgeschichte		Uebung im Denken	
von 9 = 10	Seelenlehre	Zeichnen	Geschichte.		Geographie mit Naturgeschichte und Verarbeitung der Produkte.		Aufsätze.	Seelenlehre.	Geschichte.		Zeichnen.	Orthographie ꝛc.
von 10 = 11	Zeichnen.	Reine Math:	Singen.		Reine Mathemathik.		Reine Math:	Zeichnen.	Singen.		Reine Mathematik.	
von 2 = 3	Geographie ꝛc.		Lehre vom menschlichen Körper ꝛc.		Oeffentliche Singschule.		Geographie ꝛc.		Vom menschl: Körper ꝛc.		Oeffentliche Singschule.	
von 3 = 4	Naturlehre.		Freye Aufsätze. Anfangs Orthographie mit beyden Klassen.	Orthographie Grammatik.			Naturlehre.		Vorgeschrieb. Aufsätze. Anfangs Letzteres mit beyden Klassen.	Orthographie Grammatik.		

Wenn der Lehrer mit den Schülern zufrieden ist; so hängt es von ihm ab, in diesen Stunden sie auch manchmal auf eine unterhaltende und doch lehrreiche Art zu beschäftigen, woran jedoch, in der Regel, diejenigen, die in der Woche in das schwarze Buch geschrieben werden mußten, oder die sich in dieser Woche drey Punkte zuzogen, keinen Theil nehmen dürfen.

ein Grundprinzip der Evangelischen. Ein Musterbeispiel für die Zeit ist die Bestandsaufnahme in der Schweiz 1799, die sogenannte „Stapfer-Enquête“, die den *status quo* gründlich untersucht hat.[64]

1.4 Herders Schulprogramm

In vielem sehr eigenständig und eigenwillig ist das pädagogische Programm des für die Schulaufsicht im Herzogtum Sachsen-Weimar-Eisenach zuständigen Johann Gottfried Herder.[65] Herder verwendet als erster das entscheidende Wort der neuen Pädagogik: „Selbstbildung“.[66] Freilich nicht in dem Sinne der Pädagogik des Philanthropinums. Er wirbt für eine Synthese zwischen der Reformpädagogik, der humanistischen Bildung und einem Sinn für Tradition. Dazu muss es aber auch die Schule geben, die in geordneter Folge den Ideen

---

Bielefeld 2011, 124–143. Faulstich hebt heraus, es sei eine „Volksaufklärung ohne Volk“ geworden, aber in einer Subsistenzwirtschaft ist Schulpflicht noch schwer durchzusetzen.

[64] Edition und Auswertung in einem Forschungsprojekt http://www.stapferenquete.ch. Vgl. Heinrich Richard Schmidt: „Volksbildung in Mitteleuropa im Spiegel der Stapferschen Enquête von 1799“. In: Hanno Schmitt / Holger Böning / Werner Greiling / Reinhart Siegert (Hgg.): *Die Entdeckung von Volk, Erziehung und Ökonomie im europäischen Netzwerk der Aufklärung.* Bremen 2011, 19–42.

[65] Wisbert, Herder als Pädadoge (wie Anm. 10), 835–893. Auch zu ihm in Abgrenzung Tenorth, Allgemeines Normativ 1808. Niethammer als Schulreformer (wie Anm. 58), 65–81. Martin Keßler: *Johann Gottfried Herder – der Theologe unter den Klassikern. Das Amt des Generalsuperintendenten von Sachsen-Weimar.* 2 Bde., Berlin 2007, Bd. 1, 423–616; der Kontext der Schulrede 1783 ist die Lehrplanrevision des Weimarer Gymnasiums 1785/86, vgl. dazu die eingehenden Interpretationen von Keßler 471–494.

[66] 38. *Brief, das Studium der Theologie betreffend* (1781), in: Johann Gottfried Herder: *Theologische Schriften*, hg. von Thomas Zippert / Christoph Bultmann (= *Werke in zehn Bänden*, Bd. 9/1). Frankfurt 1994, 496.

Raum gibt und sie weiterträgt.[67] Schule ist eine von Gott eingesetzte Kette der Überlieferung, die das Gute bewahrt und die Institution für das Aufkommen und Bewahren neuer Ideen schafft. „Kette" hat hier nicht den negativen Sinn der Fessel, sondern sie gibt die vor dem Fallen ins Bodenlose schützende Sicherheit. Da Hubert Cancik bei Herder einen Stoizismus ausmacht, lässt sich als Bezugspunkt an das Kettengleichnis denken: Wie ein Hund an einen Wagen angekettet kann sich der Mensch gegen den Lauf des Weltgeistes wehren und sträuben, dann wird er mitgezerrt und reibt sich die Pfoten wund. Er kann aber auch in der Einsicht in den guten und notwendigen Gang der Geschichte fröhlich Schritt halten mit dem Wagen.[68] Eine Assoziation mit der *Catena aurea*, „the great chain of being", kann im Hintergrund stehen.[69] Am nächsten aber steht der Gedanke der *philologia perennis*,[70] auch *ars longa vita brevis*.[71]

---

[67] Schulrede Juli 1783, in: Herder, Pädagogische Schriften (wie Anmerkung 66) 9/2, 462 f.

[68] Hippolytos, *Refutatio omnium haeresium* 1.21 (= Stoicorum Veterum Fragmenta 2.975).

[69] Zur *catena aurea* im Sinne der Zuordnung aller Geschöpfe an ihren Ort im System der Natur vgl. Arthur O. Lovejoy: *The Great Chain of Being. A Study of the History of an Idea*. Cambridge, MA 1936. Intertextuell verknüpft das Herder im obigen Zitat mit den Formulierungen „... Gesetz der Natur, dies ist die von Gott selbst erwählte, heilsame Menschenordnung." Und „die Gottheit selbst [ist] in unsern schönsten Vorzügen an diese Ordnung gebunden."

[70] *Philologia perennis* im Sinne, dass je eine Philologin oder Philologe an einem Text arbeitet und der bzw. die nächste dort weiterarbeitet, wo die Vorgängerin aufhörte. Rudolf Pfeiffer: *Philologia perennis. Festrede, gehalten in der öffentlichen Sitzung der Bayerischen Akademie der Wissenschaften*. München 1961. Anders (als Konvergenz verschiedener Kulturen) die *Philosophia perennis*.

[71] *Ars longa vita brevis* („Die Kunst ist lang, das Leben kurz"): Hippokrates: *Aphorismoi* 1,1: Ὁ μὲν βίος βραχύς, ἡ δὲ τέχνη μακρά. – Lateinisch zitiert von Seneca: *De brevitate vitae* 1,1.

In der Schulrede im Juli 1783 wagt Herder ein Gedankenexperiment:

Das ganze menschliche Geschlecht ist gewissermaßen eine durch alle Jahrhunderte fortgesetzte Schule, und ein neugebornes Kind, das plötzlich dieser Schule entnommen, das dieser Kette des Unterrichts entrissen, auf eine wüste Insel gesetzt würde, wäre mit allem seinem angebornen Genie ein armes Tier, ja in zehnfachem Betracht elender als die Tiere.

Da uns nun die Gottheit selbst in unsern schönsten Vorzügen an diese Ordnung gebunden und unserm Geschlecht nach in eine Schule des Unterrichts gesetzt hat, außer welcher wir weder Menschen werden, noch Menschen bleiben, in ihr aber und durch sie alles Gute genießen, was unsre Vorfahren vor Jahr100ten und Jahr1000den gedacht, gelehrt, erfunden und ihren Nachkommen überliefert haben: so wollen wir uns nicht von einer Kette reißen, die der Schöpfer unserm Geschlecht wesentlich gemacht, und an welche er für uns tausend unerkannte und zum Teil schon empfangene Wohltaten geknüpft hat. Lasset uns lernen, was wir lernen können: denn es ist schon da; andre haben es für uns erfunden. Lasset uns hinzutun, was wir hinzutun können, damit wir in der großen Schule der Menschheit auch unsern Platz würdig besitzen, und mehr zurücklassen, als wir empfangen haben. Dies ist Gesetz der Natur, dies ist die von Gott selbst erwählte, heilsame Menschenordnung.

II. Zur Fortpflanzung und Festhaltung alles Guten in der Menschheit, aller Wissenschaft, Kunst und Übung gehört also, im weitläuftigsten Verstande des Worts, Schule; wo irgend eine Erfindung, wo eine nützliche Kunst und Übung nicht zum Unterricht und zur Festhaltung in einer Schule gebracht werden konnte, leider! da sehen wir sie meistenteils mit ihrem edlen Urheber sterben. O daß mir es die Zeit vergönnte, hierüber die Bücher der Geschichte zu eröffnen, und durch 100. Beispiele den großen Verlust zu zeigen, den die Menschheit dadurch gelitten, daß so viele ihrer edelsten Gedanken und Erfindungen nicht zur Schule gemacht, oder als Schule fortgepflanzt werden konnten. Wie viele schöne [463] Blüten einzelner denkenden Köpfe gingen verloren, weil sie keine Frucht bringen konnten: der Urheber dieser Wahrheiten und Erfindungen starb zu früh, oder er stand auf einer unrechten Stelle; er hatte keine, oder unwürdige Schüler: oder er konnte nicht schreiben, und sein lebendiger Unterricht erlag unter drückenden Hindernissen und Mängeln. Freilich wäre dies ein sehr trauriges, oft beweinenswürdiges Gemälde: sein Inhalt ist indes historische Wahrheit. Was sich aus der alten und ältesten Zeit Gutes erhalten hat, hat sich durch Schulen erhalten: was sich aus Einer unter mehrere Nationen Vortreffliches fortgepflanzt hat, hat sich durch Schulen fortgepflanzet, und mit jeder zerstörten Schule ging ein Keim für die ganze Nachkommenschaft verloren.[72]

Herder, obwohl für die geistliche Schulaufsicht jahrelang zuständig, widerspricht doch Spalding: der Geistliche sei „nicht Dispositair der öffentlichen Moral".[73] Der Reduktion der Bildungsinhalte auf platte Rationalität stellte Herder die Schönheit und Bedeutungsfülle der Poesie dagegen, die den wahren Charakter eines jeden Volkes in sich trage und nicht ein überall gleiches Reduzieren auf die Ratio zulasse. Dass die Obrigkeit zur Wahrung der öffentlichen Moral Zensur übte und dabei zu manchen Zeiten die Freiheit der Gedanken beschnitt, war im zeitgenössischen Preußen etwa fatal. Es ist weniger das Wöllnersche Religionsedikt, das den Neologen unter den Theologen wie auch den Gelehrten, die sich zu Religionsthemen äußerten (wie Kant), doch eine faire Chance gab, als vielmehr der vom neuen König selbst angeführte Zensurausschuss, der sich nicht mehr – wie von Wöllner vorgesehen – auf Gutachten von Kollegen-Gelehrten stützte.[74] Herder schrieb in einem viel freieren Land und konnte den

---

[72] Herder, Schulrede vom Juli 1783, in: Herder, Pädagogische Schriften (wie Anmerkung 66) 9/2, 462 f.

[73] *An Prediger* 1774, in: Herder, Theologische Schriften (wie Anmerkung 66), 67–138). Sparn, Religiöse und theologische Aspekte der Bildungsgeschichte (wie Anm. 16), 157.

[74] Diese Einschätzung begründet Bettina Stangneth in ihrer exzellenten Einführung zur Ausgabe von Immanuel Kant: *Die Religion innerhalb der Grenzen der bloßen Vernunft*. Hamburg 2003.

jungen Menschen die Fähigkeit, aber auch die Freiheit zu Selbstbildung eröffnen.

1.5 Umbesetzung des Talents als Voraussetzung für Bildung: Das Auseinandertreten christlicher und säkularer Bildungskontexte

Als „Das Auseinandertreten christlicher und säkularer Bildungskontexte" überschreibt Walter Sparn den letzten Abschnitt seiner bildungsgeschichtlichen Darstellung[75] Unsere Beispiele haben gezeigt, dass in der Aufklärung zwar noch selten, aber doch schon die ersten Andeutungen zu hören waren, dass Begabung und Talent eine 'natürliche Anlage', und nicht Gottes Gabe seien.

Karl Barth hat im Kontext seiner dialektischen Theologie und ihrer diametralen Entgegensetzung von Gott und Mensch, von menschlichem Wollen und göttlicher Gnade, Schleiermacher und Herder als Beginn eines Fehlwegs verstanden: Herder war für ihn „der Inaugurator der typischen Theologie des 19. Jahrhunderts vor ihrer Inauguration durch Schleiermacher", der es nicht „verstanden habe, was Kirche und Gnade ist. […] Und wenn es in der Theologie vielleicht gerade auf dieses Verstehen ankommen sollte […], das wäre das Morgenrot einer neuen Zeit, das viele in Herder gesehen haben wollen, doch auch nur ein bengalisches Feuer gewesen."[76] Wolfhart Pannenberg behauptet mit Berufung

[75] Sparn, Religiöse und theologische Aspekte der Bildungsgeschichte (wie Anm. 16), 160–163.

[76] Karl Barth: *Die protestantische Theologie im 19. Jahrhundert. Ihre Vorgeschichte und ihre Geschichte.* Zollikon 1947, 302. Zu Barths Ablehnung von Selbstbildung als fundamentalem Widerspruch zur Gottes Gottsein in seiner dialektischen Theologie Schröder, Religionspädagogik (wie Anm. 3), bes. 220.

auf die *Ideen zur Philosophie und Geschichte der Menschheit* (1784) 9,5 Herder habe die Selbstbildung abgebogen.[77] Dort sagt Herder „Gütige Gottheit! ... Den Tieren gabst Du Instinkt, dem Menschen grubest Du Dein Bild, Religion und Humanität in die Seele: der Umriss der Bildsäule liegt im tiefen, dunklen Marmor da; nur kann er sich nicht selbst aushauen, ausbilden. Tradition und Lehre, Vernunft und Erfahrung sollten dieses thun und Du ließest es ihm an Mitteln nicht fehlen." Dann wirft er Herder aber vor: „Obwohl der den Gedanken der Selbstbildung des Menschen verwarf, nannte er doch neben Tradition und Lehre auch Vernunft und Erfahrung als die Kräfte, die den Bildungsprozess vorantreiben." Da habe „Herder die Beteiligung des Menschen selbst an seinem Bildungsprozess nicht voll durchreflektiert."[78] Doch die christologische oder schöpfungstheologische Rückführung auf die deutsche Mystik verführen in die falsche Richtung. Denn genau das ist das Besondere an Herders Konzeption: Für die Selbstbildung, wie er sie propagierte, sind Vernunft und Erfahrung die aktiven Teile der Menschen. Aber auf sich alleine gestellt, finden auch diese kein Ziel, keinen Fortschritt, sondern können nur das vermehren und bestätigen, was man schon weiß. Erst in der – ebenfalls aktiven – Auseinandersetzung mit Tradition und Lehre kommt die Bildung weiter.

---

[77] Wolfhart Pannenberg: *Gottebenbildlichkeit als Bestimmung des Menschen in der neueren Theologiegeschichte*. München 1979. Zitiert nach Nachdruck in: Wolfhart Pannenberg: *Grundfragen systematischer Theologie gesammelte Aufsätze*. 2 Bde. Göttingen 1967–1980, hier Bd. 2, 1980, 214.

[78] Pannenberg, Gottebenbildlichkeit (wie Anm. 77), 214f.

5. Ausblick

In der evangelisch konzipierten Pädagogik klaffen zwei Positionen auseinander: Eine warnt vor der Eigenmächtigkeit menschlichen Strebens und fordert die Pädagogik auf, die religiösen Werte als oberste Instanz und damit Fundament jeder Bildung zu setzen. Pädagogik ohne Gott wird misslingen. Deren Vertreter – grob gesagt, eine Gegenposition zu den meisten Programmen der Allgemeinen und praktischen Pädagogik – berufen sich auf Luther und die Dialektische Theologie. Die andere Position findet Vorbilder in Friedrich Daniel Ernst Schleiermacher und Johann Gottfried Herder: Religiöse Werte sind im kulturellen Erbe der Menschheit ein wichtiges Element; ein Verzicht auf sie wäre ein Verlust in der ununterbrochenen Kette, in der die Traditionen in der Aneignung im Bildungsprozess des Individuums wie der Nation gewinnen.

Der Frühling und der Optimismus der Spätaufklärung findet in den nächsten fünf Generationen keinen Sommer, der die Talente sich entfalten lässt. Anders als ihr erster Verfechter, Immanuel Niethammer, es sich vorstellte, wird die humanistische (als die „höhere") Bildung eine an der Antike, v. a. an stoischen Idealen orientierte Pflichtenlehre, verkommt zur Lateindressur, um im lateinischen Abituraufsatz seine Vollendung zu bestehen. Staatsfrömmigkeit, nicht die Freiheit eines Christenmenschen stehen am Schluss: Weltkrieg und der Eid auf den Führer werden als Konsequenz, ganz selten als Widerspruch zu den in der Bildung vermittelten Werten verstanden. Am Schluss? Sicher nicht. Wohl eine Konsequenz, ein historischer Weg führte dahin. Welche Pädagogik führt daraus heraus? Pädagogik unter den Vorgaben der Institution Schule stellt harte Vorgaben der Einordnung an Schüler wie Lehrer. Aber wenn sie gelingt, ermöglicht sie auch die Entfaltung der der Talente jeder und jedes Einzelnen. Herders Pädagogik zeichnet einen Weg, Tradition, Konsequenz und die in der Poesie verdichtete Vielfalt der „Stimmen der Völker" auch für das Individuum zu einer Freiheit zu öffnen, die Begabung und Talente zu einer selbstbewussten Persönlichkeit in der Verantwortung gegenüber der Gemeinschaft aufblühen zu lassen, eben in der kreativen Aneignung des kulturellen Erbes der Menschheit.

Die Erziehung des aktiven Muslims

Hasan al-Banna, die ägyptischen Muslimbrüder und das Projekt der islamischen Reform

Gudrun Krämer

Hasan al-Banna[1] (1906–1949), der Gründer der ägyptischen Muslimbruderschaft – seit Jahrzehnten die größte islamistische Bewegung der arabischen Welt und auch jenseits ihrer Grenzen präsent und einflussreich – war weder Weiser noch Gelehrter und daher Vertreter eines ganz anderen Typus als die übrigen in diesem Band vorgestellten Persönlichkeiten: Von Beruf Arabisch-Lehrer an einer staatlichen ägyptischen Grundschule, vor allem aber Führer der Gemeinschaft der Muslimbrüder, war Hasan al-Banna ein Aktivist der islamischen Reform, der mit den Mitteln der Erziehung einen umfassenden gesellschaftlichen, politischen und kulturellen Wandel herbeiführen und die kolonial überformte ägyptische Gesellschaft in eine wahrhaft islamische verwandeln wollte. Im Zentrum dieses Projekts stand die „Formung" des aktiven Muslims, die ihn befähigen sollte, in der modernen Welt als Muslim zu bestehen, ja diese moderne Welt nach islamischem Muster umzugestalten. Hasan al-Banna stand in der Tradi-

[1] Nach den Regeln der arabischen Grammatik müsste der Name mit einem Schlussapostroph geschrieben werden: al-Banna᾿ („der Baumeister"). Da diese Schreibweise von der Familie selbst jedoch nicht verwandt wird, folge ich der lokalen Konvention und verzichte auf den Apostroph.

tion (sunnitischer) islamischer Reformer, namentlich der so genannten Salafiyya-Bewegung des ausgehenden 19. und beginnenden 20. Jahrhunderts[2], deren Ideen er aufgriff, in manchem vereinfachte und modifizierte und von einem intellektuellen Programm in eine soziale Bewegung überführte. Sein Schaffen illustriert die verschlungenen Pfade von Tradition, Erneuerung und Moderne, die uns in den unterschiedlichsten Kontexten in immer neuen Varianten begegnen. Zu Person und Werk al-Bannas liegen zwar zahlreiche Publikationen vor, jedoch nur wenige im strengen Sinn wissenschaftliche: Die arabisch-sprachige Literatur ist umfangreich und zumal nach dem Sturz des Mubarak-Regimes im Frühjahr 2011 rasch angewachsen, teilt sich weitgehend aber in die Literatur der Muslimbrüder selbst, die häufig hagiographische Züge trägt, und diejenige ihrer Kritiker, die vielfach ins Polemische umschlägt. Die folgende Darstellung stützt sich im Wesentlichen auf eine kleinere Monographie aus eigener Feder, ergänzt durch eine Reihe neuerer arabisch-sprachiger Publikationen.[3]

1. Biographische Skizze

1.1 Religiöse Bildung im ländlichen Milieu

Hasan al-Banna wurde 1906 in Mahmudiyya geboren, einem typischen ägyptischen Provinzort zwischen Kleinstadt und großem Dorf am westlichen Rand des Nildeltas (Unterägyp-

---

[2] Ich sage hier „so genannt", weil die Vertreter dieses sunnitisch-islamischen Reformgedankens keine Bewegung im soziologischen Sinne bildeten und erst in den 1920er Jahren als Salafiyya bezeichnet wurden; vgl. Henri Lauzière: „The Construction of Salafiyya: Reconsidering Salafism from the Perspective of Conceptual History". In: *International Journal of Middle East Studies* 42/3 (2010), 369–389.

[3] Gudrun Krämer: *Hasan al-Banna*. Oxford 2010.

ten). Die Eltern stammten beide aus bäuerlichem Milieu, nicht dem ärmsten, aber doch einem sehr einfachen, wobei religiöse Bildung, wie es scheint, vor allem in der mütterlichen Linie gepflegt und geachtet wurde. Der Vater, Ahmad ibn ʿAbd al-Rahman al-Banna al-Saʿati („der Uhrmacher" oder „Uhrenmechaniker"), wurde 1882, dem Jahr der britischen Besetzung Ägyptens, in einem Dorf in der Nähe Mahmudiyyas geboren. Ein geistig reges Kind, fasste er früh den Entschluss, nicht wie sein Vater und sein älterer Bruder Bauer zu werden, sondern das Uhrmacherhandwerk zu erlernen (daher der Beiname „al-Saʿati", der ihm über viele Jahre als Familienname diente). Zugleich besuchte er in Alexandria für einige Jahre eine höhere islamische Schule (*madrasa*). Das religiöse Wissen, das er auf diese Weise, wenngleich ohne formalen Abschluss, erwarb, brachte ihm Ansehen („kulturelles Kapital" im Sinne Bourdieus) und die Anrede als „Scheich", jedoch kein geregeltes Einkommen. Wenn er in Mahmudiyya später als Vorbeter, Freitagsprediger und Heiratsnotar (*maʾdhun*) diente, dann tat er dies nebenberuflich; den Unterhalt der rasch wachsenden Familie verdiente er als Uhrmacher, Buchbinder und Ladenbesitzer.

In mittleren Jahren begann al-Saʿati, und das dürfte ihn aus einer Umgebung, die in ihrer überwältigenden Mehrzahl weder lesen noch schreiben konnte, noch deutlicher herausgehoben haben, wissenschaftlich zu arbeiten und zu publizieren. Sein Interesse galt der Prophetenüberlieferung (*sunna*), die sich aus einzelnen Berichten oder Traditionen (*hadith*, Pl. *ahadith*) zusammensetzt, die in mehreren Sammlungen vorliegen, sei es nach Überlieferern gegliedert (dann heißen sie *musnad*) oder nach Themen (*musannaf*).[4] Was unauffällig

---

[4] Für eine nähere Beschreibung der sechs wichtigsten *musannaf*-Werke siehe Jens Scheiners Beitrag zu Muhammad in diesem Band.

begann, entwickelte sich zur alles beherrschenden Passion, als al-Sa'ati beschloss, die nach Überlieferern geordnete Hadith-Sammlung des Ahmad ibn Hanbal (gest. 850 n. Chr.), des „Begründers" der hanbalitischen Rechtsschule, die zu seiner Zeit vor allem auf der arabischen Halbinsel befolgt wurde, nach Themen zu ordnen, zu kommentieren und damit einem breiteren Leserkreis zugänglich zu machen. Das Vorhaben belegt das anhaltende Interesse frommer sunnitischer Kreise an der Überlieferung des Propheten Muhammad als Vorbild muslimischen Lebens, zugleich aber die durchaus moderne Orientierung an Nützlichkeit, Ordnung und Zugänglichkeit des Wissens, Kennzeichen fast aller Reformbewegungen des 19. und 20. Jahrhunderts, und keineswegs nur der religiösen. Hasan al-Banna stand fest in dieser Tradition.

Ahmad al-Sa'ati verkörpert insgesamt den Typus des Handwerker-Gelehrten, den wir im modernen islamischen Kontext allerdings eher als abstrakte denn als lebende Figur kennen. Überhaupt wissen wir über das intellektuelle Milieu der ägyptischen Provinz des 19. und 20. Jahrhunderts, für deren religiöse Erziehung sich die Muslimbrüder später engagieren würden, erstaunlich wenig. Bekannt ist, dass die Azhar-Universität mit ihrem landesweiten Netz von Koranschulen und Medresen zu dieser Zeit eine der wenigen Möglichkeiten des sozialen Aufstiegs qua Bildung bot und daher gerade junge Männer aus armen ländlichen Familien anzog, die nach Abschluss ihrer Studien häufig als Vorbeter, Koranrezitatoren oder Heiratsnotare in ihre Heimatorte zurückkehrten. Ahmad al-Sa'ati aber war an keiner der Azhar-Schulen ausgebildet und, anders als in der Literatur gelegentlich zu lesen, auch kein Azhar-Absolvent. Seine Studien dienten weder dem Lebensunterhalt noch der Karriere, sondern dem Streben nach Wissen (*talab al-'ilm*), das die islamische Tradition mit Berufung auf den Koran so hoch hält. Alles in allem war er sicher ein ungewöhnlicher Mann, geistig aufgeschlossen gegenüber neueren intellektuellen und religiösen Strömungen, in der Lebensführung bescheiden, wenn nicht asketisch, im Habitus traditionell, ein Schreibtischgelehrter und alles in allem weit entfernt vom gesellschaftspolitischen Engagement seines ältesten Sohnes Hasan, das sich durch familiäre Vorbilder nicht erklären lässt.

1.2 Bildungsweg: Lehrer, Schulen und Vereine

Hasan al-Bannas Bildungsweg war an sich ähnlich unauffällig wie der seines Vaters, mit Blick auf die, ohnehin fragwürdige Unterscheidung in einen religiösen und einen „säkularen", staatlichen Sektor aber bemerkenswert: Unzufrieden mit dem örtlichen Bildungsangebot, schickten ihn seine Eltern erst im vergleichsweise fortgeschrittenen Alter von knapp neun Jahren auf eine Koranschule (*kuttab*), die der mit dem Vater befreundete Scheich Muhammad Zahran 1915 in Mahmudiyya einrichtete. Zahran war nun nicht einfach einer der vielen blinden Männer einfacher bis mittlerer religiöser Bildung, die ihren Lebensunterhalt als Koranschullehrer und Koranrezitator verdienten, sondern ein Anhänger der Reformideen Muhammad 'Abduhs (1869–1905) und Muhammad Raschid Ridas (1865–1935), die sie über die Zeitschrift *al-Manar* („Der Leuchtturm") in die gesamte islamische Welt transportierten. Scheich Zahran gab selbst eine am *Manar* orientierte Monatsschrift heraus – ein interessanter Hinweis auf die Ausstrahlung des islamischen Reformgedankens nicht allein in die Zentren der islamischen Welt und die zu dieser Zeit entstehenden reformierten islamischen Schulen von Fez bis Yogyakarta, sondern auch in die ägyptische Provinz.[5]

---

[5] Zur arabischen Reformpresse in Ägypten vgl. Salim 'Abd al-'Aziz al-Kumi: *Al-sahafa al-islamiyya fi Misr fi l-qarn al-tasi' 'aschar*. Al-Mansura

Hasan al-Banna eröffnete seine in den späten 1940er Jahren erschienenen „*Erinnerungen*“ mit nostalgischen Reminiszenzen an Scheich Zahran, der ihm zeitlebens als Vorbild des inspirierenden, moralisch integren und an seinen Schülern interessierten Lehrers diente.[6] Als Zahran 1918 seine Koranschule schloss, wechselte al-Banna zunächst auf eine staatliche Grundschule in Mahmudiyya, besuchte dann die Pädagogische Hochschule in Damanhur und von 1923 bis 1927 schließlich das Dar al-ʿUlum in Kairo, das 1872 auf Initiative des reformorientierten Politikers ʿAli Pascha Mubarak (1823 oder 1824–1893) gegründet worden war, um Lehrer für die neuen staatlichen Grund- und Mittelschulen auszubilden, die nicht aus der Azhar-Universität rekrutiert werden sollten, sondern aus dieser gleichfalls neuen, staatlichen Anstalt. Der Lehrplan umfasste Arabisch und die islamischen Wissenschaften, dazu Pädagogik, Mathematik, Geographie, Geschichte, Zeichnen sowie Chemie, Physik und Naturwissenschaften.[7] Al-Banna konzentrierte sich auf die arabische Sprache, die islamischen Wissenschaften und Pädagogik; eine Fremdsprache erlernte er auch später nicht und erfuhr von westlichen Entwicklungen über arabische Publikationen. Auf jeden Fall kam er am Dar al-ʿUlum mit modernen pädagogischen Ansätzen in Berührung, wobei er in seinen „*Erinnerungen*“ an einer Stelle

1413/1992 und Muhammad Fathi ʿAli Schaʿir: *Wasaʾil al-iʿlam al-matbuʿa fi daʿwat al-Ichwan al-Muslimin*. Dschidda / al-Chabar 1405/1985.

[6] Die so genannten *Erinnerungen* wurden unter dem Titel *Mudhakkirat al-daʿwa wa-l-daʿiya* mehrfach publiziert; ich zitiere nach einer Neuausgabe des Verlags Al-Zahraʾ li-l-Iʿlam al-ʿArabi, Kairo 1410/1990, hier 15 f., 44.

[7] Vgl. Hilary Kalmbach: „Dar al-ʿUlūm“. In: *Encyclopaedia of Islam Three*, 2012–2, 109–112. Umfangreiches Primärmaterial, aber keine Analyse bietet die Neuausgabe von Muhammad ʿAbd al-Dschawads zweibändiger Studie: *Taqwim Dar al-ʿUlum* (Kairo 1950 und 1959) durch das Dar al-ʿUlum, Kairo 1991.

auf die Reformpädagogen Johann Heinrich Pestalozzi (1746–1827), Friedrich Fröbel (1782–1852) und Maria Montessori (1870–1952) verweist,[8] die bei aller Unterschiedlichkeit eine kindgerechte, sensible, „Kopf, Herz und Hand" gleichermaßen ansprechende Erziehung propagierten.

So wichtig die formale Bildung für al-Bannas Leben und Denken auch war, spielten außerschulische Aktivitäten doch eine mindestens ebenso große Rolle, wobei beide über Personen und Institutionen miteinander verknüpft waren. Im Kern ging es dabei immer um Haltung und Handeln. Der im Koran verankerte Aufruf, „das Rechte zu gebieten und das Verwerfliche zu verhindern" (*al-amr bi-l-ma'ruf wa-l-nahy 'ani l-munkar*), war und ist Grundlage islamischer Reform, bedarf aber der Konkretisierung hinsichtlich seiner Adressaten, Voraussetzungen und Umsetzung.[9] Die Feinheiten der Diskussion dürften al-Banna nicht bekannt gewesen sein, als er im Alter von etwa 12 Jahren begann, als regelrechter Tugendwächter seine Mitbürger zum „rechten Tun" zu ermahnen. Seine „*Erinnerungen*" berichten von ersten Aktivitäten, die von den lokalen Autoritäten belobigt, von den betroffenen Zeitgenossen hingegen wenig geschätzt wurden. Bemerkenswert ist die frühe Vergemeinschaftung dieses Strebens nach einer Korrektur eigenen und fremden Verhaltens: Auf Anraten eines Lehrers, so berichten die „*Erinnerungen*", tat sich al-Banna mit einigen gleichaltrigen Jungen zusammen, um gemeinschaftlich ihren Charakter zu „formen" (*takwin al-achlaq*) und zugleich ihre Mitbürger auf den rechten Pfad zu weisen. Für diese Form des frühen Aktivismus, ja Vigi-

---

[8] Hasan al-Banna, Mudhakkirat (wie Anm. 6), 122.

[9] Vgl. Michael Cook: *Commanding Right and Forbidding Wrong in Islamic Thought*. Cambridge 2000.

lantismus gibt es nach meiner Kenntnis aus dem arabischen Umfeld kaum Vergleichbares.

Der zweite Pol, der al-Banna in frühen Jahren Halt und Orientierung bot, war der Sufismus, der mit „islamischer Mystik" nicht immer adäquat beschrieben wird, weil diese Zuordnung das zentrale Element der *gemeinschaftlichen religiösen Praxis* vernachlässigt. Im Fall al-Bannas handelte es sich um einen jungen Zweig der großen Schadhiliyya-Bruderschaft, die Hasafiyya-Schadhiliyya,[10] der auch sein Vater angehörte und für die er sich mit 12 Jahren zu interessieren begann. Wieder dürfte es die Kombination von Reform im Sinne der „Formung" des eigenen Charakters und von gemeinschaftlichem Handeln gewesen sein, die ihn beeindruckte. Ein weiteres Element sollte nicht übersehen werden: Seinen „*Erinnerungen*" zufolge waren es die *Schönheit* der Rezitation und die *Harmonie* der Bewegungen, mit der die Sufis im Hof einer örtlichen Moschee das Gottesgedenken (*dhikr*) vollzogen, die al-Banna ursprünglich anzogen.[11] Einige Jahre später wurde er in die Bruderschaft initiiert, die ihm in seinen Ortswechseln von der Provinzstadt Mahmudiyya in die Provinzhauptstadt Damanhur und schließlich in die Metropole Kairo einen Rahmen vertrauter Personen, Werte und Rituale bot, die später in das Erziehungsprogramm der Muslimbrüder einfließen sollten.

[10] Vgl. Fred de Jong: *Turuq and Turuq-Linked Institutions in Nineteenth-Century Egypt*. Leiden 1978 und Eric Geoffroy (Hg.): *Une voie soufie dans le monde: la Shadhiliyya*. Paris 2005.

[11] Hasan al-Banna, Mudhakkirat (wie Anm. 6), 22; Krämer, Hasan al-Banna (wie Anm. 3), 6, 10–16.

1.3 Innere Mission: Die Gemeinschaft der Muslimbrüder

Nach Abschluss seiner Studien am Dar al-ʿUlum trat Hasan al-Banna 1927 seine erste Stelle als Grundschullehrer für Arabisch in Ismailiyya an, einer Provinzstadt, die ihren besonderen Charakter der Tatsache verdankte, dass die internationale Suez-Kanal-Gesellschaft dort ihren Hauptsitz hatte und die Briten ihre größte Militärbasis im Land. Al-Banna hatte die Hochschule mit dem Entschluss verlassen, sein Leben der *daʿwa* zu weihen, der „Einladung" zum Islam, die in westlichen Sprachen häufig und nicht ohne Berechtigung als „Mission" beschrieben wird; auch „Verkündigung" wäre keineswegs abwegig. Nach einer kurzen Orientierungsphase gründete er im März 1928 zusammen mit sechs jungen Männern einfacher Bildung und Herkunft eine Vereinigung, die sie „Gemeinschaft der Muslimbrüder" (*Dschamaʿat* oder *Dschamʿiyyat al-Ichwan al-Muslimin*, häufig verkürzt zu „Ichwan") nannten und die zunächst wohl als Wohltätigkeitsorganisation der Hasafiyya-Schadhiliyya auftrat.[12] Die genaue Struktur ist an dieser Stelle weniger wichtig als die Grundpfeiler künftiger Arbeit, die al-Banna und seine Mitbrüder festlegten: Die Mission oder, wie man im erneuten Anklang an den christlichen Kontext präziser sagen könnte, die „innere Mission" richtete sich an Muslime, nicht an Nichtmuslime, und sie beruhte auf Erziehung (*tarbiya*) und Belehrung (*tahdhib*) qua Vermittlung religiösen Wissens und der Einübung eines Habitus, in dem sich Glauben, Wissen und Handeln unauflöslich miteinander verbinden sollten.

[12] Die Gründungsszene findet sich in al-Bannas *Mudhakkirat* (wie Anm. 6), 95f. Zur weiteren Entwicklung vgl. Richard P. Mitchell: *The Society of the Muslim Brothers*. New ed. New York/Oxford 1993; al-Sayyid Yusuf: *Al-Ichwan al-Muslimun*. 3 Bde. Kairo 1994 und Brynjar Lia: *The Society of the Muslim Brothers in Egypt: The Rise of an Islamic Mass Movement 1928–1942*. Reading 1998.

Entscheidend war dabei weniger, dass al-Banna ein Konzept von „Religion als Performanz“ (nicht seine Wortwahl) propagierte – das war integraler Teil islamischer Reformbemühungen –, sondern dass er den Schwerpunkt auf das Feld der gesellschaftlichen und politischen Veränderung und der Mobilisierung einfacher Menschen legte. Beides hatte nicht im Zentrum früherer islamischer Reformbewegungen gestanden, die in mehrfacher Hinsicht elitärer angelegt waren.

In den zwei Jahrzehnten zwischen 1928 und al-Bannas Tod im Jahr 1949 verwandelte sich die Gemeinschaft der Muslimbrüder von einer kleinen, provinziellen Vereinigung sufischer Prägung in eine gesellschaftlich-politische Massenbewegung mit zahlreichen Unterorganisationen, die sich, zunächst von Ismailiyya, dann von Kairo ausgehend, im ganzen Land ausbreitete und in den 1930er Jahren auch auf andere arabische Staaten ausgriff. 1944 wurde die Anhängerschaft der Muslimbruderschaft in Ägypten auf eine halbe Million Menschen geschätzt (bei einer Gesamtbevölkerung von rund 17 Millionen). Das sind natürlich grobe Angaben, denen keine verlässlichen empirischen Daten zugrunde liegen. Einigermaßen gesichert ist jedoch die soziale Verortung der Bewegung in der städtischen (unteren) Mittelschicht, die im Ägypten der Zwischenkriegszeit als Effendiyya (von osman. *efendi*) bezeichnet wurde. Die Muslimbruder-Basis war männlich und jung; die Gruppe der Muslimschwestern (*al-achawat al-muslimat*), die in den 1940er Jahren entstand, blieb über Jahrzehnte ganz unbedeutend.[13]

[13] Zu den Mitgliederzahlen und der sozialen Verankerung vgl. Mitchell, The Society und Lia, The Society (beide wie Anm. 12); ferner Lucie Ryzova: *L'effendiyya ou la modernité contestée*. Kairo 2004.

2. Hasan al-Banna als Lehrer seiner Generation

Hasan al-Banna war kaum 21 Jahre alt, als er 1928 die Gemeinschaft der Muslimbrüder gründete; bei seinem (gewaltsamen) Tod (er wurde aller Wahrscheinlichkeit nach von der ägyptischen Geheimpolizei erschossen) war er 43 und damit noch immer mittleren Alters. Leicht übersieht man bei der Beschäftigung mit Person und Werk, dass er seinen Beruf als Grundschullehrer bis in die frühen 1940er Jahre ausübte. Im Mittelpunkt stand jedoch immer sein Wirken in der Muslimbruderschaft, die er als „oberster Führer" (*murschid 'amm*, ein dem Sufismus entlehnter Titel) in allen programmatischen, „spirituellen" und organisatorischen Dingen leitete. Diesen Führungsanspruch verteidigte er in einer Reihe interner Krisen und Auseinandersetzungen auch sehr resolut. Hier interessiert die besondere Verbindung von modern-„westlicher" Bildung und dem damit korrespondierenden Habitus, der al-Banna als Produkt des staatlichen Bildungssektors auswies, mit den Attributen islamischer Gelehrsamkeit, die er sich seit seiner Jugend aneignete. Das Eine markierte ihn als Effendi, das Andere als Scheich, ja *imam* – hier nicht im Sinne des Vorbeters in der Moschee oder der schiitischen Heilsgestalt, sondern einer muslimischen Führungsfigur allgemein. Diese Zuschreibungen kamen auch äußerlich, in den üblichen Distinktionsmerkmalen zum Ausdruck – Kleidung, Kopfbedeckung, Barttracht und Titeln. Als Lehrer im Staatsdienst war Hasan al-Banna nach den Konventionen des ägyptischen Beamten gekleidet: Anzug, Krawatte, Tarbusch (Fez). Der gepflegte Bart hingegen gehörte nicht dazu, betonte vielmehr seine Identität als Muslim. In seiner Eigenschaft als Führer der Muslimbrüder trat er häufig „traditionell" gewandet auf mit Dschallabiyya, 'Abaya, dem mantelartigen Umhang, gelegentlich sogar mit dem Turban eines Azhar-

Scheichs, oder auch in adaptierter Pfadfinderuniform, die ihm ein tendenziell militärisches Aussehen verlieh.

Die Kombination von „traditionell" und „modern", die den „zeitgemäßen islamischen Stil" (*minhadsch 'asri islami*) verkörpern sollte, um den es al-Banna ging, tritt besonders deutlich in der Vermittlung seiner Botschaft und der Mobilisierung der Muslimbrüder, ja der Gesellschaft als Ganzer hervor. In beiden Aspekten, Mission wie Mobilisierung, verbanden sich *da'wa* und *dschihad*, wobei der Dschihad als die individuelle und kollektive Anstrengung „für die Sache Gottes" nach dem Verständnis klassischer und moderner Islamgelehrter von der wissenschaftlichen Bemühung bis zum bewaffneten Kampf reichen kann; diesem Verständnis folgte auch al-Banna. Nun war al-Banna religiös zwar ungleich gebildeter als die Mehrheit seiner Zeitgenossen, jedoch – Turban hin oder her – kein Islamgelehrter und formal nicht qualifiziert, zu rechtlichen und moralischen Fragen autoritativ Stellung zu beziehen. Tatsächlich nahm er diesen Status auch nicht in Anspruch, ließ sich gleichwohl aber als „Scheich" oder „Imam" titulieren. Seine Stellungnahmen wurden in Formaten publiziert, die bis dahin weitestgehend den Religions- und Rechtsgelehrten (*'ulama'*) vorbehalten gewesen waren: Zeitungs- und Zeitschriftenartikel erschienen so als „Fatwas", das heißt Rechtsgutachten, oder als Koranexegese (*tafsir*); Leitartikel, offene Briefe oder größere Ansprachen (*hadith*, Pl. *ahadith*) wurden als Send- oder Rundschreiben (*risala*, Pl. *rasa'il*) einzeln und in verschiedenen Zusammenstellungen gedruckt. Einige waren regelrechte Lehrtexte, die von den Muslimbrüdern gelesen und auswendig gelernt werden sollten. Auffällig ist die Anreicherung dieser Prosagenres durch Rezitationen (*wird*, Pl. *aurad*), Gebete und Litaneien (Sg. *wazifa*), die al-Banna nach dem Muster eines Sufi-Scheichs verfasste und die Muslimbrüder zu bestimmten Anlässen laut oder leise lesen ließ.[14]

Hinter dem unermüdlichen Redner, Organisatoren und Aktivisten, dessen Anliegen die Erziehung und Mobilisierung des gemeinen Mannes war und der es nach eigenem Bekunden ablehnte, sich auf die Spitzfindigkeiten islamischer Theologen und Juristen einzulassen, zeigen diese Texte einen Mann, der deutlich tiefer in die islamischen Quellen und die große Gelehrtentradition eintauchte, als seine bekannteren Lehrschriften vermuten lassen. Auch diese Beiträge wurden ursprünglich in der islamischen Presse veröffentlicht und erst posthum in thematisch gegliederten Bänden zu Koranexegese, Scharia oder Prophetentradition gesammelt. Aber sie zeugen doch von einer beachtlichen Belesenheit und zugleich von einer gewissen Nachdenklichkeit, die seinen im unmittelbaren Sinn politischen Schriften abgeht.

---

[14] Die Sammlung *Madschmu'at rasa'il al-imam al-schahid Hasan al-Banna* wurde in variierender Zusammenstellung mehrfach publiziert und auch annotiert; ich zitiere nach der undatierten Ausgabe des Kairener Verlags Dar al-Schihab; einschlägig für die Rezitationen und Gebete ist al-Bannas *Risalat al-ma'thurat*, die, wie viele seiner *rasa'il*, auch gesondert erhältlich ist. Der Muslimbruder-Verlag Dar al-Da'wa (Alexandria) publiziert seit 2000 unter der Herausgeberschaft von Dschum'a Amin 'Abd al-'Aziz eine vielbändige Serie *Silsila min turath al-imam Hasan al-Banna*, in der 2005 unter anderem seine „Fatwas" veröffentlicht wurden. Zu den Lehrtexten zählt vor allem die *Risalat al-ta'alim* (dazu ausführlicher unten). Jamal al-Banna (Hg.): *Min watha'iq al-Ichwan al-Muslimin al-madschhula*. Bd. 1. Kairo 2009, 338–358 enthält die wenig bekannte Schrift *al-Minhadsch al-'ilmi* mit al-Bannas Lektüreempfehlungen aus den klassischen islamischen Wissenschaften, von Koranexegese über Hadith und Grammatik bis zu Recht, Geschichte und Sufismus, die dem Herausgeber zufolge im Wesentlichen diejenigen Titel enthält, die sein Bruder privat besaß und in großen Teilen wohl auch gelesen hatte.

3. *Al-tarbiya al-islamiyya:* Die Idee der islamischen Erziehung

3.1 Traditionen und Einflüsse

Über das Erziehungskonzept al-Bannas und der Muslimbrüder allgemein ist in eigenen Kreisen viel geschrieben worden, wobei die Autoren sich in der Regel auf die „theoretischen“ bzw. programmatischen Grundlagen und Ziele islamischer Erziehung konzentrieren. Der praktische Aspekt – die Umsetzung dieser Grundlagen und Ziele in der Erziehung von Kindern, Jugendlichen und Erwachsenen durch die Muslimbruderschaft – spielt dabei kaum eine Rolle.[15] Ebenso unterbelichtet bleiben die Inspirationsquellen für moderne islami(sti)sche Erziehungskonzepte, soweit sie sich nicht auf islamische Texte und Gelehrte beziehen: Koran, *sunna*

[15] Das gilt selbst für Ahmad Rabi' 'Abd al-Hamid Khalaf Allah: *Al-fikr al-tarbawi wa-tatbiqatuhu lada dschama'at al-Ichwan al-Muslimin.* Kairo 1404/1984; Ibrahim al-Dib: *Tarbiyat al-mudschtama'. Wa-andhir 'aschirataka al-aqrabina.* Kairo 1433/2011; noch ausgeprägter für die Schriften des Azhar-Gelehrten und Muslimbruders 'Ali 'Abd al-Halim Mahmud: *Wasa'il al-tarbiya 'inda l-Ichwan al-Muslimin. Dirasa tahliliyya tarichiyya.* Al-Mansura / Kairo 1409/1989; *Al-tarbiya al-islamiyya fi l-madrasa.* Kairo 1425/2004 und *Athar al-tarbiya fi l-'amal al-hizbi.* Kairo 1434/2013. Zu al-Bannas Erziehungskonzept vgl. Yusuf al-Qaradawi: *Al-tarbiya al-islamiyya wa-madrasat Hasan al-Banna.* Kairo ^{6}1431/2010 (1979); 'Isam Talaima (Hg.): *Nazarat fi l-tarbiya wa-l-suluk li-l-imam al-schahid Hasan al-Banna.* Kairo ^{2}1426/2005 (1996) und 'Abbas al-Sisi: *Hasan al-Banna. Mawaqif fi l-da'wa wa-l-tarbiya.* Kairo 1422/2001. Wissenschaftlich-kritisch sind Peter Kühn: „Bildung und Erziehung im Konzept der ägyptischen Muslimbrüder unter Hasan al-Banna“. In: *Orient* 33/2 (1992), 253–264 und Ehud Rosen: „The Muslim Brotherhood's Concept of Education“. In: *Current Trends in Islamist Ideology* 7 (2008), 115–129. Meir Hatina: „Restoring a Lost Identity: Models of Education in Modern Islamic Thought“. In: *British Journal of Middle Eastern Studies* 33/2 (2006), 179–197 und Anne Sofie Roald: *Tarbiya. Education and Politics in Islamic Movements in Jordan and Malaysia.* Malmö 1994 sind für al-Banna weniger einschlägig.

und die klassischen Autoren von al-Dschahiz (gest. 868) und al-Farabi (gest. 950)[16] über Ibn Sina (Avicenna, gest. 1037) bis zu al-Ghazali (gest. 1111). Selbst die Bedeutung sufischer Ideen und Praktiken sowie die Rolle der Salafiyya-Reformer kommen in diesen Darstellungen kaum zur Geltung. Liest man die einschlägigen modernen Schriften, so spiegeln sich in ihnen die Ideale der klassischen islamischen Erziehungs- und Bildungslehren, die Wissen zu einem integralen Bestandteil der Religion erklären:[17] das Ideal der durch ein breites (nicht allein religiöses) Wissen, sprachliche Kompetenz und ethisches Handeln geformten „runden Persönlichkeit", in der Verstand, Herz und Sinne in einem ausgeglichenen Verhältnis stehen; die Überzeugung, dass es bei Bildung und Erziehung nicht allein um Wissen, sondern um Moral und Haltung geht; die Vorstellung von Erziehung als interaktivem Prozess, in dem beide Seiten, Lehrende und Lernende, aufeinander zugehen, wobei der Lehrende zu einer fürsorglichen, geduldigen, verständnisvollen Zuwendung an den Schüler angehalten wird, der Lernende zu Respekt und Gehorsam (bis hin zum blinden Gehorsam) gegenüber dem Lehrer; die Erkenntnis, dass ein gutes Gedächtnis Voraussetzung des raschen und nachhaltigen Wissenserwerbs ist, übermäßiges Auswendiglernen aber das Denken behindert; die Einsicht, dass Wissensvermittlung in sinnvollen Schritten erfolgen und auf die Fähigkeiten der Lernenden zugeschnitten sein muss und dass erfolgreiches Lernen durch das persönliche Vorbild des Lehrenden befördert wird, nicht durch rüde Bestrafung;

[16] Zu al-Farabi siehe auch den Beitrag von Ulrich Rudolph in diesem Band.

[17] Zum Folgenden vgl. Sebastian Günther: „Be Masters in That You Teach and Continue to Learn: Medieval Muslim Thinkers on Educational Theory". In: *Comparative Education Review* 50/3 (2006), 367–388.

die Erwartung schließlich, dass gute Lehre allen Beteiligten Freude und Vergnügen bereitet.

Von all diesen Vorstellungen finden sich bei Hasan al-Banna und den Muslimbrüdern zwar deutliche Anklänge; explizite Verweise auf al-Dschahiz, al-Farabi oder Ibn Sina, die in islamistischen Kreisen generell kaum zitiert werden, sucht man hingegen vergeblich. Anders Abu Hamid al-Ghazali, dessen Großwerk *Ihya' 'ulum al-din* („Die Wiederbelebung der religiösen Wissenschaften") Hasan al-Banna (wahrscheinlich in Ausschnitten) mit einem seiner Sufi-Lehrer las. Die Rezeption und Wirkung al-Ghazalis im kolonialen und postkolonialen Ägypten ist bislang kaum erforscht, wobei Sebastian Günther mit Recht darauf verweist, dass seine Ideen über Jahrhunderte rezipiert und adaptiert wurden und so in den Mainstream muslimischen Denkens eingingen, so dass ein Nachweis im Detail schwierig zu führen sein dürfte.[18] Auf jeden Fall steht zu vermuten, dass al-Bannas Lektüre durch die Linse der Salafiyya gefiltert wurde: Nicht nur las er deren Flaggschiff, die Zeitschrift *al-Manar*, regelmäßig; er gab nach dem Tod Raschid Ridas 1939–1940 selbst einige Nummern der Zeitschrift heraus, in denen er sich bezeichnender Weise mit der Koransure 13, Vers 11[19] beschäftigte, dem *locus classicus* eines spezifisch islamischen Konzepts selbstverantwortlichen Handelns, der in der einschlägigen Literatur als koranische

[18] Günther, Be Masters (wie Anm. 17), 382; Hasan al-Banna, Mudhakkirat (wie Anm. 6), 34, 39. Die fortdauernde Beschäftigung mit al-Ghazali belegt u. a. Su'ad al-Hakim: *Ihya' 'Ulum al-Din fi l-qarn al-wahid wa-l-'ischrin. Kitaba mu'asira li-mausu'at al-Ghazali: Ihya' 'ulum al-din.* Kairo ^{3}2010 (2004).

[19] Der relevante Ausschnitt aus diesem Vers lautet in der Übersetzung von Hartmut Bobzin: „Siehe, Gott ändert an einem Volke nichts, ehe *sie* nicht ändern, was in ihren Seelen ist." Vgl. *Der Koran. Neu übertragen von Hartmut Bobzin.* München 2010.

Entsprechung zu der Losung „Hilf dir selbst, dann hilft dir Gott" (um)gedeutet wird.[20]

Es wäre ausgesprochen reizvoll, den islamischen Traditionslinien („Genealogie", „Archäologie" im Sinne Foucaults) moderner islami(sti)scher Erziehungskonzepte nachzugehen. Die vorliegende Literatur lässt dies im Falle al-Bannas nicht zu. Das gilt in noch größerem Umfang für die Inspirationsquellen, ja Einflüsse, die *nicht* der islamischen Tradition entspringen. So steht außer Zweifel, dass al-Banna nicht nur mit der europäischen Reformpädagogik des 18. bis 20. Jahrhunderts in Berührung kam, sondern auch mit modernen Ideen des *self-help* und *moral improvement* allgemein, die, wie Studien zur Presse und zum Schulwesen belegen, im späten Osmanischen Reich einschließlich seiner arabischen Provinzen breit rezipiert wurden. In einigen Fällen lassen sich die Rezeption und Adaption des *self-help* Gedankens sogar nachweisen: Die einflussreiche Schrift des schottischen Arztes und Reformers Samuel Smiles (1812–1904), *Self-Help; with Illustrations of Character, Conduct, and Perseverance* (London 1859, überarb. 1866), wurde früh in zahlreiche Sprachen übersetzt, darunter auch ins Arabische. Als Mittler wirkten vor allem angelsächsische protestantische Missionare, die seit dem ausgehenden 19. Jahrhundert in Kairo, Alexandria, der Suez-Kanal-Zone und den von vielen Kopten bewohnten Provinzen Oberägyptens aktiv waren, in den 1920er Jahren verstärkt auch im Delta und zu deren Bekämpfung neben den Muslimbrüdern auch der Rektor der Azhar-Universität aufrief. Die praktische Auseinandersetzung mit den Missionaren wird in Muslimbruder-Quellen ausführlich behandelt, nicht

[20] Neuabdruck der mehrteiligen Artikelserie in *al-Manar* in: Muhammad Abu 'Adschdschur (Hg.): *Min tafsir al-Banna li-l-Qur'an al-karim.* Al-Mansura 1431/2010, 405–497.

jedoch die Adaption ihrer Konzepte und Instrumente von Mission und Erziehung.[21]

Unübersehbar und, wie ich denken würde, unmittelbarer wirksam als die klassischen islamischen Erziehungslehren war das Vorbild zeitgenössischer Jugendbewegungen wie der Pfadfinder und der Young Men's Christian Association (YMCA), die sich in der Zwischenkriegszeit in den britischen Kolonialgebieten ausbreiteten. Die nach dem Vorbild des YMCA gebildete, erklärt anti-britische Young Men's Muslim Association (YMMA) entstand 1927, kurz vor Gründung der Muslimbruderschaft; al-Banna blieb ihr zeitlebens eng verbunden. Als sie unter den gewandelten politischen und gesellschaftlichen Bedingungen unter politischen Druck gerieten, gliederten sich die Muslimbrüder 1938 in aller Form der nationalen ägyptischen Pfadfinderorganisation (Dscham'iyyat al-Kaschafa al-Ahliyya) ein; ihre Jugendorganisation der „Rahhala" (ab 1935 umgewandelt in „Dschawwala") war, wie schon am Namen erkennbar, nach dem Muster der Rover Scouts geformt, der männlichen Pfadfinderjugend im Alter ab 12 Jahren, wobei die Dschawwala mit durchschnittlich 15–17 Jahren etwas älter waren.[22] Dennoch sucht man explizite Verweise auf die Ideale der Pfadfinderbewegung in der Muslimbruder-Literatur vergeblich: Nicht-Islamisches wird

[21] Vgl. Heather J. Sharkey: *American Evangelicals in Egypt. Missionary Encounters in an Age of Empire.* Princeton 2008; Umar Ryad: *Islamic Reformism and Christianity. A Critical Reading of the Works of Muḥammad Rashīd Riḍā and His Associates (1898–1935).* Leiden 2009; Beth Baron: *The Orphan Scandal: Christian Missionaries and the Rise of the Muslim Brotherhood.* Stanford 2014. Die Verbindung von christlicher Mission, Printmedien und islamischer Reform zeigt in anderem Kontext sehr gut Nile Green: *Bombay Islam. The Religious Economy of the West Indian Ocean, 1840–1915.* Cambridge 2011.

[22] Vgl. Lia, The Society (wie Anm. 12), 166–177 und Wilson Chacko Jacob: *Working Out Egypt. Effendi Masculinity and Subject Formation in Colonial Modernity, 1870–1940.* Durham/London 2011, bes. 92–124.

konsequent unsichtbar gemacht. Thematisiert werden die Kontinuität zu den islamischen *futuwwa*-Bünden mit ihren Idealen männlicher Tugend und Stärke – und natürlich die Idee des Dschihad. Ähnlich hielten es die paramilitärischen, zum Teil faschistisch ausgerichteten Jugendbewegungen, deren Idealisierung von Einheit, Kampf und Führung auf die städtische arabische Jugend (Effendiyya) in den 1930er Jahren eine hohe Anziehungskraft ausübte. Auch al-Banna war vom Aufstieg Nazi-Deutschlands unter der Führung Adolf Hitlers beeindruckt, lehnte die nationalsozialistische Rassenlehre allerdings ausdrücklich als islamwidrig ab.[23]

4. Glaube, Wissen, Handeln: Das Ethos des Muslimbruders

Charakteristisch für das Erziehungskonzept der Muslimbrüder ist sein ganzheitlicher Zugang, der im doppelten Sinn auf Einheit abzielt: die Einheit von Glaube, Wissen und Handeln auf der einen Seite und von Verstand, Gefühl und Körper auf der anderen. Erstere ist integraler Teil islamischer Bildungskonzepte, letztere spezifisch für al-Banna und die Muslimbrüder. Der primäre Ort der Wissensvermittlung an eine breitere Bevölkerung waren die Koran- und Abendschulen der Muslimbrüder, die in den 1940er Jahren auch in die Alphabetisierungsbemühungen der ägyptischen Regierung eingebunden wurden – denn ungeachtet des hohen Wertes, den die Weisen und Gelehrten des Islams dem Wissen zumaßen, lag die Analphabetenrate im Ägypten der Zwischenkriegszeit weiterhin bei über 90 Prozent, mit den typischen Unterschieden zwischen Stadt und Land, Männern

---

[23] Krämer, Hasan al-Banna (wie Anm. 3), 100 f., 104.

und Frauen. Ethos und Habitus des Muslimbruders wurden vor allem in den regelmäßigen Gruppentreffen, in Freitagsschulen und Sommerlagern eingeübt. Dabei lohnt es sich, der Verbindung von Ethik und Ästhetik mehr Beachtung zu schenken als gemeinhin der Fall, denn al-Banna verstand es von früher Stunde an, den Muslimbrüdern mit eigenen Insignien und Emblemen, Bannern, Liedern und Slogans, öffentlichen Märschen und Versammlungen eine Identität, ja eine *corporate identity* zu verschaffen.

Hasan al-Banna bezog sich zwar nicht explizit auf den Grundsatz *mens sana in corpore sano* („Ein gesunder Geist in einem gesunden Körper"), machte ihn aber zur Richtschnur seines Erziehungskonzepts. Die islamische, namentlich aber die sufische Tradition boten hinreichend Anknüpfungspunkte für eine Disziplinierung von Herz, Triebseele (*nafs*) und Körper. Im Zeichen des antikolonialen Kampfes verschob al-Banna das Gewicht deutlich von der nach innen gewandten, auf das Individuum konzentrierten spirituellen Läuterung hin zum gesellschaftlichen Engagement des religiös gefestigten und physisch gestählten Einzelnen, der seine Stärke aus der Einbindung in die Gemeinschaft der Muslime (bzw. ihrer Avantgarde, der Gemeinschaft der Muslimbrüder) gewinnt. Dabei würde ich als Inspirationsquelle nicht, wie in der Islamismus-kritischen Literatur gelegentlich der Fall, den Faschismus in den Vordergrund rücken, sondern die – vielfach national oder religiös ausgerichteten – Turn- und Körperkulturbewegungen des 19. und des frühen 20. Jahrhunderts. Auch die Pfadfinder wollten Geist und Körper formen, auch in ihre Formationen spielte das Militärische hinein, wobei sie dem Prinzip der Eigenverantwortung allerdings deutlich mehr Raum gaben als die Muslimbrüder. Offenkundig, wenngleich selten thematisiert sind die Parallelen zu Idee und Bewegung der *muscular Christianity*, die jene Einheit von Frömmigkeit, Gesundheit und physischer Fitness propagierte, die ursprünglich die YMCA prägte, von der YMMA übernommen und von al-Banna in die Praxis übersetzt wurde.[24] Über die spirituellen und sportlichen Übungen in den Sommerlagern der Ichwan, die sich am sufischen *dhikr* orientierten, zugleich aber – wie allein die arabische Bezeichnung *mu'askar* für diese Lager belegt – dezidiert (para-)militärisch angelegt waren, berichtet al-Banna in seinen „*Erinnerungen*". Aus deutlich späterer Zeit – den 1990er Jahren – stammen Berichte über die strenge Zucht in den Sommerlagern und sonstigen Versammlungen der Muslimbrüder, wobei diese Berichte zwar zum Genre der Enthüllungsliteratur gehören, deshalb aber nicht ohne Wert sind.[25] Gegenüber der Ethik ist die Ästhetik der Muslimbruder-Erziehung in der Literatur bislang vernachlässigt worden: Zu Sport und Spiel kamen Geschichten, Gedichte, Lieder, Sketche und Theaterstücke mit und ohne Musik, die mit ihren Anklängen an die moderne Reformpädagogik nicht ins Bild der puritanischen islamistischen Bewegung zu passen scheinen, als die die Ichwan meist wahrgenommen werden.[26] Einige der Lieder (*naschid*, Pl. *anaschid*) wurden von al-Bannas zweitjüngstem Bruder, 'Abd al-Basit, verfasst, von Beruf Polizeioffizier, seiner Berufung nach aber Dichter.[27]

---

[24] Vgl. Donald E. Hall (Hg.): *Muscular Christianity. Embodying the Victorian Age*. Cambridge 1994; für Ägypten vgl. Jacob, Working out Egypt (wie Anm. 22).

[25] Hasan al-Banna, Mudhakkirat (wie Anm. 6), 329; aus der rasch wachsenden Zahl der Enthüllungsschriften vgl. 'Amru Faruq: *Daulat al-chilafa al-ichwaniyya*. Kairo ^{2}2012.

[26] Vgl. 'Isam Talaima: *Hasan al-Banna wa-tadschribat al-fann*. Kairo 1429/2008; Sport und Kunst behandelt 'Abd al-Salim al-Kinani: *Al-Schadschara al-tayyiba. Da'wat al-Ichwan al-Muslimun (sic). Madha qadamat li-Misr wa-l-'arab wa-l-muslimin*. Kairo 2010; für die neuere Zeit vgl. kritisch Faruq, Daulat al-chilafa (wie Anm. 25).

[27] Al-Ichwan al-Muslimun. Al-markaz al-ra'isi, qism al-Dschawwala: *Risalat al-anaschid. Rabi' awwal 1373h, Nufimbir 1953m wa-ma'aha risalat*

5. Ein Programm für die männliche Jugend

Ein Text zur Gestaltung der so genannten Freitagsschulen aus dem Jahr 1937 vermittelt einen Eindruck von der Genauigkeit, mit der die Unterweisung der Kinder (durchweg Knaben) geplant wurde, wobei sie ausdrücklich als Orientierung (*taudschih*) gedacht war, nicht als starr zu befolgendes Regelwerk.[28] In ihr werden Elemente der klassischen islamischen und der modernen Reformpädagogik gewissermaßen auf Sonntagsschulniveau heruntergebrochen. Einfach, kindgerecht, anschaulich und stets auf das Handeln (*al-'amaliyya*) gerichtet soll die Unterweisung demnach sein. An die Stelle von Druck, Zwang und endlosem Auswendiglernen (die in den Koran- ebenso wie in den staatlichen Schulen eine große Rolle spielten) sollen das persönliche Vorbild, die spielerische Vermittlung und die praktische Einübung treten. Der Unterricht soll die Kinder in keiner Phase überfordern und sie auch zu nichts zwingen, sie aber doch konsequent und sicher zum rechten Denken und Handeln lenken – in religiösen wie in alltagspraktischen Dingen. Alle, auch die gottesdienstlichen Übungen (*'ibadat*) sollen dem Wunsch der Kinder, nicht dem Zwang entspringen und in der Einsicht in ihren Nutzen gründen. Das Basiswissen über den Islam, die Geschichte

---

al-haqq al-mubin fi anaschid al-Ichwan al-Muslimin li-mu'allifiha 'Abd al-Basit al-Banna. Al-Mansura 1431/2010.

[28] Al-markaz al-'amm li-dschama'at al-Ichwan al-Muslimin, qism al-talaba 1937m: *Mudhakkira tafsiliyya 'an minhadsch madaris al-dschum'a.* Al-Mansura 1431/2010. Diese Publikation nennt Hasan al-Banna als Verfasser. Der Text ist ebenfalls abgedruckt in: Jamal al-Banna (Hg.): *Min watha'iq al-Ichwan al-Muslimin al-madschhula.* Bd. 4. Kairo 2009, 2–43. Bd. 1, 232–241 enthält unter der Zwischenüberschrift „Erklärung zum Projekt der Freitagsschulen" (*Bayan 'an maschru' madaris al-dschum'a*) einen ähnlichen, jedoch weniger detaillierten und im Ton strenger gehaltenen Text, der auf den Juni 1944 datiert ist.

des Islams, Ägyptens und der „orientalischen Nation“ soll über Geschichten vermittelt werden, die den Kindern die großen Gestalten der frühislamischen Geschichte emotional nahe bringen, angereichert durch Lieder und kleinere Aufführungen (Sg. *tamthil*) in leicht verständlichem Hocharabisch und ägyptischem Dialekt. Diese dienen nicht allein dem Zweck der Unterhaltung, obgleich neben der Charakterbildung, *takwin*, auch der ästhetische Genuss, *imta'*, als Ziel der Übung benannt wird; sie sollen den Kindern neben dem Faktenwissen bestimmte Werte vermitteln, an erster Stelle den aktiven Einsatz für Religion und Vaterland. Ich würde nicht zögern, regelrecht von einer Strategie des (religiös eingehegten) *empowerment* zu sprechen: So soll im Falle eines Konflikts zwischen Mensch und Natur der Mensch siegen – es sei denn, er fordere die Macht Gottes heraus. Der Prophet Muhammad, seine Gefährten, die ersten Kalifen und die Helden der Eroberungszeit verkörpern exemplarisch „islamische“ Tugenden und den heroischen Kampf (*dschihad*) für die Sache Gottes. Ihr Beispiel soll in den Kindern das Gefühl für die Zugehörigkeit zum Islam und zugleich den Patriotismus stärken, die in keiner Weise als Gegensatz erscheinen, denn die Ägypter, so wird den Kindern vermittelt, waren von Anbeginn an ein tief religiöses Volk, das sich in Form des Dschihad gegen jede Art von Fremdherrschaft wehrte. „Seine Väter“, so heißt es an der entsprechenden Stelle, „die dieses Tal [das Niltal, GK] seit grauer Vorzeit bewohnen, waren die Herren der Welt“; sie wurden dazu „durch Ernsthaftigkeit, Arbeit, Ordnung, Wissen, Geduld und Religion“ und fielen zurück, als sie diese Tugenden aufgaben. Aber: „Wir können sein, wie wir einmal waren“.[29]

[29] Al-markaz al-'amm, Mudhakkira (wie Anm. 28), 40.

Vermittelt werden sollen primäre und sekundäre Tugenden, die den jungen Muslim zum aktiven Teil seiner Gemeinschaft machen. In der Moschee sollen die Kinder Sauberkeit, Ordnung, Zusammenarbeit, Gehorsam und die Ausrichtung nach der Gebetsrichtung (*qibla*) einüben. Sie sollen ihre Eltern und das Alter ehren, sich der eigenen Umgebung zuwenden und zugleich ein Gefühl für die Schönheit der Natur entwickeln. Sie sollen mit den eigenen Händen arbeiten, auf dem Land zum Beispiel kleine Gärten anlegen, in der Stadt kleinere Reparaturen vornehmen. (Al-Banna hatte bei seinem Vater die Grundkenntnisse des Buchbindens und der Uhrmacherei gelernt.) Der zu einem gewissen Grad aufklärerische Impuls kommt dort besonders zum Tragen, wo die Kinder angehalten werden, ein Bewusstsein für ihren Körper zu entwickeln, denn, so heißt es an einer Stelle, „der Körper ist der Tempel des Geistes und die Sinne sind die Helfer der Seele".[30] Sie sollen Grundregeln der Hygiene, Gesundheit und Sauberkeit verinnerlichen, wobei immer wieder darauf verwiesen wird (und hier zeigt sich erneut der praktische, an den Realitäten orientierte Zugang nicht nur dieses Textes), dass gerade im armen ländlichen und städtischen Milieu gewisse Dinge – saubere Kleidung, saubere Finger, saubere Augen – von den Kindern schlechterdings nicht verlangt werden können. Sie sollen aber der modernen Medizin vertrauen, nicht „traditionellen" Heilern und generell von abergläubischen Ängsten und Praktiken einschließlich des Glaubens an die Mittlerrolle von Heiligen befreit werden. Zur Körperpflege gehört die körperliche Ertüchtigung: Das Traktat beschreibt recht detailliert verschiedene Spiele und sportliche Übungen, die (ganz im Sinne der Fröbel'schen Pädagogik) den Kindern Spaß machen, ihnen zugleich aber den Geist absoluten Ge-

[30] Al-markaz al-ʿamm, Mudhakkira (wie Anm. 28), 47.

horsams gegenüber Befehlen einpflanzen sollen. Wie in den klassischen Erziehungslehren spielt der Gehorsam gegenüber den Lehrenden somit eine wichtige Rolle; von der allgegenwärtigen Ideologie des Disziplinierens und Strafens jedoch keine Spur.

Auch ein zweiter Text entstammt dem praktischen Kontext, besitzt allerdings einen anderen Status und richtet sich an eine andere Altersgruppe: Möglicherweise schon im Sommer 1938, vielleicht etwas später verfasste al-Banna eine Lehrschrift (*Risalat al-ta'alim*) für die 1937 gegründeten „Bataillone" (*kata'ib*), die aus den Reihen der Dschawwala rekrutiert wurden und die umfassend ausgebildete Speerspitze der Bruderschaft bilden sollten; in den 1940er Jahren wurde sie als verbindlicher Lehrtext über den Kreis der *kata'ib* hinaus verbreitet. Die *Risalat al-ta'alim* diente als eine Art Katechismus, der später von Mitgliedern und Sympathisanten der Muslimbruderschaft (unkritisch) kommentiert und durch Quellen- und Literaturhinweise ergänzt wurde.[31] Ordnet man den Text systematisch (das Original ist weniger stringent angelegt), so erwartete al-Banna von den *kata'ib* und den Muslimbrüdern allgemein männlich und tugendhaft zu sein, sparsam, fleißig und mäßig, sauber und pünktlich, stark und selbstbewusst, höflich und bescheiden, physisch stark und spirituell bewusst. Im Einzelnen sollen sie aktiv und produktiv sein, fähig, sich selbst zu ernähren und allzeit bereit, anderen zu helfen; sich fortwährend weiterbilden; achtsam mit ihrer Zeit umgehen und sich täglich Rechenschaft über ihre Aktivitäten abgeben;

[31] Der Text findet sich in: Madschmu'at rasa'il (wie Anm. 14), 267–282. Vgl. die Kommentare von Dschum'a Amin 'Abd al-'Aziz: *Fahm al-islam fi zilal al-usul al-'ischrin.* Überarb. Neuaufl. Alexandria 1426/2005; Muhammad 'Abd Allah al-Chatib / Muhammad 'Abd al-Halim Hamid: *Nazarat fi Risalat al-ta'alim.* Kairo 1432/2011; 'Abd Allah Qasim al-Waschli: *Al-nahdsch al-mubin. Scharh al-usul al-'ischrin.* San'a' [4]1432/2011.

täglich eine bestimmte Zahl an Koranversen, Propheten-Hadithen und vorgegebenen Gebeten rezitieren; stets die Wahrheit sagen, Versprechen einhalten, eigene Fehler eingestehen und im Umgang mit anderen stets freundlich, fair und duldsam sein; im Genuss von Tee und Kaffee mäßig bleiben, weder rauchen noch trinken und ihre Zeit nicht in Kaffeehäusern vertrödeln; in Kleidung, Sprache, Essen und Mobiliar „islamischen" Vorbildern folgen und nur Güter kaufen, die in Ägypten hergestellt wurden.

Wieder tritt die Verschmelzung klassischer und zeitgenössischer Männlichkeitsideale hervor, die al-Banna in eine spezifische, auf gesellschaftliche Veränderung und den antikolonialen Befreiungskampf angelegte Form goss, wobei der Dschihad zu seinen Lebzeiten weniger gegen die Briten und die mit ihnen liierten ägyptischen Eliten zum Tragen kam, als vielmehr gegen das zionistische Aufbauwerk in Palästina. Der Dschihad in seinen unterschiedlichen Facetten bildete das Kernstück seines Reform- und Erziehungsprojekts, das Ziel einer Aktivierung des mündigen Muslims aber war breiter angelegt und erschöpfte sich nicht im Kampf gegen innere und äußere Feinde.

Autorenverzeichnis

Prof. Dr. *Christoph Auffarth* (Religionswissenschaft)
Studium der Altertumswissenschaften, Geschichte, Religionswissenschaft und Theologie in Heidelberg, Athen und Tübingen. Seit 2002 Professor für Religionswissenschaft an der Universität Bremen; Leiter des Arbeitsbereiches „Geschichte und Theologien des Christentums".

Prof. Dr. *Reinhard Feldmeier* (Theologie)
Studium der Theologie in Neuendettelsau, München und Tübingen. Von 1984–1992 Pfarrer der Bayerischen Landeskirche, von 1992–1995 Professor für Altes und Neues Testament an der Universität Koblenz, 1995–2002 Professor für biblische Theologie an der Universität Bayreuth, seit 2002 Inhaber des Lehrstuhls für Neues Testament in Göttingen, Mitglied der Akademie der Wissenschaften zu Göttingen.

Prof. Dr. *Tobias Georges* (Kirchengeschichte, Patristik)
Studium der Evangelischen Theologie in München, Marburg, Erlangen und Halle/Saale; seit 2009 Junior-Professor und Nachwuchsgruppenleiter am Courant Forschungszentrum „Bildung und Religion" (EDRIS) der Georg-August-Universität Göttingen.

Prof. Dr. *Jens Halfwassen* (Philosophie, insbesondere Metaphysik und ihre Geschichte)
Studium der Philosophie, Geschichte und Altertumswissenschaft an der Universität Köln. 1997–1998 Professur für antike und mittelalterliche Philosophie an der Ludwig-Maximilians-Universität München. 1998–1999 Heisenberg-Professor der DFG. Seit 1999 Inhaber des Lehrstuhls für Geschichte der Philosophie an der Ruprecht-Karls-Universität Heidelberg. Ordentliches Mitglied der Heidelberger Akademie der Wissenschaften und Gründungsmitglied der Academia Platonica Septima Monasteriensis, Fellow am Collegium Budapest.

Prof. Dr. *Rainer Hirsch-Luipold* (Evangelische Theologie und Klassische Philologie)
Studium der Evangelischen Theologie und Griechischen Philologie an den Universitäten Tübingen, München, Berlin und Cambridge (GB); 2001 Promotion; 2010 Habilitation. Seit 2011 Ordentlicher Professor für Neues Testament an der Universität Bern.

Prof. Dr. *Gudrun Krämer* (Islamwissenschaft)
Studium der Geschichte, Islam- und Politikwissenschaft sowie der Anglistik an den Universitäten Heidelberg, Bonn und Sussex. 1982–1994 Nahost-Referentin an der Stiftung Wissenschaft und Politik. 1994–1996 Professorin für Islamwissenschaft an der Universität Bonn. Seit 1996 Inhaberin des Lehrstuhls für Islamwissenschaft an der Freien Universität Berlin. Seit 2007 Direktorin der Berlin Graduate School Muslim Cultures and Societies.

Prof. Dr. *Andreas Müller* (Kirchengeschichte, Patristik)
Studium der Evangelischen Theologie in Bethel, Bern und Heidelberg. Seit 2009 ordentlicher Professor für Kirchen- und Religionsgeschichte des 1. Jahrtausends an der Christian-Albrechts-Universität zu Kiel.

Prof. Dr. *Heinz-Günther Nesselrath* (Klassische Philologie, v. a. Gräzistik)
Studium der Klassischen Philologie und Alten Geschichte an der Universität Köln. 1992–2001 Professur für Klassische Philologie, vor allem Gräzistik an der Universität Bern. Seit 2001 Inhaber des Lehrstuhls für Klassische Philologie, vor allem Gräzistik in Göttingen. Mitglied des Vorstands des Courant-Forschungszentrums „Bildung und Religion" (EDRIS).

Prof. Dr. *Ulrich Rudolph* (Islamwissenschaft)
Studium der Islamwissenschaft, Philosophie und Geschichte in Frankfurt a. M., Tübingen und Bochum. Seit 1999 ordentlicher Professor für Islamwissenschaft in Zürich.

Prof. Dr. *Jens Scheiner* (Islamwissenschaft)
Studium der Islamwissenschaft, Wirtschafts- und Sozialgeschichte und des Öffentlichen Rechts an der Eberhardt-Karls-Universität Tübingen und der University of Edinburgh. 2008–2010 Wissenschaftlicher Mitarbeiter am Institut für Islamwissenschaft der Freien Universität Berlin. Seit 2010 Junior-Professor und Nachwuchsgruppenleiter am Courant Forschungszentrum „Bildung und Religion" (EDRIS) der Georg-August-Universität Göttingen.

Prof. Dr. *Bernd Schröder* (Praktische Theologie / Religionspädagogik)
Studium der Judaistik und der Evangelischen Theologie in Münster, Heidelberg, Jerusalem und Berlin; 2001–2011 Professor für Religionspädagogik an der Universität des Saarlandes, Saarbrücken. Seit 2011 Professor für Praktische Theologie mit Schwerpunkt Religionspädagogik an der Universität Göttingen.

Prof. Dr. *Ilinca Tanaseanu-Döbler* (Religionswissenschaft)
Studium der Religionswissenschaft, Theologie und Philosophie in Bayreuth. Seit 2009 Junior-Professorin und Nachwuchsgruppenleiterin am Courant Forschungszentrum „Bildung und Religion" (EDRIS) der Georg-August-Universität Göttingen.

Abkürzungen biblischer Schriften

Altes Testament

Gen	Genesis
Dtn	Deuteronomium
Ps	Psalmen
Spr	Buch der Sprüche
Weish	Die Weisheit Salomos
Sir	Jesus Sirach
Jer	Jeremia

Neues Testament

Mt	Matthäusevangelium
Mk	Markusevangelium
Lk	Lukasevangelium
Joh	Johannesevangelium
Apg	Apostelgeschichte
Apk	Johannesapokalypse
Röm	Römerbrief
Gal	Galaterbrief
Eph	Epheserbrief
Phil	Philipperbrief

Personenregister

Geographisches Register

Sachregister